国家社科基金
后期资助项目

《清朝续文献通考·经籍考》研究

The Analysis of jingjikao in the
QING CHAO XU WEN XIAN TONG KAO

李立民　著

中国社会科学出版社

图书在版编目（CIP）数据

《清朝续文献通考·经籍考》研究／李立民著．—北京：中国社会科学
出版社，2017.3

ISBN 978 – 7 – 5161 – 9836 – 0

Ⅰ.①清…　Ⅱ.①李…　Ⅲ.①经籍—考证—中国—清代

Ⅳ.①Z126.274.9

中国版本图书馆 CIP 数据核字（2017）第 027559 号

出　版　人	赵剑英
策划编辑	吴丽平
责任编辑	刘　芳
责任校对	石春梅
责任印制	李寡寡

出　　　版	中国社会科学出版社
社　　　址	北京鼓楼西大街甲 158 号
邮　　　编	100720
网　　　址	http://www.csspw.cn
发 行 部	010 – 84083685
门 市 部	010 – 84029450
经　　　销	新华书店及其他书店

印　　　刷	北京君升印刷有限公司
装　　　订	廊坊市广阳区广增装订厂
版　　　次	2017 年 3 月第 1 版
印　　　次	2017 年 3 月第 1 次印刷

开　　　本	710×1000　1/16
印　　　张	17.75
插　　　页	2
字　　　数	318 千字
定　　　价	68.00 元

凡购买中国社会科学出版社图书，如有质量问题请与本社营销中心联系调换
电话：010 – 84083683

国家社科基金后期资助项目

出　版　说　明

后期资助项目是国家社科基金设立的一类重要项目，旨在鼓励广大社会科学研究者潜心治学，支持基础研究多出优秀成果。它是经过严格评审，从接近完成的科研成果中遴选立项的。为扩大后期资助项目的影响，更好地推动学术发展，促进成果转化，全国哲学社会科学规划办公室按照"统一设计、统一标识、统一版式、形成系列"的总体要求，组织出版国家社科基金后期资助项目成果。

全国哲学社会科学规划办公室

序　一

　　李立民博士早先师从北京师范大学周少川教授问历史文献学，得陈援庵先生治学之法门，实事求是，无征不信。继之入历史研究所博士后流动站，专攻晚清历史文献。鉴于刘锦藻所辑《清朝续文献通考·经籍考》之学术价值，而以往文献学界又少有专题论究，乃由刘考辑录之群书序跋入手，搜寻其史源，评骘其得失，进而据以知人论世，深入探索，遂成此《〈清朝续文献通考·经籍考〉研究》大著。

　　清代学术宏深，以总结整理吾国数千年学术为特征。二百数十年间，才人辈出，著述如林，在中华文化的传承中，做出了承前启后的重大历史贡献。晚近王国维先生论清代学术，以一"大"字言清初，以一"精"字言乾嘉，而于晚清七十年之学术，则归结为一"新"字。在迄今的清代学术史研究中，谈到清初学术之博大，乾嘉学术之专精，恐怕论者已然大体形成共识，当无太多异议。然而如何理解静安先生论道咸以降学术所用之"新"字，则似尚有进一步讨论之必要。20世纪90年代中，应已故友人鲍国顺教授之约，前往台湾高雄中山大学问学。其间，有幸参加清代学术研讨会，曾以《晚清七十年之思想与学术》为题撰文，向与会四方专家请教。借此机会，请允许我将旧日拙见大要奉上。

　　晚清七十年，中国社会经历了一场亘古未有的历史巨变。一时朝野俊彦，站在时代之前列，为中国社会之走出困境，为中国学术之谋求发展，殊途同归，百家争鸣。王国维先生以一"新"字来赅括晚清学术，得其大体，洵称不刊。晚清七十年间的学术，有一潮流行之最久，亦最可注意，这便是会通汉宋，推陈出新。七十年间，先是今文经学复兴同经世思潮崛起合流，从而揭开学术史之序幕。继之洋务思潮起，新旧体用之争，一度呈席卷朝野之势。而与之同时，会通汉宋，假《公羊》以议政之风愈演愈烈，终成戊戌维新之思想狂飙。晚清的最后一二十年间，"以礼代理"之说蔚成风气，遂有黄以周《礼书通故》、孙诒让《周礼正义》出而集其大成。先秦诸子学之复兴，后海先河，穷原竟委，更成一时思想解放之关键。中山先生三民主义学说挺生其间，以之为旗帜，思想解放与武装抗争相辅相成，遂孕育武昌首义而埋葬清王朝。因此，王国维先生所说之"新"，既指晚清方兴未艾之西学，同时亦应包括中国传统学术在会通汉宋中的自我更新。

有清一代学术，由清初顾炎武倡"经学即理学"，开启先路，至晚清曾国藩、陈澧和黄式三、以周父子会通汉宋，兴复礼学，揭出"礼学即理学"而得一总结。以经学济理学之穷的学术潮流，历时三百年，亦随世运变迁而向会通汉宋以求新的方向演进。腐朽的清王朝虽然无可挽回地覆亡了，然而立足当世，总结既往，会通汉宋以求新的学术潮流，与融域外先进学术为我所有的民族气魄相汇合，中国学术依然在沿着自己独特的发展道路而曲折地前进。跟在别人的后面跑，是永远不会有出路的，这不就是晚清七十年的学术给我们所昭示的真理吗！

欣逢立民博士大著出版，谨以上述文字奉附骥尾，敬请方家大雅指教。

陈祖武　谨识

二一六年三月七日

序　二

清人王鸣盛说："目录之学，学中第一紧要事，必从此问途，方能得其门而入。"① 指的是利用书目查检图书，明辨典籍版本与卷帙分合，寻得正确的读书门径，所以说书目是读书做学问的入门之学。然而，目录学的功用还不仅仅是这些，与王鸣盛同期的章学诚就曾指出："盖自刘向父子部次条别，将以辨章学术，考镜源流，非深明于道术精微、群言得失之故者，不足与此。"② 他洞幽烛微，揭示了目录学在学术史上"辨章学术，考镜源流"的作用，这是对书目之用在更深层次上的认识。当然，在章学诚看来，古代目录学史上真正能做到推阐大义、叙列九流的书目并不多，除刘向父子、郑樵等人之作外，大多数目录乃"仅知甲乙部次，用备稽检而已"③，是不能入其法眼的。不过在今天看来，不仅那些带有类序的书目能在序言中条理各类典籍的渊源流别、授受得失，发挥学术简史的作用；那些只作部次甲乙、以备稽检的目录，不也记录了各个时代流传的典籍，为学术史提供了重要史料吗？随着 20 世纪末以来文献学和历史学研究的深入，国内学术界已经意识到，其实透过目录学也可以做思想文化史的研究，也可以反映社会历史的变迁。比如，利用晚清的各类书目，庶几可从一个窗口透视中国近代史上中学与西学、新学与旧学、传统与变革的流变，及其彼此之间冲突与融合的具体表现。由此看来，当目录学与学术史、文化史、社会史结合起来进行研究时，书目之用大矣哉！21 世纪以来，西方有些学者所主张的"新书籍史"研究，其大致取向和研究范式，亦不外乎如此。

李立民博士的《〈清续文献通考·经籍考〉研究》就是一部以目录学研究为主，结合学术史、思想史和社会史等多维度交叉研究的著作。《清

---

① 王鸣盛著、黄曙辉点校：《十七史商榷》卷一《史记一》"史记集解分八十卷"条，上海书店 2005 年版，第 1 页。

② 章学诚：《校雠通义·自序》，上海古籍出版社 1987 年版，第 1 页。

③ 章学诚：《校雠通义》卷二《焦竑误校汉志》，上海古籍出版社 1987 年版，第 61 页。

续文献通考·经籍考》是继《四库全书总目》之后，专门记录清代典籍的一部辑录体解题目录，其学术价值有胜于《清史稿·艺文志》等书目之处，然长期为学界所忽略，未有专门研究的论著。立民博士的著作既从内容体例、分类体系、史料来源等方面考察了《经籍考》的得失，又从学术史、思想文化内涵等方面论述了《经籍考》的学术价值，及其所反映的时代思潮与文化特征。

通览全书，我认为颇值得称道者有两点。一是书中严谨扎实的文献考辨功夫，体现了传统目录学的治学宗旨。这些缜密周匝的考证既反映在一至三章对《经籍考》的指瑕匡正之中，又表现在第六章对《经籍考》目录学价值和史料价值的分析之中。尤其是第三章，立民博士用史源学的方法，钩沉索隐、纠谬补缺，订正刘锦藻引据之失及其按语不妥之处，以求更为准确地叙录清中后期传世典籍的状况。二是立民博士在书中将目录学研究与学术史、思想史、社会史研究有机结合起来，这种多维研究的方法，不仅有助于说明《经籍考》记录清末典籍流通随社会变动而变化的学术史价值；也有助于通过一部书目的研究，揭示其所反映的社会思潮与文化风气；甚至还有助于通过书目作者刘锦藻这一个案，考察中国传统学人在社会近代化转型过程中存在的价值、意义和局限。

立民博士在攻读博士学位时就对拓展传统目录学的研究视野进行了有益的探索，毕业后他有幸追随名师陈祖武先生作博士后研究工作，此书便是在陈先生指导下对深化、拓展传统目录学研究的成功尝试。书稿经5年多时间的反复修改，现将付梓出版，可喜可贺。立民君一向潜沉治学、心无旁骛，我最爱其书生本色、学人气质。相信他能够在学术道路上，一步一个脚印地不断积累、进取、创造和收获。

周少川

丁酉正月写于京师园

目　　录

绪　言

一　研究目的

清儒王鸣盛云："目录之学，学中第一紧要事，必从此问途，方能得其门而入。"① 中国传统目录学可分为国家目录、史志目录、私家目录三种类型。史志目录中，除正史艺文志（经籍志）外，一些专史中也设有"经籍"一门。如"通考"类史著中，以马端临《文献通考·经籍考》为肇端，其后相继有《续文献通考·经籍考》《清朝文献通考·经籍考》《清朝续文献通考·经籍考》。诸"通考类"经籍考，所著录图书一脉相承，与正史类史志目录一同成为指导读书治学的门径，是考察我国古代典籍流传、刊印的重要书目。然四部"通考类"经籍考中，由于《续文献通考·经籍考》《清朝文献通考·经籍考》两书与《四库全书总目》收书大致相仿，故其学术研究价值不大。

清末民初年间，刘锦藻以编纂《清朝续文献通考》四百卷享誉学林，《经籍考》即其中一篇（以下简称"刘氏《经籍考》"）。该篇收录了上起乾隆五十年（1785），下迄宣统三年（1911）间的经、史、子、集四部文献八千余部，其在编纂体例上取法马端临《文献通考·经籍考》，每书下或辑录原书序跋，又间附案语略加考辨，是一部具有断代史性质的辑录体解题目录，成为继《四库全书总目》后又一读书治学的门径书目。但学术界目前尚没有对其进行专门研究的著作和论文，往往多于所编史学、目录学专著中对此篇略有所评，扬抑参半。有鉴于此，笔者欲对该篇内容结构、图书分类、收书状况及史料来源等做一全面系统的考察，客观地评价其所具有的学术价值与不足，从而为清中叶以降文献学研究的深入，试做

① 王鸣盛：《十七史商榷》卷一，中国书店1937年版，第1页。

一些努力。

再者，19世纪末20世纪初，中国社会发生了巨大变革，中国传统学术也随之开始了近代化进程。受此影响，一些原本思想较为保守的知识分子在理念上也随之发生了变化，刘锦藻即为其中之代表。其思想经历了由尊古信古到以书经世的转变，而这种转变又是通过其对清儒学术著作的整理——《清朝续文献通考·经籍考》——而实现的。那么，刘锦藻是如何实现这种转变的？又是如何利用文献整理以实现其经世致用的治学主张的？对于当时处在转型期的中国社会产生了怎样影响？由此，笔者欲从学术史的角度，对其所构建的传统学术体系加以剖析；从社会史、思想史的角度对其收书与评书加以阐释，从而揭示刘氏《经籍考》所载文献背后折射出的学人思想与时代印记。

二 研究方法

传统治目录学方法，是建立在严谨考证、辨伪、补逸等方法之上的。从考察一书所著录卷数之缺佚、版本之优劣、作者之真伪，到评其图书分类、收书得失，尤其是对一书书目解题之考证，广征诸家之说，言必实据，是对考辨性解题之再考辨。这种传统的治目录学方法，将目录中的文献作为考察中心，既能为学者的研究提供扎实、可靠的文献基础，又能最大限度地发挥目录学"辨章学术，考镜源流"的主旨，从而为学者在浩如烟海的文献中，梳理脉络，提供治学之门径，其有裨于读书治学颇多。

但是，这种研究方法却往往忽略了文献背后所反映的思想与文化。我们知道，目录是因文献而构成的，而文献又是文化之载体。因此，一部目录著作从本质上说是一种文化现象。古往今来，学者们对目录著作之编纂，与其说是利用文献的实际需要，不如说是认知文化的必然选择，故一部目录著作也是对一个时代思想与文化的折射。20世纪80年代末90年代初，一些学者企图打破目录学传统的治学方法，提出了"文化目录学"的概念。但是，这种治学方法笔者认为略偏于强调"文化"，而忽略了对文献的传统考证。或者说，是将文化的概念及其相关理论，单纯地框定在目录学中，似未做到较好的融合。

近些年来，文献学研究在传统研究方法基础上，又有所发展。周少川先生在《新世纪古文献学研究的交叉与结合》一文中指出："新世纪文献学要有大的发展，应该注意交叉与综合研究，方能开拓出新视野和新领域。"① 他进而提出了古文献学研究当与社会史、思想史、学术史相结合的主张。笔者受此启发，一方面对刘氏《经籍考》做基础性的文献学研究，通过考察其编纂体例、解题之史源、图书类目设置与配隶等方面，以期为学者利用该书开展学术研究提供准确、扎实的文献资料。另一方面，在此基础上，引入社会史、思想史、学术史的视角，将刘氏《经籍考》置于清末民初社会大变革、传统学术近代化转型的时代背景下考察，将刘锦藻对文献的整理与其思想特点相结合，以期揭示刘书背后之时代思想与文化。

三　研究意义与突破点

本书的研究意义有以下三方面：

其一，本书利用传统的文献学方法，对《清朝续文献通考·经籍考》所著录的清中后期典籍做了系统的考证，尤其是补正了该《经籍考》解题的史源，对清代目录学研究的深入或有所裨益。在此基础上，通过与《书目答问》《清史稿·艺文志》及其《拾遗》《续修四库全书总目》等书目的比较，揭示了该《经籍考》在目录学史中的价值和地位，可以弥补目录学史研究领域的空白。同时，本书目录学与学术史、社会史、思想史相结合的研究方法，也是对深化传统目录学研究的一次有益尝试。

其二，清代学术成果汲取了以往各代学术研究之精华，是对我国古代学术的一次总结。特别是清中叶以降，清代学术的发展达到顶峰，又是对整个清代学术的浓缩。《清朝续文献通考·经籍考》以经、史、子、集四部收录了清中后期学者的众多著述，合观全书著录之四部群籍，俨然一部清中叶以降的传统学术文化史。因此，对《清朝续文献通考·经籍考》开展深入研究，有助于考察清代中后期学术发展的特点及学术演变的脉络，对清代学术史研究的深入不无裨益。

其三，刘锦藻生活的时代、编书的时代都是中国社会剧烈变动的转型期。《清朝续文献通考·经籍考》记录的不仅仅是清中后期的文献，更是文献背后的时代思想与文化。因而，对该《经籍考》的研究，特别是对其在收书与评书方面的考察，有助于揭示传统学术转型期背景下，知识分子的治学思想、治学理念，从而有助于考察中国传统学人在社会近代化转型

---

① 周少川：《新世纪古文献学研究的交叉与结合》，载《文献》2010 年第 3 期。

过程中存在的价值、意义与局限。

四 研究现状

20 世纪初叶，姚名达先生著《中国目录学史》率先指出，刘锦藻《经籍考》可补《四库全书总目》之未备，但又称其"取舍任情，不能完备"①。寥寥数语，未及展开。稍后的学者则对刘氏《经籍考》以赞誉为主，如金毓黻先生云："锦藻虽续官书，实为私撰，愚检读其《经籍考》，著录各书，略系解题，实远胜于《清史稿·艺文志》。"② 尹达先生进而认为，刘氏书"改进编纂方法，于书名、卷数、作者姓名外，还略记撰述经过和作者生平；子部杂家列入清朝时所刻丛书 113 种，包括几千部几万卷的书，是《四库全书总目》以后清朝的重要著录"。③

其中唯张舜徽先生用力最多，亦多有贬抑。张先生认为，"刘氏虽富有藏书，但是识不高、学不广，自然不能写成比较完善的《经籍考》，甚至有些错误是出乎意料的"④。并指出刘书缺失主要有四："收的书不太完备"，"分的类例不太清楚"，"解题中介绍作者生平的失实"，"解题中推论原书义例的失体"。⑤ 进而认为，"由以上四点来看，刘氏的书比之《清史稿·艺文志》似乎还要差些"⑥，书中"多不脱遗老气、腐儒气"⑦。

当代其他学者，如台湾学者昌彼得、潘美月两位先生说，此篇"不能如马氏《通考》详赡"⑧。蒋伯潜先生亦言："民国初，刘锦藻《续皇朝文献通考》（笔者案：实指其中之《经籍考》一篇而言）收清高宗以后之书，但也不能完备。"⑨ 进而认为，"这种通史艺文志，诚为需要，但其工作实非常艰巨，非以国家的力量，得学识精力俱绝者任之，断难成功"⑩。徐国仟先生也说《续通考》《清通考》《续清通考》"这三种《经籍考》虽

---

① 姚名达：《中国目录学史》，上海古籍出版社 2002 年版，第 183 页。

② 金毓黻：《中国史学史》，河北教育出版社 2003 年版，第 230 页。

③ 尹达：《中国史学发展史》，中州古籍出版社 1985 年版，第 194 页。

④ 张舜徽：《中国史论文集》，湖北人民出版社 1957 年版，第 197 页。

⑤ 同上书，第 197—198 页。

⑥ 同上书，第 198 页。

⑦ 同上。

⑧ 昌彼得、潘美月：《中国目录学》，台北：文史哲出版社 1986 年版，第 216 页。

⑨ 蒋伯潜：《校雠目录学纂要》，北京大学出版社 1990 年版，第 49 页。

⑩ 同上。

然在体例上仿马氏的《经籍考》，但内容上的价值却远远不及马氏之书。无论从著录之多寡、考证之精当等方面，都不可与马书同日而语"①。而瞿林东先生则赞云，刘氏《经籍考》是"《四库全书总目》之后的重要目录书，在历史文献学上有一定价值"②。陈其泰先生也说，该篇是对清后期著述之总结，是刘氏对中国文化史之重要贡献。③

刘氏《经籍考》实为《清朝续文献通考》之一门，故笔者对学术界研究刘锦藻与《清朝续文献通考》全书概况，略作调查，先简述如下。

（一）研究《清朝续文献通考》编纂始末

1. 研究其编纂目的。陈桂英博士分析了刘氏编撰此书目的在于总结清亡经验教训，"使后之当事者有所借鉴"④。高翔先生还指出，"保存文化遗产，防止文献失散，也是刘锦藻编修此书的重要目的"⑤。而陈恭禄先生则认为，刘氏仅从典章制度层面探求清灭亡原因属于内因，"还有资本主义国家侵略，属于外因，编者认识显然不够全面"⑥。

2. 研究其体例编排。呈现出两个研究特点：一是侧重梳理类目变化。如桂遵义、袁英光二位先生梳理了《征榷考》《国用考》《选举考》《学校考》《王礼考》《兵考》《职官考》所增子目，简要说明了《舆地考》《四裔考》内容特点。⑦ 二是侧重评价编排体例。如冯尔康先生评曰：本书体例多从"清通考"，但亦多增纲目，"添加的纲目，完全是从实际出发，使乾隆以降新的事物得以容纳进去，这正是它的价值之所在"⑧。高翔先生也赞曰：该书所以在门类编排上突破前规，"是社会现实的变化促使史学著作内容、体例发生变更的明显反映"⑨。赵国璋、潘树广二位先生亦云：是书在体例编排上"不为旧编所囿，顺应时代发展，据时事增入银行、海运等新政，在反映清末经济、政治、交通和国际关系等方面，较《清史稿》

① 徐国仟：《目录学》，中国医药科技出版社 1994 年版，第 99 页。

② 瞿林东：《中国史学史纲》，北京出版社 1999 年版，第 675 页。

③ 陈其泰著：《中国史学史（近代时期）》第六卷，上海人民出版社 2006 年版，第 361 页。

④ 陈桂英：《刘锦藻与〈清朝续文献通考·实业考〉》，《史学史研究》1985 年第 3 期。

⑤ 高翔：《清朝续文献通考》，见仓修良主编《中国史学名著评介》第三卷，山东教育出版社 1990 年版，第 400 页。

⑥ 陈恭禄：《中国近代史资料概述》，中华书局 1982 年版，第 321 页。

⑦ 吴泽主编，桂遵义、袁英光著：《中国近代史学史》下册，江苏古籍出版社 1989 年版，第 416 页。

⑧ 冯尔康：《清代史料学》，沈阳出版社 2004 年版，第 67 页。

⑨ 高翔：《清朝续文献通考》，见仓修良主编《中国史学名著评介》第三卷，第 401 页。

丰富而全面"①。

3. 研究其编纂经过。项士元先生首先叙及此书编纂经过:"自乾隆五十一年至光绪二十年,增外交、邮传二门,为三百二十卷。嗣复与其子承幹商榷义例,补宪政、实业二门,都四百卷。同郡修律大臣沈家本为进呈御览,赏内阁侍读学士。"② 金晓东博士则认为,刘氏于进呈该书后又多次修改,与清官修三通相比难度更大,直至刘氏去世之前才最终定稿。此外,金晓东博士还梳理了该书版本流传情况。③

4. 研究其材料来源。此书材料来源刘氏未述,但高翔先生有所总结。他认为该书材料来源于各种章疏、公文、《会典》《东华录》等基本史料以及私家近时之作等。④ 而戚志芬先生又指出,刘氏是浙江著名藏书家,其嘉业堂藏书甚多,又购得缪荃孙艺风堂藏书,"所以他能够以私人力量著成这部巨著,这与他的丰富藏书不无关系"⑤。可知是书材料亦来源于刘氏自家藏书与购书。

(二) 对《清朝续文献通考》之评说

1. 对优点之论

论其功用。清人陆润庠认为,刘氏此书"网络考订一朝典章制度,粲然大备,而于新旧蜕嬗之际,尤三致意,增立宪政诸门,详具源委"⑥。读此书"推阐我朝立国之本,及列圣创法之意,与夫后之因革变迁,必有憬然于治乱兴衰之故,深曤太息而不能自已者,拨乱世而反之正,抑将有取兹焉"⑦。吴廷燮先生称:是书"载乾隆五十一年以后至光绪三十年政制之变通损益,为常人不及知不获见者颇多,是亦中国历代考国闻者之渊薮也"⑧。方壮猷先生云:"欲考乾隆五十年以后制度文物者,自以此书为最便。"⑨ 赵淡元先生亦指出其系统完整,条理清楚,"反映了清朝中后期政

---

① 赵国璋、潘树广:《文献学辞典》,江西教育出版社1991年版,第779页。
② 宋慈抱著,项士元审订:《两浙著述考》,浙江人民出版社1985年版,第938页。
③ 金晓东:《〈皇朝续文献通考〉编纂始末与学术价值》,《兰州学刊》2009年第1期。
④ 高翔:《清朝续文献通考》,见仓修良主编《中国史学名著评介》第三卷,第400页。
⑤ 戚志芬:《中国的类书、政书与丛书》,商务印书馆1996年版,第128页。
⑥ 陆润庠:《清朝续文献通考·序》,商务印书馆民国二十五年(1936)"万有文库"本。
⑦ 同上。
⑧ 吴廷燮:《清朝续文献通考提要》,见《续修四库全书总目》第22册,史部政书类,齐鲁书社2003年版,第761页。
⑨ 方壮猷:《中国史学概论》,(台北)中国文化服务社1947年版,第226页。

治、经济、军事、文化的特点"①。

论其资料完备。清人陈三立赞其所收资料"可谓体大思精，宪章之统纪，纂述之隆轨者矣"②。张志哲先生称："它不仅以系统完整、保存历史资料丰富见称，而且有独具的长处。"③冯尔康先生亦言：其书资料丰富，"与《清朝文献通考》合为有清一代经济、政治制度的基本资料典籍"④。《中国历史大辞典》也载"为清中后期行政制度、社会经济制度及科技文化教育、军事制度的资料汇编"⑤。

论其文化、史料价值。高翔先生指出其文化价值在于整理和保存了清中后期典章文献；史料价值在于记载了大量中国近代经济史料、近代中国宪政史料、外交史料、文化史料，在史料编排上"又有一些或大或小的创新，容纳了许多为前史所没有的内容"⑥。

2. 对不足之论

陈桂英博士首先从史料学角度指出该书不足："所辑诏谕、奏议、时文均未注明来源、出处，查找原文无从着手，对原文多有删节，不易了解全貌；时间只注明年代，无月、日，且有前后颠倒者。而且，对于各项规章制度、办法措施的实施效果、利弊影响也较少说明、详论。这些当然会给研究、利用带来不便。"⑦

桂遵义、袁英光两位先生从编纂学角度论其不足："刘锦藻以清朝'遗臣'自居，他的立场、观点和方法都存在着严重的问题，著述体例也是沿袭着马端临《文献通考》和《清文献通考》封建政书的旧体例。"⑧对其所增门类与各门子目之调整，则认为由于"晚清政治经济的剧烈变化，一些新生的事物不得不予记载"⑨。吴廷燮先生则认为该书田赋考、兵考、外交考所载之事多有略缺，"岂非识其细而略其大？"⑩

谢保成先生偏重从思想角度认识该书："刘锦藻虽以清朝遗老自居，

①　赵淡元：《中国历史要籍介绍及选读》，高等教育出版社1988年版，第218页。

②　陈三立：《清故内阁侍读学士刘君墓志铭》，见《散原精舍文集》卷一七，上海古籍出版社2003年版，第256页。

③　张志哲：《中国史籍概论》，江苏古籍出版社1988年版，第447页。

④　冯尔康：《清代史料学》，沈阳出版社2004年版，第67页。

⑤　郑天挺：《中国历史大辞典》下册，上海辞书出版社2000年版，第2223页。

⑥　高翔：《清朝续文献通考》，见仓修良主编《中国史学名著评介》第三卷，第405页。

⑦　陈桂英：《刘锦藻与〈清朝续文献通考·实业考〉》，《史学史研究》1985年第3期。

⑧　参见桂遵义、袁英光著《中国近代史学史》下册，江苏古籍出版社1989年版，第416页。

⑨　参见桂遵义、袁英光著《中国近代史学史》下册，第416页。

⑩　吴廷燮：《清朝续文献通考提要》，见《续修四库全书总目》第22册，第761页。

但社会的剧烈变革及其参与总理集资兴办铁路、轮船等实业经历，又都在其著述中留下烙印，产生了影响。《清朝续文献通考》超乎清代敕修'续三通''清三通'，并继承了前'三通'的某些传统，只是因其所处时代特征，决定其不可能做到完全推陈出新。"①

而高翔先生则提出该书三点不足：一是刘氏思想保守落后，影响到对文献之搜集。如《宪政考》忽略革命党人之宪法、政治主张。二是私家之力，使其难免有所遗漏和不确，尤其是有关档案、文书、外文资料。三是由于该书所载各种原始材料，多未亡佚，"对于研究清史的专家学者来说，要找寻这些资料并不十分困难，而刘氏《清续考》却不能对此提供实质性帮助。因此，刘氏《清续考》在史学家心中，无论如何，不可能占有像马端临《文献通考》所据有的那种尊崇地位"②。

（三）研究刘锦藻生平事迹

研究刘氏生平事迹有如下基本史料：陈三立先生《清故内阁侍读学士刘君墓志铭》③、吴郁生先生《刘澄如学士行状》④、宋慈抱先生《汤寿潜传》附《刘锦藻传》以及地方志中相关记载。

现代学者亦有研究。如高国抗、杨燕起两位先生简要介绍刘锦藻生平，尤其是对刘锦藻史学思想予以关注："刘氏虽然生于近代，又参与过近代工商业活动，其眼界较一般封建旧史家要开阔，但他的史学思想是极端守旧的。"⑤ 认为刘氏此书"是为了宣扬复古倒退，实为当时封建旧史学回潮反扑的一种表现"⑥。董惠民先生则总结出刘锦藻、刘承幹父子在文化上的贡献：一是编撰《清朝续文献通考》填补"九通"所未涉及清中后期典章制度之空白；二是修建一些融合中西建筑风格著名园林，为浙江历史文化发展做出了贡献；三是其子刘承幹则一生与书结缘，藏书且刻书，使大量传统文化典籍得以保存。⑦ 陈其泰先生也简要介绍刘氏生平事迹，认为刘氏经历对其学术活动有所影响。⑧

---

① 谢保成：《中国史学史》（三），商务印书馆 2006 年版，第 1263 页。
② 高翔：《清朝续文献通考》，见仓修良主编《中国史学名著评介》第三卷，第 406 页。
③ 参见陈三立《散原精舍文集》卷一七，上海古籍出版社 2003 年版，第 761 页。
④ 见《民国人物传记史料汇编》第 15 辑，（台北）"国史馆"1996 年版，第 631 页。
⑤ 高国抗、杨燕起：《中国近代史学史概要》，广东高等教育出版社 1994 年版，第 104 页。
⑥ 同上书，第 105 页。
⑦ 董惠民：《近代南浔刘氏父子的文化贡献》，《浙江档案》2004 年第 8 期。
⑧ 陈其泰著：《中国史学史·中国近代史学》，上海人民出版社 2006 年版，第 355 页。

（四）研究《清朝续文献通考》其他篇目

学术界目前对《清朝续文献通考》其他篇目之研究尚多集中于刘氏所新增《实业考》《宪政考》《外交考》《邮传考》四篇。如陈桂英博士重点研究《清朝续文献通考·实业考》学术价值，认为"其中辑录了大量诏令谕旨、名臣奏议、近人专著及外人论述，比较全面、扼要地记载了清政府为振兴农、工、商各业而制订的方针、政策、规章、制度、法令措施，反映了清末各项实业的兴衰状况"①。

宋学勤博士主要研究《清朝续文献通考》中四门新增类目《实业考》《宪政考》《外交考》《邮传考》价值，认为此四考分别为研究中国近代工商业、宪政、外交、邮电之重要史料。②而刘静硕士则专门研究了《清朝续文献通考·邮传考》中的"邮政"一类。③

谢保成先生亦指出"新增四考，在反映清末经济发展、政治变革、国际关系等方面的情况，较比同时所修《清史稿》翔实、全面"④。

除此四考外，冯天瑜先生分析了《封建考》，认为其记述了清中后期封建故实。⑤

总之，目前学术界对刘氏《经籍考》的研究还有待进一步完善之处。从已有研究成果看，某些结论尚待商榷。如高国抗、杨燕起二先生论此篇曰："一改过去编撰经籍志、艺文志只著录书名、卷数、作者姓名的旧例，对该书作者生平和编撰经过亦作介绍。"⑥ 认为"这是刘氏对编纂《经籍志》《艺文志》的一种创新"⑦。然笔者检《续文献通考·经籍考》《清朝文献通考·经籍考》皆于各书下著录作者生平，叙录中也有对成书介绍，刘锦藻乃仿二书体例而作，则其"创新"之说难以成立。此外，学术界对刘氏《经籍考》的评价主要还是从目录学角度展开的，但却忽略了刘锦藻编纂此书的时代大背景。本书将在传统治目录学研究方法的基础上，引入社会史等研究视角，客观地、辩证地评价其所具有的社会文化功用与时代局限。

---

① 陈桂英：《刘锦藻与〈清朝续文献通考·实业考〉》，《史学史研究》1985 年第 3 期。
② 宋学勤：《析〈清朝续文献通考〉的创造性特色》，《商丘师范学院学报》2005 年第 6 期。
③ 刘静：《〈清朝续文献通考·邮传考·邮政〉的整理与研究》，江西师范大学 2007 年硕士学位论文。
④ 谢保成：《中国史学史》（三），商务印书馆 2006 年版，第 1263 页。
⑤ 冯天瑜：《"封建"考论》，武汉大学出版社 2006 年版，第 87 页。
⑥ 高国抗、杨燕起：《中国近代史学史概要》，第 103 页。
⑦ 同上。

第一章 《清朝续文献通考》纂修始末

刘锦藻（1862—1934），初名安江，字澄如，晚号坚匏盦，吴兴南浔镇（今浙江省湖州市）人。祖辈原籍浙江上虞，后迁居南浔，以务农为生。① 父刘镛，字贯经，经营蚕丝业发家，捐蓝翎光禄寺署正，以尚义好施闻名。母沈氏，累赠一品夫人。锦藻自幼家资殷实，性喜读书，好善乐施。辛亥以后，致力于诸多地方实业，获资颇丰。晚年以清朝遗老寄居青岛、上海等地，编纂《清朝续文献通考》四百卷，享誉学林。本章谨就其成书背景与纂刊经过作一考察。

一 成书背景

锦藻《清朝续文献通考》之成书，既受时局变迁之影响，又与其自身素养密不可分。他自幼生长在一个学术氛围浓厚的环境下，这便为其编纂此书奠定了深厚的文化基础。

（一）吴兴自古学术风气与锦藻良好的文化素养

锦藻自幼在浙江吴兴南浔镇成长。吴兴自古民风淳朴，崇尚礼节。明徐献忠曰："吴兴在泽国上游，其俗素朴厚绝，无技巧淫靡之习。自汉以来流寓及宋南渡诸贤，类多居此，盖自有也。夫其本俗俭啬，加以君子之遗风，故至今以尚礼节称焉。"② 锦藻所在南浔镇，自明末清初以来"士人多休雅，自好文学，烝烝甲于一邑"③。至民国时，该镇"民性温和，文雅

---

① 缪荃孙：《乌程刘紫回水部家传》，载《丛书集成续编》第 197 册，台北：新文丰出版公司 1989 年版，第 368 页。
② 徐献忠：《吴兴掌故集·引》，明嘉靖三十九年（1560）刻本。
③ 叶美芬：《南浔古镇史料研究》，上海远东出版社 2008 年版，第 212 页。

华丽，为江南之冠"①。锦藻亦自云："吾浔风气素驯，多硁硁自守之士，盖乡先生之流泽长也。"② 可知吴兴自古学术风气淳雅。

受此影响，其邑人性喜藏书，多著述之士。刘承幹称："吾浔为镇，在吴兴东南，为水陆之走集。人情开涤，民物丰昌，膏腴所萃，人文蔚然。由明以来，自成风尚，户习弦诵之音，家识文献之贵，簪缨世弟，蓬荜名儒，相尚藏书，辉炳邑牒。"③ 晚清以来，浙江士大夫多好搜罗古籍，表彰先哲，"其藏书之富，如钱塘之丁氏，槜李之孙氏，归安之陆氏，彰彰在人耳目者。浙东则绍兴之徐氏，太平之宋氏，金华之胡氏，瑞安之孙氏，亦皆家富缥缃，均有先哲丛书之刻，传之海内"④。刘氏为南浔大族，该地"山川秀发，人文称盛，居户类用居著起家，号素封者骈列，刘氏其尤著也"⑤，再加之锦藻自身"重以著书博古，负作育大，情为时重，世称文献宗也"⑥。

在这种文化氛围熏染下，其父刘镛甚重教育，尝聘名儒陈其炯至家塾课子，"督锦藻等读书綦严"⑦。并告诫子孙为学当专精："吾初设肆时，讵意今日专精揖志，为之不已，以臻于是。意学问之道，铢积寸累，以底大成，亦若是矣。"⑧ 锦藻自幼便"博洽群籍，与伯兄紫回水部同为名诸生"⑨。他十四岁补博士弟子，二十六岁中举人，三十三岁成为进士。即使外出游览名胜，"咸载书自随，不废讽诵"⑩。良好的文化素养使锦藻"嗜古能文章，早岁通籍，谙历代掌故，撩拾钞纂，于是有《续皇朝文献通考》之辑"⑪。可见锦藻纂修此书有着深厚的文化基础。

这种良好的文化素养在时局变迁的催化下，使锦藻激发出一种对传统

---

① 叶美芬：《南浔古镇史料研究》，第 212 页。
② 刘锦藻：《南浔志·序》，民国十七年（1928）刻本。
③ 刘承幹：《嘉业藏书楼记》，载吴格整理点校《嘉业堂藏书志》，复旦大学出版社 1997 年版，第 1403 页。
④ 刘承幹：《吴兴丛书·序》，载吴格整理点校《嘉业堂藏书志》附一，第 1279 页。
⑤ 陈三立：《清故内阁侍读学士刘君墓志铭》，见《散原精舍文集》，上海古籍出版社 2003 年版，第 256 页。
⑥ 吴郁生：《刘澄如学士行状》，见《民国人物传记史料汇编》第 15 辑，（台北）"国史馆" 1996 年版，第 631 页。
⑦ 刘锦藻：《先考通奉府君年谱》，乌程刘氏光绪间刻本。
⑧ 汤寿潜：《刘贯经家传》，见《萧山文史资料选辑》（四），政协浙江省萧山市委员会文史工作委员会 1993 年版，第 460 页。
⑨ 陈三立：《清故内阁侍读学士刘君墓志铭》，第 256 页。
⑩ 同上。
⑪ 陆润庠：《清朝续文献通考·序》，商务印书馆民国二十五年（1936）"万有文库"本。

文化的强烈使命感，从而又赋予了是书深刻的文化内蕴。

（二）时局变迁与刘锦藻文化忧患意识

锦藻致力于《清朝续文献通考》的编纂，始于清末。甲午战争、戊戌变法、预备立宪、辛亥革命等一系列政治事件接踵而至，尤其是辛亥革命，导致清廷灭亡。锦藻"南北转徙，常独居深念"①，时局之变迁使他万分感慨："德宗晚岁不豫，犹力疾临朝，无一日间辍。是我朝贻谋之善，仁泽之深，有非前代所可比拟者。"② 他认为即使道、咸以后，国家多故，世变日亟，"而英贤勃起，文武兼资，禁廷储颇、牧之才，将帅并皋、伊之选，箫勺群慝，光辅中兴。此皆由列圣稽古右文，甄陶万类。多士沐浴教泽，用能振鳞抚翼，奋发于功名之会也"③。由此而产生了一种文化忧患意识："仰稽方策，俯掇遗文，讵非当今之所急务乎？"④ 于是锦藻将著书立说视为己任："将一代之典章制度，听其若存若亡于天壤之间，历年既久，官私之纪录难详，故老之传闻亦渺。且近数十年来，事绪繁赜，更倍于前。异说讹言，易摇耳目。后即有学识如杜、马辈出，亦何所承受依据而操笔论定其间哉？"⑤ 所以，他"虽自谂其才之不逮，而又不敢自诿，必欲黾勉以就功职"⑥。

这种对传统文化的忧患意识，激发出一种强烈的文化使命感。锦藻自云："我朝文治光昌，经学、史学均胜前明，惟掌故之学颇觉不逮，匪特如郑端简、王弇州无其人，即王元翰辈亦不多觏。锦藻忝焉，思之续纂。"⑦ 他还曾对后辈说："以一人精力，辑七朝掌故，未免遗漏。然百数十年政治递嬗剧变，为有史以来所仅见。及今不续，后来坠绪茫茫，末由远绍。此书告成，余乃大慰矣。"⑧ 而强烈的文化使命感，使锦藻赋予此书保存和承扬传统文化的深刻内涵："君虽抗高节，然负经世之志，郁不得施，颇欲垂空文存国故自效。当是时，国势寖弱，海内人士竞言新政、新学，诡诐之说亦杂出。君惧前典旧法渐即摧灭，慨然援马贵与氏义例，勒

---

① 刘锦藻：《清朝续文献通考·自叙》。
② 同上。
③ 同上。
④ 同上。
⑤ 同上。
⑥ 同上。
⑦ 刘锦藻：《清朝续文献通考·凡例》。
⑧ 宋慈抱：《汤寿潜传》附《刘锦藻传》，见钱仲联《广清碑全集》，苏州大学出版社 1999 年版，第 1178—1179 页。

成一书曰《续皇朝文献通考》。"① 这便成为其纂修《通考》的内在动力。

如果说锦藻具有的文化忧患意识是其纂修《清朝续文献通考》的内在动力，那么刘氏藏书与购书则是其能够完成此书的外在保证。

（三）刘氏适时购书与藏书

锦藻尝自云："前《考》于经籍泰半采自《钦定四库全书》，故博收约取，较易为力。辱在草茅，未窥中秘，不得不借私家著述以资捃扯。"② 可见此书之纂修得益于私家藏书。

刘氏藏书以嘉业堂藏书楼驰名。该藏书楼楼主刘承幹为锦藻长子，其有意藏书始于宣统二年（1910）。承幹自云："溯自宣统庚戌，开南洋劝业会于金陵，瑰货骈集，人争趋之。余独徒步状元境各书肆，遍览群书，兼两载归。越日，书贾携书来售者踵至，自是即有志聚书。"③ 据许寅称，承幹买书目的之一，便是想助其父竟《清朝续文献通考》之业。④ 其收书凡为己所未备者，皆购之。陈乃乾云："嘉业堂主人刘翰怡宅心仁厚，凡书贾挟书往者，不愿令其失望，凡己所未备之书，不论新旧皆购之，几有海涵万象之势。其时风气，明清两朝诗文集，几于无人问鼎，苟有得者，悉趋于刘氏，积之久，遂蔚成大观，非他藏书家所可及。"⑤

一些社会名流之书，也尽归刘氏："如甬东卢氏之抱经楼、独山莫氏之影山草堂、仁和朱氏之结一庐、丰顺丁氏之持静斋、太仓缪氏之东仓书库，皆积累世之甄录，为精英所钟聚，以世变之日亟，人方驰骛于所谓新说者而土苴旧学，虑仓卒不可保，为余之好之也，遂举而委贾焉。"⑥

历经多年，其家藏书渐丰。伦明称："吴兴刘承幹，今日东南大藏书家也。所藏古本精椠不可胜数，旧钞本、稿本亦多……所刻《嘉业堂》、《求恕斋》、《吴兴》诸丛书，凡数百册，多罕见本。"⑦ 又据许寅称，嘉业藏书楼内藏书近六十万卷，"其中有宋元两代精椠一百四十九部（完整的有一百零六部），珍贵的孤本《永乐大典》四十二巨册，翁覃溪手纂《四

---

① 陈三立：《清故内阁侍读学士刘君墓志铭》，第 256 页。
② 刘锦藻：《清朝续文献通考·凡例》。
③ 刘承幹：《嘉业藏书楼记》，载吴格整理点校《嘉业堂藏书志》附二，第 1405 页。
④ 许寅：《"傻公子"作出的"傻贡献"——嘉业堂藏书楼的过去和现在》，载《学林漫录》第八集，中华书局 1997 年版，第 1 页。
⑤ 陈乃乾：《上海书林梦忆录》，见张静庐《中国近现代出版史料·现代甲编》，上海书店出版社 2003 年版，第 424 页。
⑥ 刘承幹：《嘉业藏书楼记》，载吴格整理点校《嘉业堂藏书志》附二，第 1405 页。
⑦ 伦明：《辛亥以来藏书纪事诗》，北京燕山出版社 2008 年版，第 53 页。

库全书提要》原稿一百五十册"①。此外，其藏书中有明清诗文集一万部，各地方志一千二百余种，"其中可称'海内秘籍'的珍本，即有六十二种"②。可见承幹藏书广收博采，这便为锦藻续编《通考》提供了丰富的文献基础。

是书载乾隆五十一年至宣统三年间政治、经济、文化、外交等诸多制度之变通损益，"可谓体大思精，宪章之统纪，纂述之隆轨者矣"③。然此皇皇巨著却非锦藻一人自为，其最终定稿并将之付梓亦几经增改。而这些纂修细节问题，多为学术界所忽视。兹探索其纂修之始末，以期为学术界更为全面、深入地认识该书略尽绵薄之力。

二 编刊历程与参加纂修者考略

纂辑《清朝续文献通考》乃刘氏夙愿。早年，锦藻见汤寿潜《三通考辑要》即拟就《皇朝通考》加以赓续，先即三《考》摘抄简本，以熟体例。④ 然彼时"方事科举，未暇为也"⑤。光绪二十年（1894），应试慈禧太后六旬万寿恩科，获第二甲一百三十二名，"既成进士，呈请归本班补用，分工部都水司行走"⑥。通籍之后，始锐意于纂修此书："锦藻少习帖毕，则好咨访旧闻。伏以《皇朝文献通考》纂辑至乾隆五十年而止，妄思继续增辑……迨光绪甲午通籍后，始网络典籍，锐意编纂。以光绪三十年甲辰为断，聊纪闻见，以备遗忘。"⑦

《清朝续文献通考》今四百卷，而沈家本在进呈中言："候补五品京堂刘锦藻恭纂《皇朝续文献通考》三百二十卷，起乾隆五十一年，讫光绪三十年。"⑧ 考吴郁生《刘锦藻先生行状》云："君端居深念，独掇拾列朝典章制度，踵马贵与成例，思勒一书，以为《皇朝文献通考》之续。蕲于陈

---

① 许寅：《"傻公子"作出的"傻贡献"——嘉业堂藏书楼的过去和现在》，载《学林漫录》第八集，第6页。

② 同上。

③ 陈三立：《清故内阁侍读学士刘君墓志铭》，见《散原精舍文集》卷一七，第256页。

④ 刘锦藻：《三通考辑要·序》，见《萧山文史资料选辑》（四），第55页。

⑤ 刘锦藻：《清朝续文献通考·自叙》。

⑥ 宋慈抱：《汤寿潜传》附《刘锦藻传》，见钱仲联《广清碑全集》，第1178页。

⑦ 刘锦藻：《清朝续文献通考·自叙》。

⑧ 吴廷燮：《清朝续文献通考提要》，见《续修四库全书总目》第22册，史部政书类，第761页。

古讽今，待时主之诹访，初稿经进，蒙恩嘉奖。辛亥以后，益博采放佚，分别部居，续成八十卷，共为卷四百。"① 则其初稿为三百二十卷，故《书目答问补正》史部政书类载："乌程刘锦藻《皇朝续文献通考》三百二十卷，排印初稿本。"② 又据邵懿辰《增订四库简明目录标注》史部政书类载："《皇朝续文献通考》三百二十卷，清刘锦藻撰，光绪三十一年铅印本。"③ 孙殿起《贩书偶记》政书类通制之属载："《皇朝续文献通考》三百二十卷，乌程刘锦藻撰，光绪乙巳坚匏盦铅字排印本。"④ 而国家图书馆今藏三百二十卷本《清朝续文献通考》牌记也有"光绪乙巳冬坚匏盦"字样，则可知此三百二十卷本付梓于光绪三十一年（1905）。又据王欣夫《蛾术轩箧存善本书录》甲辰卷二《四库全书总目提要补正》条云："朱君名景增，清诸生，久馆其乡刘氏，擅楷书。刘氏锦藻《续文献通考》清稿，均出其手钞，此时年已七十余，而如此巨帙，到底不懈。"⑤ 则此书初刊前又有钞本。

五年后，即宣统二年（1910）二月，此书由沈家本将之上呈乙览。刘锦藻自云："朋好怂恿进呈，宣统庚戌由沈子惇侍郎具疏上呈乙览，渥荷温纶，无任惭恧。"⑥ 吴廷燮亦曰："清宣统二年，修订法律大臣法部右侍郎沈家本以是书准呈之。"⑦ 沈家本于上呈奏言中称：是书"穷源竟委，搜采颇宏。……该员从事编纂，体例踵前，门类增广，衰成巨帙，上待宸裁，致力之勤，可备掌故"。⑧ 二月二十八日，奉谕旨，由南书房审阅。三月，锦藻奉命修改原书："三月初十日、二十二日，南书房行走陆润庠等两次奏复，奉谕旨仍著刘锦藻按照南书房签出之处更正妥协，再行进呈。"⑨ 锦藻遵加改正后，"是年十一月，复行呈进，交南书房重加校阅，以签出之处，均已逐条更正无讹奏复。是月二十六日，内阁奉上谕，刘锦藻加恩赏内阁侍读学士衔，以示嘉奖"⑩。此后，锦藻曾将是书赠予友人，

① 吴郁生：《刘锦藻先生行状》，见《民国人物传记史料汇编》第 15 辑，第 631 页。
② 张之洞撰，范希曾补正：《书目答问补正》，上海古籍出版社 2008 年版，第 118 页。
③ 邵懿辰撰，邵章续录：《增订四库简明目录标注》，上海古籍出版社 2000 年版，第 338 页。
④ 孙殿起：《贩书偶记》，上海古籍出版社 1982 年版，第 189 页。
⑤ 王欣夫：《蛾术轩箧存善本书录》，上海古籍出版社 2002 年版，第 1230 页。
⑥ 刘锦藻：《清朝续文献通考·自叙》。
⑦ 吴廷燮：《清朝续文献通考提要》，见《续修四库全书总目》第 22 册，史部政书类，第 761 页。
⑧ 同上。
⑨ 同上。
⑩ 同上。

可见其甚重此书，① 而是书付梓不久便"久已价重鸡林"②，又可见世人亦甚重此书。

上呈之后，锦藻"歉然以为未备，续以近年廑疏所得，从事增纂。益厘定体例，广列部居，务薪于至善"③。再加之初稿本光绪三十年以后之事尚缺，锦藻"怒然难安，因更事补辑"④，故于辛亥以后，又博采众书，续之而成四百卷。⑤ 此为该书初编排印后第一次增订。而《南浔镇志》编纂委员会所编《南浔镇志》第六篇人物第一章历代名人传，刘锦藻条载：刘锦藻《清朝续文献通考》四百卷本，完成于光绪二十七年（1901），并将之进呈，受赏内阁侍读学士衔。⑥ 由上所考，可知《南浔镇志》误。

此次增订，锦藻用力甚勤。陆润庠云："余故与君仍世友好，顷年偶游青岛，每过君寓斋，铅椠填委，钞胥三四辈埋首几案间，恒昕夕不休。余以是服君用力之专，为不可及。"⑦ 其子刘承幹尝参与编纂，承幹自云："本生考之纂《皇朝续文献通考》也，每命余甄采故实。"⑧ 宋慈抱亦云："嗣复与其子承幹商榷义例，断代至宣统三年，补《宪政》、《实业》二门，增为四百卷。"⑨

除其子刘承幹外，锦藻还延聘时贤为其编校。民国八年（1919）八月，托桐乡人劳乃宣订正。劳乃宣云："湖州刘澄如学士辑有《皇朝续文献通考》，至光绪三十年止，曾经进呈，嗣又续至宣统三年止，属余为之全部订正，于八月经始修订。"⑩ 劳氏修订过半，未竟而卒。又请前侍郎陈毅接续，"毅于是以《刑》属法部郎中吉同钧，以《象纬》《物异》属典礼院直学士柯劭忞，以《兵》《职官》属弟业，皆成书矣"⑪。而陈毅亲手校定者有《盐法》《漕运》等篇，"又以乾隆、同治、光绪之训政，及同、

---

① 参见金晓东《〈皇朝续文献通考〉编纂始末与学术价值》，《兰州学刊》2009 年第 1 期。
② 周延年：《南林丛刊次集·坚匏盦诗文集提要》，民国二十八年（1939）铅印本。
③ 陆润庠：《清朝续文献通考·序》。
④ 刘锦藻：《清朝续文献通考·自叙》。
⑤ 吴郁生：《刘锦藻先生行状》，见《民国人物传记史料汇编》第 15 辑，第 631 页。
⑥ 《南浔镇志》编纂委员会：《南浔镇志》，上海科学技术文献出版社 1995 年版，第 332 页。
⑦ 陆润庠：《清朝续文献通考·序》。
⑧ 刘承幹：《嘉业老人八十自叙》，载吴格整理点校《嘉业堂藏书志》附二，第 1410 页。
⑨ 宋慈抱：《汤寿潜传》附《刘锦藻传》，见钱仲联《广清碑全集》，第 1178—1179 页。
⑩ 劳乃宣：《韧叟自订年谱》一卷，己未年七十七岁条，载《晚清名儒年谱》第 14 册，北京图书馆出版社 2006 年版，第 646 页。
⑪ 陈毅：《东陵纪事诗》，见《丛书集成续编》第 26 册，上海书店出版社 1994 年版，第 62 页。

光之归政，为前所未有，谨编入《五礼》，而列于登极之次"①。其《帝系》一考，又据《会典事例》等书在劳乃宣校定之上有所增补，"惟《皇族》门以假钞玉牒，值乱未竟，遂仍乃宣之旧。余稿创而未脱，因锦藻催急，举而归之，亦可惜已"②。

另据陈鸿祥《王国维年谱》民国七年（1918）八月条载："是月，孙德谦来寓，告以刘锦藻（澄如）所撰《续皇朝文献通考》尚待续，拟聘王氏任之，并以'月修不能过五十元'为条件，王氏答以'今岁明年正需此补助'，慨然允诺。"③ 又吴泽《王国维全集·书信》"1918 年 8 月 14 日致罗振玉"条云："昨晚孙益庵言及刘澄如所撰《续文献通考》尚待续补，刘聚卿荐章式之（章钰）为之，而式之非二百元不能来，询维愿为此否，如愿为则与翰怡言之，但月修不能过五十元。维告以今岁明年正需此补助，此事或可望有成，但成亦不知在何时耳。"④ 则锦藻尝拟聘王国维为其续编，王氏亦欣然应允。但考宋慈抱《海宁王国维传》，王氏尝于民国八年"参观蒋汝藻藏书，编为《密韵楼书目》，阅五载始成"⑤。且民国七年前后均无参与续修《清朝续文献通考》之举。又据赵万里《王静安先生年谱》载：王氏于是年间曾受沈曾植之聘，参与《浙江通志》撰写，则王氏究竟是否参与，不详待考。

初次续修之作于民国十年（1921）完成，刘锦藻自叙曰："依前考门目，以类编次，后增《外交》、《邮传》、《实业》、《宪政》四门，粗括近事，足成四百卷。拟饬工排印，藏之家塾，以俟后人之采择。"⑥ 可知此书虽截稿，却未及付梓。据雷梦水《古书经眼录》载："是书凡两次印本，一为光绪三十一年乙巳坚匏盫铅字排印本，作三百二十卷，自乾隆五十一年迄光绪三十年止；次为原题'宣统癸亥'即民国十二年铅字排印四百卷增订足本。"⑦ 则此四百卷本《清朝续文献通考》首次排印于民国十二年（1923）。今国家图书馆有藏，却将其出版年误定为民国十年（1921），则是仅据其自叙所署之年而未审内容。

然此并非其最终定本。据张元济民国十五年（1926）致刘锦藻之信载

① 陈毅：《东陵纪事诗》，见《丛书集成续编》第 26 册，第 62 页。
② 同上。
③ 陈鸿祥：《王国维年谱》，齐鲁书社 1991 年版，第 215 页。
④ 吴泽：《王国维全集·书信》，中华书局 1984 年版，第 272 页。
⑤ 钱仲联：《广清碑传集》，第 1388 页。
⑥ 刘锦藻：《清朝续文献通考·自叙》。
⑦ 雷梦水：《古书经眼录》，齐鲁书社 1984 年版，第 68 页。

有"大著一时尚未脱稿,将来排印,拟仍用方式宋体二号字,另以四号为注,自可遵行。已知照敝印刷所静候续示"①,可知随后锦藻又对其书第二次进行了增补,并与张元济商议出版事宜。至民国十五年版,第二次增补之作尚未脱稿。又据张元济民国二十年(1931)二月致刘锦藻书信中有商务印书馆印刷所营业部制定的"刘澄如先生拟印《续文献通考》"估价单一份,可知此书完成第二次增订当在民国二十年前后。此间,锦藻与张元济曾商议拟由商务印书馆刊行。张元济致刘锦藻信曰:"委任《续文献通考》极应勉尽微劳。续奉明示,详述图表、件数,遵即转交敝公司详细估核。"② 但在刊印时间上双方未能取得一致。张元济云:"惟期限一层,更觉为难,弟实有赧于启齿之处。据谓两年之说,断办不到。本馆自己编译之书,逐有增进,而旧主顾时有委托,亦无从拒却。……询以究需几何年月,总称无从预定。弟初意两年之期,已属甚宽,不料竟相去甚远。殊觉无以仰副雅意。"③

另据周子美《南浔镇志稿》著述类"刘锦藻"条,载有民国壬申重印四百卷本《皇朝续文献通考》,④ 则其第二次增订与商务印书馆商议未果后,于民国二十一年(1932)另行出版。正与陈三立所言"及刊毕,未几,君遂以甲戌岁(1934年)八月十二日病卒于上海旅第,享年七十有三"⑤ 语合。

民国二十二年(1933),锦藻将此本进呈溥仪,受赏"博见洽闻"匾额一方。刘锦藻"谢恩折"曰:"头品顶戴前内阁侍读学士臣刘锦藻跪奏,为叩谢天恩恭折仰祈圣鉴事。……十二月二十日,猥以臣子承幹奏进臣所纂《皇朝续文献通考》,由前学部郎中臣王季烈寄到,蒙恩赏给'博见洽闻'匾额一方。臣锦藻当即恭设香案,东望叩头,谢恩祇领。"⑥ 由此,民国壬申重印四百卷本《清朝续文献通考》最终定稿。1936年,上海商务印书馆据此本影印,精装四册出版,收入《万有文库》第二集"十通"中,是为"万有文库本"。

自20世纪50年代末以来,是编多次以1936年上海商务印书馆"万有

---

① 张元济:《张元济全集》第1卷书信,商务印书馆2007年版,第469页。
② 同上书,第470页。
③ 同上。
④ 参见《华东师范大学图书馆藏稀见方志丛刊》第20册,北京图书馆出版社2005年版,第719页。
⑤ 陈三立:《清故内阁侍读学士刘君墓志铭》,见《散原精舍文集》卷一七,第257页。
⑥ 高拜石:《古春风楼琐记》(五),作家出版社2004年版,第53—54页。

文库本"为底本影印刊行，如1959年、1965年台湾新兴书局两次影印；1993年台湾学生书局再次印行；1988年、2000年浙江古籍出版社亦两次刊行。而1997—2002年，上海古籍出版社又据"万有文库"本将之收入《续修四库全书》中，以飨读者。

三　《清朝续文献通考·经籍考》纂修概述

《经籍考》是刘锦藻所编《清朝续文献通考》三十考中之第二十考，凡二十六卷（以下简称刘氏《经籍考》）。该篇体例取法马端临《文献通考·经籍考》，收书以经、史、子、集四部分类，大致上起乾隆五十年（1785），下迄宣统三年（1911），是一部具有断代史性质的辑录体解题目录，亦可视为对《四库全书总目》的续补之作。

（一）刘氏《经籍考》参编者存疑

关于刘氏《经籍考》的参编者，据宋慈抱先生《两浙著述考》载，桐乡劳乃宣撰有《清续文献通考经籍考》，宋氏称："是书原稿仅截至光绪三十年，近人临海项士元为续至宣统三年，鼎革后，并为补所未备。"① 考劳乃宣《韧叟自订年谱》曰："湖州刘澄如学士辑有《皇朝续文献通考》，至光绪三十年止，曾经进呈，嗣又续至宣统三年止，属余为之全部订正，于八月经始修订。"② 刘锦藻亦自云："拙纂《续通考》方就正（劳）先生。"③ 据此，劳乃宣尝校订《清朝续文献通考》全书，《经籍考》自在其内，毋庸置疑。

关于项士元先生是否参与刘氏《经籍考》的续纂，笔者略考如下：考项士元先生编有《台州经籍考》，今国家图书馆古籍馆有藏。是编成于民国四年（1915），则项氏《台州经籍考》成书时，刘氏《经籍考》正在续修。又项书经、史两册题"吴兴刘氏求恕斋钞本"，子、集两册题"吴兴刘氏嘉业堂钞本"，则刘氏续修《经籍考》亦有可能将项书作为参考资料之一。今将刘氏《经籍考》与项氏《台州经籍考》略作比较。以史部为

---

① 宋慈抱著，项士元审定：《两浙著述考》，浙江人民出版社1985年版，第1205页。
② 劳乃宣：《韧叟自订年谱》一卷，己未年七十七岁条，载《晚清名儒年谱》第14册，第646页。
③ 刘锦藻：《坚匏盦集·劳韧叟先生辛酉重宴鹿鸣赋诗征和敬献四十韵》，见《南林丛刊次集》，民国二十八年（1939）铅印本。

例，刘书、项书皆收有的作者，项书记其著作较全。如刘书收有王莱的《台学统》《大统平议》，而项书则又收王莱的《史记补正》《汉书补正》；刘书收有洪颐煊的《汉志水道疏证》，项书则又收其《校正竹书纪年》《校正穆天子传》；刘书收有戚学标的《毛诗证读》，项书则又收其《涉县志》。项氏若参与续修刘氏《经籍考》，则刘书又缘何有如此漏载？又考项氏曾编有《清续通考经籍考补逸》四卷，原稿不存，① 则项氏对刘氏《经籍考》之续补，或乃单行于刘氏《经籍考》之外，因其原稿亡佚，不能详考，姑且存疑于此。

（二）两种版本《经籍考》之比较

刘锦藻《清朝续文献通考》先后两次成书，有三百二十卷和四百卷两种版本，故其《经籍考》亦有两种版本之别。三百二十卷本收书显然少于四百卷本，但后者并非仅是对前者图书的增补，还进一步完善了其编纂原则。如三百二十卷本经部易类收有钱莱的《读易绪言》，此书《四库全书总目》已收，故四百卷本去之。又《四库全书总目》所漏载之书，四百卷本则增之。如经部增加了王夫之的《周易内传》《周易大象解》《周易外传》等；史部增加了全祖望的《汉书地理志稽疑》等；子部增加了王夫之的《张子正蒙注》、庄述祖的《弟子职集解》等。再者，四百卷本还检核图书，去其重复著录者。如三百二十卷本经部易类著录了唐彪的《身易》，是编实收在子部杂家类《昭代丛书》丙集中，故四百卷本于经部去之。

四百卷本还改正一些刊印之误。如三百二十卷本著录邱仰文的《砍松堂读易记》。考孙殿起《贩书偶记》经部易类载："《硕松堂读易记》十六卷，滋阳邱仰文撰，乾隆戊子本堂刊。"② 则此本书名刊印偶误，四百卷本改为《硕松堂读易记》。再如三百二十卷本史部梁玉绳《史记志疑》条，介绍梁氏曰："玉绳号曜北，浙江钱塘人，诸生。"而四百卷本则改曰："玉绳字曜北，号谏庵，浙江钱塘人，贡生。"修正了原刊本对梁氏字号混淆之误。

此外，四百卷本还在介绍作者、解题考辨上增加了一些内容。如在作者籍贯前增注省名，刘氏自云："前《考》于著者籍贯仅列县名而无省名，县名重复不少，若不冠省，易致混淆，故概增省名，以便稽考。"③ 两版本

① 参见李艳秋《目录学家项士元》，《图书馆杂志》1998 年第 1 期，第 44 页。
② 孙殿起：《贩书偶记》经部易类，见《民国丛书》第四编，第 100 册。
③ 刘锦藻：《清朝续文献通考·经籍考》篇前总案语。

同收录的一些图书下，后者或增加了对作者的介绍，或增加了对书籍的解题。如三百二十卷本《周易诠义》条下，仅著录汪烜撰，而四百卷本则在汪烜下云："汪绂，原名烜，字灿人，小字重生，号双池，安徽婺源人，诸生。"又如四百卷本《周易二闾记》《汉书注校补》等书下，增加辑录了原书的序跋，内容更加翔实。

第二章　刘氏《经籍考》内容结构分析

刘氏《经籍考》的内容结构大致包括书名、作者、卷数、解题、案语诸项。其中书名、作者、卷数三项又合称为"名目项"①。其解题项采用的是辑录体，即辑录原书的序跋而成。其案语项又可细分为"总案语"和"书后案语"两类。所谓"总案语"是指篇前总案语、经史子集四部前总案语、某些子目之后所附案语三类。"书后案语"则常常附在一书解题之后，以起到对解题的补充作用。本章集中阐述其编纂体例中的名目项在编纂方法上的特点，分析其案语中的学术价值，并在此基础上剖析刘氏《经籍考》在卷数著录、作者介绍等方面的不足。

一　详细明晰的名目项

与《文献通考》《续考》《清考》相比，刘氏《经籍考》的名目项有两大特色，即对作者基本资料的辑录和细分作者编、著、辑、译等职责。

刘氏《经籍考》在著录方式上的一大特色是在每书下辑录了作者的字号、籍贯、及第年月、官职等基本资料。考史志类《艺文志》或《经籍志》中，《汉书·艺文志》于附注中偶有对作者的简介。而《新唐书·艺文志》，"于作者姓名不见纪传者，尚间有注文，以资考核，后来得略见古书之崖略，实缘于此"②，但这也不是《新唐志》的定例。至乾隆十二年（1747），清高宗敕撰《续文献通考》，其《经籍考》一门才于撰者下列其字号、籍贯、及第年月、官职等详细信息，并形成了定例。与前三《考》相比，刘氏《经籍考》尤其注重对作者籍贯与官职所在地的记载。

章学诚曰："古人最重家学，叙列一家之书，凡有涉此一家之学者，

---

① 参见周少川《古籍目录学》，中州古籍出版社1996年版，第14页。

② 纪昀：《钦定四库全书总目》史部目录类《崇文总目》条，中华书局1997年版，第1129页。

无不穷源至委，竟其流别，所谓著作之标准，群言之折衷也。"① 述一家之学首先当明其籍贯，可见图书作者的籍贯往往与其学术源流密切相关，一些学术派别也常因其代表者的籍贯而命名。如清中叶兴起的常州学派，就是因为该学派的三位代表者庄存与、刘逢禄、宋翔凤皆为江苏常州人而得名。再如清代汉学中的"皖派""吴派"都是因其主要代表者的籍贯而命名的。可见，刘氏《经籍考》详细记录作者籍贯为考知作者的学术源流提供了线索。此外，刘书还详细记载了作者为官的所在地，这又为考察作者的生平行事提供了重要线索。余嘉锡先生认为，考作者之生平行事，"使百世之下，读其书者想见其为人，高者可以闻风兴起，次亦神与古会"②，这有利于知人论世。

对于刘氏《经籍考》辑录作者资料这一特点，有学者认为，刘锦藻的这种著录方式，"一改过去编撰《经籍志》、《艺文志》只著录书名、卷数、作者姓名的旧例，对该书作者生平和编撰经过亦作介绍"③，认为"这是刘氏对编纂《经籍志》、《艺文志》的一种创新"④。实际上，刘锦藻乃仿其前的《续考》《清考》体例而作，"创新"之说似难成立。

古典目录于图书作者特区分为编、撰、注、辑等职责。如《郡斋读书志》于《莱公勋烈》条下曰"右皇朝寇宗奭编"，《三礼义宗》条下曰"右梁崔灵恩撰"，《唐月令》条下曰"右唐明皇帝删定，李林甫等注"。刘氏《经籍考》于编、撰、辑之外，又增加了图书之译者。如《四裔编年表》条曰："英博那原著，美林乐知译，严良勋述。"⑤《天文略解》条曰："美国人李安德著，刘海澜译。"⑥ 另外，刘氏《经籍考》还依据纂修分工，各载其职。如《开方说》条曰："李锐撰，黎应南补。"⑦ 此兼记撰者与补者；《晓庵诗集》条曰："王锡阐撰，张履编。"⑧ 此兼记撰者与编者，等等。对图书作者编、著、辑、译等纂修职责的细分，有助于认清图书的形成，可见其纂修之精细。

以上可见，刘锦藻《经籍考》的名目项具有详细而明晰的特点，可为

---

① 章学诚撰，王重民通解：《校雠通义通解·互著》第三，上海古籍出版社 2009 年版，第 15 页。

② 余嘉锡：《目录学发微》，中国人民大学出版社 2004 年版，第 48 页。

③ 高国抗、杨燕起：《中国近代史学史概要》，广东高等教育出版社 1994 年版，第 103 页。

④ 同上。

⑤ 刘锦藻：《清朝续文献通考·经籍考》史部杂史类，第 10083 页。

⑥ 刘锦藻：《清朝续文献通考·经籍考》子部天文类，第 10193 页。

⑦ 刘锦藻：《清朝续文献通考·经籍考》子部推算类，第 10194 页。

⑧ 刘锦藻：《清朝续文献通考·经籍考》集部诗集类，第 10243 页。

读者提供阅读和治学的便利。目录书的名目项反映的是其外部特征，而解题、案语项则反映的是其内部特征。① 其解题项已在"史源"一章中有论，此不赘述。以下将刘氏《经籍考》案语项分"总案语"与"书后案语"两部分分别论述。

二 "总案语"评析

刘氏《经籍考》的"总案语"包括篇前总案语一篇，四部前总案语各一篇以及分别在史部政书类军政之属，政书类法令之属，地理类都会郡县之属，子部儒家类、杂家类、小说家类，集部诗类、歌词类、总集类之后的九篇子目总案语。篇前总案语、四部前总案语、子目总案语分别起到了目录书之总序、大序、小序的作用。②

先看刘氏《经籍考》九篇子目后的总案语。这九篇案语的内容或是对类目收录标准的说明，如史部政书类有"法令"一目，而子部又有"法家"一目，刘氏于史部政书类法令后加案语，并引《四库提要》语"法家私议其理，法令官著为令"③，使两者泾渭分明；或是对类目新增内容之说明，如史部政书类法令之属的总案语说明了所以增加交涉类书籍，是因为"交涉为近代大政，苦无成书，总理衙门凡遇定约，随时印行，虽未奉通敕，而确系官书，谈外交者舍是蔑由依据也"④。可见，这九篇总案语往往因事而立说，颇为简明扼要。

再看四部之前的总案语。其编写特点主要是说明了四部之中某些类目的调整变化。如经部总案语指出，自康熙、乾隆以来，"明诏迭开鸿博，一时魁儒蔚起，士之潜心甲部者，上足与汉唐媲隆，郁郁乎文治之美也"⑤。在这种学术背景下，与经旨背驰的谶纬之学便"不合时宜"了。因此，刘氏《经籍考》经部去谶纬之目。再如子部总案语指出，诸子之学自汉代以来渐趋衰微，墨家、纵横家、阴阳家之学并世无书。刘氏《经籍

---

① 参见周少川《古籍目录学》，中州古籍出版社 1996 年版，第 14 页。
② 篇前总案语起到目录书总序的作用，说明了编写《经籍考》之原因在于续补《四库全书总目》和继承乾嘉之学，指出与清修前二《考》之《经籍考》在体例上的四点不同，是研读此篇的纲领。
③ 刘锦藻：《清朝续文献通考·经籍考》史部政书类法令之属小序，第 10097 页。
④ 同上。
⑤ 刘锦藻：《清朝续文献通考·经籍考》总序，第 10017 页。

考》据此依《四库总目》《清考》之例，将其类目删并。可见，这些四部之前的总案语，反映了类目变化背后学术发展的变迁，具有一定的学术史意义。

但是作为起大序作用的"四部总案语"，在关注个别类目变化的同时，更应注重对学术旨要的总体概括。范希曾先生在评《清史稿·艺文志》时云："有清一代著作如林，学风屡变，经学何尚，史学何长，子、集又何旨义，颇有足述。今但于各部类前缀所分类目名号便了其事，不能上攀汉、隋，显揭旨要，亦读者之所苦也。"① 以刘氏《经籍考》经部为例，其所收易类著作，"莫不以京、焦、虞、郑为依归"②，诗类著作多宗《毛诗》，礼类著作多沿郑玄注遗意，"推崇汉学，訾议宋儒"③，而经部前的总案语，却缺乏对该时期经学发展特点的归纳和总结。合观其四部前总案语，未能从总体上深入地论究清中后期经学、史学、诸子学、文学的发展特点、学术旨要，与《清史稿·艺文志》存在着同样的不足。

刘氏《经籍考》中除了"总案语"外，在一些书下还附有"书后案语"，这些"书后案语"有助于学者的读书治学。

三 书后案语与读书治学

刘氏《经籍考》的"书后案语"置于一书解题之后，或是对解题的补充，或是对其考证，于读书治学甚有裨益。

（一）"辨章学术，考镜源流"

章学诚在《校雠通义》中云："校雠之义，盖自刘向父子部次条别，将以辨章学术，考镜源流，非深明于道术精微，群言得失之故者，不足与此。"④ 姚名达先生亦云："目录学者，将群书部次甲乙，条别异同，推阐大义，疏通伦类，将以辨章学术，考镜源流，欲人即类求书，因书究学之

---

① 朱师辙：《清史述闻》卷一七，范希曾评《清史稿》"艺文志"，上海书店出版社 2009 年版，第 281 页。
② 《四库未收书分类目录·易类·序》，转引自《四库未收书辑刊》第一辑"前言"，北京出版社 2000 年版，第 6 页。
③ 《四库未收书辑刊》第一辑"前言"，第 6 页。
④ 章学诚著，王重民通解：《校雠通义·自序》，第 1 页。

专门学术也。"① 可见目录学在梳理文献的同时，还梳理了文献背后的学术文化。刘氏《经籍考》在书后案语中便继承了"辨章学术，考镜源流"的传统。

《尚书》今古文之争是清中叶以来学者较为关注的问题之一。刘氏在《古文尚书撰异》中引段玉裁自序，总结了《古文尚书》衰亡的六大缘由："经惟《尚书》最尊，而罹厄最甚。秦之火，一也；汉博士之抑古文，二也；马、郑不注古文逸篇，三也；魏晋之有伪古文，四也；唐《正义》不用马、郑而用伪孔，五也；天宝之改字，六也；宋开宝之改《释文》，七也。"② 案，"天宝之改字"一条，考陈铁凡先生《敦煌本〈尚书〉述略》云："天宝改字以后，古文旧本虽藏在书府，然民间实未尽绝。盖当时士林沿用古文既久，自不免有墨守之士，执其残编，传之子弟也。"③ 又"宋开宝之改《释文》"一条，考阮元《〈尚书注疏〉校勘记》序曰："《新唐书·艺文志》云：天宝三载，诏集贤学士卫包改古文从今文，说者谓今文从此始，古文从此绝。殊不知卫包以前，未尝无今文；卫包以后，又别有古文也。"④ 段氏之说虽有待商榷，然综其所言，亦见解独到，可为一家之言。又如在《晚书订疑》的案语中梳理了学者们对伪《古文尚书》的研究概况："晚出《书》二十五篇，宋吴棫、朱子始议之，梅氏著《考异》，国朝阎氏著《疏证》，均目为伪。惟毛奇龄力辟先儒之论，志存矫枉而不自知其过。"⑤ 刘氏对《古文尚书》的学术梳理，简明扼要，同时亦表达了其对伪《古文尚书》的学术观点。

再如"金石之学"的起源可上溯到汉代，⑥ 历经魏晋隋唐的演进，到宋代出现了鼎盛之势。但随后的元明时期，金石之学发展停滞。至清代，随着考据之风的盛行，金石学又重新复兴。刘氏《经籍考》于此亦有总结，其在史部张德容所撰《二铭草堂金石聚》案语中云："我朝自顾炎武、顾南原、朱竹垞诸老以金石佐经术，于是金石之学日盛。如叶九来之《金石录补》、钱竹汀之《潜研堂金石跋》皆其卓卓继美欧、赵者也。其他一时一地，若嵩阳、雍州之属，盖不可胜数。"⑦ 可见该时期

---

① 姚名达：《中国目录学史·叙论》上海古籍出版社 2002 年版，第 7 页。
② 刘锦藻：《清朝续文献通考·经籍考》经部书类，第 10022 页。
③ 陈铁凡：《敦煌本〈尚书〉述略》，台北：《大陆杂志》1961 年第 22 卷第 8 期。
④ 阮元：《十三经注疏》附《〈尚书注疏〉校勘记序》，中华书局 2008 年版，第 111 页。
⑤ 刘锦藻：《清朝续文献通考·经籍考》经部书类，第 10022 页。
⑥ 详见朱剑心《金石学》，文物出版社 1981 年版，第 1 页。
⑦ 刘锦藻：《清朝续文献通考·经籍考》史部目录类金石，第 10127 页。

金石之学在继承前人的基础上又有所发展。刘氏进而对这些金石之作进行了分析和总结："乾嘉以来，诸君子搜罗剔抉，各自成书，若中州、关中、山左、两浙、湖南、粤东、粤西、越中、括苍、安阳、偃师、益都、常山以及武氏之《授堂金石跋》、洪氏之《平津读碑记》，莫不兼收博考，较之郭氏《金石史》、吴氏《金石存》等又有加焉。其号称精审者，莫如翁氏之《两汉》，至王氏《萃编》欲合众好而聚之，惜其晚年不能遍览，假手旁参，漏略舛误多所不免，则聚之固难，而考订为尤难也。"① 从中可见，金石学复兴自清初，于乾嘉时期得到进一步发展，并出现了诸多以广博、精审著称的佳作。

刘氏在梳理清人学术成就的同时，还十分注重追溯其发展源流。清人在训诂学方面成就斐然，阮元曰："我朝小学训诂远迈前代，至乾隆间惠氏定宇、戴氏东原大明之。高邮王文肃公以清正立朝，以经义教子，故哲嗣怀祖先生家学特为精博，又过于惠、戴二家。"② 然清代训诂之学源流如何？刘氏于臧琳《经义杂记》案语中曰："郑康成之学，主兼综，主独断。其于经字之当定者，必相其文义之离合，审其音韵之远近，以定众说之是非，而以己说为之补正。凡拟其音者，例曰读如、读若；音同而义略可知也。凡易其字者，例曰读为、读曰；谓易之以音相近之字而义乃瞭然也。凡审知为声相近、形相似二者之误，则曰当为；渭非六书假借而转写纰缪者也。郑氏注经不离此三者。顾炎武、阎若璩、江永、惠栋实始基之，蔚为校雠之业。"③ 这里将清代训诂学的发展上溯至汉代郑玄，并总结了郑玄的治学特点、训诂方法，阐明了清代学者训诂学的源流。再如陈奂《毛诗故训撰》一书，置笺而疏传，严格区分毛公、郑玄两家诗经之学。刘氏在该书案语中首先追溯了毛、郑两家诗学的合流及毛氏之学的源流："唐贞观中，孔颖达作《正义》，传笺俱疏，于是毛、郑两家合为一书。今奂置笺而疏传，宗《毛诗》义也。毛氏之学其源出于荀子，而善承毛氏者唯郑众、许慎，故《周礼注》及《说文解字》此疏多所取资。"④ 又进而追溯该书作者陈奂的学术师承："奂亲受业于段玉裁，既得师承，确守家法。故是书不特为大毛公之功臣，抑且为小学家之津梁也。"⑤ 这

① 刘锦藻：《清朝续文献通考·经籍考》史部目录类金石，第 10127 页。
② 阮元：《王伯申经义述闻序》，见《揅经室集》第一集卷五，中华书局 2006 年版，第 120 页。
③ 刘锦藻：《清朝续文献通考·经籍考》经部经解类，第 10041 页。
④ 刘锦藻：《清朝续文献通考·经籍考》经部诗类，第 10030 页。
⑤ 同上。

里，从一书之学，到一家之学，再到一人之学，将其学术源流梳理得简明扼要。

自 17 世纪 60 年代开始，清代政治上逐渐形成了"康乾盛世"的局面。社会的安定、经济的繁荣为学术文化的发展奠定了基础。乾隆中叶以降，清代学者在经学、史学、文学等各个领域都取得了诸多成就。梁启超先生云："有清二百余年之学术，实取前此二千年之学术，倒卷而缫演之，如剥春笋，愈剥而愈近里；如啖甘蔗，愈啖而愈有味；不可谓非一奇异之现象也。"① 可见清人之学术成果又汲取以往学术研究之精华，在学术史中的地位十分重要。刘氏《经籍考》在书后案语中梳理了清中叶以降的学术成果，并在此基础上对其"辨章学术，考镜源流"，体现了该时期学术积累和学术嬗变的过程。合观全书著录之四部群籍，俨然一部清中叶以降的传统学术文化史。

（二）辅助读书治学与提示学术门径

文献是学术研究之生命，学术研究必当以择取准确的文献为基础。目录书便是集中记录众多文献的著作。清儒江藩云："目录者，本以定其书之优劣，开后学之先路，使人人知某书当读，某书不当读，则为学易成功且速矣。故吾尝语人曰：目录之学，读书入门之学也。"② 可见目录书在学术研究中可起到辅助读书治学和提示学术门径的作用。刘氏《经籍考》的书后案语在辅助读书治学方面，有两点值得肯定。

一是评书与评人相结合。余嘉锡先生云："吾人读书，未有不欲知其为何人所著，其生平之行事若何，所处之时代如何，所学之善否若何者。此即孟子所谓'知人论世'也。"③ 刘书将评书与评人相结合，可获"知人论世"之效。如在戴钧衡所撰《书传补商》案语中曰："钧衡少有异才，名噪一时。及壮，游方东树之门，发愤为通经致用之学。咸丰金田乱起，上书当道，卒赍志以殁。所著《书传补商》贯穴汉宋，多前贤所未发，折衷一是，无偏见。"④ 这里介绍了其在咸丰乱局中"赍志以殁"的事迹，体现了戴氏通经致用的为学特点，进而为揭示其所著之书"无偏见"的要旨作了必要铺垫。又如为了体现潘世璜所著《不远复斋遗书》具

---

① 梁启超：《清代学术概论·自序》，上海古籍出版社 2005 年。
② 江藩：《师郑堂集·序》，光绪十七年刻本。
③ 余嘉锡：《目录学发微》，中国人民大学出版社 2004 年版，第 42 页。
④ 刘锦藻：《清朝续文献通考·经籍考》经部书类戴钧衡所撰《书传补商》条，第 10024 页。

有"羽翼正学，扫除邪说"① 的学术价值，刘氏先论其孝行："世璜年未强仕，乞养归田，侍其父奕隽至老，犹婴儿之傍慈母焉。"② 由此从潘世璜的品行中可见其书之醇正，则其书之教化学者的意义也就不言而喻了。

二是类比的方法。刘氏在评书中，将一书作者与同领域的著名学者相类比，揭示其学术价值，从而起到了辅助读者读书治学的作用。如胡承珙在《毛诗后笺》一书中，利用周秦古书，从中补充辑佚了前人从未道及的《毛传》一百余条，刘氏在该书案语中称其"治《诗》之精，直与同时胡培翚、陈奂鼎足而立也"。③ 再如张金吾编有《诒经堂续经解》一千四百五十一卷，如此浩博之书与王先谦《皇朝经解续编》有何区别？刘氏在该书案语中指出："此编在王先谦《皇朝经解续编》之前，王编只收国朝著作，而张氏此编兼及前代。盖志在补《通志堂经解》之阙。"④ 通过比较，明晰了二书之区别，也揭示了张氏《诒经堂续经解》的学术价值。

在提示学术门径方面，刘氏在书后案语中议及治学方法，可视为继《四库全书总目》后又一成功尝试。如任大椿《释缯》条云："大椿淹通经学，于礼尤长于名物。所著《深衣》、《释缯》等篇，皆博综群籍，衷以己意。或视为《尔雅》广疏，实《礼经》别记之意。学者能推其意，广所未尽，以类穷之，可以会全经之义蕴矣。"⑤ 提示读此书不可仅视为训诂之作，由此书可旁通于礼学，进而得全经之义蕴。再如马寿龄《说文段注撰要》条案语云："学者读段氏书鲜不望洋而叹，得是编为之梯航，庶从事小学者乐其易，由是以求六艺之精蕴，不惟小学借以互畅，将经学益以昌明。"⑥ 为读者再一次强调了明经必以先通小学的治学方法。又王文诰《唐代丛书》首载隋唐小说，刘氏案语提示读者："隋唐佳话于风俗人心俱有关系，读者苟取长舍短，借备参稽，亦未始非博闻强识之助也。"⑦ 告诫读者不可忽视小说之学术价值。在提示学术门径的同时，刘氏还十分注重对一些入门图书的收录。如经部经解类收录了皮锡瑞的《五经通论》《经学历史》等书，周予同先生云：皮锡瑞的著作"学术门径很清楚，善于整

① 刘锦藻：《清朝续文献通考·经籍考》子部杂家类潘世璜所撰《不远复斋遗书》条，第10147 页。
② 同上。
③ 刘锦藻：《清朝续文献通考·经籍考》经部诗类胡承珙所撰《毛诗后笺》第三十卷条，第10029 页。
④ 刘锦藻：《清朝续文献通考·经籍考》经部经解类，第10043 页。
⑤ 刘锦藻：《清朝续文献通考·经籍考》经部礼类，第10033 页。
⑥ 刘锦藻：《清朝续文献通考·经籍考》经部小学类，第10054 页。
⑦ 刘锦藻：《清朝续文献通考·经籍考》子部杂家类王文诰所撰《唐代丛书》条，第10154 页。

理旧说；所以如《经学历史》、《五经通论》等书，对于初学者，真可称为'循循善诱'"①。再如史部地理类收录了王韬的《火器略说》，"此书为火器发轫之始，其说虽略，要皆浅近易知，可取为法"②。子部农家类收录了英人黑球华来思著《农学初阶》，"其目录悉依文学会农学条理而引申之，以便童蒙诵习"③。这些入门图书为学者提供了治学门径，是其深入开展相关研究的前提和基础。

以上论述了刘氏《经籍考》在编纂体例方面的特色，从中可见，其各名目项的著录较为详细、明晰，尤其是书后案语，对清中叶以降的学术做了必要的总结，有助于学者的读书治学。但是，从文献学的角度看，刘氏《经籍考》的编纂体例还存在一些不足，有待进一步完善。

四　体例指瑕

从体例的著录角度看，刘氏《经籍考》在图书著录的书名、卷数、作者等方面存在一些错误，每书下忽略了对版本的著录，致使与一些解题造成歧义。从体例的编纂角度看，刘书的书后案语存在一些考证上的疏忽，对于目录编纂的互著、别裁方法，也有可待商榷之处。

（一）书名之误

如刘氏《经籍考》经部小学类收有钱大昭撰《说文统释序注》一卷。④ 然据《续修四库全书总目》著录，大昭所撰当为《说文统释序》。考《清史稿·钱大昭传》称，钱氏著有《说文统释》六十卷，又据《清儒学案小传》曰：大昭"著《说文统释》六十卷，书未刊，但自序及《徐氏新补新附考证》行世"⑤。据此，大昭之书当为《说文统释序》，今清郭传璞辑《金峨山馆丛书》中，即收有钱大昭撰《说文统释序》一卷，清光绪八年刊本，书名亦无"注"字，刘氏《经籍考》误。

又如，集部著录邓显鹤撰《沅湘耆旧集前编》四十卷、《二编》二百卷，邓氏先著有《沅湘耆旧集》二百卷，后著《沅湘耆旧集前编》四十

① 皮锡瑞著，周予同注释：《经学历史·序言》，中华书局2004年版，第7页。
② 王韬：《火器略说·自识》清光绪二十一年石印本。
③ 刘锦藻：《清朝续文献通考·经籍考》子部农家类，第10189页。
④ 刘锦藻：《清朝续文献通考·经籍考》经部小学类，第10052页。
⑤ 徐世昌：《清儒学案小传》，见《清代传记丛刊》第6册，第241页。

卷，据邓显鹤云：“刊《沅湘耆旧集》成，因取儿子琛历年所辑洪（武）、永（乐）前诸家诗，甄综诠次，始自晋、宋，暨于元代，上而公卿，下逮韦布，旁及闺阁、释道之流，与夫仙鬼谣谚之说皆附，凡得三百三十家有奇，诗二千二百三十余首，名曰《沅湘耆旧集前编》。”① 又《沅湘耆旧集》为邓氏道光二十三年（1843）刻于南村草堂，而《沅湘耆旧集前编》则刻于道光二十四年（1844）小九华山楼。由此可知，《前编》成于《沅湘耆旧集》（即《经籍考》所谓“二编”）之后，刘氏《经籍考》盖以《沅湘耆旧集前编》收书时代在《沅湘耆旧集》之前，误以《沅湘耆旧集》乃续《沅湘耆旧集前编》之作，故率尔将《沅湘耆旧集》题为《沅湘耆旧集二编》。

（二）卷数之误

通过检阅一书卷数的变化，可借此考察其书是否有所亡阙，因此准确地记录一书之卷数十分重要。刘氏《经籍考》对卷数的误载较多。

有多记原书卷数者，如集部著录郑燮撰《板桥诗抄》四卷，但考《续修四库全书》据辽宁省图书馆藏清清晖书屋刻本影印，总题为《板桥集》七卷，其中有《诗钞》三卷，书后有清晖书屋主人跋曰：“是集予购诸贾人，窃喜得窥全貌。又字画皆出其手，恐传刻无多。”② 其云“喜得窥全貌”，则所刻不当有缺。又考《清史稿艺文志拾遗》亦载有《板桥诗钞》三卷，③ 则刘氏《经籍考》所录《板桥诗抄》四卷，或误。又如小学类字书之属中，收录任大椿《小学钩沉》二十卷，据杨钟义曰：“施朝幹撰《墓表》称‘所著书有《小学钩沉》二十卷’，实十九卷。”④ 今检清嘉庆二十二年刊本、光绪十年重刊本篇目，亦十九卷。又考傅增湘《藏园订补邵亭知见传本书目》，别载有清光绪中羊城冯氏刊翠琅玕馆丛书本，亦著录为十九卷。⑤

有少记原书卷数者，如黄丕烈《士礼居丛书》一百九十卷，⑥ 然据《续修四库全书总目提要·丛书部》，黄氏《士礼居丛书》有嘉庆间士礼居刻本与光绪十三年上海蜚英馆影嘉庆刻本两种，前者一百七十卷，后者一百九十四卷，刘氏《经籍考》少录四卷。再如刘氏著录秦瀛撰《小砚山

① 邓显鹤：《沅湘耆旧集前编·序》，见《续修四库全书》第1690册，第181页。
② 清晖书屋主人：《板桥集·跋》，见《续修四库全书》第1425册，第311页。
③ 王绍曾：《清史稿艺文志拾遗》，中华书局2000年版，第1742页。
④ 杨钟义：《续修四库全书总目提要》经部小学类《小学钩沉》条，第1276页。
⑤ 傅增湘：《藏园订补邵亭知见传本书目》卷三经部小学类《小学钩沉》条，第184页。
⑥ 刘锦藻：《清朝续文献通考·经籍考》子部杂家类，第10147页。

人诗集》二十四卷，但据凌鸣喈序云："始自编次目录，定为《诗》二十六卷、《古文辞》六卷、《续集》二卷。"① 又据《续修四库全书》所收今上海图书馆藏清嘉庆刻增修影印本载，其《诗集》亦二十六卷，则刘氏所录卷数误。

有因别篇混入而使卷数致误者。如陈乔枞撰《今文尚书经说考》，刘书著录三十四卷。但考陈乔枞自序云："今春免官，遂杜门下帷，乃录旧稿，重复研寻，成《欧阳夏侯经说考》一卷、《今文尚书序录》一卷、《今文尚书经说考》三十三卷。"② 又考《续修四库全书》所据华东师范大学图书馆藏清刻《左海续集》影印本，是编乃三十二卷。据《清史稿·艺文志》亦载是书三十二卷，则陈氏自序所言三十三卷，误。刘氏《经籍考》所以著录三十四卷，或将书前《尚书欧阳夏侯遗说考》一卷、《今文尚书叙录》一卷并计入《今文尚书经说考》卷数内。再如刘氏《经籍考》录周广业撰《季汉官职封爵考》二卷，但据王欣夫先生称，是书实乃三卷，即《季汉官职考》二卷，《封爵考》一卷，③ 刘氏误合二书为一书，故卷帙记载有误。又如陈春《湖海楼丛书》，刘氏《经籍考》著录十二种，然考范希曾《书目答问补正》著录是编有嘉庆二十四年刻本，收书十三种。④ 又考《续修四库全书总目提要·丛书部》亦著录是编十四种。⑤ 今检刘氏《经籍考》所列其篇目，其将《列子释文》二卷与《列子张注》八卷两书合为一种，误。

（三）作者之误

刘氏《经籍考》于作者项的著录也存在一些错误。大致有以下四个方面：

一是误作者之字号、姓名、登科年岁等。混淆作者之字、号者，如王夫之字而农，号薑斋，而《周易内传》条下，记王夫之字薑斋，误。黎世序字景和，号湛溪，而《河上易注》条下，记黎世序字湛溪，误。施国祁字非熊，号北研，而《金史详校》条下误记其字北研。洪钧是清末外交家，字陶士，号文卿，而《元史译文补正》条下，记其字文卿，误，等

① 凌鸣喈：《小砚山人诗集·序》，见《续修四库全书》第1464册，第508页。
② 陈乔枞：《今文尚书经说考·序》，见《续修四库全书》第49册，第2页。
③ 王欣夫撰，鲍正鹄、徐鹏标点整理：《蛾术轩箧存善本书录》（下），上海古籍出版社2002年版，第1176页。
④ 张之洞著，范希曾补正：《书目答问补正·丛书目》，广陵书社2007年版，第210页。
⑤ 吴格、眭骏整理：《续修四库全书总目提要》丛书部，第287页。

等。此类误载较多。误作者之姓名者，如目录类《清吟阁书目》四卷，著录曰瞿瑛撰。① 考傅增湘《藏园订补郘亭目》载，《清吟阁书目》四卷，清瞿世瑛撰。② 世瑛，字良玉，号颖山，浙江钱塘人，刘氏《经籍考》误。误作者登科年岁者，如子部杂家类杂编之属中，朱士端撰《春雨楼丛书》六种三十卷，刘氏《经籍考》曰："士端字铨甫，江苏宝应人，道光戊子举人。"③ 考徐世昌《清儒学案小传》卷一〇《朱先生士端传》曰："朱士端，字铨甫，道光辛巳举人，官广德州训导。"④ 又考《清史列传》卷六九《朱士端传》曰："士端字铨甫，道光元年举人，官广德州训导，引疾归。"⑤ 据此，朱士端当为道光元年（辛巳）举人，《经籍考》误。

二是官职记载不确切。如李调元所撰《易古文》条曰："调元字羹堂，四川罗江人，乾隆癸未进士，官至陕西潼商道。"⑥ 考《清史列传》云：李调元历任广东学政、直隶通永道，后罢官，遣发伊犁，以母老赎归。⑦ 据此，李调元的最终官职当为"直隶通永道"，而非"陕西潼商道"。再如方功惠所撰《碧琳琅馆丛书》条曰："功惠字柳桥，湖南巴陵人，广东候补道。"⑧ 然据《中国名人志》所载方功惠传云：方功惠（1829—1897）字庆龄，号柳桥，清湖南巴陵（今岳阳）人。以父荫任广东监道知事，官至潮州知府。⑨ 据此，刘氏《经籍考》所记方氏之官不确。

三是对作者真伪不加辨别。刘氏未能详考作者，其中著录的有些作者是窃他人之书为己有者。如史部别史类收录了秦嘉谟的《世本辑补》一书。考李慈铭《越缦堂读书记》云："秦嘉谟补辑本自序称，原书仅得六卷，复得澹生堂钞辑《世本》三卷，又于孙渊如观察处购得洪大令饴孙所编底稿十卷，较原书辑增十之三四，爰延顾君千里详加校阅，其体例悉遵洪氏云云。……是洪书本十卷，今秦书亦十卷，近时吴中人皆言即洪氏书，秦实无所增加，而盗为己有者。"⑩ 又考孙殿起《贩书偶记》卷五古史类所载秦嘉谟《世本辑补》条下云："襄闻人言此系阳湖洪饴孙所著，

①　刘锦藻：《清朝续文献通考·经籍考》史部目录类，第 10121 页。
②　傅增湘：《藏园订补郘亭知见传本书目》史部目录类，第 452 页。
③　刘锦藻：《清朝续文献通考·经籍考》子部杂家类，第 10155 页。
④　周骏富辑：《清代传记丛刊》第 6 册，第 434 页。
⑤　王钟翰点校：《清史列传》卷六九《儒林传》下二，第 5565 页。
⑥　刘锦藻：《清朝续文献通考·经籍考》经部易类，第 10018 页。
⑦　王钟翰点校：《清史列传》卷七二，中华书局 1987 年版，第 5916 页。
⑧　刘锦藻：《清朝续文献通考·经籍考》子部杂家类，第 10179 页。
⑨　参见澹泊《中国名人志》卷一二，《清朝下》，中国档案出版社 2001 年。
⑩　李慈铭：《越缦堂读书记》，中华书局 2006 年版，第 147 页。

终未敢深信，近考此书非秦氏撰，明证有四：武进李兆洛刊《三国职官表》序称，洪氏著有《世本辑补》，以其稿请质于孙伯渊，遂留其斋中。孙后以其稿付江都秦氏刻之，遂冒秦名，于原书前后不易一字，但分卷不依原目，又于序中窜入数语，以附其名耳，其明证一也；吴县钮树玉《匪石遗文》载洪孟慈《世本辑补》跋云，厘为十卷，甚详言之，其明证二也；鄱阳陈方海《计有余斋文集》载洪孟慈传云，著有《世本辑补》十卷，其明证三也；瑞安黄体芳《江苏采进书目》载洪饴孙著有《世本辑补》十卷，其明证四也。"① 由此可知，《世本辑补》的作者当为洪饴孙。

又如史部地理类杂记之属收录了李调元的《南越笔记》一书，考周中孚《郑堂读书记》曰："其书叙述极佳，然见一书无撰人名，前有潘稼堂耒序者，文多与此书同，今观雨村自序云云，虽与郭象、齐丘有别，然亦不免贻讥焉。"② 周中孚所见之书，即屈大均之《广东新语》，前有潘耒序。据刘咸炘先生云，该书乃"李调元窃屈大均之《广东新语》而改其名为《南越笔记》"。③ 案：李调元《南越笔记》十六卷，据《清史列传》载，调元于乾隆三十九年，充广东乡试副考官，既而奉命督学广东。又曰：其"生平宦迹所至，则访问山川风土人物，其有为古人所未志者，即笔录之，以为谈资"④。则《南越笔记》或成书于乾隆年间，其官广东之时。屈大均《广东新语》二十八卷，据汪宗衍先生所撰《屈大均年谱》所载，其成书于康熙二十六年。今考《南越笔记》十六卷中，除卷一、卷六、卷十二外，其他十三卷皆为节取《广东新语》而成，文字亦无增改，则李氏《南越笔记》确实是窃取屈氏《广东新语》而成。⑤

---

① 孙殿起：《贩书偶记》卷五古史类《世本辑补》，见《民国丛书》第四编第 100 册，上海书店 1989 年版。

② 周中孚：《郑堂读书记补逸》卷一八，第 1572 页。

③ 刘咸炘：《刘咸炘论目录学》，上海科学技术文献出版社 2008 年版，第 33 页。

④ 王钟翰点校：《清史列传》卷七二《文苑传》三，中华书局 1987 年版，第 5917 页。

⑤ 笔者检核二书，《南越笔记》（以下简称"笔记"）卷二"梅岭"诸条，节取《广东新语》（以下简称"新语"）卷三"山语"；《笔记》卷三"西江"诸条，节取《新语》卷四"水语"；《笔记》卷四"雷神"诸条，节取《新语》卷六"神话"；《笔记》卷五"金铜"诸条，节取《新语》卷十五"货用"；《笔记》卷七"马人"诸条，节取《新语》卷七"人语"；《笔记》卷八"凤"诸条，节取《新语》卷二〇"禽语"；《笔记》卷九"虎"诸条，节取《新语》卷二一"兽语"；《笔记》卷一〇"龙"诸条，节取《新语》卷二二"鳞语"；《笔记》卷一一"蟛蜞"诸条，节取《新语》卷二三"介语"；《笔记》卷一三"荔枝"诸条，节取《新语》卷二五"木语"；《笔记》卷十四"沉香"诸条，节取《新语》卷二六"香语"；《笔记》卷一五"诸兰"诸条，节《新语》卷二七"草语"；《笔记》卷一六"油糖"诸条，节《新语》卷一四"食语"。

又如《玉函山房辑佚书》，刘氏《经籍考》以为章宗源编，马国翰攘夺章氏之书而刊之。① 然据谢国桢先生曰："湖南胡元玉称，是书本山阴章宗源所辑，国翰购得其稿，因易以己名而刊布之。蒋式瑆撰《书后》三篇，辨证胡元玉所言之谬。国翰所引《十三经注疏》、《平津馆丛书》、臧庸《拜经日记》，均在章氏卒后，所刊之书及所辑之书，与章氏《隋书经籍志考证》史部相较，章本为繁，知非窃诸章氏。惟马氏之书博而寡当，间有疏忽之处。"② 据此，则刘氏《经籍考》失考。

四是对作者在编书中的分工记载有误差。有混辑者为撰者，如《经籍考》经部收录《说文解字旧音》，刘氏著录为毕沅所撰。③ 然据孙人和称："沅因唐以前传注家多称《说文解字音》，疑即《隋志》之《说文音隐》，遂集拾排比，依照许部，有则列之，无则略焉。所据者概为陆德明《释文》、孔颖达《正义》、李善《文选注》、司马贞《史记索隐》、徐坚《初学记》、虞世南《北堂书钞》、欧阳询《艺文类聚》、章怀太子《后汉书注》、张参《五经文字》、唐元度《九经字样》、何超《晋书音义》诸书，搜辑《说文》旧音，自可借为参证。"④ 可见，是编乃毕沅所辑，非其所撰。今《续修四库全书总目》亦著录"清毕沅辑"。又如《庭闻录》六卷，《经籍考》著录为刘健撰。⑤ 然据《续修四库全书提要》称，健之父崑，尝著《吴三桂传》《滇变记》二书，"稿失仅存十三，健因举所问犹能记忆者，笔之于册，自序称虽略而不详，然以视耳食之谈，窃自以为有间。且事多其父口述，崑本节义之士，宜其言之足以征信也。"⑥ 则是编本刘健述其父之作，非健所自撰。

有混辑者与重编者，如子部《贷园丛书》，刘氏《经籍考》著录曰周永年编。然据刘锦藻自曰："永年与青州李文藻交垂三十年，文藻官恩平、潮阳时，刊书十余种，其原本大都借自永年。文藻没而版归永年，遂汇刻十二种。"⑦ 谢国桢先生亦曰："文藻官恩平、潮阳时，尝刻十余种，其原本多得之永年。文藻没后，永年为汇集之，爰成是书。"⑧ 可见，《贷园丛书》本为李文藻辑，周永年重编。

---

① 刘锦藻：《清朝续文献通考·经籍考》子部杂家类，第 10144 页。
② 吴格、眭骏整理：《续修四库全书总目提要》丛书部，第 466 页。
③ 刘锦藻：《清朝续文献通考·经籍考》经部小学类，第 10050 页。
④ 孙人和：《续修四库全书总目提要》经部小学类《说文解字旧音》条，第 1067 页。
⑤ 刘锦藻：《清朝续文献通考·经籍考》史部纪事类，第 10073 页。
⑥ 《续修四库全书提要》第 4 册，第 191 页。
⑦ 刘锦藻：《清朝续文献通考·经籍考》子部杂编类，第 10142 页。
⑧ 吴格、眭骏整理：《续修四库全书总目提要》丛书部，第 246 页。

有混撰者与笺者，如史部杂史类《国策地名考》二十卷条下列为：程恩泽撰，狄子奇笺。案：是书狄子奇亦参与撰写，且用力甚多。他在编写之前，"先立一长单，以《国策》地名分国录出，凡七百余条。又立一巨册，以单上所录分布各纸，凡三百余页"①。在此基础上，程恩泽"乃集其大成，以次排纂，先原文，次正史，次杂录，次本朝诸名家所著，参伍考订，为之折衷，而以现在府、厅、州、县实之"②，成书后狄子奇又为该书作了笺注。而刘氏《经籍考》如此著录，使狄子奇之功不显。

对于一些译著，又有混译者与述者。如史部地理类《地学浅释》一书，刘氏曰玛高温、华蘅芳译述。③ 然考徐维则《增版东西学书录》则著录是编为：英雷侠儿著，美玛高温译，华蘅芳述。④ 政书类《海塘辑要》，刘氏曰：傅兰雅、赵元益译述。⑤ 而徐维则《增版东西学书录》则著录是编为：英韦更斯著，英傅兰雅译，赵元益述。⑥ 译书虽撰者相同，但因译者、述者才识不同而图书质量迥别，刘氏混列译者与述者，不益读者甄别。

（四）缺乏版本项

顾广圻曰："盖由宋以降，版刻众矣！同是一书，用较异本，无弗奚若径庭者，每见藏书家目录，经某书、史某书云云，而某书之何本，漫而不可别识。然则某书果为某书与否？且或有所未确，又乌从论其精粗美恶耶？"⑦ 此言版本于读书之要，尤其对于有解题的目录书，若不在解题下记其版本，容易致误，故余嘉锡先生云："所谓当记版本者，盖言所著叙录，于书名之下，当载依据何本也。"⑧

刘氏《经籍考》在每书下缺少对版本的记录，致使对书之质量难以判别。如经部收有惠栋的《周易本义辨证》五卷，但刘氏未著录其版本。据叶景葵先生称，是书曾有惠氏手稿本和常熟蒋氏省吾堂刻本，叶氏经过校勘后，发现稿本与省吾堂刻本不同之处甚多："凡稿本朱笔圈点，及校改增注，均系松崖先生手笔。大约蒋刻本出于及门传钞，而稿本则先生写定

---

① 程恩泽：《国策地名考·叙》，见《续修四库全书》第422册，第600页。
② 同上。
③ 刘锦藻：《清朝续文献通考·经籍考》史部地理类，第10101页。
④ 徐维则《增版东西学书录》卷三地学第十二《地学浅释》条，清光绪二十八年石印本。
⑤ 刘锦藻：《清朝续文献通考·经籍考》史部政书类，第10098页。
⑥ 徐维则《增版东西学书录》卷二工艺第八《海塘辑要》条，清光绪二十八年石印本。
⑦ 顾广圻：《顾千里集》卷一二《石研斋书目序》，中华书局2007年版，第193页。
⑧ 余嘉锡：《目录学发微》，中国人民大学出版社2004年版，第78页。

后随时修正。名家著述精益求精，得此原稿，洵足珍重。"①　可见稿本乃惠氏随误随修，精于刻本，但刘氏《经籍考》未加著录版本，无从考究。再如章学诚的《文史通义》一书的版本也颇值探讨。章学诚生前曾将《文史通义》手稿托付好友王宗炎整理校订，但直至1922年，才由刘承幹整理补校后，收入《章氏遗书》中得以刊行。此间，章学诚之子章华绂已于道光十二年（1832）在开封另行整理刊行一部，是为"大梁本"。《章氏遗书》本《文史通义》虽然在内容上比"大梁本"较为完备，内篇多出《礼教》《所见》《博杂》《同居》《感赋》《杂说》六篇，但据章华绂称：王宗炎所整理本（即后来刘承幹编入《章氏遗书》本）"查阅所遗尚多，亦有与先人原编篇次互异者，自应更正，以复旧观"②。可知"《章氏遗书》本"与"大梁本"各有优劣，陈其泰先生谓："从认识章氏学术思想言，'章氏遗书本'为优，'大梁本'当然可作补充。故读此书，首先应区别两种版本，以前者为主要依据，再参考后者。"③　刘氏《经籍考》在著录时，由于忽略了该书版本，对其质量也难以判断。又如《经籍考》经部小学类训诂之属中著录郝懿行《尔雅义疏略》二十卷，考傅增湘《藏园订补郘亭知见传本书目》载有阮元《皇清经解》本、咸丰初陆氏刊本。④据杨钟义曰：郝氏《尔雅义疏》"阮文达刊入《皇清经解》，后沔阳陆氏单行其书，皆据节本，未为全书，或云删去之文出高邮王石渠之手，或谓钱唐严厚民所节。咸丰乙卯，嘉兴高伯平得厚民子鹤山所钞足本，校阮、陆两本多四之一，杨至堂属仁和胡珽校刊于吴门，未几为粤贼所毁。同治乙丑，其孙联薇重刻焉"⑤。然懿行之孙同治年所刻之本，亦非全本，据冯汝玠《续修四库全书总目提要》经部小学类《删定郝氏尔雅义疏》条曰："是本相传为王氏删定而后付刊，其后郝氏之孙联蕃、联薇，于同治间，从阳湖汪叔明所得杨至堂所藏严鹤山之本，重行付刊，当时以严氏藏本，每条之下，疏语较多于阮刻，遂为足本，而以阮氏所刻删定之本，非郝氏原书之旧。近上虞罗氏刊有王氏《尔雅郝注刊误》，每条之下，均有念孙案语，说明刊正理由，取与是编对勘，凡经王氏刊正者，悉为是编所无，乃知是编信出王氏删定，乃其刊正之定本，非删节不足之本。而其孙所

---

①　叶景葵：《卷盦书跋》，上海古籍出版社2006年版，第2页。

②　章华绂：《文史通义校注·序》，中华书局2005年版，第9页。

③　陈其泰：《历史编纂的理论自觉——〈史通〉〈文史通义〉比较研究略论》，《人文杂志》2010年第3期。

④　傅增湘：《藏园订补郘亭知见传本书目》卷三经部小学类《尔雅义疏》条，第162页。

⑤　杨钟义：《续修四库全书总目提要》经部小学类《尔雅义疏》条，第1013页。

刻，向称为足本者，实其未定之初本。更取王氏所删各条，与向所谓足本者对勘，凡足本中意义未安、声音讹舛、空言无据、引书错误者，悉经删削，其精覈远在足本之上。"① 可见，郝氏《尔雅义疏》有《皇清经解》本、同治刊本、王氏删定本之分，三本中以王氏刊定本为佳，今《经籍考》未录其版本，无从考知其优劣。

再者，刘氏因不记书之版本致使在编写解题时出现误差。如林乐知等译述《列国陆军制》三卷，详言日、俄、英、法、德、奥、意、印度、波斯等国兵制，刘氏解题云："日本自国变后，借材法国，更定军制新章，卒成强国。印度、波斯兵事颓废，遂起各国干预之渐，故一灭于英，一屈于英、俄。……作者首日本，终波斯，为我中国讽乎！"② 考《续修四库全书》所收据华东师范大学图书馆藏清末江南制造总局刻本影印，是本首列日本，终列英国，波斯在日本、印度之后，居于第三。可见，因二书版本的差异，刘氏《经籍考》所编解题出现了误差。③

此外，有些书因版本不同，其内容也有差异。如王鸣盛的《蛾术篇》有九十五卷全本和八十二卷节略本。九十五卷全本分十篇，八十二卷本节去了其中的两篇，刘氏《经籍考》在子部收录了其《蛾术篇》八十二卷本，却在案语中称该书分十目，就是因为忽视了该书版本，才造成著录之误。

范希曾先生云："史志例不注板本，其著录之书，已刊未刊，及稿本、传钞本之存于何许，俱无考见。徒存其目，为效有限。此实自来撰史志者之通病。……清以来补撰诸史《艺文》、《经籍志》十数家，及今编《清史稿》者，亦无一有意于此，诚大惑也。畏难也？畏渎史体也？意莫可知。然斯举实大有造于学者，应创例为之耶！"④ 可见，史志目录不记版本是一大通病，这也是刘氏《经籍考》的一大缺陷。对于如何记录版本，余嘉锡先生曾言："余谓欲著某书之为何版本，不当仅言宋刊本、明刊本已也，刻书之时有不同，地有不同，人有不同，则其书必不尽同。故时当记其纪元干支，地当记其州府坊肆，人当记其姓名别号。又不第此也，更当

---

① 冯汝玠：《续修四库全书总目提要》经部小学类《删定郝氏尔雅义疏》第二十卷条，第1014页。

② 刘锦藻：《清朝续文献通考·经籍考》子部兵家类，第10199页。

③ 又《中西新学大全》中亦收有林乐知编译的《列国陆军制》，该书首列日本，随后依次为英、俄、德共四国，无波斯、印度，可能是节略本。

④ 朱师辙：《清史述闻》卷一七范希曾评《清史稿》"艺文志"，上海书店出版社2009年版，第278页。

记其卷帙之分合，篇章之完阙，文字之同异，而后某书之为某书与否，庶乎其有可考也。"① 这对当今的古籍整理工作也颇有借鉴意义。

（五）书后案语不足举例

刘氏书后案语主要用于介绍书之内容，或评价其学术价值，对学者读书治学十分重要。但其中也多见失误，大致有以下几类：

1. 失于考证

如吴仪洛撰《本草从新》案语曰："臣谨案：仪洛之书实袭汪昂之《本草备要》，以他人之书掩为己有，等于郭象注《庄》之例，录此示后人读吴氏书不如读汪氏书也。"② 案：刘锦藻以为吴氏之书袭汪氏书，有误。吴仪洛认为：汪氏《本草备要》一书"卷帙不繁而采辑甚广，宜其为近今脍炙之书也。独惜其本非岐黄家不临证，而专信前人，杂采诸说，无所折衷，未免有承误之失。余不揣固陋，取其书重订之，因仍者半，增改者半，旁掇旧文，参以涉历，以扩未尽之旨，书名曰《本草从新》"③。又云："本集所录凡七百二十有余种，视《备要》加五之二，于世所常用之品，庶几备矣。"④ 可知是编乃订补汪昂《本草备要》之作。今比较吴氏《本草从新》与汪氏《本草备要》二书，其异者有三：其一，《从新》《备要》卷首皆有"药性总义"一篇，吴氏乃钞录汪氏之作。然吴氏以双行夹注的形式对此篇进行了注释。如汪氏云："凡寒热温凉，气也；酸苦甘辛咸，味也。气为阳，味为阴。"吴氏此句下注云："气无形而升，故为阳；味有质而降，故为阴。"其二，内容增新。《从新》详辨假药："凡假药不可不辨，如花草子伪沙苑、蒺藜，香栾伪枳实、枳壳之类，始则以伪乱真，渐至真者绝少，数百年来从无一人起而指摘之者，此类甚多。兹集俱正其误。"⑤ 对于同名之药，其"力量厚薄悬殊，性味优劣迥别"⑥，故详加分别。再如："凡可以救荒者，收载稍繁，以其有裨于生成之实用也"⑦，"养生与治病，食物之宜否，关系非细，收载不厌其繁"⑧。凡此，皆汪氏《备要》所未及。其三，分类有别。汪氏《备要》将全书分为：草部、木

---

① 余嘉锡：《藏园群书题记·序》，上海古籍出版社 2008 年版，第 4 页。
② 刘锦藻：《清朝续文献通考·经籍考》子部医家类，第 10203 页。
③ 吴仪洛：《本草从新·序》，见《续修四库全书》第 994 册，第 239 页。
④ 吴仪洛：《本草从新·又序》，见《续修四库全书》第 994 册，第 250 页。
⑤ 吴仪洛：《本草从新·凡例》，见《续修四库全书》第 994 册，第 244 页。
⑥ 同上。
⑦ 同上。
⑧ 同上。

部、果部、谷菜部、金石水土部、禽兽部、鳞介鱼虫部、人部，共八类。吴氏《从新》虽大体本之，但于一级类下又复分二级子目。如草部下又细分：山草类、芳草类、毒草类、蔓草类、水草类等。可见吴氏《从新》并非抄袭汪氏《备要》。吴氏尝自云："余先世藏书最夥，凡有益民用者，购之尤亟，以故岐黄家言亦多海内希见之本。余自髫年，习制举业，时即旁览及焉。"① 足见仪洛为学颇有家学渊源。又考朱记荣《行素堂目睹书录》戊编，收录有吴仪洛《吴氏医学述七种》，即《一源必澈》《四诊须详》《本草从新》《成方切用》《伤寒分经》《杂症条律》《女科宜今》诸书②，据此，则吴氏本有医学素养，故其又非"等于郭象注《庄》之例"可比。刘氏《经籍考》率尔操觚，有失详考。

再如姚配中撰《周易姚氏学》案语曰："臣谨案：配中《周易姚氏学》刊于湖北官书局，其《周易通论月令》二卷，未曾付梓。"③ 案，今《续修四库全书》收录有姚氏《周易通论月令》二卷，书前题识云："据北京图书馆分馆藏，清道光二十五年汪守成等活字印《一经庐丛书》本影印。"④ 则此书曾于道光二十五年（1845）刊印。

2. 某些评价有待商榷

如丁晏《尚书余论》条曰："晏以顾炎武云梅赜伪古文雅密，非赜所能为，考之《家语》等书而断为王肃伪作。盖肃好作伪书以难郑君，撰古文孔《传》，以驾其上。后儒遂误信之，而莫能发其覆，特著《余论》申辨。"⑤ 其云"后儒遂误信之，而莫能发其覆"则不确。考胡玉缙《许庼经籍题跋》云："是编因阎若璩《古文尚书疏证》以古文为梅赜伪撰，其说未核，惠栋《古文尚书考》、王鸣盛《后案》、李惇《群经识小录》疑作于王肃，其说是矣而未能明畅，爰作此以申辨之，故曰'余论'。"⑥ 又考李慈铭曰："丁氏《尚书余论》，凡二十三条，条为一篇，皆明《古文尚书》及孔《传》之为王肃伪作。曰'余论'者，以申阎、惠诸君之说，畅发其所未及也。"⑦ 可见丁宴不过在顾、惠、王、李诸家基础上引而申

① 吴仪洛：《本草从新·序》，见《续修四库全书》第 994 册，第 239 页。
② 参见李万健、邓永秋编《清代私家藏书目录题跋丛刊》第 15 册，国家图书馆出版社 2010 年版，第 111 页。
③ 刘锦藻：《清朝续文献通考·经籍考》经部易类，第 10020 页。
④ 姚配中：《周易姚氏学》，见《续修四库全书》第 30 册，第 446 页。
⑤ 刘锦藻：《清朝续文献通考·经籍考》经部书类，第 10024 页。
⑥ 胡玉缙撰，吴格整理：《续四库提要三种·许庼经籍题跋》卷一经部类，上海书店出版社 2002 年版，第 409 页。
⑦ 李慈铭：《越缦堂读书记》（上），中华书局 2006 年版，第 110 页。

之，以成是书。《经籍考》引用史源未详加甄别。

再如王灏编《畿辅丛书》中收有谷应泰《明史纪事本末》，刘锦藻评曰："窃思丰润谷应泰为浙江提学佥事，时山阴张岱尝辑明一代遗事，应泰作《纪事本末》以五百金购得之，则是书非直隶人真本也。"① 刘氏此说本于邵廷采《思复堂文集》，邵氏云："山阴张岱，字宗子，左谕德元忭曾孙也。……沉淫于有明一代纪传，名曰《石匮藏书》，以拟郑思肖之《铁函心史》也。……顺治初，丰润谷应泰提学浙江，修《纪事本末》，以五百金购请其书，慨然曰：'是固当公之。公之谷君，得其人矣。'"② 但邵氏又称："明季稗史虽多，而心思漏脱，体裁未备，不过偶记闻见，罕有全书。惟谈迁编年、张岱列传，两家具有本末。谷应泰并采之，以成《纪事》。"③ 则谷氏之书非仅据张岱之书而成。《四库全书总目》据此评曰："应泰是编，集众长以成完本，其用力可谓勤矣。"④ 又王树民先生也认为："谷氏之书内容充实，组织亦甚为精密，似非一人以公余之暇所能胜任，但编纂得当，首尾一致，其中应有谷氏一定的功力，不可便谓为袭取他人之作。"⑤ 王树民先生进而又据张岱《琅嬛文集》中《与周戬伯书》所云，认为："张岱所协助者亦以崇祯部分为主，更非出于巨金相购。故种种传说均无足取，可不予深论。"⑥ 陈祖武先生亦曰："所谓《明史纪事本末》系攘窃成书之说，乃人云亦云，不惟缺乏根据，而且也有悖情理。"⑦ 陈先生进而用两条有力的证据，证明谷氏窃书说之谬。而《清史列传》则评谷氏书曰："时《明史》未经钦定，靡所折衷，如纪惠帝逊国，历载黔滇游迹，懿安后死节，而以为青衣，步入成国公第；皆不免沿野史传闻之误。然排比次序，首尾秩然，每篇论断，仿《晋书》体，以骈偶成文，遣词隶事，曲折详尽，取材博而用力勤，论者多韪之。"⑧ 综上，则刘氏《经籍考》所评谷氏之作失于武断。

3. 一些评价前后矛盾

如对"案而不断"的评价，刘氏在马瑞辰撰《毛诗传笺通释》条案语

① 刘锦藻：《清朝续文献通考·经籍考》子部杂家类《畿辅丛书》条，第10172页。
② 邵廷采：《思复堂文集》卷三《明遗民所知传》，浙江古籍出版社2010年版，第217页。
③ 同上书，第218页。
④ 纪昀著，《四库全书》研究所整理：《钦定四库全书总目》（整理本）史部纪事本末类《明史纪事本末》条，第683页。
⑤ 王树民：《史部要籍解题》，中华书局2003年版，第219页。
⑥ 同上。
⑦ 陈祖武：《清初学术思辨录》，中国社会科学出版社1992年版，第223页。
⑧ 王钟翰点校：《清史列传》卷七〇《文苑传》一，第5706页。

曰："是书首列毛、郑说于前，而唐宋元明诸儒及国朝经师之说可与传笺相发明者，广为搜罗，折衷一是，非若徐璈之《诗经广诂》案而不断也。"① 从言辞中流露出对徐氏《诗经广诂》"案而不断"的不满。但在阮元撰《诗书古训》案语中却又赞阮氏之"案而不断"曰："于凡二经之外，经、子、《史》、《汉》有可以证明经义者，皆采摭于经文之后，不加案断，读者苟能实事求是，则治一经即可以通群经矣。"② 案：徐璈《诗经广诂》条贯众家之说，非专主一家之学，其所辑"或与毛、卫异趣，或与郑、孔殊途，或韩、鲁已有主名，或申、齐未著明证，颜曰'广诂'，取诸昔人'《诗》无达诂'之义"③。可见，徐璈《诗经广诂》案而不断者，自有深意。故洪颐煊赞徐书云："此书复从千百年后收集散亡，凡古言古字，片语单辞，靡不穷源探委，以期有裨于兴观群怨之旨，厥功甚伟。"④ 则徐璈"案而不断"与阮元同旨，刘锦藻所评前后矛盾。

又如在成蓉镜撰《禹贡班义述》案语中，刘锦藻批评胡渭《禹贡锥指》曰："蓉镜之书与焦循之《禹贡郑注释》皆专明古义，治《禹贡》者，当先观之。非若胡渭《禹贡锥指》既有重出之名，又惑于后起之说也。"⑤ 案，刘氏此说或本于丁晏，丁氏在《禹贡锥指正误》序曰："窃谓《锥指》一书采摭极博，而沿讹踵谬，杂厕其间。且其说多意必之辞，近似之理，不能信好古学，此其所蔽也。"⑥ 但刘锦藻却又在盛百二《尚书释天》的案语中赞胡渭《禹贡锥指》云："胡渭《禹贡锥指》久为言舆地者所推崇，百二此书则考订天文，二十年精心结撰而成，足与渭书并峙经苑矣。"⑦ 同是一书在不同的案语中却扬抑如此。

4. 编写方法尚待完备

郑樵在《通志·校雠略》中有"泛释无义论""书有不应释论""书有应释论"等说，认为目录书之解题要依据具体情况增减，"有应释者，有不应释者，不可执一概之论"⑧。据此，刘氏《经籍考》某些案语的编写也有"应释而未释"和"应释而未尽释"之失。

---

① 刘锦藻：《清朝续文献通考·经籍考》经部诗类，第10029页。
② 刘锦藻：《清朝续文献通考·经籍考》经部经解类，第10042页。
③ 徐璈：《诗经广诂·例言》，见《续修四库全书》第69册，第365页。
④ 洪颐煊：《诗经广诂·序》，见《续修四库全书》第69册，第364页。
⑤ 刘锦藻：《清朝续文献通考·经籍考》经部书类，第10025页。
⑥ 丁晏：《禹贡锥指正误·序》，见《续修四库全书》第55册，第351页。
⑦ 刘锦藻：《清朝续文献通考·经籍考》经部书类，第10022页。
⑧ 郑樵撰，王树民点校：《通志二十略·校雠略》书有应释论，中华书局2009年版，第1819页。

章学诚云："书有同名而异实者，必著其同异之故而辨别其疑似焉。"①刘锦藻对于一些容易给读者造成歧义的书籍并未用案语以示说明。如史部正史类载："《史记三书正讹》三卷，王元启撰。"又载："《史记三书释疑》三卷，钱塘撰。"《史记》有"八书"，则此处所谓"三书"为何？刘氏不加案语，致使读者有所疑云。再如经部礼类礼记之属载："《礼记郑读考》六卷，陈乔枞撰。"又载："《礼记郑读考》一卷，俞樾撰。"载："《礼记笺》四十九卷，郝懿行撰。"又载："《礼记笺》四十六卷，王闿运撰。"陈氏与俞氏、郝氏与王氏书名皆同，却非一书，则区别为何？诸如此类，刘氏皆"应释而未释"。

刘氏一些书下虽编有案语，但有些未能尽释书籍之要旨。如邵晋涵撰《南江文钞》十二卷、《诗钞》四卷条，刘氏案语云："晋涵之学经经史纬，包孕富有而不以诗文见长。然其文冲和渊懿，奥衍奇古，诗亦深思远韵，功力至深，非浅薄者所敢拟也。"②这条案语仅评邵氏文笔特点，对于其书编写主旨却略而不谈。据陈寿祺序云：邵氏《南江文钞》一书，"证郑注《周易》之合雅诂；辨坊本《斜川集》之伪；跋《日本五畿内志》、《日本备图》，详叙岛夷疆域；据《酉阳杂俎》引唐裴瑜《尔雅注》知其本韩诗；欲取《大戴记》曾子十篇、《小戴记》之《坊记》、《表记》、《缁衣》、《儒行》即子思四篇，以配《论语》、《孟子》；辨《子夏易传》、《魏文侯孝经传》、贾谊《左传解诂》及《七纬》皆见削于班氏《艺文志》。其言多前人所未发。"③可见《南江文钞》中的学术价值甚大，刘氏《经籍考》既不录其序跋，又不在案语中体现该书价值，所评过于空洞。

（六）互著别裁辨析

互著、别裁是目录书的两种重要著录方法。互著是指将同一本书依据其不同的学术属性分别著录在相关的类目内。别裁则是将一书中兼有多重学术属性的篇章裁出，著录在与之相符的类目中。王重民先生认为，马端临的《文献通考·经籍考》已经使用了互著法，"但只有一两处，迹象并不是十分明白"④。随后祁承㸁在《澹生堂书目》中已有意识地运用了互著、别裁方法，而章学诚则在《校雠通义》中进一步完善和发展了互著、

---

① 章学诚著，王重民通解：《校雠通义》卷三《汉志兵书》第十六，上海古籍出版社 2009 年版，第 127 页。
② 刘锦藻：《清朝续文献通考·经籍考》集部别集类中，第 10227 页。
③ 陈寿祺：《南江文钞·序》，见《续修四库全书》1463 册，第 324 页。
④ 章学诚著，王重民通解：《校雠通义》卷一互著第三，第 15 页。

别裁的理论，成为目录书辨析学术源流的重要方法。刘氏《经籍考》对这两种方法虽然有所运用，但未形成定例。

对于互著，如谢启昆的《小学考》一书，所载凡训诂六卷、文字二十卷、声韵十六卷、音义六卷，故刘氏《经籍考》在经部小学类训诂之属内著录之。然是编"以朱竹垞《经义考》即类次《尔雅》二卷，而形声训诂之属缺焉，乃遵竹垞之例，续为是考"①。可见，其体例又仿《经义考》而作，同为辑录体解题目录，故刘氏《经籍考》又在史部目录类经籍之属内著录。再如段玉裁《六书音均表》，凡分《今韵古分十七部表》《古十七部谐声表》《古十七部今用类分表》《诗经韵分十七部表》《群经韵分十七部表》五表，皆专论古今音韵之书，故刘氏《经籍考》录之于韵书中。然据周中孚曰："《六书音均表》作于其前，盖立十七部以为综核，因是为《说文》注，形声读若，一以十七部之远近分合求之，而声音之道大明，故即附刊于后。"②则是编又与《说文》相辅相成，故《经籍考》互著于小学类字书之属《说文解字注》下。

然刘氏《经籍考》经部设有"学庸类"专收《大学》《中庸》类图书。自明代以来，"所说《大学》、《中庸》，皆为四书而解，非为《礼记》而解"③，这表明刘氏将"学庸类"单独立类是符合当时学术发展实际的。但是，《大学》《中庸》原本属《礼记》之篇章。这样单独立类后，又会使"学庸类"图书的学术源流无法在目录中体现。其实清人黄虞稷在著《千顷堂书目》时也曾面对这样的矛盾，他解决的办法是将《大学》《中庸》之书统附于礼类礼记之属中，"盖欲略存古例，用意颇深"④，但这又不符合"学庸类"学术发展的实际。可惜黄、刘二人未用互著法，如果在设立"学庸类"的同时，又在礼类礼记之属中互著相关图书，这一难题便可迎刃而解了。

刘氏对于别裁的运用也没有形成定例。如朱骏声的《说文通训定声》十八卷，书后附有《说雅》一卷。刘氏《经籍考》于经部小学类字书之属中收录了朱骏声的《说文通训定声》，对于其《说雅》一卷则别裁入小学类训诂之属中。

但是，刘锦藻在具体运用别裁时也有疏漏。如经部小学类有胡承珙的《尔雅古义》一书，该书后附有《夏小正补义》一卷，刘氏并未将其别裁

---

① 周中孚：《郑堂读书记》卷三二《小学考》条，第496页。
② 周中孚：《郑堂读书记补逸》卷八经部小学类二《说文解字注》条，第1344页。
③ 纪昀著：《钦定四库全书总目》（整理本）史部目录类《千顷堂书目》条，第1134页。
④ 同上。

入礼类中。又如礼类有连斗山《周官精义》一书，该书内附有郎兆玉的《奇字》一篇，也并未将之别裁入小学类。其他如刘氏《经籍考》子部法家类收录了有关《韩非子》之书，但《韩非子》中的《解老》《喻老》两篇又是对《老子》一书的训释。考《史记》韩非子本传曰："韩非者，韩之诸公子也。喜刑名法术之学，而其归本于黄老。"[1] 据此，韩非子思想中亦深受老子影响，则《解老》《喻老》两篇，"可互见于道家之《老子》经"[2]，这样才能更全面地辨析韩非子的学术思想。又如《礼记》中的《夏小正》《月令》等篇章是研究时令的必备参考文献，在著录时应别裁入时令类中，这样"则后人求其学术源流，皆可无遗憾矣"[3]。另外，在文集中也有别裁的必要。刘咸炘先生曰："后世之当别裁者，文集也。古之文集，本承诗、赋，史、子专家不入焉。……至唐而史、子二流皆入集。至宋而集成一人之丛书，一切著述之成书者皆入矣。"[4] 因此，应当将文集中的文史杂考之作别裁出，入相关类目中。如刘书集部别集类收有查礼所撰《铜鼓堂遗稿》三十二卷，该书卷二十八至三十一为碑志等杂文，其中多是与文史相关的考证之文。张舜徽先生云："是集卷二十八《漓水异源辨》，卷二十九《修复灵渠记》、《海阳山湘漓水源记》诸篇，考证故实，明晰地形，足以羽翼水经方志，信为有用之文。"[5] 据此，当将此篇别裁出，入史部地理类中。

　　以上从学术角度论述了互著、别裁的必要。但是随着后世图书资料的增多，在目录实际编纂过程中也会遇到一些问题。尤其是像刘氏《经籍考》这样的史志类目录的编纂，过多的互著、别裁势必会造成《经籍考》内容的增加，以致与《清续通考》的其他篇目比重失衡。这里，笔者姑且提出些自己的看法，或许有利于问题的解决。在互著时，是否可以"以一代类"，即用一部书代表与其具有相同学术特点的一类书。如刘氏《经籍考》经部书类收有《禹贡旧疏考》《禹贡章句》《禹贡新图说》等一些"禹贡"类图书，本应与史部地理类图书互著。在实际操作中，可以在地理类中仅互著《禹贡旧疏考》这一部书，然后用附注简要标明其他书"见经部书类"。研究地理类的读者就可因此一书，而在经部找到《禹贡章句》《禹贡新图说》等其他"禹贡"类的图书了。这样既节省了空间，又表明

---

① 司马迁：《史记·老子韩非列传第三》，中华书局 1959 年版，第 2146 页。
② 章学诚著，王重民通解：《校雠通义》卷三《〈汉志·诸子〉第十四》，第 105 页。
③ 章学诚著，王重民通解：《校雠通义》卷二《焦竑误校〈汉志〉第十二》，第 69 页。
④ 刘咸炘：《刘咸炘论目录学》，第 86 页。
⑤ 张舜徽：《清人文集别录》，华中师范大学出版社 2004 年版，第 131 页。

了学术源流。其他可依此类推。至于别裁，其实章学诚也意识到了这个问题，他说："或曰：裁篇别出之法行，则一书之内，取裁甚多，纷然割裂，恐其破碎支离而无当也。"① 对此章氏认为，别裁的关键是要"权于宾主重轻之间"②，而且主要强调的是在天文、时令、地理类等专篇目录中使用别裁。③ 可见在利用别裁编纂目录时是需要编修者灵活掌握，且需要具有一定裁断的。

一部高质量的目录书，不仅需要部次分明，更需要辨章学术，梳理其学术源流，利用互著、别裁的技巧"充类而求，则欲明学术源委而使会通于大道"④。从目录编纂的技术层面看，刘氏《经籍考》未能综合地运用互著与别裁，也使得这部目录书的编纂质量稍逊一筹。

① 章学诚著，王重民通解：《校雠通义》卷二《焦竑误校〈汉志〉第十二》，第69页。
② 章学诚著，王重民通解：《校雠通义》卷一《别裁第四》，第24页。
③ 参见章学诚著，王重民通解《校雠通义》卷三《〈汉志诸子〉第十四》，第113页。
④ 章学诚著，王重民通解：《校雠通义》卷二《焦竑误校〈汉志〉第十二》，第69页。

第三章 刘氏《经籍考》史源归纳与商榷

史学家陈垣先生曾云："择近代史学名著一二种，一一追寻其史源，考正其讹误，以练习读史之能力，警惕著论之轻心。"① 可见史源学是历史学的一门基础学科。刘锦藻《经籍考》在一些图书下辑录了原书的序跋，这些序跋介绍了图书内容，阐明了作者宗旨，有助于读书治学。笔者通过研读刘氏书所辑录的序跋，追溯其史源后，发现其并非全文抄录，而是在史源择取中体现了其编纂宗旨。另外，在核对史源后，还发现了一些不足和错误。以下，笔者拟对其史源致误的类型加以分析总结，并酌加补正。

一 刘氏《经籍考》所用史源出处归纳

刘氏《经籍考》所用史源的出处大都本于原书之自序，或作者请友朋所写之序跋，书下常标明"某某自序略曰""某某序曰"等字样。除此之外，还有以下史源出处：

（一）引用古今名人评论。如经部《周易二闾记》条，引用了李慈铭《越缦堂读书记》中认为该书"近于寓言"的评论。②《集孝经郑注》条，引唐开元初刘元《孝经注》序认为"注《孝经》盖康成裔孙所作"的观点。③《后汉书补表》条，引用了刘知幾在《史通》中对史表的看法："以刘知幾之学识，尚谓史之有表烦费无用，读者绒而不发。"④

（二）采用史志目录书。刘氏书还以一些史志目录书为史源，以考一书卷数记载差异，或类目之异同。如经部《毛诗故训传定本小笺》条：

---

① 陈智超编注：《陈垣史源学杂文·前言》，生活·读书·新知三联书店 2007 年版，第 2 页。
② 刘锦藻：《清朝续文献通考·经籍考》经部易类，第 10018 页。
③ 刘锦藻：《清朝续文献通考·经籍考》经部孝经类，第 10041 页。
④ 刘锦藻：《清朝续文献通考·经籍考》史部正史类，第 10058 页。

"《汉艺文志》云《毛诗经》二十九卷、《毛诗故训传》三十卷。"① 史部《明史考证捃逸》条："《明史》三百三十六卷,《四库简明目录》独称三百六十卷。"② 法家类后案引《汉书·艺文志》述杂家源流,又引《四库全书总目》述其析分子目概况。③

(三)以文集、札记为史源。如《经义杂记》条,刘氏认为该书经过了后人改定,其书前阎若璩之序也是伪托,因为"查阎序不见于《潜邱札记》附刻诗文内"④。又如《鲒埼亭集》条:"目录后有刻书跋,不著姓氏,严元照谓出萧山汪继培手。"⑤ 此处引严元照《晦庵学文》考其书跋作者。

(四)以方志、图集为史源。如《传经堂丛书》条。引浙江乌程县之《县志》考该书作者凌堃的相关事迹和著作。⑥ 再如《汉西域图考》条,引《皇舆西域图志》所载新疆行政划分,以考其府县分合。⑦ 又如《砎砚山房诗钞》条,参考了《浙江忠义录》《嘉兴府志》《海盐县志》等记载,以评该书作者沈炳垣。⑧

(五)以人物传记为史源。如王太岳撰《青虚山房集》条,引王昶为王太岳所撰《行状》之言,论其著作流传状况。⑨ 在邓显鹤所撰《沅湘耆旧集前编》提要中还引用了曾国藩《邓显鹤传略》之语,以述其著述之勤。⑩ 在沈衍庆所撰《槐卿政绩》一书解题中,多取于方宗诚之《沈大令传》。⑪ 在沈宝麟所撰《南汝水利志》一书解题中,多取于钱泰吉之《汤溪县学教谕沈君行状》。⑫

(六)引用古诗句为史源。如《泾川丛书》提要中引李白诗,《泊鸥山房存稿》提要中引袁枚过良乡,见旅店题壁之诗等。

以上可见,刘氏《经籍考》引用史源类别虽多,但很难堪称广博。其中有些征引的内容也不过只言片语,过于琐碎。值得关注的是,刘氏在引

① 刘锦藻:《清朝续文献通考·经籍考》经部诗类,第 10027 页。
② 刘锦藻:《清朝续文献通考·经籍考》史部正史类,第 10060 页。
③ 刘锦藻:《清朝续文献通考·经籍考》法家类后案语,第 10132 页。
④ 刘锦藻:《清朝续文献通考·经籍考》经部经解类,第 10041 页。
⑤ 刘锦藻:《清朝续文献通考·经籍考》集部别集类,第 10222 页。
⑥ 刘锦藻:《清朝续文献通考·经籍考》子部杂家类,第 10156 页。
⑦ 刘锦藻:《清朝续文献通考·经籍考》史部地理类,第 10117 页。
⑧ 刘锦藻:《清朝续文献通考·经籍考》集部别集类,第 10254 页。
⑨ 同上书,第 10222 页。
⑩ 刘锦藻:《清朝续文献通考·经籍考》集部总集类,第 10271 页。
⑪ 缪荃孙:《续碑传集》卷六一,载《清代传记丛刊》第 118 册,第 482 页。
⑫ 缪荃孙:《续碑传集》卷四六,载《清代传记丛刊》第 117 册,第 591 页。

用这些史源时，并非一味抄录，而是有所择取，体现了其编纂宗旨。

二　刘氏《经籍考》择取史源的宗旨

刘氏《经籍考》对史源之择取颇为谨慎："所引原文有篇幅过长，其首尾格套及中间无甚关系，或摘取条段者，胥就字句节删，罔敢增易。惟节删及章段者，则曰略称，用示区别。"① 尤其于书籍旨要、学术发展背景、作者行事、书籍刊印流传等诸要点摘录，颇具裁识。

（一）揭示书籍旨要

唐人毋煚以为，目录书之解题，"将使书千帙于掌眸，披万函于年祀，览录而知旨，观目而悉洞，经坟之精术尽探，贤哲之睿思咸识，不见古人之面，而见古人之心。"② 这是目录书解题最可称道之处。书籍要旨之揭示也常常体现出作者之裁识。刘氏《经籍考》于一书之旨要节取精练，颇益研读。如经部焦循撰《尚书补疏》条引焦氏自序云："说《尚书》者多以孔《传》为伪，然《尧典》以下至《秦誓》，其篇固不伪也。即魏晋人作传，亦何不可存其说之善者。"③《经籍考》节录焦氏此语，阐述了其对"伪书"的辩证观点，从而也揭示了是编补疏《尚书》广收博采的宗旨。

又如史部魏源撰《海国图志》条引左宗棠序曰："魏子数以其说干当事不应，退而著是书。其要旨以西人谈西事，言必有稽，因其教以明统纪，征其俗尚而得其情实。言必有伦，所拟方略非尽可行，然大端不能加也。"④ 据此可知此书欲借西学，以达到开阔民众眼界的经世之旨。

（二）注重学术背景的引用

刘氏《经籍考》在节录序言之时，注重节录有关学术发展的相关背景，这有助于读者对该书主旨的把握。如史部薛福成《浙东筹防录》条，引用薛氏自序，阐述了该书是在清光绪十年法国攻占越南的时代背景下编纂而成的，从中可见该书所论皆有实据，并非纸上谈兵。

又如子部李善兰所译《译重学》条，引李氏自序阐述重学分动重学、

---

① 刘锦藻：《清朝续文献通考·凡例》，第 7493 页。
② 毋煚：《古今书录序》，载《旧唐书·经籍志》，中华书局 1975 年版，第 1965 页。
③ 刘锦藻：《清朝续文献通考·经籍考》经部书类，第 10023 页。
④ 刘锦藻：《清朝续文献通考·经籍考》史部地理类外记，第 10117 页。

静重学两科。动重学又分力、质、速三率，"最要者有二，曰分力，曰并力。曰重心，则动、静二学之所共也"①。《经籍考》节录重学有关常识，阐明重学之有关理论，为阅读全书做了必要铺垫。

（三）介绍作者行事

介绍作者之行事始于《别录》《七略》。余嘉锡先生云："观《别录》、《七略》之所记载，于作者之功业学术性情，并平生轶事，苟有可考，皆所不遗。"②《经籍考》于史源中便十分注重对作者行事之节录。如经部焦循《易通释》条云："据循自序谓童年好《易》，其父命释'《小畜》密云不雨'、'自我西郊'两语，乃复见于《小过》者，厥义何在。由是研精三十年，订此二十卷。"③通过摘引焦循幼年学《易》之事，以此阐明焦氏于《易》学用功甚深，其书乃焦氏多年研讨之结晶。

再如子部汤鹏所撰《浮邱子》条《经籍考》引《清史稿》汤鹏本传语曰："每遇人则曰：能过我一阅《浮邱子》乎？"④是编乃汤氏不得志而发愤之作，从《经籍考》节录中可见汤氏性情，由此亦可窥见是编言辞主旨之激昂。

（四）阐明刊印流传

有些书籍在长期流传中散逸失传，故详细记录其刊印流传信息，对考索逸书十分重要。刘氏《经籍考》史源颇注重对书籍刊印流传的记录。如经部吴骞《诗谱补亡后订》条引吴骞自序云："郑氏《诗谱》旧本三卷，欧阳公得残本于绛州，手为补其亡书，亦三卷。近止一卷，颇多讹缺，休宁戴东原复为考证，其疏阔处间亦不免。爰从各本重加校定，稍参鄙见云。"⑤指出郑玄《诗谱》亡佚后，尝经欧阳修、戴震之手流传，为寻绎《诗谱》逸书提供了线索。

可见，刘氏《经籍考》一方面在史源的择取上宗旨鲜明，所辑录的有关图书信息有助于学者读书治学。但另一方面，也存在史源误引、史源节略失当、对史源缺乏考证等有待完善之处。

---

① 刘锦藻：《清朝续文献通考·经籍考》子部推算类，第 10195 页。
② 余嘉锡：《目录学发微》，中国人民大学出版社 2004 年版，第 48 页。
③ 刘锦藻：《清朝续文献通考·经籍考》经部易类，第 10019 页。
④ 赵尔巽：《清史稿·文苑传三》第 44 册，中华书局 1977 年版，第 13427 页。
⑤ 刘锦藻：《清朝续文献通考·经籍考》经部诗类，第 10027 页。

三 刘氏《经籍考》史源不足举要

对于史源的考察，史学家陈垣先生曾提出四个要点："一、看其根据是否正确：版本异同，记载先后，征引繁简。二、看其引证是否充分。三、看其叙述有无错误：人名，地名，年代，数目，官名。四、看其判断是否的确：计算，比例，推理。"① 综合上述四点，刘氏《经籍考》在史源上也存在四方面不足。

（一）史源误引

刘氏《经籍考》所引用史料间有与原文歧误。如茹敦和撰《周易二闾记》条，《经籍考》驳李慈铭谓是编近于寓言。② 但考李慈铭《越缦堂读书记》所云："茹氏之《易》，以此种为最佳。其诠象解义，多本汉诂，援据经史，疏证名通。惟假设茶闾、姜闾二人问答之辞，自相驳难，盖仿西河毛氏白鹭洲主客说《诗》之例。然时涉谐谑，近于小说；又往往泛引不根，或存两可之词，是其病也。"③ 则李氏对是书赞赏有加。其所谓"寓言"者，乃针对"二闾"之名，非对是书之内容。

再如任兆麟撰《夏小正注》条，《经籍考》以王鸣盛为其所作序言为史源，云："是编本郑仲师《周官注》移'主夫出火'一条在三月。又移'时有见稊始收'一条在五月，又补入'采芑鸡始乳'二条，王鸣盛序以为确当云。"④ 然考王鸣盛序，其肯定了任氏将"主夫出火"一条改在三月和"时有见稊始收"一条改在五月，但并未提及"采芑鸡始乳"二条之事，《经籍考》误引史源。

又如孔广森撰《春秋公羊通义》条，《经籍考》引唐陆德明《经典释文》中语，将《公羊》《穀梁》二传"近代无讲者，恐其学遂绝"⑤，转述为"魏晋以来，公羊久成绝学"⑥。但据阮元称："六朝时，何休之学犹盛

---

① 陈智超编注：《陈垣史源学杂文·前言》，生活·读书·新知三联书店 2007 年版，第 2 页。
② 刘锦藻：《清朝续文献通考·经籍考》经部易类，第 10018 页。
③ 李慈铭：《越缦堂读书记》（上），中华书局 2006 年版，第 4 页。
④ 刘锦藻：《清朝续文献通考·经籍考》经部礼类，第 10033 页。
⑤ 见《影印文渊阁四库全书》第 182 册，台湾：商务印书馆 1983 年版，第 373 页。
⑥ 刘锦藻：《清朝续文献通考·经籍考》经部春秋类，第 10035 页。

于河北，厥后《左氏》大行，公羊几成绝学矣。"① 则六朝时公羊之学尚有传述，其成绝学不当在魏晋。

（二）史源节略失当

有些史源因刘氏书引证不充分，致使与原文有所差异。如毕沅撰《续资治通鉴》条曰："（毕沅）乃博稽群书，考证正史，手自裁定，始宋讫元，为《续资治通鉴》二百二十卷。"② 刘氏《经籍考》此条出自冯集梧为是书所作之序，冯氏原文云："兹书以宋、辽、金、元四朝正史为经，而参以《续资治通鉴长编》、《契丹国志》等书，以及各家说部文集约百十余种。"③ 则其取材不只正史。再如王鸣盛撰《尚书后案》条曰："是编专宗郑康成注，郑注亡佚者，采马融、王肃注补之。"④ 刘氏《经籍考》此语出自王鸣盛自序，但王氏原文曰："予遍观群书，搜罗郑注，惜已残阙，聊取马、王传疏益之……马、王传疏与郑异者，条析其非，折中于郑氏。"⑤ 马融虽为郑玄之师，但马氏专主古文经学，郑玄古今文经学兼治。王肃为学则专立异于郑氏，故马注、王注与郑注皆有抵牾之处。是编所采马融、王肃之注乃皆与郑氏相合者，其异者皆"折中于郑氏"后，方予以引用。又如周春撰《辽诗话》条，《经籍考》引沈德潜序曰："春博采群编，凡涉辽诗，无不撷入，上自宫廷，下及谣谚，可昭法戒。"⑥ 但考沈德潜序云："海宁周生苠分，博采群编，凡涉辽诗，无不撷入，以正史为宗，以志乘说类为佐，上自宫廷，下及谣谚，事典而核，语赡而雅。"⑦ 周春亦自称："余所采，以史为主，而说部地志之属佐焉。凡事与辽涉，及后人赋辽事者，悉行附载，取其足与正史相发明，亦裴松之《国志注》例也。就中颇示褒贬，垂功戒，岂徒夸广见而侈异闻哉！"⑧ 据此，是编虽广收博采，必以正史为折中，刘氏《经籍考》引证不够充分。

有些史源因刘氏《经籍考》节略不当，以致失去作者撰写主旨。如王先谦编《续古文辞类纂》条，刘书节录王氏自序，但于"惜抱遗绪，赖以不坠"句后，略去"逮粤寇肇乱，祸延海宇，文物荡尽，人士流徙，展转

---

① 阮元：《春秋公羊通义·序》，见《续修四库全书》第129册，第2页。
② 刘锦藻：《清朝续文献通考·经籍考》史部编年类，第10061页。
③ 冯集梧：《续资治通鉴·识语》，见《续修四库全书》第343册，第1页。
④ 刘锦藻：《清朝续文献通考·经籍考》经部书类，第10022页。
⑤ 王鸣盛：《尚书后案·序》，见《续修四库全书》第45册，第1页。
⑥ 刘锦藻：《清朝续文献通考·经籍考》集部总集类，第10273页。
⑦ 沈德潜：《辽诗话·序》，见《续修四库全书》第1710册，第2页。
⑧ 周春：《辽诗话·序》，见《续修四库全书》第1710册，第4页。

至今，困犹未苏。京师首善之区，人文之所萃集，求如昔日梅、曾诸老声气冥合，箫管翕鸣，邈然不可复得，而况山陬海澨，弇陋寡俦，有志之士生于其间，谁与拔濯而振起之乎？观于学术盛衰升降之源，岂非有心世道君子责也！"① 若此段文字不录，则似此书仅为续文补缺而已，致使王氏"以文济世"之志不显。② 再如王念孙撰《广雅疏证》条，刘氏《经籍考》于提要中仅摘录王念孙于自序中所言此书字讹、字脱、错乱者之数，未及是书学术宗旨。据段玉裁序云："圣人之制字，有义而后有音，有音而后有形。学者之考字，因形以得其音，因音以得其义。治经莫重于得义，得义莫切于得音。"③ 可见声音于训诂之重要。王念孙亦云："窃以训诂之旨本于声音，故有声同字异，声近义同。虽或类聚群分，实亦同条共贯。……此之不寤，则有字别为音，音别为义，或望文虚造而违古义，或墨守成训而鲜会通。"④ 刘氏《经籍考》未节取史源中的要点，致使王氏该书"因音求义"的学术宗旨不显。

（三）对史源缺乏考证

刘氏《经籍考》对所采史源缺乏考证，有因误致误之病。如引丁晏《尚书余论·序》认为，《古文尚书》乃王肃伪作，而后儒皆不加辨别，"遂误信之，而莫能发其覆"⑤。然对伪《古文尚书》首先提出质疑者，学者公认为始于南宋吴棫。朱熹又在此基础上有所阐发，明梅鷟亦撰有《尚书考异》，至清阎若璩、惠栋等皆辨其伪。又据胡玉缙云：丁晏该书"因阎若璩《古文尚书疏证》以古文为梅赜伪撰，其说未核，惠栋《古文尚书考》、王鸣盛《后案》、李惇《群经识小录》疑作于王肃，其说是矣而未能明畅，爰作此以申辨之，故曰'余论'。"⑥ 丁晏不过在惠氏、王氏等人基础上引而申之。可见自宋以来，学者对伪《古文尚书》已有所辨，刘氏《经籍考》所言后儒"遂误信之，而莫能发其覆"失考。

再如褚寅亮撰《仪礼管见》一书，刘氏《经籍考》节略其序言曰："寅亮邃于经学，谓宋人说经好为新说，至元吴兴敖继公撰《集说》，虽采

---

① 王先谦：《续古文辞类纂·序》，见《续修四库全书》第1610册，第73页。
② 刘锦藻：《清朝续文献通考·经籍考》集部总集类，第10267页。
③ 段玉裁：《广雅疏证·序》，见《续修四库全书》第191册，第1页。
④ 王念孙：《广雅疏证·序》，见《续修四库全书》第191册，第2页。
⑤ 刘锦藻：《清朝续文献通考·经籍考》经部书类，第10024页。
⑥ 胡玉缙撰，吴格整理：《续四库提要三种·许庼经籍题跋》卷一经部书类，上海书店出版社2002年版，第409页。

先儒之言，实自逞私臆，专攻郑学，故寅亮著是编驳正之。"① 但考《四库全书总目》卷二〇敖继公撰《仪礼集说》提要云："于郑注之中，录其所取，而不攻驳所不取，无吹毛索垢、百计求胜之心。……且郑注简约，又多古语，贾公彦疏尚未能一一申明。继公独逐字研求，务畅厥旨，实能有所发挥，则亦不病其异同矣。"② 又考周中孚《郑堂读书记》云："礼是郑学，无取妄滋异端，君美（继公字君美）务加诋訾，未免沿宋学习气。然其于郑注有所去取而无所攻击，其中所改经字亦皆各有所本，具详每卷后正误条内，知非出于臆改。"③ 据此，褚寅亮所评敖继公未免有失公允，《经籍考》径直引用而不加辨别。

又如焦循撰《春秋左传补疏》条，刘氏《经籍考》录其自序以为：杜预为掩司马懿之奸而撰《左氏春秋集解》，"循撰此编摘其奸而发其覆，以求合经旨，可谓善读《春秋》者矣"④。然刘文淇则云：焦循"以杜氏之妄，并诬及《左氏》，则大谬矣"。⑤ 焦循在驳正杜预《春秋集解》之时，不应连及《左传》。刘氏《经籍考》并未对焦氏自序详加甄别，徒信其说。

（四）略去史源出处

一是原文作者本标有出处，刘氏《经籍考》删之。如经部姚配中《周易姚氏学》条曰："故其自序有云：《乐》、《诗》、《礼》、《书》、《春秋》五者，五常之道，相次而备，而《易》为之原。"⑥ 此语实出自《汉书·艺文志·六艺略序》，姚配中于序中已标明，刘氏《经籍考》删之，致使读者误以为姚氏之言。又如焦循撰《礼记补疏》条："循自述曰：礼以时为大，蔽千万世制礼之法，而训诂名物亦所宜究，用撰是编论列之。"⑦"礼以时为大"乃焦循引《礼记》中语，刘氏《经籍考》率意删去。

二是《经籍考》某些"臣谨案"之语，全文径直抄录他文而来，却不标明出处，会使读者误以为刘氏自言。列举如下七条：（1）柳兴恩《谷梁

---

① 刘锦藻：《清朝续文献通考·经籍考》经部礼类，第10032页。
② 《四库全书》整理所整理：《钦定四库全书总目》经部礼类二《仪礼集说》条，中华书局1996年版，第254页。
③ 周中孚：《郑堂读书记》卷四经部三之二礼类仪礼之属《仪礼集说》条，上海书店出版社2009年版，第52页。
④ 刘锦藻：《清朝续文献通考·经籍考》经部春秋类，第10036页。
⑤ 胡玉缙撰，王欣夫辑：《四库全书总目提要补正》卷七春秋类《春秋左传正义》条，上海书店出版社1962年版，第157页。
⑥ 刘锦藻：《清朝续文献通考·经籍考》经部易类，第10020页。
⑦ 刘锦藻：《清朝续文献通考·经籍考》经部礼类，第10033页。

大义述》条解题，抄录柳兴恩《谷梁大义述·叙例》中语。①（2）焦循撰《孟子正义》条解题，抄录阮元所作《通儒扬州焦君传》中语。②（3）陈鳣撰《简庄疏记》条解题，抄录自书后张钧衡之跋。③（4）王引之《经义述闻》条解题，抄录于书前阮元序文。④（5）陈鳣撰《经籍跋文》条解题，抄录自书前吴骞之序。⑤（6）汤鹏撰《浮邱子》条解题，抄录自梅曾亮撰《户部郎中汤君墓志铭》。⑥（7）莫文泉撰《研经言》条解题，钞录自书前陆懋修序。⑦ 尤其是一些西方译著，如在史部杂史类之《四裔编年表》，地理类之《地学浅释》，政书类之《工程致富》《考工记要》《海塘辑要》《西国造桥论略》，子部兵家类之《营工要览》《海军指要》《临阵管见》《营垒图说》等书下之解题，实乃取于徐维则《东西学书录》中之解题，刘氏《经籍考》径直抄录，却又以"臣谨案"冠前，有没维则之名之嫌。

此外，刘氏《经籍考》对于个别文人应酬之作，显然属于友朋溢美之语，也不加甄别。如集部王云撰《烟霞万古楼文集》条曰："钱泳序略曰：仲瞿之学无所不窥，而尤工于骈体，直可压倒齐、梁云。"⑧ 方东树撰《仪卫轩文集》条，刘氏《经籍考》引其友管同语曰："其识卓有过人者，宜其文之冠于吾辈也。"⑨ 有些史源择取还颇受时代局限。如集部曾国藩《曾文正公诗集》条，刘氏《经籍考》以《清史稿》曾国藩本传为史源，评其为"以削平粤寇难为中兴第一名臣，其文学以并世无匹云"。⑩ 特别是在一些奉敕修撰的书籍下，长篇累牍地抄录御制序言，过于繁冗。诸如此类皆应有所删裁。

刘氏《经籍考》在史源上之所以出现若干失误，究其原因在于成书过于仓促。《清朝续文献通考》定稿后，刘锦藻急于成书，他曾委托张元济在商务印书馆刊行，但张元济回复云："惟期限一层，更觉为难，弟实有赧于启齿之处。据谓两年之说，断办不到。……询以究需几何年月，总称

---

① 刘锦藻：《清朝续文献通考·经籍考》经部春秋类，第 10037 页。
② 刘锦藻：《清朝续文献通考·经籍考》经部孟子类，第 10040 页。
③ 刘锦藻：《清朝续文献通考·经籍考》经部经解类，第 10043 页。
④ 同上。
⑤ 刘锦藻：《清朝续文献通考·经籍考》史部目录类，第 10120 页。
⑥ 刘锦藻：《清朝续文献通考·经籍考》子部杂家类，第 10136 页。
⑦ 刘锦藻：《清朝续文献通考·经籍考》子部医家类，第 10201 页。
⑧ 刘锦藻：《清朝续文献通考·经籍考》集部别集类，第 10229 页。
⑨ 同上书，第 10232 页。
⑩ 同上书，第 10237 页。

无从预定。弟初意两年之期，已属甚宽，不料竟相去甚远。殊觉无以仰副雅意。"① 与商务印书馆商议未果后，于次年即民国二十一年（1932）便匆匆另行出版。曾为该书校订的陈毅言："惟《皇族》门以假钞玉牒，值乱未竟，遂仍乃宣之旧。余稿创而未脱，因锦藻催急，举而归之，亦可惜已。"② 可见《清朝续文献通考》由于急于付梓，校订方面存在一些遗憾，错误也就难免。

另外，刘锦藻虽然自幼便"博洽群籍，与伯兄紫回水部同为名诸生③"，但自从及第后，便不再专心于学术，而是将主要经历放在了经商上。如光绪二十八年（1902）与友合资 300 万银元，在汉口创办暨济水电公司，光绪三十一年（1905）在上海创建第一家民营轮船公司——大达轮船公司，并担任经理，光绪三十三年（1907）与汤寿潜合议集资 100 万元入股浙江兴业银行等。这使得刘锦藻商务缠身，很难将精力全倾注于《清朝续文献通考》的纂修上。故张舜徽先生认为，刘氏《经籍考》错误缺漏严重，"有些错误是出乎意料的"。④

总体而言，刘氏《经籍考》能够依据原文如实抄录或节略史源，以阐明书籍大义要旨，简明扼要，颇具裁识。但因成书仓促及刘氏个人等因素，在史源上也存在一些问题，这是学者在利用该书时应当注意的。

四　史源商榷⑤

（一）经部

易类

《周易二闾记》三卷　茹敦和撰

李慈铭有重订本，乃谓近于寓言，改为左闾、右闾。不知二程遇蜀之蔑叟、酱翁，皆深于《易》。古隐君子大都变易姓名，慈铭复改茶闾、姜

---

①　张元济：《张元济全集》第 1 卷书信，商务印书馆 2007 年版，第 470 页。
②　刘成禺：《世载堂杂忆》，辽宁教育出版社 1997 年版，第 206 页。
③　陈三立：《清故内阁侍读学士刘君墓志铭》，见《散原精舍文集》，上海古籍出版社 2003 年版，第 256 页。
④　张舜徽：《中国史论文集》，湖北人民出版社 1957 年版，第 197 页。
⑤　在这一部分中，笔者主要重点考察刘氏《经籍考》解题中所涉及的史实、卷帙、作者生平、图书要旨、版本优劣等问题。对于刘氏解题中对某一部书的评价，笔者仅选取一些与刘氏不同的观点存异，尽量保持客观，做到案而不断，以待读者自识。

闱之号，失其真矣。

案，李慈铭云："茹氏之《易》，以此种为最佳。其诠象解义，多本汉诂，援据经史，疏证名通。惟假设茶闱、姜闱二人问答之辞，自相驳难，盖仿西河毛氏白鹭洲主客说《诗》之例。然时涉谐谑，近于小说；又往往泛引不根，或存两可之词，是其病也。"① 则李慈铭对是书赞赏有佳。其所谓"寓言"者，乃针对"二闱"之名，非对是书之内容。又据《续修四库全书总目》曰："是书多主卦变互体，贯穿群经，以为证据，不愧实事求是之学，亦间有涉于支离蔓衍者。慈铭重加删订，尤有功于乡献。"②

再案，其名虽近寓言，其书则多翔实，尚秉和曰："今观其记，博引故训，贯穿经史，直抒胸臆，不蹈袭前人，而字必求其真实，诂必溯其源本。不惟可药宋儒空虚之病，即讲汉学，如惠栋，如张惠言，如江藩等之宗主虞氏，申述其义不敢违者，视之亦有愧色。盖所谓著书者，贵发抒己见，补前人所未言，方为有益。如前人已言之，而又覆述之，陈陈相因，又何取乎？此《二闱记》之所以可贵也。"③ 二闱还曾以说《诗》见长，据茹敦和称：二闱说《诗》"无家法，率以臆，往往多创获，听之颐解"④。

《周易虞氏消息》二卷　张惠言撰

惠言自序《虞氏易略》曰：（虞）翻传孟氏学，以阴阳消息六爻，发挥旁通，升降上下，归于乾元，用九而天下治，依物取类，贯穿比附，后儒罕能通之。

案，虞翻，字仲翔，会稽余姚人。《隋书·经籍志》载其《周易注》九卷，两唐《志》同，然"至《崇文总目》、晁、陈书目、《通考》、《宋志》俱不著录，盖已佚于宋矣"⑤。虞氏说《易》，不喜章句之学，据《三国志·吴书·虞翻传》裴松之注引《虞翻别传》曰："前人通讲，多玩章句，虽有秘说，于经疏阔。臣生遇世乱，长于军旅，习经于枹鼓之间，讲论于戎马之上，蒙先师之说，依经立注。"⑥ 虞氏对汉代说《易》诸家皆有评论，其曰："自汉初以来，海内英才，其读《易》者，解之率少。至

---

① 李慈铭：《越缦堂读书记》（上），中华书局 2006 年版，第 4 页。
② 柯劭忞：《续修四库全书总目提要》经部易类《重订周易二闱记》条，中华书局 1993 年版，第 57 页。
③ 尚秉和：《续修四库全书总目提要》经部易类《周易二闱记》条，第 57 页。
④ 茹敦和：《周易二闱记·序》，见《续修四库全书》第 23 册，第 215 页。
⑤ 周中孚：《郑堂读书记补逸》卷一易类孙堂辑《周易注》条，上海书店出版社 2009 年版，第 1188 页。
⑥ 陈寿撰，裴松之注：《三国志》卷五七《吴书·虞翻传》，第 1322 页。

孝灵之际，颍川荀谞号为知《易》，臣得其注，有愈俗儒，至所说‘西南得朋，东北丧朋’，颠倒反逆，了不可知。……又南郡太守马融，名有俊才，其所解释，复不及谞。……若乃北海郑玄、南阳宋忠，虽各立注，忠小差玄而皆未得其门，难以示世。"① 然据周中孚称，宋人宋咸尝讥虞氏说《易》"去圣人为远"②。

自魏王弼以空言解《易》，唐立之学官，而汉儒之说微。独李鼎祚作《集解》，颇采古易家言，而翻注为多，其后古书亡尽。

案，据陈振孙曰："自汉以来，言《易》者多溺于象占之学，至弼始一切扫去，畅以义理。于是天下后世宗之，余家尽废。然王弼好老氏，魏、晋谈玄，自弼辈倡之。"③ 据此，王弼说《易》以义理，非尽为空言。

再案，阮元云，惠栋在张惠言之前有《易汉学》一书，推阐消息变化之道，又有《周易述》宗虞氏易学，但皆义有未通之处。而惠言此书"承惠征士之绪，恢而张之，约而精之，阐其疑滞，补其亡阙，纠其讹舛，成《虞氏易》九卷，又标其纲领成《虞氏消息》二卷。其大要明乾元以立消息之本，正六位以定消息之体，叙六十四卦以明消息之次，推九六变化以尽消息之用。始于幽赞神明，终于乾元用九，而天下治。盖自仲翔以来，绵绵延延千四百余载，至今日而昭然复明。"④ 可见是书之大旨。柯劭忞曰："惠言治虞氏易，潜心探索，三年始通其要领，乃撰《虞氏消息》以发明之。……其义例精深，初学不易入门，亦可谓孤经绝学矣！"⑤ 然与惠言同时，又有孙堂（步升）所辑虞翻《周易注》十卷，周中孚曰："步升依王弼本次序，而张氏用郑注本，亦为较善。惟张本杂以自所解义，此则专录存其注，故言虞氏本书者，仍当推是本焉。"⑥ 据此，孙书略胜张书。

又案，陈善曰："壬戌春，善赴礼部试，侍先生于京邸讲席，先生授以最后定本。未几，善赴河南，距数月而先生殁。今兵部侍郎浙江巡抚仪徵阮公，先生座主也，将刊先生遗书。适善自河南旋里，公索先生书于善，为序其《虞氏义》并《消息》，命善校刊。乃与先生之甥武进董君士锡及武进李君兆洛、刘君逢禄参校，始于癸亥春二月，及九月而工竣。"⑦

①　陈寿撰，裴松之注：《三国志》卷五七《吴书·虞翻传》，第 1322 页。
②　周中孚：《郑堂读书记补逸》卷一易类孙堂辑《周易注》条，第 1189 页。
③　陈振孙：《直斋书录解题》卷一易类王弼《周易注》条解题，中华书局 2006 年版，第 1 页。
④　阮元：《周易虞氏义·序》，见《续修四库全书》第 26 册，第 427 页。
⑤　柯劭忞：《续修四库全书总目提要》经部易类《周易虞氏消息》条，第 77 页。
⑥　周中孚：《郑堂读书记补逸》卷一易类孙堂辑《周易注》条，第 1189 页。
⑦　陈善：《周易虞氏义·序》，见《续修四库全书》第 26 册，第 428 页。

可见是书初成于嘉庆二年（1797），经门人陈善等校勘，于嘉庆八年（1803）阮元刻于娜嬛仙馆。又据莫友芝云："嘉庆中阮氏为刊行，又刊入《经解》，近时通行。场屋士子利其参互之说，作易经文，捃摭敷衍，矜奇炫博。实则汉学诸经惟《易》一类最为杂乱无理，程子教人先看王弼，因其一扫汉人之芜秽也。"①

《易义别录》十四卷　张惠言撰

惠言自序略曰：王弼《注》行而古师说废，孔颖达《正义》行而古《易》书亡。

案，据《四库全书总目》曰："《易》本卜筮之书，故末派浸流于谶纬。王弼乘其极弊而攻之，遂能排弃汉儒，自标新学。然《隋书·经籍志》载，晋扬州刺史顾夷等有《周易难王辅嗣易》一卷，《册府元龟》又载，顾悦之'难王弼易义'四十余条，京口闵［关］康之又申王难顾。是在当日已有异同。王俭、颜延年以后，此扬彼抑，互诘不休。至颖达等奉诏作疏，始专崇王注，而众说皆废。"②《经籍考》盖本此说。然又考余嘉锡先生《四库提要辨证》曰："晋、宋之际，郑、王两学并行于世。康成之《易》，虽微而未绝，顾夷、顾悦之之徒，犹能援郑义，以攻难辅嗣也。黜郑置王，由于颜延之，《宋书》本传不载其事，而其黜置之意，犹有可考"③据余嘉锡先生所言，则古易诸家之说，当亡于陈、隋之际。

又考胡玉缙先生引许宗彦《鉴止水斋集》曰："若《正义》中所谓'定本'者，盖出于颜师古，师古之学本之之推，之推《家训·书证篇》，每是江南本而非河北本。师古为'定本'时，辄引晋、宋以来之本折服诸儒，则据南本为定可知已。孔仲达本兼涉南、北学，本传称其习郑氏《尚书》、王氏《易》。至其为《正义》，则已有颜氏考订本在前，且师古首董其事，遂专用南学，而北学由此废矣。"④则颖达专主王《注》，或非其本意。

乃辑《释文》、《集解》及他书所见，各为《别录》，义有可通，附著于篇，凡孟氏四家：孟氏、姚信、翟元、蜀才；京氏三家：京氏、陆绩、干宝；……

案，考柯劭忞曰：是书"皆研究精细，非潜心古义者不能如此也。惟

①　莫友芝撰，傅增湘增补：《藏园订补郘亭知见传本书目》经部易类《周易虞氏消息》条，中华书局2009年版，第35页。
②　纪昀：《钦定四库全书总目》经部易类《周易正义》条，第6页。
③　余嘉锡：《四库提要辨证》经部易类《周易正义》条，中华书局2007年版，第5页。
④　胡玉缙：《四库全书总目提要补正》经部易类《周易正义》条，第15页。

《汉书》称孟喜好自称誉，得《易》家候阴阳灾异书，自言师田生，且在时枕喜膝，独传喜。梁丘贺以为妄言。惠言乃据虞氏所说阴阳消息之序，神明参两之数，九六变化之用，以为田生所传于喜者，果为秘奥，斤斤然为辩护之辞，以与梁丘贺相驳难，亦可谓不急之争矣"。①

《易通释》二十卷　焦循撰

盖循精于算术，兹乃以数之比例，求易之比例，触类旁通，恢恢乎游刃有余矣！

案，据柯劭忞曰：焦氏"洞渊九容之术，以数之比例求易之比例，所疑尽释，乃撰《易通释》一书。举经传之文，互相引证，会而通之，字字求其贯彻。以为包羲之卦，参互错综，文王周公之系辞，亦参互错综，孔子之十翼，亦以参互错综，赞之所谓参互错综者，即旁通、时行、相错之法而已。按：易学范围广大，奇偶之数推演无穷，执一端而通之全体，皆能密合，必谓羲、文、周、孔之义，尽括于此，诚为一孔之见；必谓旁通、时行、相错之法，支离纠辖，无当于易学，亦非也"。②

《易图略》八卷　焦循撰

循是书因《易通释》既成，复提其要为《图略》八卷。凡《图》五篇、《原》八篇，发明旁通、相错、时行之义。《论》十篇则破旧说之非云。

案，《经籍考》所未"《论》十篇则破旧说"者，当指破汉魏人说《易》之旧说。据阮元《雕菰楼易学序》曰："先生易学不拘守汉魏各师法，惟以卦爻经文比例为主。"③然焦氏驳斥汉魏人说《易》，亦有附会之处。据尚秉和曰："归纳其书，不外两端：前者所以表明其自所建树，后者所以破汉儒诸说之谬。当清代乾嘉之隆，举世崇尚汉学，好古不好是，风气正盛之时，而循能独立为说，力辟荀、虞及康成诸家之谬，固可谓豪杰之士。惟其自所建立诸例，以测天之法测易，以数之比例求易之比例，虽曰自成一家之说，竟皆牵合胶固，无当经旨，较之郑氏爻辰，有过之而无不及。"④

《周易姚氏学》十六卷　姚配中撰

配中注《易》二十余载，穷源探本，独得秘奥，无愧海内专家。而此

---

① 柯劭忞：《续修四库全书总目提要》经部易类《易义别录》条，第77页。

② 柯劭忞：《续修四库全书总目提要》经部易类《易通释》条，第85页。

③ 参见徐世昌《清儒学案小传》卷一二，载《清代传记丛刊》第6册，台北明文书局1986年，603页。

④ 尚秉和：《续修四库全书总目提要》经部易类《易图略》条，第84页。

编会通诸经，折衷于《易》。

案，王欣夫先生云："惟于《吕览》、《淮南》单文片义，不能推明九师渊源，《易》家初祖，往往以异义断章，存而不论。其他采获载籍，词繁不杀，又不可谓典要。……又以乾元为在坤元中，系《归藏》首坤之义，非《周易》首乾之旨，且未免义涉老氏。"①

又案，先是，配中得李鼎祚《周易集解》，精心研求三家注，"以为司农之注优于荀、虞，乃据郑为主，参以汉魏经师旧说，作《周易参象》"②，又约繁就简，改其体制为《周易疏证》。后配中于道光二年（1822）归里，"复删旧稿，为《姚氏学》"③，则配中注《易》以宗郑注为主。柯劭忞亦云：是编"大旨主发明郑学，郑君所未备者，取荀、虞诸家补之，然必与郑义相比附。荀、虞诸家所未及者，附加案语，亦本郑君家法"④。

故其自序有云：《乐》、《诗》、《礼》、《春秋》五者，五常之道，相次而备，而《易》为之原。

案，此语出自《汉书·艺文志·六艺略序》，配中于自序引之。《汉书·艺文志》云：《易》《乐》《诗》《礼》《书》《春秋》"五者，盖五常之道，相须而备，而《易》为之原"⑤。刘氏《经籍考》未指明史源，易混淆出处。

其自序有云：阴阳消息、卦气从违之验，莫近于月令，而阴阳明堂之说，其书久佚。

案，据《四库全书总目》曰："《月令》于刘向《别录》属《明堂阴阳记》，当即《汉书·艺文志》所云'古明堂之遗事'，在《玥堂阴阳》三十篇之内者，《吕氏春秋》录以分冠十二纪"⑥。今考张舜徽先生《汉书艺文志通释》六艺略《明堂阴阳》第三十三篇条下，引刘台拱曰："今《小戴》月令、明堂位，于《别录》属《明堂阴阳》；而《大戴记》之《盛德》，实记古明堂遗事；此三篇其仅存者。"⑦张舜徽先生亦案云："此三十三篇，盖汉初人所辑有关古明堂之文献而成者，故班氏自注云'古明

---

① 王欣夫撰，鲍正鹄、徐鹏标点整理：《蛾术轩箧存善本书录》（上），上海古籍出版社2002年版，第702页。
② 包世臣：《周易疏证·序》，见《续修四库全书》第30册，第450页。
③ 同上。
④ 柯劭忞：《续修四库全书总目提要》经部易类《周易姚氏学》条，第106页。
⑤ 班固：《汉书·艺文志》，中华书局2006年版，第1723页。
⑥ 纪昀：《四库全书总目》卷二〇经部礼类《月令解》条提要，第265页。
⑦ 张舜徽：《汉书艺文志通释》，华中师范大学出版社2004年版，第211页。

堂之遗事'也。虽其书早亡，今观《月令》、《明堂位》、《盛德》诸篇，犹可考见其义例。"①

因于注《易》之暇，为《月令笺》五卷，复采其微言大义，统而论之，名曰《周易通论月令》，固与《姚氏学》相表里。

案，据姚氏自称，其所著《月令笺》《周易通论月令》二书，皆以宗郑氏学为旨归，其云："于注《易》之暇，会通其义，为《月令笺》五卷，以郑为宗，其有不同，取诸群说，犹郑之笺毛，不嫌存异义也。"② 然吴承仕则曰："易家以十二辟卦之七十二爻主七十二候，不闻以六十卦主七十二候；以八卦主八风十二辰，不闻以八卦与六十四卦重复杂错而用之也；易家好以卦象解释经传，不闻假借互体取象之法以说七十二候也。姚氏自命巧慧，左右采获，穿穴无所不通，加之博征古义，旁引马、郑、荀、虞，训辞深厚，似若悉有典据，宋翔凤至以豪杰之士称之，其实乃汉学之末流，惠栋、张惠言之遗法。其违于皖南朴学之风远矣。"③

《周易消息》十六卷　纪磊撰

磊从杂卦中推其消息，成书数种，而此书尤为体大思精。

案，刘承幹跋云：纪磊"以河图为体，以洛书为用，足破康节先、后天之说"④。但其"以图书谓即圣人之所则，亦其一蔽。盖河图、洛书、实因《易》而作，非《易》因河图、洛书而作。德清胡朏明明经《易图明辨》已详言之，谓出于附会。先生既不能信康节先天之图，而仍援图书以立说，犹未免得半而失半"⑤。又据吴承仕曰："是书独以杂卦为消息，事不师古，又广为涂傅，取象乃增倍于荀、虞。盖欲兼综旧闻，创通条例，以自名其家。而经训字诂之学，审思明辨之力，远下于焦循、姚配中。故其为书也，似通而实拘，似雅而实陋，则姑视为汉学之末流，易家之别子，可矣。"⑥

书类：

《晚书订疑》三卷　程廷祚撰

晚出书二十五篇，宋吴棫、朱子始议之。

① 张舜徽：《汉书艺文志通释》，华中师范大学出版社 2004 年版，第 211 页。
② 姚配中：《周易通论月令·序》，见《续修四库全书》第 30 册，第 690 页。
③ 吴承仕：《续修四库全书总目提要》经部易类《周易通论月令》条，第 106 页。
④ 刘承幹：《周易消息·后跋》，见《续修四库全书》第 34 册，第 776 页。
⑤ 同上。
⑥ 吴承仕：《续修四库全书总目提要》经部易类《周易消息》条，第 142 页。

　　案，胡玉缙曰：丁晏《尚书余论》一书"论唐人已疑古文，不始于吴棫、朱熹，皆发前人所未发"①。惠栋亦云：唐孔颖达《尚书正义》既出，遂为定论，"凡不本《正义》者，谓之异端。当时即有识其伪者，孰敢从而辨之哉！"② 则《古文尚书》或在唐已有疑之者。

　　惟毛奇龄力辟先儒之论，志存矫枉而不自知其过。廷祚是书既纠其谬，又分疏其出处，使伪造之迹无以自解。

　　案，程廷祚云："近代萧山毛氏为《古文尚书冤词》，征引甚博，力辟先儒之论，志存矫枉而复失之过。余曩曾为文以正之矣而未尽也，今复为《晚书订疑》三卷，以质诸好古之君子。"③ 又据江瀚云："廷祚少时见毛奇龄《古文尚书冤词》，作《冤冤词》以攻之，其后乃著《晚书订疑》以推拓其说。是书在阎若璩、惠栋之后，其订《古文尚书》之疑，犹能别出手眼。"④ 则此三卷为补其前说驳毛氏所未尽者。另据吴寿旸称其父吴骞曾有抄本《晚书订疑》三卷，"先君子校正，并多订补"⑤。

　　《尚书后案》三十卷附《后辨》一卷　王鸣盛撰

　　是编专宗郑康成注，郑注亡佚者，采马融、王肃注补之。

　　案，所云"郑注亡佚者，采马融、王肃注补之"不甚精确。王鸣盛原序云："予遍观群书，搜罗郑注，惜已残阙，聊取马、王传疏益之，又作'案'以释郑义。马、王传疏与郑异者，条析其非，折中于郑氏。"⑥ 又考周中孚《郑堂读书记》云："西沚从群书中所引，搜罗马、郑、王注及真《太誓》，惜已残阙，以郑师祖孔学，独得其真，于是以郑为主，而附益以马、王、二孔《传疏》，作案语以详说释郑义。马、王、二孔《传疏》与郑异者，条晰其非，折中于郑氏。"⑦ 马融虽为郑玄之师，但马氏专主古文，郑玄则古今兼治。王肃为学则专立异于郑氏，故马注、王注与郑注皆有抵牾之处。是编所采马融、王肃之注乃皆与郑氏相合者，其异者亦"折中于郑氏"。

　　再案，关于王氏专宗郑玄之说，江瀚曰："鸣盛自序，称就正于有道

---

① 胡玉缙撰，吴格整理：《续四库提要三种·许庼经籍题跋》卷一经部书类，上海书店出版社 2002 年版，第 409 页。
② 惠栋：《晚书订疑·序》，见《续修四库全书》第 44 册，第 1 页。
③ 程廷祚：《晚书订疑·序》，见《续修四库全书》第 44 册，第 2 页。
④ 江瀚：《续修四库全书总目提要》经部书类《晚书订疑》条，第 224 页。
⑤ 吴寿旸：《拜经楼藏书题跋记》卷一，上海古籍出版社 2007 年版，第 6 页。
⑥ 王鸣盛：《尚书后案·序》，见《续修四库全书》第 45 册，第 1 页。
⑦ 周中孚：《郑堂读书记》卷九经部五之下书类《尚书后案》条，上海书店出版社 2009 年版，第 146 页。

江声，而江氏《尚书集注》，于《金縢篇》深不以康成谓罪人周公之属党为然，所见殊卓。《后案》则主郑说，以此事实情理所有……墨守郑学而不顾文义之安，得无与徐遵明同讥乎？"① 可见，王氏有拘泥于郑说之弊。

《尚书释天》六卷　盛百二撰

百二此书考订天文二十年，精心结撰而成，足与胡渭《禹贡锥指》并峙经苑矣。

案，据江瀚曰："惟篇末附顾祖禹《方舆纪要分野考》，殊为蛇足。百二既知《尚书》不言分野，而又引'肇十有二州'为证者，实惑于十二州上系十二次之说。盖如江声不取'肇'之言'始'，谓十二州自古有之，'肇'当依《尚书大传》作'兆'，谓兆域以祭分星也。"②

《古文尚书撰异》三十二卷　段玉裁撰

玉裁广收补阙，正晋唐之妄改，存周汉之驳文，取贾逵传语，名曰《古文尚书撰异》。

案，据孙星衍曰："段氏《撰异》一书，仅分别今古文字。"③ 孙氏指其于经义发明甚少。其有关尚书古文之说，颇有值得商榷之处。如江瀚云，是编广征博引，足备治《尚书》者所参稽。然段氏"祖护古文，至斥今文皆不如古文，故于《洪范》思曰'睿'今文作'容'，则谓古文'睿'字毕竟胜于今文。于《金縢》则谓今文周公薨后之事之说，最为荒谬"。④ 尤其于梅氏所传之古文，不免有所附会。据李慈铭云：段氏"谓梅氏所传之古文三十一篇，字字为孔子［安］国真本，夫亦孰从而信之。苦为分别，多设游辞，所谓甚难而实非者，徐谢山诋其为伪古文讼冤，有以也。惟其博证广搜，旁及音诂，义据精深，多有功于经学，故为治《尚书》者所不可废耳"。⑤ 又曰："此书训诂纷纶，可谓经学之窟，惟必分析今文、古文，凿凿言之，且谓汉魏以前欧阳、夏侯《尚书》无今文之称；孔安国所传《尚书》，亦用今字；《说文》所载《尚书》古文，马、郑、王本皆无之；俱近于任臆而谈，意过其通，反为蔽也。"⑥

再案，据叶景葵先生云："《拜经堂文集》刻《诗经小学序》云：'段君自金坛过常州，携《尚书撰异》来授之读，且属为校雠，则与鄙见有如

---

① 江瀚：《续修四库全书总目提要》经部书类《尚书后案》条，第233页。

② 江瀚：《续修四库全书总目提要》经部书类《尚书释天》条，第231页。

③ 孙星衍：《尚书今古文注疏·序》，见《续修四库全书》第46册，第480页。

④ 江瀚：《续修四库全书总目提要》经部书类《古文尚书撰异》条，第237页。

⑤ 李慈铭：《越缦堂读书记》（上），中华书局2006年版，第107页。

⑥ 同上。

重规而叠矩者，因为参补若干条。'"① 则臧庸尝为此书校勘，并有所补正。

《尚书今古文疏证》三十卷　孙星衍撰

是编援据孔氏《正义》之例，遍采汉魏迄隋唐古人传记之涉《书》义者，又采近代王鸣盛、江声、段玉裁、庄述祖、毕以田诸氏书说，并及惠氏栋、宋氏鉴、唐氏焕，俱能辨证伪传，兼疏今古文者。

案，是编不取宋人之说，据星衍自序曰："不取宋以来诸人注者，以其时文籍散亡，较今代无异闻。又无师传，恐滋臆说也。"② 宋人所解《尚书》，诚有不足取者，如《四库全书总目》经部书类小序曰："王柏《书疑》、蔡沈《皇极数》之类，非解经之正轨者，咸无取焉。"③ 然并非所有宋人之书尽为空疏之学，如叶梦得之《石林书传》，陈振孙称：其"博极群书，强记绝人，《书》与《春秋》之学，视诸儒最为精详"④。再如程大昌之《禹贡论》，《四库全书总目》曰："以诂经而论，则考证不为无功。"⑤ 又如林之奇之《尚书全解》，周中孚曰："今观其书，如以阳鸟为地名之类，颇多新说，然能以史相证佐，不徒作空言解经，在宋人中，实能自为一家之学，故吕东莱《书说》即受其师传以立言也。"⑥ 星衍于宋人之说一概不取，失于偏颇。

又星衍成书于王、江、段诸家之后，能取众家精华，故其书稍胜。据江瀚曰："当乾隆时，治《尚书》者甚众，若江声，若王鸣盛，若段玉裁，各有专书。然江则篆写经文，辄依《说文》改字，所注《禹贡》仅有古地名。王则主用郑注，兼存伪孔传，不载《史记［尚书］大传》异说。段则仅分别今古文，且偏重古文。星衍此书出较晚，成于嘉庆二十年，意在网罗放失旧说，博稽慎择，大致完美，实远胜江、王、段三家之书。"⑦

再案，初阅其书名，似星衍于《尚书》今古文毫无偏见。然据王欣夫先生云："复礼师尝谓渊如兼疏今古文，而微有归重今文之意，以古文本赖今文以通也。案罗振玉辑《昭代经师手简》，有渊如致石臞札云：'细绎旧注，始知今文之义俱胜古文，由伏生亲见百篇全书，授学夏侯、欧阳，比之贾逵诸人推究古义立说者，自为有据。史迁虽右古文说，而

---

① 叶景葵：《卷盦书跋》，上海古籍出版社 2006 年版，第 6 页。
② 孙星衍：《尚书今古文疏证·序》，见《续修四库全书》第 46 册，第 480 页。
③ 纪昀：《钦定四库全书总目》（整理本）经部书类小序，第 139 页。
④ 陈振孙：《直斋书录解题》卷二经部书类，第 30 页。
⑤ 纪昀：《钦定四库全书总目》（整理本）经部书类，第 141 页。
⑥ 周中孚：《郑堂读书记》卷九经部书类，第 133 页。
⑦ 江瀚：《续修四库全书总目提要》经部书类《尚书今古文注疏》条，第 238 页。

用今文甚多。惜江、王、段三君子皆右郑而忽《大传》'云云。此其说不著于《自序》及《凡例》，盖俟学者自得之。"① 则是编实仍主今文经学。

　　殚心三十年，岂如杜预注《左》，王弼注《易》之独执己见哉！

　　案，孙星衍自云：此书创始于乾隆甲寅年（1794），至嘉庆乙亥年（1815）付梓，② 则是书所用时间二十二年整，不足三十。③ 又据星衍自序，尝助其成书者，多当时之名流。其云：历官中，牵于人事，"虽手不释卷，惧有遗忘，多藉同人之助。台州洪明经颐煊、文登毕孝廉以田、上元管秀才同助其搜讨。同里臧上舍镛堂，从弟星海助其校雠"。④ 然据王欣夫先生云："惟原刻本虽有洪颐煊、毕以田、管同、臧镛堂等搜讨校雠，乃文字讹夺殊多，几至不可卒读。则因渊如既有厥逆之疾，不能夕食，恐寿命之不长，急于编纂成书，故多疏漏谬误。"⑤

　　再案，孙氏于书中某些观点，亦有值得商榷之处。如其认为，《史记》一书所引《尚书》皆属古文，考皮锡瑞《经学通论》曰："自孙星衍以后，皆误用班氏说，以为《史记》一书引《尚书》者，尽属古文，于是《尚书》今古文家法大乱。不知分别家法，确有明征，非可执疑似之单文，掩昭晰之耳目。孙星衍过信班氏，其解《金縢》误分《史记》以'居东'为'东征'，与《毛诗》同者为古文说，郑以周公居东，在成王禅后者为今文说，而无以处《论衡》明言古文家，乃曰：'王氏充以为古文者，今文亦古说也。'岂知《论衡》分今古文甚明，乃欲厚诬古人，岂不谬哉！"⑥

　　《古文尚书马郑注》十卷　孙星衍撰

　　星衍病《古文尚书》为东晋梅赜所乱，因纂是编纠正之。专采马、郑以从古文。后有治马、郑二家之学者，是书乃其先河也已。

①　王欣夫撰，鲍正鹄、徐鹏标点整理：《蛾术轩箧存善本书录》（上），上海古籍出版社2002年版，第707页。
②　孙星衍：《尚书今古文疏证·凡例》，见《续修四库全书》第46册，第482页。
③　参见《四库全书》整理所整理《钦定四库全书总目》经部春秋类一《春秋左传正义》条，中华书局1996年版，第329—330页。又经部春秋类一《春秋释例》条，中华书局1996年版，第332页。
④　孙星衍：《尚书今古文疏证·凡例》，见《续修四库全书》第46册，第482页。
⑤　王欣夫撰，鲍正鹄、徐鹏标点整理：《蛾术轩箧存善本书录》（上），上海古籍出版社2002年版，第707页。
⑥　皮锡瑞：《经学通论》一《书经》之《论伏传之后以〈史记〉为最早〈史记〉引书多同今文不当据为古文》，中华书局2008年版，第59页。

案，考江瀚云："应麟撰集《古文尚书》郑氏注本，不采马注，郑亦未备。王鸣盛作注，又加增补，博采群籍，连缀成文，或颇省改，识者病焉。星衍补集，则全载经文，别择体例，实自为一书，出二王上。"① 则应麟、鸣盛又为此书之先导。又据李慈铭曰："孙氏此书，虽据王伯厚本增辑，而全载经文，别标体例，实自为一书，其中颇指江艮庭、王礼堂两家之失，然孙氏喜据他本以改今文，亦往往有未当者。"②

《尚书集注音疏》十四卷　江声撰

其辨《泰誓》，尤称精核，多阎、惠二氏所未及云。

案，据李慈铭曰："龚自珍《大［太］誓答问》，极辨晚出《大［太］誓》之不可信，谓伏书二十九篇，以《康王之诰》本不合于《顾命》也。晚出《大［太］誓》，乃周秦间人之书，力驳惠、江、王、孙诸家之说。"③ 然其后方勇撰《大［太］誓答问评》一卷，卷后所附刘师培之说，"所见虽与勇异，而皆不满于龚氏之武断也"④。则自珍之说或可备一家之言。

再案，据江瀚曰："惟陈澧《东塾读书记》，言伪孔传不通处，蔡仲默《集传》易之，甚有精当者。江艮庭《集注》多与之同。如为暗合，则于蔡传竟不写目，轻蔑太甚，如览其书取其说而没其名，则尤不可。此诚学者所当引以为鉴者也。"⑤

《尚书补疏》二卷　焦循撰

循自序曰：说《尚书》者，多以孔传为伪，然《尧典》以下至《泰誓》，其篇固不伪也。即魏晋人作传，何不可存其说之善者。

案，周中孚曰："里堂以东晋晚出《尚书孔传》，且置其假托之孔安国而论，其为魏晋间人之传，则未尝不与何、杜、郭、范等先后同时，则此传何可存而不论！尝综其不伪之二十八篇之传而平心论之，有七善焉，既集录其传，为《书义丛钞》，所有己见，著为此编，盖与《丛钞》相表里。原可合两书为一书，所以分为二者，欲与各《补疏》一例也。"⑥ 则焦氏《书义丛钞》可与是书相参。

如《金縢》"我之不辟"训"辟"为"法"，"居东"即"东征"，

---

① 江瀚：《续修四库全书总目提要》经部书类《古文尚书马郑注》条，第215页。

② 李慈铭：《越缦堂读书记》（上），中华书局2006年版，第108页。

③ 同上书，第110页。

④ 参见伦明《续修四库全书总目提要》经部书类方勇撰《大［太］誓答问评》条，第294页。

⑤ 江瀚：《续修四库全书总目提要》经部书类《尚书集注音疏》条，第234页。

⑥ 周中孚：《郑堂读书记》卷九经部五之下书类《尚书补疏》条，第150页。

"罪人"即"管蔡";《大诰》周公不自称王而自称成王之命,皆非马、郑所能及云。

案,据焦氏称:"《明堂位》以周公为天子,汉儒用以说《大诰》,遂启王莽之祸。郑氏不能辨证,且用以为《尚书注》,而以周公称王。自时厥后,历曹马以及陈、隋、唐、宋,无不沿莽之故事。而《传》特卓然以周公不自称王,而称成王之命以诰,胜郑氏远甚。"① 可见,焦氏以孔《传》所释《大诰》"周公不自成王而自称成王之名"为是,以郑注为非。然据江瀚曰:"周公摄王,见于《逸周书·明堂解》、《礼·明堂位》,荀卿亲见百篇《尚书》,其书中屡言之。《汉书·翟方进传》王莽依《周书》作《大诰》,曰'惟居摄二年十月甲子,摄皇帝若曰','摄皇帝若曰',即仿'王若曰'为文,以此证之,可见今文与古文同。周公当时既权代王,不必言奉成王命也。"②

《尚书余论》一卷 丁晏撰

晏以顾炎武云梅赜伪古文雅密,非赜所能为,考之《家语》等书而断为王肃伪作。盖肃好作伪书以难郑君,撰古文孔《传》,以驾其上。后儒遂误信之,而莫能发其覆,特著《余论》申辨。

案,据江瀚云:"至于孔《传》,清儒如惠栋、王鸣盛、孙星衍、李惇、刘端临之伦,皆疑其出于肃而未敢辄定,晏始断然言之。其实王氏注本,盖与马、郑大同,而义多同马,且亦有同郑。孔《传》义多从王,而亦有舍王用郑者。晏乃于王、孔异义讳而不言,偏执一边,据为肃伪作之证。况王义多本贾、马,孔《传》之同于王者,安知非即上同贾、马,而独责之肃?以此决狱,讵非文致周内,故入人罪乎?荀卿子有言:'偏生暗,公生明。'故治经者尤不可无公心也。"③

《今文尚书经说考》一卷 陈乔枞撰

乔枞专治今文,乃于文王受命、周公避居两事,皆诋伏生老耄,记忆不全,未免于师说家法有所背,诚无解于孔颖达"叶不归根"之诮矣。

案,《经籍考》此说本于皮锡瑞《经学通论》④。然其仅以两事,断乔枞违背师法,颇值商榷。据乔枞自序曰:"凡所采撷经史传注及诸子百家之说,实事以求是,必溯师承沿流以讨源,务随家法而参详考校,则亦有

① 焦循:《尚书补疏·叙》,见《续修四库全书》第48册,第1页。
② 江瀚:《续修四库全书总目提要》经部类《尚书补疏》条,第238页。
③ 同上书,第250页。
④ 参见皮锡瑞《经学通论》"论伏生所传今文不伪,治《尚书》者不可背伏生《大传》最初之义"条,中华书局2008年版,第57页。

取于马、郑之传注，为之旁证而引伸之。"① 可见，乔枞之书颇重师承家法，然陈氏所宗者，非尽于墨守，故能指前人之误，有裨于考证。又考孔颖达作诸经《正义》，信守疏不破注之说，其论皇侃《礼疏》有乖郑义，斥为"狐不首丘，叶不归根"②。然顾炎武则论孔氏墨守之弊曰："至唐时立九经于学官，孔颖达、贾公彦为之《正义》，即今所云疏者是也，排斥众说，以申一家之论，而通经之路狭矣。"③ 据此，《经籍考》讥乔枞"狐不首丘，叶不归根"，亦有失公允。

《书传补商》十七卷　戴钧衡撰

所著《书传补商》，贯穿汉宋，多前贤所未发，折衷一是，无偏见也。

案，据江瀚言，其书"所补商者，皆悉出今文也"④。且戴氏于宋人之说，又多主朱子，称引其说颇多。然"朱子释经往往前说胜后说，吕祖谦《家塾读书记》所载朱子之语，皆其前说，颇有长于《集传》者。钧衡必以晚年之论为定，仍失之拘"⑤。据此，《经籍考》言其"无偏见"，似待商榷。

《禹贡班义述》三卷　成蓉镜撰

蓉镜之著是书，与焦循之《禹贡郑注释》皆专明古义，治《禹贡》者，当先观之。

案，是编与焦循《禹贡郑注释》虽皆发明古义，但宗旨不同。焦氏之书"以《汉志》与郑注相参，究非以班义为主"⑥。成氏则专述班氏之义，"全据《地志》，实专门名家之学"⑦。班固学有家源，从其父尝学今古文经学，故其《汉书·地理志》中释《禹贡》无门户之见。容镜是书"于今文、古文之异同，莫不缕析条分，即郑注与班义偶殊者，必一一为之辨证。而班义与经文不合者，亦不曲护其非，洵可谓引史证经，实事求是者矣。"⑧

再案，据江瀚曰：是编"但于三江，仍主阮元三江《图考》之说，则似失考。《考》称'《志》云，北江在毗陵东北入海'，今靖江江阴以东，

---

① 陈乔枞：《今文尚书经说考·序》，见《续修四库全书》第49册，第2页。
② 见《钦定四库全书总目》（整理本）卷一经部易类《周易正义》条，第7页。
③ 顾炎武：《与友人论〈易〉书》，见《顾亭林诗文集》卷三，中华书局1959年版，第44—45页。
④ 江瀚：《续修四库全书总目提要》经部书类《书传补商》条，第248页。
⑤ 同上。
⑥ 刘文淇：《禹贡班义述·序》，见《续修四库全书》第55册，第387页。
⑦ 同上。
⑧ 同上。

在汉时犹为海所据也，则禹时可知。是三江至此已入海，浙江相距尚远，安得目浙江为禹时南江乎？若北江、中江固经有明文，孺（笔者案：蓉镜父母丧后，改名曰孺）于道漾东为北江，道江东为中江，初不置辨，盖亦知其难也。沧桑屡变，禹迹久湮，据目前所见以遥断数千年上之形势，其庸有当耶！"① 考阮元自云："元家在扬州府，处北江之北，督学浙省，往来吴、越间者屡矣，参稽经史，测量水土，而得江、浙本为一水之迹，浙江实《禹贡》南江之据。近儒著述，多考三江，而终未实发之，予乃博引群书，为图说一卷。"② 据此，阮氏能履践其地，又证之典籍，周中孚赞曰："从此三江之说，学者可无庸置喙于其间矣！"③ 则其说尚可备一家之言。清人程瑶田有《禹贡三江考》三卷，凡二十一篇，然不为阮元所取，周氏又曰："如程氏此考，吾师未尝采录，盖以不辨辨之也。"④

诗类：

《诗谱补亡后订》一卷　吴骞撰

骞自序曰：郑氏《诗谱》旧本三卷，欧阳公得残本于绛州，手为补亡，书亦三卷。

案，考陈振孙《直斋书录解题》曰：《诗谱》"汉郑康成撰，欧阳修补亡。其序云：庆历四年至绛州得之，有注而不见名氏。《谱序》自'周公致太平'以上皆亡之，取孔氏《正义》所载补足之，因为之注。自此以下即用旧注。考《春秋》、《史记》，合以毛、郑之说，补《谱》之亡者，于是其书复完。"⑤

近止一卷，颇多伪阙。休宁戴东原复为考正，其疏阔处，间亦不免，爰从各本重加校定，稍参鄙见云。

案，据张寿林曰："郑氏《诗谱》，自欧阳永叔之后，有清诸儒，如休宁戴震、海宁吴骞、金溪王谟、山阳丁晏，皆尝从事于校辑，搜罗考证，互有得失，合而观之，则郑氏之学，几乎备矣。"⑥ 戴氏考证《诗谱》，有木渎周氏刻本。⑦ 丁晏著《郑氏诗谱考正》一卷，有《续经解》本、《徐

① 江瀚：《续修四库全书总目提要》经部书类《禹贡班义述》条，第 280 页。

② 阮元：《揅经室一集》卷一二《浙江图考》上，中华书局 2006 年版，第 265 页。

③ 周中孚：《郑堂读书记》卷九经部五之下书类《禹贡三江考》条，第 148 页。

④ 同上。

⑤ 陈振孙：《直斋书录解题》卷二诗类《诗谱》条解题，第 36 页。

⑥ 张寿林：《续修四库全书总目提要》经部诗类袁钧辑《毛诗谱》条，第 304 页。

⑦ 张之洞撰，孙文泱增订：《增订书目答问补正》卷一经部《毛诗通考》条，蒙文通先生案语，中华书局 2011 年版，第 38 页。

氏丛书》本、《花雨楼丛书》本。① 王谟《汉魏丛书》中亦辑有一卷，仅从孔颖达《毛诗正义》中录出。其后又有黄奭辑《通德堂经解》一卷本，"《谱》有附录十一条，皆王谟本所无"②。而袁钧则又在诸家基础上，辑有《郑氏佚书》本《毛诗谱》三卷，更为完备，张寿林曰："凡群书引《谱》，有异文讹字者，悉加参订，搜罗散佚，考订异同，大体尚称精核。"③

《毛诗草木鸟兽虫鱼疏校正》二卷　赵佑撰

《诗疏》吴太子中庶子乌程令陆玑元恪撰，书久佚，陶氏《说郛》、毛氏《广要》均非完本。佑取陶、毛两本，校以诸家所引别录而是正之，悉以《尔雅疏》、《释文》为之主，并系之案。

案，据莫友芝《邵亭知见传本书目》，除陶氏《说郛》本外，尚有《汉魏丛书》本、《唐宋丛书》本、《宝颜堂秘笈》本、《续百川学海》本、《盐邑志林》本。④ 而邵懿辰《增订四库简明目录标注》中，邵章又补有《经学辑要》本、《颐志斋丛书》本等。⑤ 据周中孚云，《唐宋丛书》本、《盐邑志林》本所收之陆书，皆就《说郛》本"展转相刻，俱未见佳，唯赵鹿泉佑所校正者，方为善本云"⑥。

佑视学江西，丁杰为加点勘，颇称详慎。

案，考莫友芝《邵亭知见传本书目》，载有"丁杰校刊本"，又载有"赵佑校刊本"。⑦ 又考邵懿辰《增订四库简明目录标注》，邵章曰："《古经解汇函》本，据山阴丁氏校正本刊。"⑧ 则丁杰别有一书甚明，故伦明曰：是书每条下，"间有丁杰校语，盖杰别有校本，佑兼取之也"⑨。则是编中丁氏校语，乃赵氏取于丁书，非丁为其校勘而得。

---

① 张之洞撰，孙文泱增订：《增订书目答问补正》卷一经部《毛诗通考》条，第38页。
② 参见伦明《续修四库全书总目提要》经部诗类黄奭辑《诗谱》条，第303页。
③ 张寿林：《续修四库全书总目提要》经部诗类袁钧辑《毛诗谱》条，第304页。
④ 莫友芝撰，傅增湘增补：《邵亭知见传本书目》卷二经部诗类《毛诗草木鸟兽虫鱼疏》条，第56页。
⑤ 邵懿辰撰，邵章续录：《增订四库简明目录标注》经部诗类《毛诗草木鸟兽虫鱼疏》条，上海古籍出版社2000年版，第58页。
⑥ 周中孚：《郑堂读书记》卷八经部诗类《毛诗草木鸟兽虫鱼疏》条，第112页。
⑦ 莫友芝撰，傅增湘增补：《邵亭知见传本书目》卷二经部诗类，第56页。
⑧ 邵懿辰撰，邵章续录：《增订四库简明目录标注》经部诗类《毛诗草木鸟兽虫鱼疏》条，第58页。
⑨ 伦明：《续修四库全书总目提要》经部诗类《陆氏诗草木鸟兽虫鱼疏校正》条，第351页。

《毛诗故训传定本小笺》三十卷　段玉裁撰

《汉艺文志》云：《毛诗经》二十九卷，《毛诗故训传》三十卷。周末汉初，传与经必各自为书，北海郑氏笺《诗》，乃始合并。

案，张舜徽先生《汉书艺文志通释》引王引之言，曰："《毛诗》经文当为二十八卷，与齐、鲁、韩三家同。其《序》别为一卷，则二十九卷矣。"① 莫友芝所见张海鹏《学津讨源》本《诗序》，亦为一卷。② 然考邵懿辰《增订四库简明目录标注》载《诗序》二卷，曰："作自何人，众说不一。注疏及各本小序，分冠各篇之首，朱《传》以后，始合附卷末。"③ 则又多出一卷。据周中孚曰："序本一篇，而后儒分为大小，以首章《关雎》篇中一段析出为大序，谓大序统其纲，小序分其目，盖亦如《六经》错简之说，似犹无害于闳旨。"④ 则《诗序》两卷或为后人所分。

再案，《毛诗经》据陈振孙《直斋书录解题》载二十卷，⑤《毛诗故训传》据陈振孙《直斋书录解题》⑥、晁公武《郡斋读书志》⑦ 亦载二十卷。据《四库全书总目》曰："《毛诗》二十九卷，《隋志》附以《郑笺》，作二十卷，疑为康成所并。颖达等以疏文繁重，又析为四十卷。"⑧ 张舜徽先生亦曰："毛公作《传》，本与《经》别行，惟以《序》文分置各篇之首。今本题'《周南诂训传》第一'至'《那诂训传》第三十'，即《毛诗传》之旧次也。郑玄作《笺》，则以《笺》文附于经传之下，又约卷为二十。而毛公卷次，尚仍其旧。至唐修《正义》，附以《诗谱》，仍以《郑笺》二十卷为大目，而别为子卷焉。"⑨ 则二十卷乃郑玄作笺时所定。

其称"故训传"，盖释故、释训以记古今异言，取《尔雅》之义也。

案，张舜徽先生引马瑞辰言，曰："散言则故、训、传俱可通称，对言则故、训与传异。连言故训与分言故、训者又异。故训又作诂训，诂训第就经文所言者而诠释之，传则并经文所未言者而引申之，此诂训与传之别也。毛公释《诗》，实兼诂、训、传三体，故名其书为《诂训传》。"⑩

---

① 张舜徽：《汉书艺文志通释》，华中师范大学出版社 2004 年版，第 202 页。

② 莫友芝撰，傅增湘增补：《郘亭知见传本书目》卷二经部诗类，第 53 页。

③ 邵懿辰撰，邵章续录：《增订四库简明目录标注》，上海古籍出版社 2000 年版，第 56 页。

④ 周中孚：《郑堂读书记补逸》卷四经部诗类《诗序》条，第 1264 页。

⑤ 陈振孙：《直斋书录解题》卷二经部诗类，上海古籍出版社 2006 年版，第 34 页。

⑥ 同上。

⑦ 晁公武：《郡斋读书志》卷二经部诗类，上海古籍出版社 2006 年版，第 61 页。

⑧ 纪昀：《钦定四库全书总目》经部诗类《毛诗正义》条，第 188 页。

⑨ 张舜徽：《汉书艺文志通释》六艺略《毛诗故训传》条，第 204 页。

⑩ 同上。

玉裁精于小学，重为定本，是治《诗》者之初桄也。

案，李慈铭云："段氏《诗经》小学，简核精深，治《诗》者不可不读。然如归宁父母，谓指文王之父母，则迂曲甚矣。"① 又据江瀚曰："玉裁是书合传为一篇，置于经后，以复古经传别行之旧，最为可取。其它实多未安，然颇为世推重。《学海堂》本钱塘严杰跋云'后之人有专为毛传作疏者，宜以此为定本'，其后陈奂作《诗毛氏传疏》，果多从之，殆不免私其乡人。"② 江瀚进而揭其所失数则，此略之。段氏书刊不久，时人便有异议，如丁晏著《毛郑诗释》，末附《书段氏校定毛诗故训传后》一篇，"于段氏疏舛处多所纠正，读是编者不可不一检观丁氏之书也。"③

《读风偶识》四卷　崔述撰

述论诗有曰：齐、鲁、韩、毛均出于汉，三家之《诗》虽亡，然见于汉人引述者有之，与今《诗序》互异，岂《毛诗》独可信，而齐、鲁、韩皆不可信耶？

案，崔述论诗之旨，大致宗主齐、鲁、韩三家《诗》，然崔氏于三家之中，亦有分别。其序曰："《诗》在汉初，有鲁申公、齐辕固生，各以《诗》传其弟子。其先盖皆本之于七十子，虽不能无传流之误，要大概为近古。其后燕韩婴亦传《诗》，然其源流未必能逮齐、鲁之醇。"④ 可见，崔氏以为三家《诗》中，齐、鲁醇于韩。又考《汉书·艺文志》曰："汉兴，鲁申公为《诗》训诂，而齐辕固、燕韩生皆为之传。或取《春秋》，采杂说，咸非其本义。与不得已，鲁最为近之。"⑤ 颜师古注曰："与不得已者，言皆不得也。三家（者）［皆］不得其真，而鲁最近之。"⑥ 王念孙亦曰："言三家说《诗》皆非其本义，如必欲求其本义，则鲁最为近之也。"⑦

《毛诗证读》不分卷　戚学标撰

学标精于古音之学，是书援据古书以证音读，既博且精，而于正音、转音各加标识，又便学者。

---

① 李慈铭：《越缦堂读书记》（中），中华书局 2006 年版，第 578 页。
② 江瀚：《续修四库全书总目提要》经部诗类《所订毛诗故训传》条，第 353 页。
③ 同上。
④ 崔述：《读风偶识·序》，见《续修四库全书》第 64 册，第 227 页。
⑤ 班固：《汉书·艺文志》六艺略诗家小叙，中华书局 2006 年版，第 1708 页。
⑥ 参见班固《汉书·艺文志》六艺略诗家小叙颜师古注，中华书局 2006 年版，第 1709 页。
⑦ 王念孙：《读书杂志》卷四之七《汉书》卷七，见《续修四库全书》第 1152 册，第 694 页。

案，考戚氏于古音之学，有形、音、气之说。据《清史稿·戚学标传》曰：戚氏"用《说文》以明古音，谓六书之学，三曰形声，声不离形，形者声之本也。而声又随乎气，气有阴有阳，故一字之音，或从阴，或从阳，或阳而阴，或阴而阳，或阴阳各造其偏。"① 可见，其所释古音，以六书为理论，六书之中，又以形声为旨归。

再案，戚氏取上古有韵之文，以证《诗》本经之韵，较为可信。然于《诗经》无韵之篇，则阙而不能有所证。周中孚曰："其读《诗》之法，则主于谐声，兼通假借，至四声以及叶韵，以皆非古，概不之及。惟旁引本经，并博采三代有韵之文，下至子史词赋，皆取其在未有韵书之前者，互相证明，故题是名。其有全篇无韵，数章散句，音难互转者，概仍其阙。"②

《三家诗补遗》三卷　阮元撰

是书为元晚年所辑。陈寿祺《三家诗遗说》考其撰述次第多与是书同。寿祺为元嘉庆己未会试所得士，渊源具在，固所受之也。

案，此书虽撰述次第多与陈寿祺书同，但内容颇有不同。叶德辉云："陈书叙录齐《诗》据《儒林传》班伯少受《诗》于师丹，师丹受《诗》匡衡，以班固入齐《诗》。"③ 而阮元入鲁《诗》；又陈书据《盐铁论》所引之《诗》文与鲁、韩、毛《诗》异，"以出车为周宣王《诗》与班固《匈奴传》合，遂以次公为齐《诗》家"④，而阮元列鲁《诗》。又"郑氏初学三家《诗》本有明证，但其孰为鲁孰为齐则不可辨。陈书均并入齐《诗》，未免臆断。阮氏仅略采数事入齐，较有抉择，固非不备也。"⑤

再案，考江瀚云："阮以班为鲁《诗》，亦凭推测，不可为据。群书引三家义，惟韩《诗》多直引其文，余皆未经指实，似宜止注明见某书，不得辄定其孰为鲁，孰为齐，若概括于鲁《诗》，不太武断乎？叶氏于此亦以阮书为然，未免震于大名矣。"⑥

《毛诗补疏》五卷　焦循撰

毛郑义有异同，然《正义》往往杂郑于毛，比毛于郑，而声音、训诂疏略颇多，循因撰是编以臻完美。

① 赵尔巽：《清史稿》卷四八一《儒林传》二《戚学标传》，第13219页。
② 周中孚：《郑堂读书记补逸》卷四经部诗类《毛诗证读》条，第1279页。
③ 叶德辉：《三家诗补遗·叙》，见《续修四库全书》第76册，第1页。
④ 同上。
⑤ 同上。
⑥ 江瀚：《续修四库全书总目提要》经部诗类《三家诗补遗》条，第438页。

案，据焦氏自序曰："余幼习毛《诗》，尝为《地理释》、《草木鸟兽虫鱼释》、《毛郑异同释》三书，共二十余卷。嘉庆甲戌暮春，删录合为一书。戊寅夏，又加增损为五卷，次诸《易》、《尚书补疏》之后。"① 则是编乃焦氏删合三书而得。又据周中孚云："大旨精审于声音训诂之间，辨别毛、郑异同之数，而因以及孔《疏》之是非。其于地理、名物，尤择之精而语之详。"②

《毛诗后笺》三十卷　胡承珙撰

郑君笺《诗》，宗《毛》为主，《毛》义隐略，则或取正字，或以旁训疏通证明之，非尽易《毛》也。

案，据陈振孙曰：郑氏笺《诗》"其间与毛异义者甚多，王肃盖尝述毛非郑云"③。考《三国志·魏书·王肃传》曰："初，肃善贾、马之学，而不好郑氏，采会同异，为《尚书》、《诗》、《论语》、《三礼》、《左氏》解，及撰定父朗所作《易传》，皆列于学官。"④ 后世以王肃难郑氏，而于王氏颇多微辞。然据孙钦善先生的研究，王肃与郑学作对，得失兼有，其曰："郑玄遍注群经，其说当然未必全对，谬误确实不少，王肃不迷信郑学，敢于指误辨疑，本不该非议，他的正确意见，完全应加以肯定。……但是王肃往往动机不纯，颇存门户党伐之心，标新立异之念。因此，我们对王肃驳郑之处，必须据实考察，决定弃取。"⑤

《正义》泥于"《传》无破字"之说，每误以《笺》之申毛者为易毛义。又郑君先从张恭祖受韩《诗》，兼通齐鲁之学，间有与毛不同者，多本三家《诗》，而参以己意，《正义》又或误以《笺》义为《传》义，余与墨庄同见及此，宜其说之不谋而合也。

案，考李慈铭曰："胡氏此书，体例与并时马元伯之《传笺通解》、近出之顾访溪《学诗详说》，大旨相同，不载经文，依次说之，兼采诸家，古今并列，微不及马，而胜于顾。盖马专于汉，顾偏于宋，多识达诂，终为诗学专家。"⑥ 又曰："胡氏说经不主高密家法，观其《毛诗后笺》可知矣。"⑦

---

① 焦循：《毛诗补疏·叙》，见《续修四库全书》第 65 册，第 395 页。
② 周中孚：《郑堂读书记》卷八经部诗类《毛诗补疏》条，第 129 页。
③ 陈振孙：《直斋书录解题》卷二诗类《毛诗》条解题，第 35 页。
④ 陈寿：《三国志》卷一三《魏书·王肃传》，第 419 页。
⑤ 孙钦善：《中国古文献学史简编》，北京大学出版社 2008 年版，第 122 页。
⑥ 李慈铭：《越缦堂读书记》（中），中华书局 2006 年版，第 581 页。
⑦ 同上书，第 70 页。

又案，据江瀚曰："其最纰缪者，《周颂》'昊天有成命'，《序》只云郊祀天地，不言祀帝喾。《传》虽谓姜嫄配高辛氏帝，而于此篇亦初未之及。今以为圜丘之祭，以喾配天，考《思文》序，明著后稷配天，不应又以帝喾配天，果帝喾配天，斯《序》胡以不言？况二后受之，经有明文，何尝有一似祀喾之语者乎？承珙倡之，陈奂和之，二子号宗《毛诗》，微独违《序》违《传》，且违经矣！以其关于经义至巨，特匡正之。"①

《毛诗传笺通释》三十二卷　马瑞辰撰

是书首列毛、郑说于前，而唐宋元明诸儒及国朝经师之说可与传笺相发明者，广为搜罗，折衷一是，非若徐璈之《诗经广诂》案而不断也。

案，是书虽宗毛、郑之说，但"三家《诗》与毛《诗》各有家法，实为异流同源，凡三家遗说有可与传笺互相证明者，均各广为引证，剖判是非，以归一致"②。可见其虽通释毛《诗》，却不以门户之见排斥三家《诗》说。故江瀚论曰："是书名为传笺通释，其实不尽从传，亦不尽从笺，并不尽从序，中间得失，盖亦相参。"③ 其中，瑞辰所释，亦不乏与毛、郑相违之处，据李慈铭云：是书"先列传笺，下申己意，亦往往与毛、郑相违，惟必本之古训古言，且多驳正宋以后儒臆决之说，故为治《诗》者所不可少耳"④。

当时郝懿行、胡承珙同为考据之学，瑞辰与之有唐棣之思，故其说多不谋而合，非若郭袭向《注》也。

案，马瑞辰云："说经最戒雷同，凡涉猎诸家有先我得者半，皆随时删削。间有义归一是而取证不同，或引据未周而说可加证，必先著其为何家之说，再以己说附之。又有积疑既久，偶得一说，昭若发蒙而其书或尚未广布，遂兼取而详载之，亦许叔重博采通人之意也。"⑤ 可见是书所载与诸家有雷同者，已"随时删削"，而其说与郝、胡诸家不谋而合者，盖取证不同，或其书流传未广，因而详载之。

再案，郭象注《庄子》窃向秀之说，本于刘义庆《世说新语》，《晋书·郭象传》亦据之收录。此后，是说为学人所知，目为不耻。今考钱曾《读书敏求记》曰："予览陆氏《释文》，引向注者非一处。疑秀尚有别本

① 江瀚：《续修四库全书总目提要》经部诗类《毛诗后笺》条，第372页。
② 马瑞辰：《毛诗传笺通释·例言》，见《续修四库全书》第68册，第335页。
③ 江瀚：《续修四库全书总目提要》经部诗类《毛诗传笺通释》条，第390页。
④ 李慈铭：《越缦堂读书记》（中），中华书局2006年版，第584页。
⑤ 马瑞辰：《毛诗传笺通释·例言》，见《续修四库全书》第68册，第335页。

行世，时代辽远，传闻异词，《晋书》云云，恐未必信然也。"① 清修《四库全书》时，四库馆臣又考之曰："《世说新语》称象攘窃向秀注，后向秀注复出，遂两本并行。今乃向佚而郭存，以陆德明《庄子释文》所引向注互校，攘窃之迹，灼然可见。然象亦有所补缀改定，不可目为秀书。故今仍题象名焉。"②

《诗经广诂》三十卷　徐璈撰

璈搜辑《诗》义，上自《春秋》内外传、先秦两汉诸子，迄近代范家相、宋绵初、余萧客所辑说《诗》之言，兼收并列，参考异同，四家源流，了如指掌。

案，《经籍考》述及此书取材有遗漏处。洪颐煊曰："其搜辑诗义上自《春秋》内外传、先秦两汉诸子，以及齐、鲁、韩三家，王肃申毛之论，孙毓异同之评，莫不兼综条贯，其有诗义未尽者，复引宋、元、明诸家之说以补之。"③

凡夫古言古字，靡不穷源竟委，足以解人之颐。

案，此说本于书前洪颐煊序，然据江瀚云，其《关雎》篇中误张超之《消青衣赋》为蔡邕之《青衣赋》。再者，徐氏言"钟不言鼓""汉有游女"等条，皆有可商榷之处，"洪序以为凡古言古字，靡不穷源竟委，毋乃推之稍过乎？"④

《三家诗义集疏》二十八卷　王先谦撰

先谦排斥毛氏，推尊三家，是书于矫诬三家之说——抉其疑而破之，此可与魏氏《诗古微》并驾齐驱矣。

案，据江瀚云："其于三家无说者，于引序传下则注云'三家无异义'，亦非三家之说多佚，焉知其无异义？此只可曰无闻，不可竟决其无异义也。"⑤

再案，是书虽推尊三家《诗》说，但"近世治《传》、《笺》之学者，亦加择取，期于破除墨守，畅通经旨。毛、郑二注仍列经下，俾读者无所触望焉。"⑥ 可见其对《毛诗》亦有择取。

---

① 钱曾撰，章钰校证：《读书敏求记校证》卷三之上郭象注《庄子》条，上海古籍出版社2007年版，第224页。

② 纪昀等撰：《文渊阁原钞本四库全书简明目录》子部道家类《庄子注》条，台湾：商务印书馆1983年版，第249页。

③ 洪颐煊：《诗经广诂·序》，见《续修四库全书》第69册，第364页。

④ 江瀚：《续修四库全书总目提要》经部诗类《诗经广诂》条，第373页。

⑤ 江瀚：《续修四库全书总目提要》经部诗类《诗三家义集疏》条，第439页。

⑥ 王先谦：《三家诗义集疏·序例》，见《续修四库全书》第77册，第377页。

礼类：

《周礼汉读考》六卷　段玉裁撰

汉人之说经传也，或言"读为"、"读曰"，或言"读如"、"读若"，或言"当为"。"当为"主于纠正误字，"读为"主于更字说义，"读如"主于说音。如者，比方之词，为者，变化之词，当为者，纠正之词。学者以其说求之，读《说文》无不可通之处，即读经传无不可通之处矣，岂仅《周礼》乎哉！

案，据胡玉缙曰："此盖本贾昌朝《群经音辨》二例而变通之，致为精核。阮元序云'此言出，学者凡读汉儒经子、《汉书》之注，如梦得觉，如醉得醒，不至如冥行摘埴'，其推挹甚至。周中孚《郑堂读书记》即袭其说。而翁方纲《复初斋集·书〈汉读考〉后》极诋之，谓'郑君时果森然起例欤？抑段氏代为举例欤？三例中时有龃龉，则又为之说曰：读为疑作读如，读若疑作当为。昔郑君整百家之不齐，孰意千载下又有整郑君之不齐者'。不知例无龃龉，传刻之讹，不得不订正耳。"①

再案，李慈铭曰："阅段氏《周礼汉读考》，段氏此书义理精深，足为郑学津逮。"②

《周礼正义》八十六卷　孙诒让撰

案，《经籍考》于此书下截录诒让自序，多涉及其编纂经过，而是编主旨却未提及。现补之。诒让自序云："夫舍政教而议富强，是犹泛绝潢断港而蕲至于海也。然则处今日而论治，宜莫若求其道于此经。而承学之士，顾徒奉周经汉注为考证之渊薮，几何而不以为已陈之刍狗乎？既写定，则略刺举其可剬今，而振敝一二荦荦大者，用示橥揭，俾知为治之迹。"③可见，诒让于此书中颇赋经世之志。然吴廷燮则曰："但历来诸儒，重在治经，而是书则欲通之于治国，是序已发其端，而所著《周礼政要》，则大发挥意义。顾自刘歆以来，借《周礼》以进用者，其后多以致乱，孙氏原序，已自言之。今列邦、治民、整军、敛财、兴学之规，诚可谓与《周礼》多有契合，而末流乃迭兴战祸，荼毒生灵，则管商之谈富强，似又不如黄老之主清静。以中国之幅员广大，民族众多，方隅习俗，多异其宜，本经法令，颇近繁密，而奉行施设者，难得其人，恐收效究未若宽弘简静。"④

---

①　胡玉缙：《续修四库全书总目提要》经部礼类《周礼汉读考》条，第475页。

②　李慈铭：《越缦堂读书记》（上），中华书局2006年版，第70页。

③　孙诒让：《周礼正义·序》，见《续修四库全书》第82册，第3页。

④　吴廷燮：《续修四库全书总目提要》经部礼类《周礼正义》条，第486页。

《周礼政要》二卷　孙诒让撰

自序谓《周礼》一经，政法之精详，与今泰东、西诸国所以致富强者，若合符节，故据摭其与西政合者，甄录之，以备裁择。

案，据胡玉缙先生曰："是书刊行后，高视诒让者，谓不应作此书，此犹严元照《悔庵学文·书〈四书典林〉后》惜其书之出自江氏耳。不知著书各视其所宜，学问渊博之人，奚妨为浅近之书？江书为初学而设，其中案语，令人有实事求是之思；此书为初变法而设，其所持论，令人有异世同符之感。彼高视二人者，殆未知二人者也。惟书名《周礼政要》，而于《周礼》本义不甚相关，当厕之夏休《周礼井田谱》之列云。"①

《仪礼管见》十七卷　褚寅亮撰

寅亮邃于经学，谓宋人说经好为新说，至元吴兴敖继公撰《集说》，虽采先儒之言，实自逞私臆，专攻郑学。故寅亮著是编驳正之。

案，敖氏《集注》与郑氏立异者固多，其说有不通者，竟以改经文而自圆其说，然敖氏于郑《注》亦并非全无发明。考《四库全书总目》卷二〇敖继公撰《仪礼集说》条云："于郑注之中，录其所取，而不攻驳所不取，无吹毛索垢、百计求胜之心。……且郑注简约，又多古语，贾公彦《疏》尚未能一一申明。继公独逐字研求，务畅厥旨，实能有所发挥，则亦不病其异同矣。"② 又曰："《仪礼》至难读，郑《注》文句古奥，亦不易解，又全为名物、度数之学，不可空言骋辨，故宋儒讳其所短，多避之不讲。惟元敖继公《仪礼集说》，疏通郑《注》而正其失，号为善本。"③故清乾隆十三年《御定三礼义疏》之《钦定仪礼义疏》，便以敖继公《仪礼集说》为本，参核诸家而成。又考周中孚《郑堂读书记》云："礼是郑学，无取妄滋异端，君美（继公字君美）务加诋訾，未免沿宋学习气。然其于郑注有所去取，而无所攻击，其中所改经字亦皆各有所本，具详每卷后正误条内，知非出于臆改。"④ 据此，《经籍考》所评敖书未免偏执。

又案，褚寅亮是编虽专为驳正敖继公《仪礼集说》而作，但对于敖继公"指摘偶有一二条可采者，亦间附焉"⑤。足见其虽宗主郑学，却不墨

① 胡玉缙：《续修四库全书总目提要》经部礼类《周礼政要》条，第487页。
② 《四库全书》整理所整理：《钦定四库全书总目》经部礼类二《仪礼集说》条，中华书局1996年版，第254页。
③ 《四库全书》整理所整理：《钦定四库全书总目》经部礼类二《钦定仪礼义疏》条，第255页。
④ 周中孚：《郑堂读书记》卷四经部三之二礼类仪礼之属《仪礼集说》条，上海书店出版社2009年版，第52页。
⑤ 褚寅亮：《仪礼管见·序》，见《续修四库全书》第88册，第376页。

守。李慈铭亦云："其中亦间有舍郑从敖者，尤非党护者比。"① 故王鸣盛赞云："先生之说经，究何尝有偏徇党曲之蔽乎！曩者，先生说《周易》，于郑注外，兼取孟喜、京房、荀爽、虞翻诸家；于《春秋左氏传》，则取贾逵、服虔；于《公羊传》，则取何休，皆与郑氏不尽合也。其专主于郑者，惟礼学焉。可知先生之公听并观，其墨守家法与择善而从，仍两不相悖也。"②

《礼记补疏》三卷　焦循撰

循自述曰：礼以时为大，蔽千万世制礼之法，而训诂名物，亦所宜究用，撰是编论列之。

案，"礼以时为大"乃焦循引《礼记》中语。是编原为五卷，"甲戌夏，寻得零星若干，条次为五卷。今复删为三卷，皆少作，第考究训诂名物，于大道未之能及。"③

《礼经释例》十三卷　凌廷堪撰

廷堪谓《仪礼》繁重，虽上哲亦苦其难，乃区为八类，曰《通例》，曰《饮食之例》，曰《宾客之例》，曰《射例》，曰《变例》，曰《祭例》，曰《器服之例》，曰《杂例》，共为卷十有三。

案，阮常生云：是书"仿杜征南之于《春秋》，分《通例》、《饮食之例》、《宾客之例》、《射例》、《变例》、《祭例》、《器服之例》、《杂例》为八类，又撰《复礼》三篇，弁诸其首，间有旁涉他经，如《周官·九拜解》、《九祭解》、《释牲》上下等篇，各以其类相附"。④《经籍考》言其类例，却未及卷首《复礼》三篇。所谓《复礼》者，凌廷堪云："夫人之所受于天者，性也；性之所固有者，善也。所以复其善者，学也；所以贯其学者，礼也。是故圣人之道一礼而已矣。"⑤

再案，阮常生所云"间涉他经者"，今检其目，《周官·九拜解》附卷一《通例》上；《周官·九祭解》《仪礼·释牲》上下篇附卷五《饮食之例》下。其他如《诗楚茨考》附卷十《祭例》下，《论语黄衣狐裘说》附卷一二《器服之例》下，《燕乐二十八调说》附卷一三《杂例》等。

又案，李慈铭云："此书条综贯穿，已无遗谊。惜其未及申释制礼之

① 李慈铭：《越缦堂读书记》（上），中华书局 1963 年版，第 83 页。
② 王鸣盛：《仪礼管见·序》，见《续修四库全书》第 88 册，第 373 页。
③ 焦循：《礼记补疏·自序》，见《续修四库全书》第 105 册，第 1 页。
④ 阮常生：《礼经释例·序》，见《续修四库全书》第 90 册，第 1 页。
⑤ 凌廷堪：《礼经释例·复礼》（上），见《续修四库全书》第 90 册，第 9 页。

由，俾人知等威节文，俱有深意。"①

不别立宫室之例者，宋李如圭等已详故也。

案，李如圭《仪礼释宫》一卷，考古宫室之制，其书仿《尔雅·释宫》，引诸家经传参证，《四库全书总目》称其为"治《仪礼》者之圭臬"②。然李氏之后，诸家于古代宫室又多有考证，得失足可与李氏互参。如清任启运之《宫室考》十三卷，于李书之外，别立类次，考据甚详。《四库全书总目》虽论及其失者数则，然又赞曰："《仪礼》一经，久成绝学。启运能研究钩贯，使条理秩然，虽间有疵谬，而大致精核，要亦不愧穷经之目矣。"③又江永之《仪礼释宫增注》一卷，取李书为之详注，"多所发明补正，其稍有出入者，仅一二条，而考证精密者，居十之九"④。据此，凌氏似应立此一目，广征诸家以补正李氏之说。

春秋类：

《春秋公羊通义》十一卷　孔广森撰

唐陆德明谓魏晋以来，公羊久成绝学。广森沉深解剥，特撰是编。又能爬梳胡毋生、董仲舒、何邵公诸家，与墨守者异。

案，今考唐陆德明《经典释文·注解传述人》，其言《公羊》《穀梁》二传"近代无讲者，恐其学遂绝"⑤，《经籍考》转述为"魏晋以来，公羊久成绝学"。考晁公武《郡斋读书志》卷三《春秋公羊传》条曰：《公羊传》至汉景帝时，由公羊寿、胡毋子著于竹帛，"其后，传董仲舒，以《公羊》显于朝。又四传至何休，为《经传集诂》，其书遂大传。"⑥休即为魏晋时人，则其学尚传。又《春秋穀梁传》条曰：是书"自孙卿五传至蔡千秋，汉宣帝好之，遂盛行于世。自汉、魏以来，为之注解者，有尹更始、唐固、糜信、孔演、江熙等十数家。"⑦则汉魏间穀梁学不可谓绝学。又据阮元称："公羊之学，两汉最胜。虽刘歆、郑众、贾逵谓《公羊》可夺，《左氏》可兴，而终不能废也。然说者既多，至有倍经任意者。任城何君起而修之，覃精竭思，闭门十有七年，乃有成书。略依胡毋生条例而

① 李慈铭：《越缦堂读书记》（上），中华书局1963年版，第81页。
② 《四库全书》整理所整理：《钦定四库全书总目》经部礼类二《仪礼释宫》条，第251页。
③ 《四库全书》整理所整理：《钦定四库全书总目》经部礼类二《宫室考》条，第260页。
④ 《四库全书》整理所整理：《钦定四库全书总目》经部礼类二《仪礼宫室增注》条，第262页。
⑤ 参见《影印文渊阁四库全书》第182册，台湾：商务印书馆1983年版，第373页。
⑥ 晁公武撰，孙猛校证：《郡斋读书志》，上海古籍出版社2006年版，第101页。
⑦ 同上书，第102页。

作《解诂》,学者称精奥焉。六朝时,何休之学犹盛于河北,厥后《左氏》大行,公羊几成绝学矣。"① 则六朝时公羊之学尚有传述,其成绝学当在隋唐之后。

又案,据李慈铭称:是书"往往兼采《左》、《榖》,旁及诸家,择善而从,多所补订,是固非专己守残者"②。《经籍考》所云其不墨守,甚确。但孔氏"偏信《公羊》,又谓《左传》旧学湮于征南,《榖梁》本义汨于武子,而以何氏生于汉世,授受具有本原,三科九旨之说,体大思精,为二传所未有。其说皆偏。盖以汉世最尊《公羊》,而休为汉人,杜、范皆晋人。乾嘉间汉学极盛,巽轩故为此说,是亦蔽于汉儒者矣。"③ 则又不免囿于门户之见。考《钦定四库全书总目》于春秋三传中,于《公羊传》颇有微辞,其云:"考三传之中,事迹莫备于《左氏》,义理莫精于《谷梁》,惟《公羊》杂出众师,时多偏驳。何休《解诂》牵和谶纬,穿凿尤多。"④ 又曰:"《左氏》事实有本,而论断多疏,《公羊》、《榖梁》每多曲说,而《公羊》尤甚。"⑤ 今存此以备一家之言。

《春秋左传补疏》五卷 焦循撰

循谓杜预为司马懿女婿,目见成济之事,将有以为昭饰,且有以为懿师饰,即用以为己饰,此《左氏春秋集解》所以作也。循撰此编摘其奸而发其覆,以求合经旨,可谓善读《春秋》者矣。

案,据刘文淇云:"杜氏以经训饰其奸邪,惠定宇微发其端。焦里堂《六经补疏》以杜氏为成济一流,不为无见。然以杜氏之妄并诬及《左氏》,则大谬矣。"⑥ 又据杨钟义曰:"考鲁卫出君,师旷谓其君实甚,史墨谓君臣无常位,郑伯使祭足劳王问左右,为自救之饰词,民不堪命,司马则然,为华督诬孔父之言,皆当时史文,左氏特述之以纪一时之事。宋督弑闵公于蒙泽,遇仇牧于门而杀之,未尝有贬辞。晋献公命荀息缚奚齐,息言竭股肱之力,加之以忠贞,三怨虽作,不食其言,左氏引白圭之诗以美之,未尝有讥辞。贾景伯称其义深君父,自是不刊之论。循因杜解

---

① 阮元:《春秋公羊通义·序》,见《续修四库全书》第129册,第2页。
② 李慈铭:《越缦堂读书记》(上),中华书局1963年版,第133页。
③ 同上书,第131页。
④ 《四库全书》整理所整理:《钦定四库全书总目》经部春秋类二吕大圭《春秋或问》条,第353页。
⑤ 《四库全书》整理所整理:《钦定四库全书总目》经部春秋类一《春秋集传辨疑》条,第334页。
⑥ 参见胡玉缙撰,王欣夫辑《四库全书总目提要补正》卷七春秋类《春秋左传正义》条,上海书店出版社1962年版,第157页。

之纰谬，归罪左氏。至谓其为六国时人，为田齐三晋饰，与预为司马氏饰，前后一辙，得无过当?"① 则焦循在驳正杜预《春秋集解》之时，不应连及《左传》。

再案，马端临《文献通考·经籍考》引郑樵语曰："杜氏为星历地理之言，无不极其致。至于虫、鱼、鸟、兽、草、木之名，则引《尔雅》以释之。"② 可见，杜氏在名物训诂上亦有可取者，李慈铭亦云：是书除揭露杜氏隐衷外，还"考证训诂名物，于地理尤详，固非如宋儒之纯尚议论也"③。

《穀梁大义述》十卷　柳兴恩撰

《公羊》予桓公以宜立，《谷梁》罪桓以不宜立。宜立则罪在桓，不宜立则罪在隐。《传》曰：先君之欲与桓，非正也，邪也。探先君之邪志以与桓，是则成父之恶也。隐于惠公为贼子，于周室为乱臣。《孟子》曰：孔子成《春秋》，而乱臣贼子惧。托始于隐者，所以诛乱臣贼子。兴恩惧大义之乖起而述之，仪征阮元见之，许以为扶翼孤经，不虚也。

案，李慈铭云："柳氏毕生治此，其全书当有可观。然其序有云：'春秋托始于隐者，惟《穀梁》得其旨。《传》曰：先君之欲与桓，非正也，邪也。探先君之邪志以与桓，是则成父之恶也。如《传》意，则隐于惠公为贼子。《传》曰：为子受之父，为诸侯受之君，废天伦、忘君父。如《传》意，则隐于周室为乱臣。《孟子》曰：孔子成《春秋》而乱臣贼子惧。托始于隐者，所以诛乱臣贼子。'则诬妄悖诞，愚儒舞文，捍恣如此，伤教害义，亦《春秋》家学之乱臣贼子矣。"④

论语类：

《皇氏论语义疏参订》十卷　吴骞撰

吴骞自序曰：梁皇侃《义疏》十卷，见于隋唐各志及陆德明《经典序录》，后遂隐而弗彰。

案，据邵懿辰《增订四库简明目录标注》卷四经部四书类，载有梁皇侃《论语集解义疏》十卷，注曰："自南宋后，其书久佚，此本得于东洋市舶。"⑤

---

① 杨钟义：《续修四库全书总目提要》经部春秋类《春秋左传补疏》条，第693页。
② 马端临：《文献通考·经籍考》，华东师范大学出版社1985年版，第228页。
③ 李慈铭：《越缦堂读书记》（上），中华书局1963年版，第129页。
④ 同上书，第135页。
⑤ 邵懿辰撰，邵章续录：《增订四库简明目录标注》，上海古籍出版社2000年版，第138页。

武林汪翼沧得日本本《皇氏论语义疏》以归，鲍君以文巫为开梓。既汪君复从日本得《七经孟子考异补遗》以归，暇日因取以校勘《皇疏》之同异。

案，孙志祖《读书脞录》称从日本所得之《皇氏论语义疏》"经文与今本多异，其合于史书征引者，固可择善而从，而流传既久，亦容有彼国人之窜改"①。然李慈铭则云："皇侃《论语义疏》十卷，亦乾隆中得之于日本，论者或与《孝经孔传》、《孝经郑注》并疑其伪。然疏辞详密，条理秩然，文法辞气，大类六朝，必非彼国所能赝作。……其余佚文古义，往往而有，正不必以偶与《释文》不合疑之。"② 又云："朱蓉生来，偶与论《论语》皇侃《义疏》。蓉生甚疑其伪，谓文词多近鄙俗，甚类日本人文法，间有似六朝者，殆彼国有佚存六朝人著述，因参杂为之。余谓其书与《释文》所引不合者，孙颐谷已举其'子行三军则谁与'音余、'子温而厉'上有君两条，然《释文》本引皇本共五条，其三条皆合，则似非全伪也。"③

再案，考傅增湘《藏园订补邵亭知见传本书目》卷三经部四书类，《论语集解义疏》条注曰："清王亶望刊本，吴骞朱笔校。"④ 则是编乃吴骞据王亶望刊本所校。然王亶望刊本并非善本，据伦明曰："王亶望所据本，为日本宽延中根伯修所刊，中多臆改，而日本流传固有他本较之更善者。近日武内谊卿重刊此书，有校勘记，若再据之以补骞书，庶几复六朝之旧矣乎！"⑤ 今考是编日本刊本，据邵懿辰曰，有钱曾所藏日本旧钞本。又据邵章《续录》所载有：日本天明三年千钟堂刊本、日本宽政箕林山房活字本、日本嘉永元年北野宫寺学堂覆刻日本旧钞卷子本、日本天文二年刊本、日本元治元年浪华万蕴堂刊本、日本大正十二年怀德堂刊本、日本昭和八年影印正平版本、日本覆刻贞和二年钞卷子残本等。⑥ 傅增湘又补有日本室町时代写本。⑦

《论语古训》十卷　陈鱣撰

此书据《集解》，其他搜辑郑说为多，间存马融、王肃之说，以发明

---

① 参见胡玉缙撰，王欣夫辑《四库全书总目提要补正》卷九四书类《论语义疏》条，上海书店出版社1962年版，第220页。

② 李慈铭：《越缦堂读书记》（上），中华书局1963年版，第12页。

③ 同上书，第14页。

④ 傅增湘：《藏园订补邵亭知见传本书目》，中华书局2009年版，第142页。

⑤ 伦明：《续修四库全书总目提要》经部四书类《皇侃论语义疏参订》条，第860页。

⑥ 邵懿辰撰，邵章续录：《增订四库简明目录标注》，上海古籍出版社2000年版，第138页。

⑦ 傅增湘：《藏园订补邵亭知见传本书目》，中华书局2009年版，第142页。

郑注。

　　案，王欣夫言："惟古籍浩如烟海，探索靡穷。仲鱼虽博览，亦有失之目睫者，如《经典释文》、《五经正义》、《史记三家注》、李善注《文选》诸书，往往有遗漏，而《太平御览》引旧注，虽不标姓名，亦唐以前书也。匏庵一一拾补，不下百数十条。"①

　　再案，是编除据何晏《论语集解》搜集古注外，还校勘了《论语》本文。阮元谓："海宁陈君鳣撰《论语古训》十卷，于《集解》之外，搜而辑之，且据石经、《皇侃义疏》、山井鼎、物观诸本订其讹阙，而附注于下。"② 陈氏亦自云："凡经文从邢昺《正义》本，而以汉唐石经、《皇侃义疏》、高丽《集解》本、《经典释文》及日本山井鼎《七经孟子考异》、物观《补遗》校注于下，或见于它书，亦间为援证也。"③

　　《论语补疏》二卷　焦循撰

　　循谓《论语》一书，所以发明伏羲、文王、周公之旨，其文简奥，惟《孟子》阐发最详最耑。《论语》一书之中，参伍错综，引申触类，其互相发明者，亦与《易》例同，所谓能抉经之心者欤！

　　案，据周中孚曰："考其作《孟子正义》，则以孟子为发明伏羲、文王之旨，而于《论语》亦复尔尔，盖《易》为五经之源，各经俱通得去也。"④ 然江瀚论是书曰："精到处甚少，在诸《补疏》中似差逊也。"⑤

　　《论语正义》二十四卷　刘宝楠撰

　　宝楠随从父台拱受学，搜采秦汉以来，迄我朝儒先旧说，折衷己意。凡此圣贤之旨，沉埋二千余载，宝楠始发其蕴云。

　　案，刘恭冕云："汉人解义，存者无几，必当详载。至皇氏《疏》、陆氏《音义》所载汉魏人以后各说，精驳互见，不敢备引。唐宋后著述益多，尤宜择取。"⑥ 据此，是书备载汉人之说。自汉而后诸说，则有所甄别。

　　再案，刘恭冕曰：宝楠虽"折衷己意"，却不存门户之见，"至引申经文，实事求是，不专一家。故于注义之备者，则据注以释经；经略者，则

　　① 王欣夫撰，鲍正鹄、徐鹏标点整理：《蛾术轩箧存善本书录》（上），上海古籍出版社2002年版，第403页。
　　② 阮元：《论语古训·序》，见《续修四库全书》第154册，第297页。
　　③ 陈鳣：《论语古训·序》，见《续修四库全书》第154册，第302页。
　　④ 周中孚：《郑堂读书记》卷一三经部四书类《论语补疏》条，第235页。
　　⑤ 江瀚：《续修四库全书总目提要》经部四书类《论语补疏》条，第862页。
　　⑥ 刘恭冕：《论语正义·凡例》，见《续修四库全书》第156册，第3页。

依经以补疏；其有违失未可从者，则先疏经文，次及注义，若说义二三于义得合，悉为录之，以正向来注疏家墨守之失。"① 故其书能兼综汉宋之说，又云：是书"荟萃而折衷之，不为专己之学，亦不欲分汉宋门户之见。凡以发挥圣道，证明典礼，期于实事求是而已。"② 江瀚也说："是编考据、义理并重，故亦间采宋儒之说。"③

又案，是编将成，宝楠病逝，其子恭冕为之续补，十年乃写定。然李慈铭则云：是书"十八卷以下采取不及以前之博，则学识又不及其父也"④。又恭冕所征引者，"去取多未尽善"⑤，有些甚至"曲说支离而谬，取之尤近于侮圣言"⑥。而胡玉缙则驳之曰："谓'十八卷以下采取不及以前之博，则学识又不及其父也'则未尽核，学识固不逮而采取则同是长篇。"⑦

孟子类：

《孟子正义》三十卷　焦循撰

是编疏赵岐之注，兼采近儒数十家之说，而以己意折衷之。

案，据周中孚曰："于赵氏之说，或有所疑，不惜驳破，以相规正。至诸家或申赵义，或与赵殊，或专翼孟，或杂他经，兼存备录，以待参考，凡六十余家，皆称某氏以表异之，著其所撰书名以详述之。"⑧

于孔孟相传之正恉多有合者。

案，据周中孚曰："其于训诂名物，考证最详，而于仁义道德性命之类，尤能推阐入微，绝不落宋明诸儒窠臼，大率本之程易畴《论学小记》、戴东原著《孟子字义疏证》为多，且于孟子之言通于《易》，堪与《论语》、《中庸》、《大学》相表里者，阐发更无余蕴，从来解《孟子》者，无此实事求是也，夫岂仅为赵氏之功臣已哉？而或者以其间引及李厚菴《榕村藏稿自记》、姚秋农《求是斋自订稿》短之，不知两家虽属纸尾之学，而言有当于赵注，便即取以相证，此正理堂不遗葑菲之意，学者亦可

① 刘恭冕：《论语正义·凡例》，见《续修四库全书》第 156 册，第 2 页。
② 刘恭冕：《论语正义·后叙》，见《续修四库全书》第 156 册，第 289 页。
③ 江瀚：《续修四库全书总目提要》经部四书类《论语正义》条，第 866 页。
④ 李慈铭：《越缦堂读书记》（上），中华书局 1963 年版，第 18 页。
⑤ 同上。
⑥ 同上。
⑦ 胡玉缙撰，吴格整理：《续四库提要三种·许廎经籍题跋》卷一经部四书类，上海书店出版社 2002 年版，第 447 页。
⑧ 周中孚：《郑堂读书记》卷一二经部四书类《孟子正义》条，第 202 页。

毋庸过诋矣。"① 然据江瀚所言，焦氏亦有释赵注失当者。如《孟子》"说大人，则藐之，勿视其巍巍然"句，赵训"藐"为"轻藐"，而焦氏则训为远，曰："谓当时之游说诸侯者，以顺为正，是狎近之也。所以狎近之者，视其富贵而畏之也。不知说大人宜远之远者，即下文皆'古之制，我守古先王之法，而说以仁义，不曲徇其所好'，是远之也。以为心当轻藐，恐失孟子之旨。"② 江瀚据李慈铭《越缦堂日记》驳曰："李称其匡正赵注似未得。按下文接言'勿视其巍巍然'，自是轻藐之意，《荀子·修身篇》曰：'道义重则轻王公'，即其义矣。"③

《中文孝经》一卷　周春撰

其自序云：《孝经》有遵今文而斥古文，有从古文而毁今文者。要之，各有所长，何容偏废。今以朱子《刊误》为主，取后汉刘子奇之义，定为中文。

案，考周中孚曰："今观其书，不过取古文《孝经》，合之《刊误》，而自为之叙次，分为十八章，章后粗举大略，亦甚寥寥，殊觉无谓。徒于朱子《刊误》、吴氏《定本》之外，又增一改本耳。"④ 周氏所言吴氏定本，即指元吴澄《孝经定本》。《钦定四库全书总目》曰："朱子《刊误》既不可废，而澄此书亦不能不存。盖至是而《孝经》有二改本矣。"⑤

再案，是编以朱熹《孝经刊误》为主，则有待商榷。据朱氏自谓："熹旧见衡山胡侍郎《论语说》，疑《孝经》引《诗》非经本文，初甚骇焉，徐而察之，始悟胡公之言为信。而《孝经》之可疑者，不但此也。因以书质之沙随程可久丈，程答书曰：顷见玉山汪端明，亦以为此书多出后人附会。于是，乃知前辈读书精审，其论固已及。"⑥ 由此，朱子取古文《孝经》，分为经一章，传十四章，删除旧文二百余字，《钦定四库全书总目》称："南宋以后，作注者多用此本，故今特著于录，见诸儒渊源之所自，与门户之所以分焉。"⑦ 又考毛奇龄尝著《孝经问》，极论宋人改经之弊，曰："若宋人，学问专以非圣毁经为能事，即夫子手著《春秋》、《易大传》，亦尚有訾謷之不已者，何况《孝经》。故凡斥《尚书》，摈《国

---

① 周中孚：《郑堂读书记》卷一二经部四书类《孟子正义》条，第202页。
② 江瀚：《续修四库全书总目提要》经部四书类《孟子正义》条，第925页。
③ 同上。
④ 周中孚：《郑堂读书记》卷一经部孝经类《中文孝经》条，第16页。
⑤ 《四库全书》整理所整理：《钦定四库全书总目》经部孝经类吴澄《孝经定本》条，第417页。
⑥ 朱熹：《孝经刊误》，见《影印文渊阁四库全书》第182册，第110页。
⑦ 《四库全书》整理所整理：《钦定四库全书总目》经部孝经类朱熹《孝经刊误》条，第416页。

风》，改《大学》，删《孝经》，全无顾忌，此固不足据也。"① 其言"改《大学》，删《孝经》"者，即暗指朱子。周中孚亦曰：朱子、吴澄"两家删改古经，以各伸其独见，以古文、今文合而为一。将以朱子为是，则吴氏之说非矣；将以吴氏为是，则朱子之说又非矣。西河著一书以攻之，其说要不得谓之无理也。"② 可见，朱熹《孝经刊误》于经文删改颇多，不可尽据。

又案，据伦明曰："《汉书·艺文志》'刘向以中古文校欧阳、大小夏侯三家之经文'，'中文'二字当取诸此。"③

《集孝经郑注》一卷　陈鳣撰

其序文曰："仆避难于南城山，念昔先人，余暇述夫子之志而注《孝经》。"盖康成裔孙所作。

案，考周中孚曰："《隋志》载《孝经》一卷，亦作'郑氏注'，总论称：'相传或云郑玄，其立义与玄所注余书不同，故疑之。'《释文》亦称：'世所行郑注，相承以为郑玄。'案：《郑志》及《中经簿》无，唯中朝穆帝集讲《孝经》，云以郑玄为主，检《孝经》注与康成注五经不同，未详是非。邢氏《正义》引《唐会要》驳议，历证康成无《孝经注》。近儒据《太平御览》所引《后汉书》，证为康成之孙小同所作。小同，魏关内侯，高贵乡公时为五更。然则当为魏人，故唐初以前本正称郑氏注，而不加以汉字也。"④ 周氏言"近儒者"，即指陈鳣。伦明亦称，陈氏"此论甚通"⑤。

鳣是书所集《孝经注》凡百数十条，通德家法，宛然在目，洵可宝也。

案，据伦明曰："惟'甫刑节'下引郑《注》云'引譬连类以书录王事，故证《天子》之章，以为引类得象。'按：'书录王事'二句，是疏申明郑《注》之文，非郑《注》。又'以事亲'句下引郑《注》云'小大尽节养'，按：'小大尽节'为句，'养'字属下，注养则致其乐，鳣盖沿《释文》之讹也。"⑥

又案，清人辑《孝经注》者，又有臧庸《孝经郑氏解》一卷，鲍氏

① 毛奇龄：《孝经问》，见《影印文渊阁四库全书》第182册，第282页。
② 周中孚：《郑堂读书记》卷一经部孝经类《孝经问》条，第14页。
③ 伦明：《续修四库全书总目提要》经部孝经类《中文孝经》条，第825页。
④ 周中孚：《郑堂读书记》卷一经部孝经类《孝经郑注》条，第5页。
⑤ 伦明：《续修四库全书总目提要》经部孝经类《集孝经郑注》条，第813页。
⑥ 同上。

《知不足斋丛书》刊本，周中孚曰："辑郑《注》者，向有孔幼髯广森、陈仲鱼鳣二本，皆不及此本之精核。"① 则陈氏所辑又稍逊臧氏。

经解类：

《经义杂记》三十卷　臧琳撰

此书抉摘幽隐，远追北海，近亦与顾、阎诸家抗衡矣。

案，是编所注经义，多以郑玄为宗，然其中亦有未当者。据江瀚曰："如篇中所举'承天之宠也'、'牺尊象尊'、'衷窈窕'、'南风之诗'、'中春会男女'、'好是家啬'诸条，皆申郑抑王，其实颇多王是而郑非者。子雍固亦有依据，康成岂毫无疏失耶？"② 又据孙钦善先生谓："郑玄遍注群经，其说当然未必全对，谬误确实不少，王肃不迷信郑学，敢于指误辨疑，本不该非议，他的正确意见，完全应加以肯定。"③ 孙钦善先生又进而以《诗经·鲁颂·闷宫》"牺尊将将"条为例，引孔颖达《毛诗正义》曰："牺尊之字，《春宫·司尊彝》作'献尊'，郑司农云：'献读为牺，牺尊饰以翡翠，象尊以象凤凰。'……王肃云：'……太和中鲁郡于地中得齐大夫子尾送女器，有牺尊，以牺牛为尊。'然则象尊，尊为象形也。"④ 据此认为王肃"据考古发现的实物以解牺尊为牛形之尊，完全正确，而郑玄的解释则是错误的"⑤。

有疑此书为其玄孙镛堂所改定者，阎若璩序亦其伪托，查阎序不见于《潜邱札记》附刻诗文内，则改定之说，亦若可信。

案，梁启超云："这书久藏于家，嘉庆间，才由他的玄孙臧在东镛刻出。有人说，内中一部分是在东所著，归美先人，但无确据，不敢遽认为事实。"⑥ 考《新修常州府志·儒林传》中载：臧琳"专以读书考古为务，所著有《尚书集解》一百二十四卷、《经义杂记》三十卷，谓《礼记》中《大学》一篇本无经传可分，阙处当补。诚意正学者，最切要处，所以成始而成终者，不当退移于后。"⑦ 则臧琳玄孙改定之说，有待商榷。又考周中孚《郑堂读书记》云："窃意玉林当日原有此书，而未若今本卷帙之富，

① 周中孚：《郑堂读书记》卷一经部孝经类《孝经郑氏解》条，第6页。
② 江瀚：《续修四库全书总目提要》经部群经总义类《经义杂记》条，第1328页。
③ 孙钦善：《中国古文献学史简编》，北京大学出版社2008年版，第122页。
④ 同上书，第123页。
⑤ 同上。
⑥ 梁启超：《中国近三百年学术史》，山西古籍出版社2001年版，第199页。
⑦ 参见《经义杂记·叙录》，载《续修四库全书》第172册，第292页。

或后人有所附益。观每卷所考《汉书·五行志》独夥，录之可别成一种，其附益之痕迹显然矣。"①

《十三经音略》十二卷　周春撰

此书以字母正经音，未免勇于自信。然精博无伦，为当时治经者所推崇，亦可传之作也。

案，考叶德辉《郋园读书志》曰："先生是书既精且博，当时治经者无不推崇。而纠于字母之说，抹杀前人之书，未免勇于自信。……若准《说文》之声，六经之韵，以定群经句读，语尚有根；若以字母正经音，则吾未敢附和也。"② 然据周中孚曰："其所正定，一以陆氏《释文》为主，参以《说文》、《玉篇》、《广韵》、《五经文字》诸书，而审定古今之异同，悉本之三十六字母，考核颇为精博，凡历数十年而后成。由其书而观之，则唐以前之音无不毕备，而宋元以后音之得失亦瞭然矣。"③ 可见，其书虽以三十六字母正经字音，然亦多参诸古文字、音韵之书，非尽凭己意，江瀚亦曰："古无韵书，今有韵书，春谓讲求字母，实音韵之正派。"④ 且其书于古音之保存，亦不无裨益。

《诗书古训》六卷　阮元撰

是书《诗》四卷、《书》二卷，取《诗》古训是式之谊，故名"古训"。

案，《经籍考》仅释其书命名之义，未及大旨。阮元曰："万世之学以孔孟为宗，孔孟之学以《诗》、《书》为宗。学不宗孔孟，必入于异端。孔孟之学所以不杂者，守商周以来《诗》、《书》古训以为据也。"⑤ 但后世一些儒生"臆造诸说以拟圣经，若《法言》以后等书，世人乐讲其书而反荒《诗》、《书》"⑥，故阮元撰此书以正孔孟之学。

凡二经之外，经、子、《史》、《汉》有可证明经义者，皆采摭于经文之后，不加案断。

案，阮元云："元录《诗书古训》六卷，乃总《论语》、《孝经》、《孟子》、《礼记》、《大戴记》、《春秋三传》、《国语》、《尔雅》十经，此十经

① 周中孚：《郑堂读书记》卷二经部二五经总义类《经义杂记》条，上海书店出版社 2009 年版，第 28 页。

② 叶德辉：《郋园读书志》卷二经部《十三经音略》条，见《海王邨古籍书目题跋丛刊》第 5 册，第 210 页。

③ 周中孚：《郑堂读书记补逸》卷八经部小学类《十三经音略》条，第 1376 页。

④ 江瀚：《续修四库全书总目提要》经部群经总义类《十三经音略》条，第 1335 页。

⑤ 阮元：《诗书古训·序》，见《续修四库全书》第 174 册，第 1 页。

⑥ 同上。

中引《诗》、《书》为训者，采系于《诗》、《书》各篇各句之下。"① 此乃其所采之经。其所采子史亦有选择："子、史引《诗》、《书》者，多存古训，惟恐不能尽醇，则低写一格附之于后，以晋为断。盖因汉晋以前，尚未以二氏为训，所说皆在政治，言行不尚空言也。然此所写列者，皆古圣贤子、史已经引出之训，其未经引证者，若伏而读之，训而行之，引伸触类，章句正极多矣。"② 然其征引亦有可商榷之处，胡玉缙便言："今是书不取《家语》，所见良是，而仍取《孔丛》及《忠经》，不取《论衡》，殊不可解。"③

又案，据江瀚曰："是书疑不出元手，盖与《经籍纂诂》同系幕宾编录，篇中两见'光琦谨案'，即其证。"④ 然据阮福所言，此书阮元初稿后，又"付门下士毕韫斋（即毕光琦）校定之，删节之，增补之，遂为完书"⑤。则毕氏仅有校定之功，其作者当为阮元无疑。故是书间有毕氏附会之处，胡玉缙言："光琦乃为附会，引高诱《〈吕览〉注》称传云云，以为高氏及见《外传》原文。高果见《外传》，《班志》何以不载？且亦非元意。"⑥

《皇清经解》一千四百卷　阮元编

案，据伦明曰："元创编是书未成，移督滇黔，因属严杰成之，而刊于夏修恕。"⑦ 又据今人虞万里《〈正续清经解〉编纂考》曰："《清经解》作者七十三人，补刊增一人，续刊增一人。"⑧

夏修恕序曰：《皇清经解》之刻，乃聚本朝解经之书，以继《十三经注疏》之迹也。

案，是编不仅续《十三经注疏》，又可补其阙者，据严杰序曰："《注疏》罕言推算，编中所载天算各书，使孔冲远明乎此，不致误为《三统》以庚戌之岁为太极上元矣！贾公彦明乎此，自无'中气币则为岁，朔气币则为年'之说矣。解经贵通诂训，《广雅》一书，依乎《尔雅》王观察之

---

① 阮元：《诗书古训·序》，见《续修四库全书》第174册，第1页。
② 同上。
③ 胡玉缙撰，吴格整理：《续四库提要三种·许庼经籍题跋》卷一经部五经总义类，上海书店出版社2002年版，第436页。
④ 江瀚：《续修四库全书总目提要》经部群经总义类《诗书古训》条，第1365页。
⑤ 阮福：《诗书古训·识》，见《续修四库全书》第174册，第1页。
⑥ 胡玉缙撰，吴格整理：《续四库提要三种·许庼经籍题跋》卷一经部五经总义类，上海书店出版社2002年版，第437页。
⑦ 参见江瀚《续修四库全书总目提要》经部群经总义类《皇清经解》条，第1365页。
⑧ 参见阮元《清经解》卷首，凤凰出版社2005年版，第19页。

《疏证》，尤宜奉为圭臬也。许氏《说文》，凡经师异文，莫不毕采，段大令积数十年心力而成是《注》，悉有根据，不同臆说。诸如此类，并为编入，更足补《注疏》所未逮。"①

《经义述闻》三十二卷　王引之撰

引之传其父念孙之学，究悉声音、训诂，所著《经传释词》、《经义述闻》，精博过于惠、戴二家，凡前人误解者，独能旁引曲喻，以得其本原之所在。

案，引之是编于清儒诸说驳正甚精，然其辨汉人说经之误，则有待商榷。周中孚曰："其于近儒惠定宇、戴东原诸公之说，引古义以驳正之，未始不可，而于毛、郑《诗》、《礼》传注，亦凭文字假借之义，辨其非是，恐启后学蔑古注而逞新说之弊。至伪孔《书传》、《家语》伪本，近儒皆不屑称道，而亦引以为证，是太不分泾渭矣。"②

再案，是编虽精于训诂，颇益于解经，然初学者不可以仅凭此为捷径。据江瀚曰："引之此书盛行于近代，后生小子，惟速之求，不读全经，但披纂诂，一知半解，辄藐前修，风气所趋，荒经是惧，名不苟立，敢为有志朴学者告焉。"③

《五经异义疏证》三卷　陈寿祺撰

寿祺辨章学术，考镜源流，非屑屑于字句之异同讹舛也。其承古学式微之后，而以旧本之殊异，正古经之舛误，由汉许、郑以上通雅故，则于经训亦未尝无补焉。

案，寿祺训释经义，"刺取诸经义疏、诸史志传，《说文》、《通典》及近儒著述与许、郑相发者，以资稽核。间附蒙案，疏通证明"④。可知其能兼取众家之说。尤其于古制，尤为严谨，不轻加案断。据李慈铭曰："恭甫此书，真经义之渊薮，其中采证极博，而不轻加断制，尤为谨严。如明堂一事，遍寻自汉以至并时汪容甫、孙渊如、阮仪征诸家，而不自立论，但载万中书世美一条以驳孙说之误。禘郊等义亦然。盖古制既无确据，而诸家聚讼，纷如乱丝，论其违则各有据依，论其合则皆参臆见，故罗列异同，以俟人之自择，此最可法者也。"⑤ 故王捷南赞云："先生究硕学于既衰，汇众说以仰镜，则是书之作，不特为许、郑功臣，盖亦正俗宏

①　严杰：《皇清经解·序》，凤凰出版社 2005 年版，第 12 页。
②　周中孚：《郑堂读书记》卷二经部二五经总义类《经义述闻》条，第 34 页。
③　江瀚：《续修四库全书总目提要》经部群经总义类《经义述闻》条，第 1361 页。
④　陈寿祺：《五经异义疏证·序》，见《续修四库全书》第 171 册，第 1 页。
⑤　李慈铭：《越缦堂读书记》（中），中华书局 1963 年版，第 549 页。

风之一助，识者当不以捷南为阿其所好也。"① 则是编亦有是正学风之用。

再案，许慎撰《五经异义》十卷，至宋时亡佚。至清有王复辑本、孔广森《通德堂遗书》本、黄奭《高密遗书》本等一卷本流传。② 然诸家之辑本"大抵皆攟拾丛残，以意分合。孔本虽条理差优，然欲强还十卷之旧，终不可能也。"③ 陈氏在以上诸本基础上参订之，"每举所征录尤详者，若文多差互，则两载之"④。可见，是书又参众本之长而成，精审颇多。

《汉碑征经》一卷　朱百度撰

百度自序曰：秦焚简策，古籍就湮。汉代龙兴，昌明经学。其后经师相承，转写讹谬，不无差异。而流传至今未变者，惟汉碑为最古，遂即《隶释》、《隶辨》所载汉碑中有合经文者，笔之于篇。

案，据江瀚曰："其用功甚勤，但兹编仅《周易》一卷，非完书也。且汉碑中如《孔宙碑》'于兀时雍'，'兀'即今'卞'字'弁'之变体，微特为《尧典》之异文，并可明《顾命》'率循大卞'，《北堂书钞》引'卞'作'弁'之义。刘逢禄《尚书今古文集解》，亦引是碑，谓'卞'即'变'字，'循'、'顺'同音假借，'循变'即节哀顺变之意，其说甚是。又《衡方碑》'悼蓼仪之劬劳'，《孔耽神祠碑》'惟蓼仪以怆悢'，《平都蒋君碑》'蓼蓼者仪'，尤足为古'莪''仪'同音之证。类此者甚多，倘补而成之，其有裨经学，岂浅鲜哉！"⑤

再案，《隶辨》八卷，清顾蔼吉撰，其自称："汉碑有不备者，求之《汉隶字源》。《字源》有错讹者，悉从《隶释》、《隶续》，详碑定字，指摘无余。"⑥ 周中孚亦曰："其书实以《字源》为蓝本，诸碑亦多从《隶释》转录。惟《字源》后续出之碑，则尽出于手摹，修短肥瘠，不失本真。"⑦ 然据《四库全书总目》称：娄机所见汉碑存于清乾隆时期者，不过二十余种，"此二十余种外，纵旧拓流传，亦断璧零玑，偶然一遇，决不能如是之多。蔼吉何由得见原碑，一一手摹其字？'始求之《字源》'，殆不足凭。又每字下所引碑语，亦多舛错……"⑧

---

① 王捷南：《五经异义疏证·后序》，见《续修四库全书》第171册，第3页。
② 参见张之洞撰，范希曾补正《书目答问补正》，广陵书社2007年版，第35页。
③ 江瀚：《续修四库全书总目提要》经部群经总义类《五经异义疏证》条，第1362页。
④ 同上。
⑤ 江瀚：《续修四库全书总目提要》经部群经总义类《汉碑征经》条，第1393页。
⑥ 见《影印文渊阁四库全书》第235册，第431页。
⑦ 周中孚：《郑堂读书记补逸》卷八经部小学类《隶辨》条，第1369页。
⑧ 纪昀：《钦定四库全书总目》（整理本），经部小学类《隶辨》条，第553页。

四书类：

《四书经注集证》十九卷　吴昌宗撰

大旨一本朱子，而后来考辨之精与其沿袭之误，确然有可依据者，间亦采入一二，以期于是而已。

案，是编虽集证朱子之学，然"于名物训诂之学亦所不废，引顾炎武、阎若璩、江永之说特众"①。而于空谈性理者，"其有好事新奇、自立己意以树旗者，概不从录入，至为审慎"②。

《四书典故考辨》十二卷　戴清撰

案，是编考四书之典故，尤于地理之考辨颇多精审。据伦明曰：是书"最精者尤在地理，如孔子去鲁至卫，去宋至陈；孟子自邹至梁，去齐至滕；以及太师挚之适齐，亚饭、三饭、四饭之适楚、适蔡、适秦，太王逾梁居岐，晋人由虞代虢，莫不核其远近，计其险夷。凡正路歧路之殊，陆行水行之别，皆一一书其古地，证以今名。此外，如陈蔡、长府、武城、中牟等，关于地理者，三千余条，无不考证精审。"③

乐类：

《律吕古谊》六卷　钱塘撰

是编辨秦勖以汉尺为周尺之非，语颇精核。

案，钱氏自序中所言皆"荀勖"，又考《晋书·荀勖传》曰："既章乐事，又修律吕，并行于世。"④ 且"秦勖"史不载其人，则"秦勖"当为"荀勖"之误，

再案，据钱塘曰："自晋荀勖以刘歆铜斛尺为周尺载于史志，莫有知其非者。予得虑傂尺，知勖所谓周尺之即汉尺，复得周尺，知汉尺之非周尺。"⑤ 然据江瀚曰："自谓依法求之而有得焉，因纂为斯编。然其所得虑傂铜尺，为汉章帝建初六年造者。至所得周尺，则不知何尺。而谓营造大尺八寸加一分即为夏尺，其言果可信耶？卷末大昕跋云：'请为制序，愧非专门，弗敢应也。恐虽专门，亦不易下此断语耳。'"⑥ 则钱氏以虑傂铜尺为周尺，辨荀勖之非，似待商榷。

---

① 江瀚：《续修四库全书总目提要》经部四书类《四书经注集证》条，第984页。
② 同上。
③ 伦明：《续修四库全书总目提要》经部四书类《四书典故考》条，第981页。
④ 房玄龄：《晋书》，中华书局1974年版，第1153页。
⑤ 钱塘：《律吕古谊·序》，见《续修四库全书》第115册，第253页。
⑥ 江瀚：《续修四库全书总目提要》经部乐类《律吕古义》条，第652页。

《燕乐考原》六卷　凌廷堪撰

是编由燕乐以通古乐，江藩谓为思通鬼神云。

案，《经籍考》但云是书"由燕乐以通古乐"，考凌氏自序可知，其亦有由燕乐以正当世俗乐之意。凌氏以为：今世俗乐与古雅乐中，隔唐人燕乐一关，"古之所谓声者，即燕乐之十五字谱也；古之所谓音者，即燕乐之二十八调也"[1]，而沿及近世，学者置燕乐于不问，"流俗著书徒沾沾于字谱高下，误谓七调可以互用，不必措意，甚至全以正宫调谱之，自诩知音，耳食者亦群相附和"[2]，故凌氏"悉心探索，著为此书，有总论，有后论，二十八调各有条辨。其说既详，复为表以明之"[3]。可见，作者亦欲以考燕乐之原，正今乐之流弊。

再案，是编考辨燕乐，尚有诸多商榷之处。如据胡玉缙先生称，凌氏谓燕乐无徵声，而胡氏考之《旧唐书·音乐志》，则载燕乐有徵调甚明。又如，凌氏考燕乐之原，"不见《旧书》，徒取证于《新唐书·礼乐志》，燕乐之器，以琵琶为首，殊弗思《旧书》及《通典》所载燕乐器又皆以玉磬为首，将谓其原出于玉磬乎？"[4]

又案，如《经籍考》所言，清儒江藩推崇是书颇多。然据江瀚曰："江藩极推此编，以为思通鬼神。而陈澧《乐律通考》则谓宋之字谱配律吕，今之字谱配宫商，截然不同，观沈括《梦溪补笔谈》二十八调所用之声而了然矣。凌氏未考二十八调所用之声，故以宋之字谱即今之字谱也。"[5] 又据凌廷堪自云："以鄙见著为《燕乐考原》六卷，于古乐不敢妄议，独取燕乐二十八调，详绎而细论之，庶几儒者实事求是之义。颛愚之识，不自意及此，或者鬼神牖其衷乎！"[6] 则江藩所云亦本凌氏所自言。

《声律通考》十卷　陈澧撰

（澧）乃以晋前尺为准，排比钩稽，尽得其奥，由是而晋泰始之笛可仿而造，唐开元之谱可按而歌，古器古音，千载未泯，盖以古正今，以今晓古，庶几古乐不坠于地。

案，《经籍考》所谓以晋前尺求前代之乐，今有史籍可求证，或可得

① 凌廷堪：《燕乐考原·序》，见《续修四库全书》第 115 册，第 337 页。
② 同上。
③ 张其锦：《燕乐考原·跋》，见《续修四库全书》第 115 册，第 436 页。
④ 胡玉缙撰，吴格整理：《续四库提要三种·许庼经籍题跋》卷一经部乐类，上海书店出版社 2002 年版，第 454 页。
⑤ 江瀚：《续修四库全书总目提要》经部乐类《燕乐考原》条，第 653 页。
⑥ 凌廷堪：《燕乐考原·序》，见《续修四库全书》第 115 册，第 338 页。

其大概。如江瀚曰："至谓古今乐声高下，则有《隋志》所载，历代律尺皆以晋以前尺为比，而晋前尺则有王厚之《钟鼎款识》，传刻尚存，今依尺以制管，隋以前律皆可考见。《宋史》载王朴律准尺，亦以晋前尺为比，又可以晋前尺求王朴乐，由是以王朴乐求唐、宋、辽、金、元、明乐，高下异同，史籍具在，可以排比句稽而尽得之。"① 然又曰以此可仿泰始之笛、开元之谱云云，则言过其实。考江瀚曰："至于晋泰始之笛，可仿而造，唐开元之谱，可按而歌，古器古音，千载未泯，更非徒纸上之空谈也。是则言之过易，似古乐固未尝亡也，所谓唐开元谱者，今已失传，宋赵彦肃《风雅十二诗谱》，虽云即开元遗声，未可深信。"②

小学类：

《尔雅补郭》二卷　翟灏撰

灏自序曰：郭氏注《尔雅》未详、未闻者百四十二科，邢氏《疏补》言其十，余仍阙如。今据谂识，参众家，一一备说如左，俟君子择焉。

案，胡玉缙曰："是编以郭璞《尔雅注》未详、未闻者百四十二科，邢昺《疏》只释其十，爰钩稽幽滞，为之疏通证明，补所未备，洵有裨于后学。惟过求详尽，往往失之附会，转乖经旨。"③ 胡氏进而又将其与钱大昕《潜研堂答问》中所补郭璞《注》者相比较，认为，翟书有不如钱氏所释者数条。其他所释，亦有颇可商榷之处，可参见胡氏原文。

再案，是编不徒有补于郭《注》，据周中孚曰：是书"凡一百三十则，繁称博引，有类疏体，名虽补郭，亦可补邢《疏》所未备也。晴江与邵二云晋涵同时，而著书各不相谋，其考证此百余事，皆邵氏《正义》所未详。"④ 然其中亦有尚不完善之处。据杨钟义曰："《尔雅》一经正文往往为后人所窜，世所传本，文字异同，不免讹舛，郭《注》脱落非全本，亦有为妄人删去者，是书于古义、古训、古音亦尚未尽也。"⑤

《尔雅正义》二十卷　邵晋涵撰

晋涵以宋邢昺《尔雅义疏》芜浅，遂别为《正义》一书，以郭景纯为

---

① 江瀚：《续修四库全书总目提要》经部乐类《声律通考》条，第659页。
② 同上。
③ 胡玉缙撰，吴格整理：《续四库提要三种·许庼经籍题跋》卷一经部小学类，上海书店出版社2002年版，第455页。
④ 周中孚：《郑堂读书记补逸》卷七经部小学类一《尔雅补郭》条，上海书店出版社2009年版，第1320页。
⑤ 杨钟义：《续修四库全书总目提要》经部小学类《尔雅补郭》条，第1009页。

宗，而兼采舍人、樊、李、孙诸家，不拘守疏不破注之例，故与郭《注》时有同异，于经训多所发明。

案，据周中孚称，邵氏所采除舍人、樊光、李巡、孙炎诸家外，尚有梁沈璇《集注》、陈顾野王《音义》、唐裴瑜《注》等遗文佚句，又据"《易》、《书》、《周官》、《仪礼》、《春秋三传》、《大小戴记》，与夫周秦诸子、汉人撰著之书，遐稽约取，用与郭《注》相证明。"① 另据周中孚《郑堂读书记补逸》云：是编"又考齐、鲁、韩《诗》及马融、郑康成之《易》注、《书》注以及诸经旧说，亦从群书所引，取证经文，其迹涉疑似者则仍阙焉。其谓《尔雅》非专为释《诗》而作，尤为卓见"。②

《方言疏证》十三卷　戴震撰

是书改正讹字二百八十一，补脱字二十七，删衍字十七，逐条详正，汉儒训诂之学赖以不坠。

案，据杨钟义曰：是书"改正讹字二百八十一，补脱字二十七，删衍字十七，自宋以来诸刻洵无出其右，然其当增正者尚有也。又其中有错简两条，亦尚有字当在上条之末，而误置下条之首，及不当连而连者，有过信他书辄改本文音义，又有遗者误改者。"③ 又考傅增湘《藏园订补郘亭知见传本书目》经部小学类《方言》条曰："《輶轩使者绝代语释别国方言》十三卷，昭文张氏藏有影宋本，云即戴氏《疏证》所称曹毅之本也。末有'正德乙巳夏五，得曹毅之宋刊本手影'一行，又有'丙辰九月戴之补抄'一行。卷十'膊凡也'，注'此音义所未详'各本此皆误。卷十一'南楚之外谓之蟪蟉'，注'亦呼蚍蜉'，各本'蚍蜉'俱误'吒咱'，是二处似胜，而戴校未及。"④

再案，今《方言》之版本，大致有三：《汉魏丛书》本、《戴氏遗书》本、《抱经堂丛书》本。《汉魏丛书》本，据周中孚称，"《汉魏丛书》诸本，率意改窜，颠倒讹说，钱遵王曾《读书敏求记》尝据宋槧驳正一二"⑤。《戴氏遗书》本，戴震自云："今从《永乐大典》内得善本，因广搜群籍之引用《方言》及注者，交互参订，改正讹字二百八十一，补脱

①　邵晋涵：《尔雅正义·序》，见《续修四库全书》第 187 册，第 36 页。
②　周中孚：《郑堂读书记补逸》卷七经部小学类一《尔雅正义》条，第 1321 页。
③　杨钟义：《续修四库全书总目提要》经部小学类《方言疏证》条，第 1042 页。
④　傅增湘：《藏园订补郘亭知见传本书目》经部小学类《方言》条，中华书局 2009 年版，第 163 页。
⑤　周中孚：《郑堂读书记补逸》卷七经部小学类一《方言》条，第 1325 页。

字二十七，删衍字十七……"① 其所撰《方言疏证》，即据此本。《抱经堂丛书》本则参诸家所校，"后又得宋庆元中上虞李文绶孟传刊本相证，遂成此本，极详审焉"②。据此，三本中以《抱经堂丛书》本为优。

《广雅疏证》十卷　王念孙撰

念孙自序略曰：此书凡字之讹者五百八十，脱者四百九十，衍者三十九，先后错乱者百二十三，正文误入音内者十九，音内字误入正文者五十七，皆随条补正，详举所由。

案，据念孙自云："《广雅》诸刻本，以明毕效钦本为最善，凡诸刻本皆误而毕本未误者，不在补正之列。"③ 然考顾广圻《思适斋书跋》，又载有明刻影宋本《广雅》十卷，其曰："凡此本脱落处，毕效钦本有之，其改正出毕本外者，又得百十字，影宋本之所以为独善于他刻也。若传写久讹，必博考群籍而后得之者，则有王氏《疏证》在，然《疏证》实有取资于影宋本，则诚读此书者之所不可废矣。"④ 据此，明毕效钦本亦有未尽善处。

再案，据傅增湘所云，《广雅疏证》一书为"子引之续成刊"⑤，杨钟义曰："最后一卷子引之说，仿范氏《穀梁集解》子弟列名之例也。"⑥ 今考是书后，又附有隋曹宪《博雅音》十卷，据周中孚曰："至宪之《音释》，本随文附注，唐宋人书目俱作'《博雅》十卷'者，是其本书。明郎氏《五雅》本改其名为《广雅》，王氏取《音释》另为一卷附于后，虽云复古，恐非唐宋以来相传之旧矣。"⑦

又案，《经籍考》于提要中仅摘录念孙于自序中所言此书字讹、字脱、错乱者之数，未及是书之旨。段玉裁云："圣人之制字，有义而后有音，有音而后有形。学者之考字，因形以得其音，因音以得其义。治经莫重于得义，得义莫切于得音。"⑧ 可见声音于训诂之重要。王念孙亦云："窃以训诂之旨本于声音，故有声同字异，声近义同。虽或类聚群分，实亦同条共贯。……此之不寤，则有字别为音，音别为义，或望文虚造而违古义，

---

① 戴震：《方言疏证·序》，见《续修四库全书》第 193 册，第 49 页。
② 周中孚：《郑堂读书记补逸》卷七经部小学类一《方言》条，第 1325 页。
③ 王念孙：《广雅疏证·叙》，见《续修四库全书》第 191 册，第 3 页。
④ 顾广圻：《思适斋书跋》卷一，载《清人书目题跋丛刊》六，中华书局 1993 年版，第 611 页。
⑤ 傅增湘：《藏园订补邵亭知见传本书目》经部小学类《广雅疏证》条，第 166 页。
⑥ 杨钟义：《续修四库全书总目提要》经部小学类《广雅疏证》条，第 1030 页。
⑦ 周中孚：《郑堂读书记补逸》卷七经部小学类一《博雅》条，第 1329 页。
⑧ 段玉裁：《广雅疏证·序》，见《续修四库全书》第 191 册，第 1 页。

或墨守成训而鲜会通。"① 据此可知，王氏疏证《广雅》乃以因音求义为宗旨。故其自云："就古音以求古义，引伸触类，不限形体。苟可以发明前训，斯凌杂之讥亦所不辞。"②

《经籍纂诂》一百六卷　阮元撰

此书甚有益于读经者，然成自众手，采掇原文，割截牵缀，时所不免，以讹传讹，亦不少矣。

案，《经籍考》所言，本于其凡例，曰："此书采辑杂出众手，传写亦已数过，讹舛之处，或亦不免。凡取用者，宜检查原书，以期确实。至于遗漏，谅亦不少，现在杭州节署，延友搜查，续为《补遗》若干卷刊刻，嗣出以裨学者。"③ 今《续修四库全书》亦收其《补遗》一百六卷，阮氏曰："《补遗》采书，悉依旧例，前所失采，俱为增人。又许氏《说文》及孔氏《易》、《书》、《诗》、《左传》、《礼记疏》，贾氏《周礼》、《仪礼疏》，旧皆未采，今悉补纂。"④

再案，虽然其书杂出众手，然其书于读书治学，价值颇大，周中孚赞曰："大抵唐以前训诂俱已备载无遗，故展一字而众字毕备，检一字而诸训皆存，寻一训而原书可识。是编出而穷经之士焯然有所遵循，向壁虚造之辈不得滕其说以炫世矣。"⑤

《尔雅义疏》二十卷　郝懿行撰

郝氏此书与邵晋涵《尔雅正义》齐称，邵详于名物制度，郝详于声音训诂，均不刊之作也。

案，郝书晚出，于邵书多有补正，考《清史稿·郝懿行传》曰："懿行之于《尔雅》，用力最久，稿凡数易，垂殁而后成。于古训同异，名物疑似，必详加辨论，疏通证明，故所造较晋涵为深。"⑥ 郝氏亦自云："邵晋涵《尔雅正义》蒐辑较广，然声音训诂之原，尚多壅阏，故鲜发明。今余作《义疏》，于字借声转处，词繁不杀，殆欲明其所以然。"⑦ 又曰："余田居多载，遇草木虫鱼有弗知者，必询其名，详察其形，考之古书，以征其然否。今兹《疏》中其异于旧说者，皆经目验，非凭胸臆，此余书

---

① 王念孙：《广雅疏证·序》，见《续修四库全书》第191册，第2页。
② 同上。
③ 阮元：《经籍纂诂·凡例》，见《续修四库全书》第198册，第300页。
④ 阮元：《经籍纂诂补遗·序》，见《续修四库全书》第200册，第539页。
⑤ 周中孚：《郑堂读书记补逸》卷七经部小学类一《经籍纂诂》条，上海书店出版社2009年版，第1333页。
⑥ 赵尔巽：《清史稿》卷四八二《儒林传》三《郝懿行传》，第13245页。
⑦ 同上。

所以别于邵氏也。"① 虽然，据杨钟义称，"郝胜于邵，久有定论，其间小有罅漏"② 云云，其举例证郝书之误者数则，今略之。

《说文解字旧音》一卷 毕沅撰

沅自序曰：唐以前传注家多称《说文解字音》，《隋书·经籍志》有《说文音隐》，疑即是也，因撝录之以资考证。

案，据周中孚曰："按《隋书·经籍志》于《说文》十五篇下有《说文音隐》四卷，无作者名氏，而唐以前传注家多引《说文解字音》，秋帆疑即其书，因撝录之，成此本，并为之序。考是编，《隋志》次在吕忱《字林》之上，盖随《说文》而连及之，犹《字林》下即继以《字林音义》也。秋帆据此以为作是书者为忱以前人，恐未必然，惟以为南人所定，则确不可易。"③

再案，据杨钟义曰："是编洵探本之谊，惟所采之书止载书名，未标篇第，又于诸书所引未及比附，往往误认通俗字为正字，亦间有所遗失。"④

《说文解字注》十五卷《表》五卷 段玉裁撰

卢文弨序略曰：金坛段若膺明府，于周秦两汉之书无所不读，于诸家小学之书靡不博览，而别择其是非。于是积数十年之精力，专说《说文》，详稽博辨，悉有佐证，匪独为叔重氏之功臣，其有益于经训者不鲜也。

案，据朱一新《无邪堂答问》卷四曰："段《注》包孕宏富，钮匪石订其误，有段不误而钮反误者，水部尤多。惟勇于删改，是段《注》之大失。"⑤ 其订段氏之误者，又有徐承庆《说文解字注匡谬》十五卷，胡玉缙曰："其书专纠《说文解字》段玉裁注之失，凡分十五科：曰便辞巧说破坏形体，曰臆决专辄诡更正文，曰依他书改本书，曰以他书乱本书，曰以意说为得理，曰擅改古书以成曲说，曰创为异说诬罔视听，曰敢为高论轻侮道术，曰似是而非，曰不知阙疑，曰信所不当信，曰疑所不必疑，曰自相矛盾，曰检阅粗疏，曰乖于体例。分条抉摘，多中其病，为读段氏《注》者不可少之书。惟分立名目，其标举八字处有如评讼，殊失雅道。

---

① 赵尔巽：《清史稿》卷四八二《儒林传》三《郝懿行传》，第 13245 页。

② 同上。

③ 周中孚：《郑堂读书记补逸》卷八经部小学类二《说文解字音隐》条，第 1341 页。

④ 杨钟义：《续修四库全书总目提要》经部小学类《说文解字旧音》条，第 1067 页。

⑤ 朱一新：《无邪堂答问》卷四"问《汉艺文志》《尔雅》《小尔雅》不入小学"条，台湾：广文书局 1971 年版，第 19 页。

又往往有意吹求，言过其实。"①

《小学钩沉》二十卷　任大椿撰

此书採摭宏富，自汉以后，唐以前诸家散佚之字书，收拾残丛，汇为总集，与萧客之书，同为有功甲部之作。

案，大椿所辑亦有遗漏者，故清人顾震福又撰有《小学钩沉续编》八卷，杨钟义曰："《唐艺文志》载小学诸书，《仓》、《雅》以下，衰然尚存。五季之乱，日就散佚，兴化任子田刺取往籍所引古字书，排比为《小学钩沉》，较海宁陈氏《小学拾存》、历城马氏《玉函山房辑佚书》，最为精博。然成书于晚岁，不无遗漏。震福就诸书所引而任氏所未及者，依其体例，辑为《续编》，有补任氏已引之未备者，有正任氏已引之误者，有与任辑字同义异、字异义同者。"②

《字林考逸》八卷　任大椿撰

大椿自序略曰：《唐六典》载：书学博士以《石经》、《说文》、《字林》教士，《字林》之学，阅魏晋陈隋，至唐极盛，故张〔怀〕瓘以为《说文》之亚。

案，晋吕忱所撰《字林》，自《隋书·经籍志》《新唐书·艺文志》《旧唐书·经籍志》以来，俱作七卷，至宋惟陈振孙《直斋书录解题》则录为五卷，曰："其书集《说文》之漏略者凡五篇，然杂揉错乱，未必完书也。"③然《文献通考·经籍考》又载李焘跋曰："隋唐《志》皆云七卷，恐误。今五卷具在，此《说文》部叙，初无欠缺，不应五卷外，更有两卷。《崇文》及《邯郸总目》并无，余独得之豫章，但恨转写脱误，且他说杂揉其间，非复忱书旧本也。"④则是编至宋时已多为人窜改。今陶宗仪《说郛》中辑有一卷，孙海波曰："考明修《永乐大典》，于每韵每字之首，胪列见存小学之书，略无遗漏，独不见《字林》，则永乐时，是书亡佚已久。《说郛》何从采收，此必明人伪托无疑。《青照堂丛书》本之《字林》，系自《说郛》本出，其根本已不足据矣。"⑤

爰是参核典坟，兼及二藏音义，积累岁年，遂成八卷，补遗正阙，则又俟诸博雅君子矣。

---

①　胡玉缙撰，吴格整理：《续四库提要三种·许廎经籍题跋》卷一经部小学类《说文解字注匡谬》条，上海书店出版社2002年版，第465页。

②　杨钟义：《续修四库全书总目提要》经部小学类《小学钩沉续编》条，第1276页。

③　陈振孙：《直斋书录解题》卷三经部小学类，上海古籍出版社2006年版，第89页。

④　马端临：《文献通考·经籍考》经部小学类，第1611页。

⑤　孙海波：《续修四库全书总目提要》经部小学类《字林》条，第1168页。

　　案，考《清史稿艺文志拾遗》载有清陶方琦《字林补逸》一卷，[1] 又龚道耕又有《字林考逸校误》一卷，两书或可补任氏之阙误。

　　《说文解字义证》五十卷　　桂馥撰

　　乾嘉时，海内通《说文》之学者甚多，然惟段玉裁、王筠与馥为能集其大成，鼎足三分，蔚然大观。

　　案，今人有"说文四大家"之称，除段、王、桂外，又有朱骏声。其著有《说文通训定声》十八卷，李慈铭赞曰："取《说文》之字，以声为经，义为纬，分十八部，始于丰，讫于壮，引证赅博，条例精密，令读者览一字，而古音古义，通假正别，本末了如，诚不可少之书也。"[2]

　　此书以《说文》与诸经之义相疏证，精深博大，不朽之作也。

　　案，李慈铭尝摘是书误者数则，曰："是书以引据浩博见长，若其正误发疑，则远不及段氏。王菉友谓'分肌析理，桂氏尤精'者，盖乡曲之见也。"[3] 又据胡玉缙曰："馥自深于小学，其书胪举古书，诠释字义，虽稍伤蔓衍，而颇无违戾，迥非元明人之多变古臆者可比，即段氏之武断、王之迂曲，此书亦无其弊，只以发疑正误之功少，遂不免瞠乎其后。平心而论，要以'亦可旁参'之说为定评，故言《说文》者不废桂氏焉。"[4]

　　《隶法汇纂》十卷　　项怀述撰

　　是书原本顾蔼吉《隶辨》，纵考据精详，然不及翟云升《隶篇》远甚。

　　案，周中孚曰：是书"为初学习写隶书而设，取便检阅，故其于临摹剖劂，皆极精工焉"[5]。

　　《说文通训定声》十八卷　　朱骏声撰

　　学博于斯学洵荟萃众说而得其精，且举转注之法，独创义例，根据确凿，实发前人所未发，其生平心得在兹矣。

　　案，清人对转注之解释，约有三说，即以江声为代表的"形转说"，以戴震为代表的"声转说"和以朱骏声为代表的"义转说"。朱氏以为："天地间有形而后有声，有形声而后有意与事，四者文字之体也。意之所通而转注起焉。……不知假借者，不可与读古书，不明古音者，不足以识

①　王绍曾：《清史稿艺文志拾遗》经部小学类，中华书局 2000 年版，第 214 页。
②　李慈铭：《越缦堂读书记》中册，中华书局 2006 年版，第 522 页。
③　同上书，第 525 页。
④　胡玉缙撰，吴格整理：《续四库提要三种·许庼经籍题跋》卷一经部小学类，上海书店出版社 2002 年版，第 466 页。
⑤　周中孚：《郑堂读书记补逸》卷八经部小学类二《隶法汇纂》条，第 1372 页。

假借，此《说文通训定声》一书所为记也。"① 然据杨钟义则称，朱氏"语极专辄"，又称："是书以声为主，引据之繁，过于桂氏《义证》，惟以转注言人人殊，独创义例，发前人所未发，其生平之心得在此，其自信之深而不能谓世必尊必信者，亦在此也。"②

《说文段注撰要》九卷　马寿龄撰

学者读段氏书，鲜不望洋而叹，得是编为之梯航，庶从事小学者乐其易。

案，据杨钟义曰："惟原稿非清本，字句之倒置，字体之互易，夺误尚多。"③ 又举张炳翔所言其误数则，称，读者若读段注，"当覆检原书也"④。

《六书音韵表》五卷　段玉裁撰

《戴震与段玉裁书》曰：大著辨别五支六脂七之，如清、真、蒸之韵之不相通，能发唐以来讲韵者所未发，断为确论。

案，胡玉缙云："言支、脂、之三部古不同用，则古书中同用甚多，已为陈寿祺《左海文集》、冯登府《十三经诂答问》所讥。"⑤

又案，《戴震与段玉裁书》言此书内容大旨，《经籍考》未录，今补之。其曰：是书五卷，分为五表，"一曰《今韵古分十七部表》，别其方位也；二曰《古十七部谐声表》，定其物色也；三曰《古十七部合用类分表》，洽其旨趣也；四曰《诗经韵分十七部表》，胪其美富也；五曰《群经韵分十七部表》，资其参证也"⑥。周中孚《郑堂读书记补逸》云：是编作于《说文解字注》之前，"盖立十七部以为综核，因是为《说文》注，形声读若，一以十七部之远近分合求之，而声音之道大明"⑦。又据胡玉缙称：段氏在《答江晋三书》中有"得孔㧑约《诗声类》，欲改拙书而未暇"一语，"然则段氏于此表，其始颇自殊异，其后亦渐觉悟，可以想见。要之，古韵失传已久，后人欲于数千载后为古人定一韵书，断无密合之理，故江有诰《诗经韵读》分至二十一部，严可均《说文声类》分十六部，张行孚且欲止分七部，亦各自为说。是书部分即有出入，而古韵大概

① 朱骏声：《说文通训定声·自叙》，见《续修四库全书》第220册，第93页。
② 杨钟义：《续修四库全书总目提要》经部小学类《说文通训定声》条，第1088页。
③ 杨钟义：《续修四库全书总目提要》经部小学类《说文段注撰要》条，第1113页。
④ 同上。
⑤ 胡玉缙撰，吴格整理：《续四库提要三种·许庼经籍题跋》卷一经部小学类，第486页。
⑥ 段玉裁：《六书音韵表·戴震与段玉裁书》，见《续修四库全书》第244册，第551页。
⑦ 周中孚：《郑堂读书记补逸》卷八经部小学类二《六书音均表》条，第1345页。

实已略备，谓为未尽善则可，谓为无一合则不可。"①

（二）史部

正史类：

《汉书补注》一百卷　王先谦撰

是书推阐颜《注》，恪守家法，字字谨严，不敢轻于点窜。

案，先谦于颜师古之注亦有微辞，其曰："自颜监注行，而班书义显，卓然号为功臣。然未发明者固多，而句读讹误、解释舛驳之处，亦迭见焉。"② 其于颜注体例失当者，又不尽相从。如先谦据王鸣盛、朱一新之说，指出颜注所引诸家，有不列其名者，以至"或引旧说以为己说者"③。而先谦于《补注》中所引诸家，皆俱列名姓。再者，先谦于颜注所弃者，亦有择取。如颜注对杂家传记类之书择取极严，然诸如《西京杂记》之类，虽不知撰人，但"初无妄说，又古事雅语并资多识，师古弃而不取，而称引显相抵牾之"④。故先谦于《补注》中有所采用。

《宋史翼》四十卷　陆心源撰

心源病《宋史》芜杂，博考碑志传状及稗官野史，折衷取舍，慨然有改撰之志。未及成编，乃命名为《宋史翼》。

案，此说综合是书前缪荃孙、俞樾序言而成。缪荃孙原序云："吾友陆存斋先生，淹雅闳通，史才独擅。初拟改编《宋史》，积稿至四五尺，后虑卷帙重大而精力渐衰，乃先刺取各书，积录应补之传至七百八十一人，附传六十四人，成四十卷，改名《宋史翼》。"⑤ 则此编仅为陆氏所补《宋史》未成稿之列传部分，《经籍考》节录过于泛泛。又据俞樾云："君所补列传多至十七卷，得百三十余人。其中多有昭昭在人耳目而《宋史》顾无传，非君搜补，无乃阙如与！《宋史·循吏传》寥寥十二人，而程师孟已见列传，则实止十一人。君所补五卷凡一百二十八人，何其多也！《方技传》亦倍于原书，然如徐神翁之类，仍不厕入，亦见其采择之精矣。其有《儒林传》而无《道学传》，自有微意；有《隐逸传》而又有《遗献传》，使王炎午、郑思肖之徒，皆炳然史策，表彰风义，尤深远矣。"⑥ 足

---

① 胡玉缙撰，吴格整理：《续四库提要三种·许庼经籍题跋》卷一经部小学类，第486页。

② 王先谦：《汉书补注·序例》，见《续修四库全书》第268册，第1页。

③ 同上。

④ 同上书，第3页。

⑤ 缪荃孙：《宋史翼·序》，见《续修四库全书》第311册，第272页。

⑥ 俞樾：《宋史翼·序》，见《续修四库全书》第311册，第271页。

见是编补《宋史》列传之阙甚多。

《宋辽金元四史朔闰考》二卷　钱大昭［昕］撰

大昭［昕］是书未蕆事，为钱侗续成。侗字同人，大昕弟子，亦长于史学者也。

案，是编不止由钱侗一人续成。据钱东垣曰："先世父宫詹公，采之正史，暨稗官野史，证以金石各刻，并名人诗文集，撰《四史朔闰考》，将及成书，遽捐馆舍。弟子李尚之先生，精于畴人之学，假钞后，时为增补，共得五十八条。"① 李锐增补后，钱侗"精于考核，往往一隅反三"②，其在李氏基础上，又补一千三百十八条，"同人卒后，东垣补增及以前后朔推得者，又得一百二十六条，而是书已灿然大备矣"③。又据阮福曰："钱竹汀先生邃于史学，精于推步，仿《辽史》二考之例，著《四史朔闰考》未成，元和李君尚之为之增补，钱孝廉同人又博稽群籍，及碑版文字以续成之，并推至至元以后之闰朔，及明而止。然竹汀先生因四朝时宪甲子不殊，朔闰互异而作此考，若至元十四年灭宋之后，无所谓互异者矣。且是时用郭守敬授时术，朔闰不忒，何考之有？尚之、同人二君未达此意耳。今删至元十四年以后之朔闰，至宋德祐二年而止，付之梓人，以广其传。"④ 则是编又有阮福所删定者。

再案，钱侗，乃大昕之从子，非其弟子，《经籍考》误。

《明史考证捃逸》四十二卷　王颂蔚撰

颂蔚搜访《明史》，于光绪丙戌得刘岳云所临，邵懿辰《简明目录》评定本，仅知乾隆末年有奉敕改定之本，黏谦进呈。及丁亥，入直枢院，因属张大诰物色是书，先得蓝面册《明史》改定校本。

案，据王颂蔚自云：张令史所得蓝面册《明史》改定本，人名、地名改译及修改字句处，用黄签粘原文之上。唯年久受潮，有所脱漏，故此书"即邵比部所见进呈本。盖当时奉丁丑诏书，以次缮进，故卷面书'臣某官某某恭校'，卷中黏皆黄也"⑤。

及丁亥，入直枢院，因属张大诰物色是书，先得蓝面册《明史》改定校本，又得稿本，其中总裁、纂修、协修衔名具备。最后始得正本。然皆散漫残缺，颂蔚据此编定成《明史考证捃逸》四十二卷。

案，《经籍考》云：是编据"正本"《明史》编定而成，非。颂蔚自

---

① 钱东垣：《宋辽金元四史朔闰考·跋》，见《四库未收书辑刊》第10辑，第2册，第749页。

② 同上。

③ 同上。

④ 阮福：《宋辽金元四史朔闰考·序》，见《四库未收书辑刊》第10辑，第2册，第732页。

⑤ 王颂蔚：《明史考证捃逸·序》，见《续修四库全书》第294册，第94页。

云:"属张令史将进呈本黄签一一传录,退直之暇,复取稿本、正本参观互证,汰其文义复沓及空衍无关宏旨者,簿领鲜暇,作辍靡常,凡两阅寒暑,始克排比成书,分卷四十有二,题曰《明史考证捃逸》。"① 可知是编所据底本乃乾隆末年进呈本,而以"稿本""正本"参校而成。

《十七史商榷》一百卷　王鸣盛撰

是编校勘本文,补正讹脱,最详于舆地、职官、典章制度,能剖其异同,证其舛误。

案,胡玉缙曰:"是编取毛晋汲古阁本《十七史》及近本《旧唐书》、钞本《旧五代史》,校正其讹文、脱文、衍文……"② 可知其校勘之底本。又据李慈铭云:"其书虽校讹订逸居十之七八,而亦时有创论。如论汉高帝失信废义,唯利是视;论项氏失计在立怀王。"③

编年类:

《续资治通鉴》二百二十卷　毕沅撰

(毕沅)乃博稽群书,考证正史,手自裁定,始宋讫元,为《续资治通鉴》二百二十卷。

案,《经籍考》此条出自冯集梧为是书所作之序,冯氏原文云:"兹书以宋、辽、金、元四朝正史为经,而参以《续资治通鉴长编》、《契丹国志》等书,以及各家说部文集约百十余种。"④ 则其取材不只正史。此书编成后,经余姚邵晋涵核定体例付刻,又经钱大昕校阅,"然刻未及半,仅百三卷止"⑤。冯集梧于嘉庆五年(1800)购得原稿,"惜其未底于成,乃为补刻百十七卷"⑥。

《明纪》六十卷　陈鹤撰

鹤是书未蒇厥事,其孙克家续成之。

案,据冯桂芬称,是编六十卷中,鹤手辑至五十二卷而殁,后八卷乃其孙克家续成。⑦ 又据《续修四库全书总目提要》曰:"今有是书,则年经月纬,不事旁求,庶免涉猎之劳,检查之苦矣。惟是书直抄原文,不加

---

① 王颂蔚:《明史考证捃逸·序》,见《续修四库全书》第294册,第95页。
② 胡玉缙撰,吴格整理:《续四库提要三种·许庼经籍题跋》卷二史部史评类,上海书店出版社2002年版,第617页。
③ 李慈铭:《越缦堂读书记》(上),中华书局1963年版,第418页。
④ 冯集梧:《续资治通鉴·识语》,见《续修四库全书》第343册,第1页。
⑤ 同上。
⑥ 同上。
⑦ 冯桂芬:《明纪序》,见《四库未收书辑刊》第6辑,第6册,第4页。

论断，叙述微嫌隐晦，一事之记垂隔数年，读之苦不能得其要领。夏燮《明通鉴》一书，体例似较此本为善。"①

纪事类：

《庭闻录》六卷 刘健撰

健父昆，字隐之，尝官云南同知，吴三桂反，不屈，被杖遣戍。是编述昆陷贼事，故曰《庭闻录》，载吴逆始末甚详。

案，据《续修四库全书总目提要》称，健之父昆，尝著《吴三桂传》《滇变记》二书，"稿失仅存十三，健因举所问犹能记忆者，笔之于册，自序称虽略而不详，然以视耳食之谈，窃自以为有间。且事多其父口述，昆本节义之士，宜其言之足以征信也"。②

《圣武纪》十四卷 魏源撰

当是时，海警甫宁，与各国立约通商。源取其关涉兵事及所议论若干篇，为十有四卷，亦掌故之渊薮也。

案，据胡玉缙先生曰："三藩之乱，有简亲王戢兵爱民，至今江宁人尸祝之，乃徒箸其逗留之罪；西师之役，有吐鲁番酋额敏和卓，其谋勇屡蒙诏奖，乃漏略未之及叙；川陕之役，罗思举、桂涵同时以乡勇击贼，而襄沙蹀履，皆罗之功，乃并移之于桂；宁陕之役，杨芳不能制叛兵，为严旨诘责，乃盛称其招抚，则纪载未免失平。其欲通暹罗以御缅，联廓部以挫英，借腾越边外之野人以攻印度，无非以夷制夷之策，则议论亦属一偏。欲开矿以佐军用，尤弥近理而弥乱真，开矿未尝不可，因军用而开矿则不可。李慈铭《孟学斋日记》讥其'余论所述战守之法，多拘泥陈言；军储篇欲以玉贝济银钱之乏，尤不可行'，颇为有见。……然二百年来兵事，官书所载，殆可充栋，源乃提挈纲领，颇便浏览，文笔亦隽悍可喜，其书自不可废。"③

《平浙纪略》十六卷 秦湘业撰

是书体例逐事分编，以清眉目，而抚恤、筹饷诸事，以及从前失事之由，亦约略附见。

案，今其附记中，又有记左宗棠率清军分援皖、赣，追征闽、广之事。其书皆取材于当时之奏报，唯后两卷，"咸丰间事文卷数毁失，多探

---

① 王云五主持：《续修四库全书总目提要》第 4 册，第 162 页。

② 同上书，第 191 页。

③ 胡玉缙：《许庼经籍题跋》卷二史部《圣武记书后》条，第 508 页。

用许瑶光《谈浙》一书"①。

《中西纪事》二十四卷　江上蹇叟撰

此书为夏燮撰，盖时值西力东渐，我犹牢守锁港，不思救焚，因举互市传教之颠末，觏缕言之，冀当事者或有一省。

案，是书乃四次相继续成。道光三十年（1850），作者在京，"时值洋艘遣退，枋相罢归，援取庚子以来，英人入寇本末，编次成帙，藏之箧中"②，此其一；咸丰九年（1859），又取近十年来中西通商之事，"合之前定之稿，分类纪叙，厘为十六卷，中西争竞之关键，略具于此"③，此其二；咸丰十年（1860），作者入曾国藩幕府，"时值辇毂之变，奉诏北援。和议既成，罢兵换约，凡前后奏咨稿案，及军机稡台来往信函件，次之撰为《庚申续记》"④，此其三；事后，作者回江右供职，"亲预于长江设关，西士传教之役，又见续颁条约，暂定章程……取庚申以后，续成数事，增入《中西纪事》中，合之为二十四卷"⑤，此其四。

奏议类：

《黄侍郎奏议》三十卷　黄爵滋撰

道光朝，英人横绝海上，以鸦片烟输入内地，蠹国病民，莫此为甚。爵滋力斥钦差大臣伊里布、直隶总督琦善，及太常侍郎许乃济政策之非，当时林则徐韪之。苦口良药，莫采之以医国，卒至流毒无穷，惜哉！

案，爵滋尝为御史，其所进言，道光帝屡用之，尤其于禁止鸦片一事，即为爵滋所奏请。据孙衣言《光禄大夫前刑部左侍郎黄公行状》曰："公之为御史，遇事精锐锋发，无所回避，宣宗成皇帝屡用其言，不四年，擢至四品卿，为之通谕御史台，以公为敢言。……夷船载鸦片烟至海口，岁漏中国银数千万，中国银益贵。公言曰：'耗银由于贩烟，贩烟之盛，由于食烟之众，欲断夷烟，必先禁吸食以杜兴贩，宜为厉禁，期以一年之外，杀无赦。'成皇帝以为然，下中外大臣议，多以为宜禁，而湖广总督林公则徐，主公议尤力。成皇帝意亦锐甚，烟禁定，连擢公至侍郎，林公以钦差大臣统水师驻广东，夷酋义律悉献所来烟，毁于海口者二万箱，当

---

① 王云五主持：《续修四库全书总目提要》第 4 册，第 228 页。
② 江上蹇叟：《中西纪事·次叙》，见《续修四库全书》第 402 册，第 504 页。
③ 同上。
④ 江上蹇叟：《中西纪事·叙》，见《续修四库全书》第 402 册，第 505 页。
⑤ 同上。

是时，烟几绝矣。"① 又曰："初，太常少卿许乃济奏请弛鸦片烟禁，取税以为利，及上用公言，遂黜许乃济。"②

《袁太常奏议》一卷　袁昶撰

庚子拳匪之祸，昶侃侃力诤，谓在廷诸臣亲而天潢，尊而师保，蔽塞宸聪，横挑边衅，三百年宗社不绝如线。疏三上不省。秋七月十六日，与徐尚书用仪、许侍郎景澄，朝衣东市矣！

案，考《清史稿·袁昶传》曰："义和团起山东，屠戮外国教士。昶与许景澄相善，廷询时，陈奏皆慷慨，上执景澄手而泣。昶连上二疏，力言奸民不可纵，使臣不宜杀，皆不报。复与景澄合上第三疏，严劾酿乱大臣，未及奏，已被祸，疏稿为世称诵。"③

别史类：

《明史稿》三百十卷　王鸿绪撰

王鸿绪《明史稿》在私家著述中体例最为完善。康熙间，诏修《明史》，鸿绪实董其役，一时名人如万斯同辈，皆与雅故商榷讨论，故斯稿之成，实多集思广益之功。

案，考钱大昕《万先生传》曰："乾隆初，大学士张公廷玉等奉诏刊定《明史》，以王公鸿绪史稿为本而增损之。王氏稿，大半出斯同手也。"④ 又据《续修四库全书总目提要》曰：康熙年间，开局修明史，"昆山徐元文延斯同往，时史局征士许七品俸，称翰林院纂修官，元文欲援例授之，斯同请以布衣参史局，不署衔，不受俸，总裁许之。是时史馆纂修屡易，而斯同馆元文家，核定明史，历十二年，而史稿粗成，凡四百十六卷，后扩至五百卷，或称四百六十卷。三十年，元文卒。三十三年，王鸿绪、陈廷敬继为总裁，鸿绪素悉斯同之名，仍延斯同及同邑钱名世于家，以史事委之，斯同馆于王氏，凡八年，惨淡经营，皆出万氏之手，至康熙四十一年卒。鸿绪遂窜改万氏原稿，增损别传为二百五卷，并增表、志共三百十卷，进呈史馆，所谓《横云山人明史稿》，刊行于世，而万氏原稿，遂湮没无闻焉。"⑤

---

① 缪荃孙：《续碑传集》卷一○，载《清代传记丛刊》第 115 册，第 556 页。
② 同上书，第 558 页。
③ 赵尔巽：《清史稿》卷四六六《袁昶传》，第 12762 页。
④ 参见钱仪吉《碑传集》卷一三一，载《清代传记丛刊》第 113 册，第 451 页。
⑤ 王云五主持：《续修四库全书总目提要》史部《明史纪传》条，第 291 页。

再案，据《续修四库全书总目提要》曰："万本原稿是否尚存天壤间，难以确定。然北平图书馆所藏之号称万稿者有二：一为三百十三卷纪传本，一为四百十六卷，并有志、表。斯二稿者，虽不可谓即万氏原稿，然可断定均为王稿以前之纂辑。"①

杂史类：

《国策地名考》二十卷　程恩泽撰　狄子奇笺

是书谓孟津在河北，非今孟津县，亦非古河阳县。蒲反非舜都，乃卫蒲邑，以尝入秦仍归，故谓之蒲反。诸条皆确不可易。

案，胡玉缙云："非祗以孟津在河北，非今孟津县，亦非古河阳县；蒲反非舜都，乃卫邑，以尝入秦，后仍归卫，故谓之蒲反，如阮元撰《墓志铭》所称已也。"②则此语出于阮元，《经籍考》略去出处。又云："惟'山阳'下，以今陕西商州山阳县系明成化间置，实为秦地，当有所据，此以后证古，似乖著书之体；'宁'下引《书录解题》'是时秦初取韩上党'云云，似误以他书为《解题》，亦属疏舛。"③

又案，是书狄子奇亦参与撰写，且用力甚多。他在编写之前"先立一长单，以《国策》地名分国录出，凡七百余条。又立一巨册，以单上所录分布各纸，凡三百余页"④。在此基础上，程恩泽"乃集其大成，以次排纂，先原文，次正史，次杂录，次本朝诸名家所著，参伍考订，为之折衷，而以现在府、厅、州、县实之"⑤。

再案，程恩泽除考地名外，又参考各家图说，绘为十二图，列于卷首，"使战国形势如聚米画沙，了然尺幅"⑥。此十二图即《战国舆地总图》《周地图》《秦地图》《齐地图》《楚地图》《赵地图》《魏地图》《韩地图》《燕地图》《宋地图》《卫地图》《中山地图》。《经籍考》未及，今补之。

《东南纪事》十二卷　邵廷采撰

或谓书成，旋毁于火，故传本罕见云。

---

① 王云五主持：《续修四库全书总目提要》史部《横云山人明史稿》条，第294页。
② 胡玉缙撰，吴格整理：《续四库提要三种·许廎经籍题跋》卷二史部杂史类，上海书店出版社2002年版，第510页。
③ 胡玉缙撰，吴格整理：《续四库提要三种·许廎经籍题跋》卷二史部杂史类，第510页。
④ 程恩泽：《国策地名考·叙》，见《续修四库全书》第422册，第600页。
⑤ 同上。
⑥ 同上。

案，徐鼒云："惜书成未刻，仅钞本流传。往年马端愍公抚浙，拟刻此书，悬百金求其不可得。鼒幸得见之，遂刊诸梨枣。"① 可知其书成而未刻，故传本罕见。

《四裔编年表》四卷 李凤苞编

起少昊四十年，讫咸丰十一年，其间种族变迁，政学始末，与夫战争之大局，一一具载，颇便检阅。

案，据胡玉缙先生曰："所有各国兴亡大事，及内而制作，外而交涉，罔不举其纲要，虽其中未尽可信，而一书具四千余年之事迹，颇足以资检阅而裨见闻。李慈铭《荀学斋日记》称为奇书，其推挹亦甚至。惟朱一新《无邪堂答问》尝议及数事，而实未足以难。……总之，其书即有舛错，而所载西事当较中史为近实，惟亚当子孙曰闪，曰含，曰雅勿，为西洋诸国之祖诸说，为荒远无稽耳。"② 又《续修四库全书总目提要》曰："惟是书不乏失于校对之处，如明景泰五年、六年、七年等年，与西历并相差一年。又如各年下所系大事，去取失宜，殊无裨于检阅，斯则不能为是书讳者也。"③

传记类：

《颐志斋四谱》四卷 丁晏撰

四谱谓郑康成、曹植、陶潜、陆贽，即晏六艺堂自刻本，至康成年谱，孙星衍、阮元亦皆有刻本，互有详略，足资参考。

案，晏所刊《郑君年谱》凡一卷，其收郑氏事迹遗漏颇多。据《续修四库全书总目提要》曰："康成所著见于《郑学录》及《北海三考》为晏所漏引者尚多，所考弟子亦未备。《吴书·程秉传》云：'汝南南顿人，逮事郑玄。'《魏书·崔琰传》'公孙方从学于不其山'，皆其显著者。又《魏书》称孙叔［然］受学于郑玄之门人，称青州大儒。按叔然名炎，盖康成再传弟子。至见于《郑志》者尚有十余人，康成既与问答，必当在弟子之列。晏俱未之及，则又不止事实之有漏而已。"④

《求阙斋弟子记》三十二卷 王安定撰

求阙斋者，湘乡曾国藩所居室名也。是书记国藩勋业学行备具，有恩

---

① 徐鼒：《东南纪事·识语》，见《续修四库全书》第332册，第3页。
② 胡玉缙：《续四库提要三种·许厝经籍题跋》史部，第506页。
③ 王云五主持：《续修四库全书总目提要》史部外国史类《四裔编年表》条，第976页。
④ 王云五主持：《续修四库全书总目提要》史部《郑君年谱》条，第610页。

遇、忠谠、平寇、剿捻、抚降、绥柔、志操、文学、军谟、家训、吏治
诸目。

案，据《续修四库全书总目提要》曰："是书虽为曾国藩而作，而平
寇七卷，则专纪粤寇始终，叙次简明，既不至如方略之浩繁，又迥异《平
定粤匪纪略》之庸俗。末附《酋目名号谱》，尤足以资考证。"① 又曰：
"惟剿捻一类，则始于同治四年五月赴山东督师之命，虽附述捻之初起，
而视纪粤寇事则殊略。至东捻、西捻之平，国藩其时，实未在事，是书特
以咸同兵事，粤捻为重大，故备述之，胜处在笔墨简洁，绝不烦冗。"②

《文献征存录》十卷　钱林撰

是书仿宋杜大珪《名臣碑传集》之例，为类二十有五，可以考德行，
可以习掌故，不徒飞文染翰，为耳目之玩已也。

案，据《续修四库全书总目提要》曰：是编"盖本宋杜大珪之例，收
碑志遗事编次入书，以备国史之采择。惟不注所出，且其间论定失审，如
以冯班附尤侗，以恽格附黄易，以赵执信附吴雯，以高其倬附黄任，以王
鸣盛附任启运，以顾广圻附袁廷梼，未能尽餍人意。又称贝子蕴端为安和
亲王之类，亦不免间有舛误也"③。

《国朝耆献类征初编》七百二十卷编目十九卷　李桓撰

桓发其父文恭公遗书，扩以宦游所获，自天命逮道光，文武、臣工、
士庶、国史列传、私家纪述，衰萃七百二十卷，属草二十四年而后写定。

案，据《续修四库全书总目提要》曰："湘阴李氏《耆献类征》，钞
撮别集多挂漏，史馆列传居大半。"④ 又曰：是编"事迹颇详，而别择未能
尽善。以国初内三院学士列宰辅，以特旨褒异赠内阁学士、礼部尚书副都
御史者列卿贰，以国子监祭酒、司业列词臣，以布政、按察两司列疆臣，
以国初五大臣、八大臣、十六大臣列将卿，门类颇为混淆。史馆故事，止
准史官就馆钞录，不得将原本携归私寓。其尊人文恭公星沅、兄编修杭
叠，直史局就钞无多，嗣属在馆戚友写录，故国史馆本传多不全。外藩王
公表传得自传钞，亦尚有（关）［阙］卷。"⑤

《国朝先正事略》六十卷　李元度撰

自序略曰：山居多暇，遍阅本朝人文集，遇伟人事迹则手录之，积久

---

① 王云五主持：《续修四库全书总目提要》史部《求阙斋弟子记》条，第750页。
② 同上。
③ 王云五主持：《续修四库全书总目提要》史部《文献征存录》条，第830页。
④ 王云五主持：《续修四库全书总目提要》史部《碑传集》条，第832页。
⑤ 王云五主持：《续修四库全书总目提要》史部《国朝耆献类征初编》条，第848页。

成《先正事略》六十卷。

案，李元度自云："各事迹皆采自私家传志、郡邑志乘及说部，仍正以《国史列传》，有合十数篇为一篇者，其间穿穴联剟，颇费匠心。"① 可见其取材之广。然李慈铭则称，是书取材虽广，但"所采亦有近小说或失实者，盖撮举群书，失于考订"②。胡玉缙先生亦云："搜罗至勤，有裨于文献甚巨，叙述亦颇具史裁。惟往往失于考订，如文中冢宰、大司农、宗伯、大司马之称，不一而足，与例言'书时制不从古称'之说违悖。"③又举其失数则，大致有官制不明、先后互异、缺载漏收、编次失当等不足。

分名臣等七门，人为一传，计五百人，附见者六百有八人，亦当世得失之林也。

案，此书以"宁详毋略，宁密毋疏"为宗旨，但初稿甫成，元度"适奉于役黔东之命，以两年心力所萃，不忍敝帚弃之也，爰付诸剞劂氏，客有议其去取失当，且匆促成书，虑挂一而漏万者"④。可见是编因仓促成书以致多有遗缺。故曾国藩寄言元度曰："愿益以贞固之道，持之寻访钱氏遗书，（同治初年钱仪吉亦编有《国朝先正事略》，元度未见。）参订修补，矜炼岁年，慎褒贬于锱铢，酌群言而取衷，终成圣清巨典，上跻周家雅颂誓诰之林，其尤足壮矣！"⑤ 胡玉缙先生又曰："是书虽未折衷至善，而撷拾之功不可没，剪裁之功更不容没。……李慈铭云'大体可观，叙次亦有笔力'，谭献云'其用意注于名臣，多本碑状旧文，不无曲笔，而二百年大沿革，出诸公建白者，章奏之文不具，窃谓其书必传'，是则持平之论矣。"⑥

《碑传集》一百六十卷　钱仪吉

援宋杜大珪《名臣碑传集》例，定为今名，其间皆采集诸先正碑版状记之文，旁及地志杂传，以其时，以其爵，以其事，次第排比，考德行，习掌故，莫备于是。

案，古人之碑传，多请逝者之师友撰写，或多赞辞，钱氏亦知此，其

---

① 李元度：《国朝先正事略·凡例》，见《续修四库全书》第 538 册，第 4 页。
② 李慈铭：《越缦堂读书记》（上），中华书局 1963 年版，第 436 页。
③ 胡玉缙撰，吴格整理：《续四库提要三种·许庼经籍题跋》卷二史部传记类，上海书店出版社 2002 年版，第 546 页。
④ 李元度：《国朝先正事略·序》，见《续修四库全书》第 538 册，第 3 页。
⑤ 曾国藩：《国朝先正事略·序》，见《续修四库全书》第 538 册，第 2 页。
⑥ 胡玉缙撰，吴格整理：《续四库提要三种·许庼经籍题跋》卷二史部传记类，上海书店出版社 2002 年版，第 548 页。

曰："或论一事而臧否不同，述一事而甲乙又不同，或推挹过当，或沿习忘反者，亦往往有之。自知言者观之，固可考信而不惑也。而要其大体，主乎乐道人善，以为贤士大夫蓄德之助。"①

《续碑传集》八十六卷　缪荃孙撰

书为两江总督端方所刊，其补纂乾嘉诸名人十四卷，尚未续梓，后之征献者，殆犹有遗憾乎？

案，缪氏搜集碑传至勤，然亦有疏漏者，据《续修四库全书总目提要》曰："惟是中兴时会，贤才众多，则甄综未免稍宽，碑板传状，子孙不出，则篇牍不无或漏，如王怀祖、魏默深、何子贞、钟子勤、潘文勤、翁文恭、李若农、李莼客，皆付阙如。蒋子潇、沈子惇、钱东生及衍石，亦均失载，比之原书，斯为未逮。又尝补乾嘉诸名人十四卷未刊，颇有《耆献类征》曾经载入者。然搜访之勤，不可没也。"②

《国朝学案小识》十五卷　唐鉴撰

曾国藩谓此编大旨居敬而不偏于静，格物而不病于琐，力行而不迫于隘，三者交修，采择名言，是唐先生与人为善之志也。

案，沈维鐈云：是书"析之也精，疑似不能乱；辨之也确，异说不得摇。本其躬行心得之余，著为醇正谨严之论。盖纯从卫道辨学起见，而不参以爱憎党伐之私者也。"③ 可见唐氏之志不在"与人为善"，而在于"卫道"，故其书在编排次第上亦有讲究。沈维鐈又云："国朝讲学诸儒次第甄录，首列传道，以清献、杨园、桴亭、清恪为正宗；其次汤文正以下十九人为翼道，得所翼而道不孤也；于北溟以下四十四人为守道，得所守而道益明也；又次黄黎洲以下为经学，许、郑、贾、孔皆道之支流余裔也，卷末附心宗终焉。"④ 对此，梁启超先生却斥之曰："唐镜海搜罗较博，而主观抑更重。其书分'传道'、'翼道'、'守道'三案，第其高下；又别设'经学'、'心学'两案，示排斥之意。盖纯属讲章家'争道统'的见解，不足以语于史才明矣。"⑤ 《续修四库全书总目提要》亦云："是书于家法源流，亦未详备。朱一新所谓'其分门类，盖沿《理学宗传》之例，所立名目，似未尽善，欲为学案，当依《国史儒林传》之例，汉学、宋学，各以类从，无论习斋、恕谷，不当遗弃，即台山、尺木，亦可附存，涂径既

---

① 钱仪吉：《碑传集·自序》，见《清代传记丛刊》第 106 册。

② 王云五主持：《续修四库全书总目提要》史部《续碑传集》条，第 853 页。

③ 沈维鐈：《国朝学案小识·序》，见《续修四库全书》第 539 册，第 308 页。

④ 同上。

⑤ 梁启超：《中国近三百年学术史》，山西古籍出版社 2006 年版，第 284 页。

分，得失自见'，最为通论。"①

《列女传校注》八卷　梁端撰

端尝从其大父玉绳受《列女传》，读而善之，遂据元和顾之逵所刊建安余氏本，而以《史》、《汉》、《说文》、《文选注》及《太平御览》、《艺文类聚》、《初学记》等书考证异同，校补缺漏，复刘氏之旧，厥功甚伟。

案，考莫友芝《邵亭知见传本书目》载《列女传》诸多版本，其中有顾氏刊本，其曰："顾抱冲仿宋刊本，附考证一卷，佳。"② 则梁氏据之校注，诚得版本之善。然因其所引诸书之注考证异同，既而云其"复刘氏之旧"，则有待商榷。考《钦定四库全书总目》曰："其书屡经传写，至宋代已非复古本。"③ 又据胡玉缙先生引顾之逵序曰："刘向《列女传》，考颜黄门《家训》，则曹大家注本已有羼入者。至苏颂、王回，又出己意更改，厥后蔡骥遂散颂入传，而建安余氏勤有堂所刊，兼逸去颂义、大序及鲁师氏母一传，迥非刘氏之旧矣。"④ 则顾之逵所刊建安余氏本，已非刘向之旧，梁氏又据顾氏本补注，更何从云"复刘氏之旧"？

载记类：

《十六国春秋图说》一卷　《辑略》二卷　张利荜撰

利荜自序略曰：秦汉而降，中原陆沉，极民生所未有者，莫如晋，其时偏方割据，棼若乱丝，爰骤栝魏崔鸿之书，辑图一卷。

案，据《四库全书总目》，今本魏崔鸿《十六国春秋》一百卷，"实则明嘉兴屠乔孙、项琳之伪本也。"⑤ 周中孚亦曰："《崇文总目》、《读书志》、《书录解题》皆不载，而《太平御览》犹引之，当宋初尚存也。至明万历中，其书忽出，每卷首题魏崔鸿撰，末题屠乔孙、项琳之同订，冠以《魏书·崔鸿本传》及甘士介序。大抵屠氏等采摭《晋书》并《艺文类聚》诸书所引，又附益以他书而成也。"⑥ 又有别本《十六国春秋》十六卷，《钦定四库全书总目》曰："亦题魏崔鸿撰，载何镗《汉魏丛书》中，其出在屠乔孙本之前，而亦莫详其所自。……岂好事者摭类书之语，

---

① 王云五主持：《续修四库全书总目提要》史部《国朝学案小识》条，第 831 页。
② 参见傅增湘《藏园订补邵亭知见传本书目》卷五史部传记类《古列女传》条，第 317 页。
③ 纪昀：《钦定四库全书总目》（整理本）史部传记类《古列女传》条，第 802 页。
④ 胡玉缙：《四库全书总目提要补正》卷一九传记类《古列女传》条，第 495 页。
⑤ 纪昀：《钦定四库全书总目》（整理本）史部载记类《十六国春秋》条，第 906 页。
⑥ 周中孚：《郑堂读书记》卷二六史部载记类，第 435 页。

以《晋书·载记》排比之，成此伪本耶？"① 王鸣盛亦曰："或云杭本《汉魏丛书》所收十六短录，故是鸿之旧。是说也，予犹疑之。"②

史评类：

《史通削繁》四卷　纪昀撰

纪昀删《疑古》一篇，匡正彭城为功尤巨云。

案，纪氏除删《史通》之《疑古篇》外，还全删《载言》《表历》《点烦》诸篇，《续修四库全书总目提要》曰："论史家体例，辨别是非，述史籍源流，及杂评古人得失，贯穿古今，洞悉利病，为史家之圭臬。惟是非任情，往往捃摭圣贤，是其所短。"③

再案，钱大昕《十驾斋养新录》谓：刘知幾"于迁、固以降，肆意抵排，无所顾忌，甚至疑古惑经，诽议上圣，阳为狂易侮圣之词，以掩诋毁先朝之迹"④。故《经籍考》此处云纪氏此书"匡正彭城为功尤巨"。然《疑古》《惑经》两篇集中体现了刘知幾辨伪思想。故近人梁启超赞云："刘知幾罗列许多证据，指出《尚书》、《春秋》、《论语》、《孟子》对于古史的妄测虚增或矛盾错谬，直接地、笼统地攻击五经和上古之书真伪不分、贻惑后世。在那种辨伪学衰微已久的空气中，首先引导学者做自由的研究，开后来的风气，刘知几总是头一个，不能不令我们佩服。"⑤

《文史通义》八卷《校雠通义》三卷　章学诚撰

《文史通义》内篇五、外篇三，英思伟论，独辟町畦，其才、识、学直驾刘彭城而上之。

案，据《续修四库全书总目提要》曰："（《文史通义》）虽不为乾嘉诸老所重，而自晚清以来，谭廷献等为之阐扬提倡，后生珍之，有如球璧，几于家有其书矣。然其经学训诂之疏，与其属文遣词不能脱然于公牍文、八股文之陋习，则瑕瑜不掩，终不能为之讳也。……要之疏通知远，是其所长，文理密察则未也。"⑥

《校雠通义》则探向、歆制作之源，于夹漈亦多所纠正，论史法者当

---

① 纪昀：《钦定四库全书总目》（整理本）史部载记类《别本十六国春秋》条，第906页。

② 王鸣盛：《十七史商榷》卷五二"崔鸿《十六国春秋》"条，见《续修四库全书》第452册，第454页。

③ 王云五主持：《续修四库全书总目提要》史部《史通削繁》条，第3367页。

④ 钱大昕：《十驾斋养新录》卷一三，上海书店出版社1983年版，第303页。

⑤ 梁启超：《古书真伪及其年代》，见《梁启超全集》第9册，北京出版社1999年版，第5025页。

⑥ 王云五主持：《续修四库全书总目提要》史部《文史通义》条，第3371页。

奉为良师焉。

案，据余嘉锡先生曰："章氏著《校雠通义》，盖将以发明向、歆父子校雠之义例，然于向、歆之遗说实未尝一考，仅就《汉书·艺文志》参互钩稽而为之说。故其言曰：'刘歆《七略》亡矣，其义例之可见者，班固《艺文志》注而已。'夫《七略》、《别录》虽亡，其逸文尚散见于诸书。章氏时，马国翰、洪颐煊、姚振宗辑本皆未出，章氏不长考证，故未能搜讨。况刘向校书叙录，今尚存数篇，即《别录》也。章氏仅知其校雠中秘，有所谓中书、外书、太常书、太史书、臣向书、臣某书，而于录中立言，所以论其指归、辨其讹谬者，不置一言，故其书虽号宗刘，其实只能论班。"①

再案，《续修四库全书总目提要》于章氏《校雠通义》中互著别裁之论，多有微辞，可参看。又曰："（学诚）以于长《天下忠臣》入阴阳家为非，近人章太炎说于长书曰：学诚笃信《七略》，尤缩缩为异论，不睹其书，则《伊尹》、《周公》在道家，务成子在小说家，尚不可知，独此书耶？若征验它书，承意逆志，故确然眼晰。因引淮南及董生说以明忠臣书入阴阳家之故，夫所谓征验它书，承意逆志之术，固学诚之所短也。"②又考张舜徽先生《汉书艺文志通释》曰："古之所谓忠臣，多见于谏诤；谏诤之言，多发于奏议。今观汉世大臣所上疏奏，率举阴阳灾变以警戒其上，引天道以切人事，如董仲舒、匡衡之所为皆是也。《汉志》著录之《天下忠臣》九篇，盖好事者裒集名流奏议而成，名之曰《天下忠臣》。亦兼述其人之生平行事，有似乎传记。其中言论，涉及阴阳五行，故列之于阴阳家耳。"③

职官类：

《明贡举考略》二卷　黄崇兰等撰

经义取士，昉于宋而盛于明，凡历科典试官官阶、籍贯，首场题目、乡会试中式第一名、殿试一甲三名，无不备录。

案，据《续修四库全书总目提要》曰："是书首列三试皆元者以次，特重进士一甲三名，所谓状元、榜眼、探花。会试、贡士第一名，各直省乡试第一名，凡得谥涹官，皆必以殿试前三名及会试第一名有涉者，方列

①　余嘉锡：《目录学发微》，中国人民大学出版社2004年版，第10页。

②　王云五主持：《续修四库全书总目提要》史部《校雠通义》条，第3184页。

③　张舜徽：《汉书艺文志通释》诸子略于长《天下忠臣》条，华中师范大学出版社2004年版，第307页。

载。但所载有谥者至会元而止，如能载及进士，则蒐采更广，有裨考证。"①

《季汉官职封爵考》二卷　周广业撰

广业自序略曰：爰取《蜀志》、《华阳国志》诸书所载，撰为二考，聊以存一代之遗闻，踵二京之令绪焉。

案，周广业自序云："爰取《蜀志》、《华阳国志》诸书所载，参考传记，阙疑补佚，依仿《续志》、《宋志》、《通考》之成例，作《季汉官职》、《封爵考》二考。凡建设始末，秩禄冠服已详表、志及应有之员，无因考见者，概不复纪，遇有异同，间为诠注，聊以存一代之遗闻，踵二京之令绪焉。"② 可见是编之体例。

地理类河渠之属：

《南汝光水利志》十卷　沈宝麟撰

是书成于其外舅崔景仪分巡南汝光道时，盖其少时即究心郡国利弊，期有济于世云。

案，《经籍考》所言，本于钱泰吉《汤溪县学教谕沈君行状》。③ 崔景仪，字一士，号云客，山西永济人。据李桓《国朝耆献类征初编》卷二一三《崔景仪传》称，景仪官河南在嘉庆十九年（1814）秋。④ 又据钱泰吉《汤溪县学教谕沈君行状》，宝麟卒于道光二十五年（1845）正月，时年六十五，⑤ 由此推之，其当生于乾隆四十五年（1780）。据此，是编当成书于宝麟三十四岁，其时已非少年。

地理类杂记之属：

《桃溪客语》五卷　吴骞撰

骞自序曰：曩游荆南，结庐国山之下，偶有闻见，则笔而识之，积久成帙，以其丛脞蒐琐，一若道听途说之，命曰《桃溪客语》。

案，据周中孚曰："槎客游其地，尝结庐居之，既著《国山碑考》、《阳羡名陶录》诸书，复据其闻见成是编，杂记山川古迹、典章人物之类，

① 王云五主持：《续修四库全书总目提要》史部职官类《明贡举考略》条，第2886页。
② 周广业：《季汉官职封爵考·自序》，见《续修四库全书》第747册，第2页。
③ 缪荃孙：《续碑传集》卷四六，载《清代传记丛刊》第117册，第594页。
④ 载《清代传记丛刊》第159册，第9页。
⑤ 缪荃孙：《续碑传集》卷四六，载《清代传记丛刊》第117册，第592页。

既博且精。"①

地理类外纪之属：

《瀛寰志略》十卷　徐继畬撰

继畬自识曰：每晤泰西人，辄披册子考证之，于域外诸国地形、时势稍稍得其崖略，乃依图立说，采诸书之可信者，衍之为篇，久之积成卷帙。每得一书，或有新闻，则窜改增补，稿凡数十易。

案，据《续修四库全书总目提要》曰："是编乃采录传译而成，虽与玛吉士之《外国地理备考》同时成书，核其体例，实不及《地理备考》之善。盖玛吉士之书一手所成，此则多据当时译者之辞，音字未免讹误，记载亦不无疏舛。然道光季年，海禁重开，中土士大夫于世界形势尚昧昧不明，是编图说虽并简陋，而在当时尚不失为新书也。"②

《汉西域图考》七卷　李光廷撰

是编不叙关外州县，以哈密并天山南路，以巴礼坤、乌鲁木齐并于天山北路，而以葱领诸国属都护者为一路，葱领西诸国不属都护者为一路，凡所引证，颇为详晰云。

案，据《续修四库全书总目提要》曰："诸考大抵从各史及诸书采出，删节成文，用力虽勤，然所考今地多仍《西域图志》等编之误。仍以汉之温宿姑墨，当今之阿克苏乌什，元之玉龙杰赤，当今之玉龙哈什。尤谬者谓元之讹答剌，即今之阿克苏，汉之大月氏，即今之布哈尔。又谓汉之条支，在今俄罗斯之南，元之阿力麻里与阿里马，应为两地，穿凿附会，不一而足。"③

《环游地球新录》四卷　李圭撰

圭以总税务司赴美会考察，事无巨细，备记于册。

案，《经籍考》言是书"事无巨细，备记于册"，则不够准确。如《美会纪略》中在述"各物总院"时，"其有略而不载者，以无关重轻，等之自邻已"④。"述会内各院繁简不同，良由院广物阜，人稠事冗，一人实应接不暇，观听都疲，诚不免疏略。"⑤ 而《游览随笔》中，"各就见闻

---

① 周中孚：《郑堂读书记补逸》卷一八史部地理类杂记，第 1571 页。
② 王云五主持：《续修四库全书总目提要》史部地理类《瀛寰志略》条，第 2822 页。
③ 王云五主持：《续修四库全书总目提要》史部地理类《汉西域图考》条，第 2824 页。
④ 李圭：《环游地球新录·凡例》，见《续修四库全书》第 737 册，第 631 页。
⑤ 同上。

所及者笔之，其所未及者，不敢妄列其间"①。

凡《美会纪略》一卷、《游览随笔》二卷、《东行日记》一卷。西国政艺当以是书为先导。

案，李鸿章曰："是录于物产之盛衰，道里之险易，政教之得失，以及机器制造之精巧，人心风俗之异同，一一具载，其非耳目所及者，则略焉弗详。"②《续修四库全书总目提要》亦曰："凡所历之地，山河舟车，种人之分别，国俗之殊异，人民之盛耗，地方之荒辟，华侨之多寡，美之毛梦教土人即土番均记，兵防之布置，风浪之险夷，客舍之丰约，商务之良窳，无一不详，使后人出东西洋者，皆得指南，洵有志游历诸洋者，所宜考究也。"③ 则是编除记西国政艺外，亦多涉及民物风俗。

目录类经籍之属：

《小学考》五十卷　谢启昆撰

钱大昕序略曰：《汉志》以小学入《六艺略》，后之志艺文者，莫不因之。

案，自《汉志》以小学附群经后，后之志艺文者，虽仿其立目，然宗旨已多失之。据《钦定四库全书总目》曰："古小学所教，不过六书之类，故《汉志》以《弟子职》附《孝经》，而《史籀》等十家四十五篇，列为小学。《隋志》增以金石刻文，《唐志》增以书法、书品，已非初旨。自朱子作小学以配大学，赵希弁《读书附志》遂以《弟子职》之类并入小学，又以蒙求之类相参并列，而小学益多岐矣。考订源流，惟《汉志》根据经义，要为近古。"④

朱氏《经义考》博稽传注，作述源流，最为赅洽，而小学独阙，好古者有遗憾焉。

案，朱氏《经义考》虽未设小学类，然却置《尔雅》类二卷，据谢氏自云："朱氏撰《经义考》，有功经学甚钜，但止详《尔雅》，余并阙如。吾师翁学士覃溪先生，作《补正》，又欲广小学一门，时为予言之。"⑤ 周中孚亦曰："小学仅载《尔雅》一类，而不及遍考小学全部。元明以下，或仅据书目甄录，并序跋亦多未载，且所阙佚各书，至今日或存。全赖后

①　李圭：《环游地球新录·凡例》，见《续修四库全书》第737册，第631页。
②　李鸿章：《环游地球新录·序》，见《续修四库全书》第737册，第627页。
③　王云五主持：《续修四库全书总目提要》史部地理类外纪之属，第2806页。
④　纪昀：《钦定四库全书总目》（整理本），经部小学类小叙，第526页。
⑤　谢启昆：《小学考·序》，见《续修四库全书》第922册，第4页。

人为之续补，庶臻美善。"① 然朱氏《经义考》所阙者，又非仅为小学一门，其《宣讲》《立学》《家学》《自述》四门，又仅列目而无书，"盖撰辑未竟也"②。

南康谢公蕴山，博综群书，遵秀水之例，续为《小学考》，分训诂、文字、声韵、音义为四门。

案，据周中孚曰："所微憾者，盖棺定论，不志见存，史传之例则然，非所施于私家著录也。故竹垞于同时师友，如孙退谷、顾亭林、徐健庵、毛西河、李天生、阎潜丘、陆翼王、黄俞邰诸家，并载其书与其论说。苏潭既本竹垞旧例著书，而于此忽生变例，概不载及见存，而仅于各书案语内详载靡遗，如邵二云《尔雅正义》后载阮芸台师《经籍纂诂》并其凡例及钱竹汀、王伯申、臧在东三序，胡广《汉官解诂》后载在王伯申《周秦人名解诂》并其自序，《尔雅》暨舍人、李巡、孙炎、郭璞各家注后俱载翁覃溪《经义考补正》引丁小山说，凡若此者，遽数之不能终也，而于本书之应作案语以疏通证明之者，反不置一辞，大有类于喧客夺主者矣。总由其不遵成例，以至于此，后学者所当引以为戒也。"③

再案，据谢氏自云："助为辑录者，桐城胡徵君虔及海宁陈鳣。鳣，余所举士也。"④

《东湖丛记》六卷　蒋光煦撰

俞樾序略曰：《丛记》六卷皆记其所见异书秘籍，而金石文字亦附见焉。自序称自备遗忘，然其书实精审，与同时嘉兴钱警石《曝书杂记》可相伯仲。

案，据李慈铭云：是编"佚书秘椠，有裨学问为多"⑤，但其不分门类，记载琐碎，"盖近于收藏骨董家，非真知学者也"⑥。

《书目答问》四卷附录一卷　张之洞撰

是书为之洞督学四川时，撰以训士者。

案，考缪荃孙《艺风老人年谱》光绪元年条曰："八月，执赞张孝达先生门下受业，命撰《书目答问》四卷。"⑦ 又柳诒徵先生亦曰："文襄之书，故缪艺风师代撰，叶郋园氏亟称之。"⑧

①　周中孚：《郑堂读书记》卷三二，上海书店出版社 2009 年版，第 494 页。
②　参见纪昀《钦定四库全书总目》（整理本），第 1135 页。
③　周中孚：《郑堂读书记》卷三二史部目录类，第 497 页。
④　谢启昆：《小学考·序》，见《续修四库全书》第 922 册，第 5 页。
⑤　李慈铭：《越缦堂读书记》（下），中华书局 1963 年版，第 1123 页。
⑥　同上。
⑦　缪荃孙：《艺风老人年谱》，见陈祖武选《晚清名儒年谱》第 14 册，第 676 页。
⑧　柳诒徵：《书目答问补正·序》，广陵书社 2007 年版，第 2 页。

经史子集外，加以丛书、别录，后附国朝著述名略，至为详慎，各书下又注明刊刻时地，学者据此目以购书求学，不至误入歧途矣。

案，据叶德辉《郎园读书志》曰："惟各书刊刻年月，时有传讹，卷数间多缺略，千虑一失，偶然有之。"① 又曰："其中最为阙典者，一各书下注载原刻本或通行本，乃共同之辞。其书究为何时何人所刊行，不可知也；一注中偶载元号，又不记年月、岁名。如明之嘉靖、万历，皆享国四十余年，我朝康熙、乾隆，皆享国六十余年，其中岁月有初、中、晚之殊，刻本有先后之别，今略而不具，使阅者摸索，不得其详，亦一弊也。凡国朝人著作及诗文集，有及身自刻者，有友人代刻者，有子孙汇刻者，故有单行本、丛书本之不同，目中多未分辨。至集部全不载刻本，或不知其卷之多少，亦似草草成书，随手滥写者，是可怪也。"②

再案，柳诒徵先生曰："其书断自乙亥，阅五十余年，宏编新著，影刻丛钞，晚出珍本，概未获载，故在光绪初足为学人之津逮者，至晚近则病其漏略矣。"③

目录类金石之属：

《常山贞石志》二十四卷　沈涛撰

其中为前人所未见者十之五六，钩摘参稽，时则有无锡汤璐、任邱边浴礼、南乐段锡由等相与集思广益，故考订精核如此。

案，据沈涛自云："有武进汤子厚上舍璐、任邱边袖石明经浴礼，助余考览。而南乐段筼坡布衣锡田，以篆隶诸体摹写全文，钱唐张子真茂才复、如皋宗少云上舍金枝，则任校雠之役，凡积精五六年，成书二十四卷。"④

再案，是编亦有失于考证者，如《东魏凝禅寺三级浮屠碑颂》后所题"大魏元象二年，岁在申"，沈氏以为"岁在申"为误。然据《续修四库全书总目提要》曰："盖孝静以天平五年获象，改元元象，乃颁诏于戊午，而改元于己未。元象元年十一月，邺都成，改元兴和，乃颁诏于己未，而

---

① 叶德辉：《郎园读书志》卷四《书目答问》条，见《海王邨古籍书目题跋丛刊》第5册，第270页。
② 同上书，第271页。
③ 柳诒徵：《书目答问补正·序》，广陵书社2007年版，第2页。
④ 沈涛：《常山贞石志·序》，见《续修四库全书》第906册，第283页。

改元于庚申。此碑犹以庚申为元象二年，殆刊于奉诏之前耳。"① 又如《汉三公山神碑》，沈氏以为作于本初元年二月，然考张德容《二铭草堂金石聚》，则以此碑作于建初三年，《续修四库全书总目提要》亦以张氏为是，其曰："按汉章帝以永平十八年八月即位，次年改元建初。是时连年旱灾，屡诏祷请名山，碑阴所云元年书笇者，尚是奉行永平诏语，且此碑有勒石通道事，本与祀神请雨相通也。"②

《八琼室金石补正》一百三十卷　陆增祥撰

是编补苴缺漏，考订异同，实踵《金石萃编》而起。凡《萃编》所缺讹者，正之，所漏采者补之，而尤龈龈于祛伪。

案，此乃节录该书编纂凡例而言。是编虽多补《金石萃编》之遗漏，然亦有仅作札记而不加补充者。如《金石萃编》于三代彝器所载不多，而是书则仍其所阙，仅别为札记附后。③ 另外，是书所补者也并非皆是《金石萃编》所漏载者，有些是《萃编》所载而亡于兵燹者，是书则"别辑原目二卷，其未详所在，及遗额误题并先后失次者，各缀按语于下"④。

再案，是编除补正《金石萃编》内容外，对其体例亦略有变更。如《金石萃编》对溪山严洞诸题刻的分类较为混杂，有类列者，有分次者，有诗词题名各为一类者，而"兹编悉数类列，仍分时代，就年月最先者以类从之"⑤。又如《金石萃编》自唐以下，皆用正书写定，而是书则"断自两晋，间有古文篆籀，仍摹其体，庶读者知原刻之文"⑥。

又案，据王季烈称：补《金石萃编》者，当时有瞿中溶《古泉山馆金石文编》、吴荷屋《筠清馆金石记》、严可均《平津馆金石萃编》等书，增祥于"瞿、吴二氏及其它《萃编》未录之金石著作皆广为搜采，详加著录，惟严氏之书，未寓目耳"⑦。

《二铭草堂金石聚》十六卷　张德容撰

容先后所聚，亦至千余种，以周秦至南朝为一编，北魏至隋为一编，唐至五代为一编，南诏、大理、西夏、朝鲜别为一编。

案，据《续修四库全书总目提要》曰："惟其中强作解人者亦不一而足，

---

① 王云五主持：《续修四库全书总目提要》史部金石类，第3328页。
② 王云五主持：《续修四库全书总目提要》史部金石类《二铭草堂金石聚》条，第3258页。
③ 陆增祥：《八琼室金石补正·凡例》，见《续修四库全书》第896册，第5页。
④ 同上。
⑤ 同上。
⑥ 参见刘承幹《八琼室金石补正·序》，见《续修四库全书》第896册，第3页。
⑦ 王季烈：《八琼室金石补正·后跋》，见《续修四库全书》第899册，第92页。

《张迁碑》'爰暨于君',而'暨'字碑文误书为'既且',德容以'爰'训'于','既'训'终',解曰:'于终且在君而',其牵强类如此。"①

(三) 子部

《孔子集语》十七卷 孙星衍撰

星衍自记曰:归田多病,因属弟检阅子史,采录宣圣遗言,比之宋人薛据、近人曹廷栋所辑,计且三倍。

案,胡玉缙云:是编"视薛书多六七倍,求洙泗之遗文者,要当以是为骊渊也"②。与星衍所云有所差异。

再案,孙氏采录宣圣遗言颇有去取。严可均云:"其纂辑大例,《易十经》、《礼小戴礼》、《春秋左氏传》、《孝经》、《论语》、《孟子》举世诵习不载;《家语》、《孔丛子》有成书专行不载;《史记·世家》、《弟子传》易捡〔检〕亦不载;其余群经传注、秘纬、诸史、诸子以及唐宋人类书,巨篇只句,毕登无所去取,皆明言出处、篇卷。或疑文脱句,酌加案语;或一事而彼此互见,且五、六见,得失短长可互证。"③

又以庄、列小说近于依托之词,别为《杂事》、《遗谶》、《寓言》附于末卷。

案,李慈铭曰:"惟孙氏意在著明先圣遗训,垂为格言,自宜择取精粹,凡庄、列杂家依托之语,悉从裁汰,或辞而辟之,不使乱真。乃别立《杂事》、《遗谶》、《寓言》三门,多载谶纬异端不经之谈。《事谱》二卷,亦与《集语》无涉,即《劝学》至《博物》十篇中亦有不当采而采者。盖汉学诸家爱博之过,往往以多为贵,不肯割弃,有宁令人讥其杂,不可令人议其漏者,此其通病也。"④ 而胡玉缙则驳之曰:"《劝学》等篇与正经相表里,《遗谶》不醇,《寓言》盖依托,可均亦明著之,盖辑书体例,意主网罗,其间纯驳,在学者之自审。李慈铭不明此旨……是直欲以杨简《先圣大训》为绳尺,一若未见严序所言者,高自持论,失之目睫。"⑤

---

① 王云五主持:《续修四库全书总目提要》史部,第3258页。

② 胡玉缙:《续四库提要三种·许庼经籍题跋》卷三子部儒家类,上海书店出版社2002年版,第627页。

③ 严可均:《孔子集语·序》,见《续修四库全书》第931册,第261页。

④ 李慈铭:《越缦堂读书记》(上),中华书局2006年版,第20页。

⑤ 胡玉缙:《续四库提要三种·许庼经籍题跋》卷三子部儒家类,上海书店出版社2002年版,第627页。

《蛾术篇》八十二卷　王鸣盛撰

臣谨案：是书为鸣盛晚年所撰，其目有十：曰《说录》、《说字》、《说地》、《说人》、《说物》、《说制》、《说集》、《说通》、《说刻》、《说系》，必传之作也。

案，检其目录，卷一至十四为《说录》，卷十五至三十六为《说字》，卷三十七至五十为《说地》，卷五十一至六十为《说人》，卷六十一至六十二为《说物》，卷六十三至七十四为《说制》，卷七十五至八十为《说集》，卷八十一至八十二为《说通》，共为目有八，非十。今《续修四库全书》据清道光二十一年世楷堂刻本影印，为沈懋德所刊，迮鹤寿参校，考其编纂凡例曰："是编原本九十五卷，今止校刊八十二卷，尚有《说刻》十卷，详载历代金石，已见王兰泉先生《金石粹编》，无庸赘述；《说系》三卷，备列先世旧闻，宜入王氏家谱。"① 则《经籍考》所列之目当为九十五卷全本，而非八十二卷本。

再案，李慈铭云："迮青崖以《说刻》十卷已采入王兰泉《金石萃编》，《说系》三卷宜入王氏家乘，因去二门，止存八门，为八十二卷。然《萃编》所取无几，谱系之学非一家之私言，其删之皆谬。"② 张舜徽先生亦云："迮氏于西庄失考或立论不当处，驳诘严峻，无所宽假。然细究迮氏案语，亦有失之眉睫者，……足见其学之根柢，视西庄亦犹不逮矣。然于是书有补苴罅漏之功，学者择善而取可也。"③

又案，《经籍考》仅列是书篇目名称，稍显简略。现据李慈铭所言，补其篇目大意。其称："《说录》者，经籍目录也；《说刻》者，金石诸刻也；《说系》者，王氏谱系也；《说通》者，杂说也。……《说人》十卷，于汉惟详郑康成一人，余不一及，魏晋六朝，竟无一人，唐人亦止六人，宋止一人，元止一人，明止徐有贞一人。《说物》、《说通》尤为简略。……其最善者《说地》而已。"④ 郑振铎则云："讲考据之学者此为必备之书。"⑤

《无邪堂答问》五卷　朱一新撰

自识略曰：古之君子蕲至于道者，无他焉，反经而已矣。经之不正而欲民之无邪，犹却行而求步，弗可得也。

---

① 王鸣盛：《蛾术篇·凡例》，见《续修四库全书》第1150册，第7页。
② 李慈铭：《越缦堂读书记》（下），中华书局2006年版，第1173页。
③ 张舜徽：《清人笔记条辨》，华中师范大学出版社2004年版，第90页。
④ 李慈铭：《越缦堂读书记》（下），中华书局2006年版，第1173页。
⑤ 郑振铎：《西谛书跋》（上），文物出版社1998年版，第149页。

案，是书尊经而不分门户之见，宗旨甚明。然据胡玉缙称，朱一新"以攻伪古文者为叛道"①，则又难免墨守。也正是出于这种"尊经"的思想，朱氏对一些外来思想认识不足，如认为"民主者便于乱民借口，而非真能安其国"②。对此，胡玉缙评曰："此在当时立言不得不如此，而大势趋于民主，虽天地鬼神不能遏，将来弊之所极，美、法或将为君主，而此日却未可质言。"③

《札朴》十卷　桂馥撰

是编就官滇南舟中随笔疏记，首《温经》，次《览古》，次《匡谬》，次《金石文字》，次《乡里旧闻》，次《游滇续笔》。书刻于嘉庆十八年，馥已没十余年矣。

案，《经籍考》徒列是书篇目，失于简略。翁广平序云："所列书目有六：首《温经》，以汉唐注疏为本，参以各家之说，其折衷之确当，则安溪、望溪也；次《览古》，其援据之宏富，考核之精详，则百诗、自南也；次《匡谬》，严而不失之苛，辨而不失之凿，则西河、鸣玉也；次《金石文字》，其搜罗墨本，有出于《集古》、《金石录》之外者，则可与竹云、竹汀鼎足也；次《乡里旧闻》，次《滇游续笔》，则方驾乎亭林之《营平地名记》、宏绪之《江城名迹记》也。虽曰考据专门，而征引奥博，词藻古雅，实能兼义理、经史、辞章四者之长，而自成一家之言。"④ 周中孚赞是书曰："皆根究其原委，剖悉其疑似，引证奥博，词藻古雅，其有资于博物者亦不可枚数，洵考据之专门，而自成一家之言者，夫岂剿贼陈言者所敢闯其门径哉？"⑤ 李慈铭亦赞云："桂氏精于小学，故是书于名物训诂，研析独精。"⑥

又案，此书得鲍廷博精详校勘而后方付梓。翁广平云："大令（桂馥）以名进士出宰滇南，退食之暇成是编，贫不能付梓，乃以草稿授同寅山阴李柯溪少尹。少尹风雅好古，敦气谊，重然诺，遂出己财属浙西鲍渌饮先生校刊。时先生年八十余，终日不释丹铅，见此书以为未曾有，乃潜心雠

---

① 胡玉缙：《续四库提要三种·许廎经籍题跋》卷三子部杂家类，上海书店出版社 2002 年版，第 656 页。

② 同上书，第 657 页。

③ 同上。

④ 翁广平：《札朴·序》，见《续修四库全书》第 1156 册，第 2 页。

⑤ 周中孚：《郑堂读书记》卷五五子部十四杂家类杂考之属《札朴》条，上海书店出版社 2009 年版，第 908 页。

⑥ 李慈铭：《越缦堂读书记》（下），中华书局 2006 年版，第 1175 页。

对，凡五阅月而剞劂奏功。"①

《浮邱子》十二卷 汤鹏撰

臣谨案：是编立一意为干，干分为支，支之中又有支焉……相演以递于无穷。大抵言军国利病，吏治要最，人事情伪。每遇人则曰："能过我一阅《浮邱子》乎？"

案，此说抄录自梅曾亮撰《户部郎中汤君墓志铭》。是书以讲求时务为主，但据胡玉缙称，汤氏不重考证，故难免失误。如不知东晋梅赜《古文尚书》为伪，于文中往往征引；不知《大学》乃汉人纂辑而成，非曾子作，故文中多引"曾子曰"等。② 据《清史稿》汤鹏本传曰："鹏负才气，郁不得施，乃著之言，为《浮邱子》一书。"③ 则是书乃其发愤之作，故其每遇人颇以此为负。

《阅微草堂笔记》二十四卷 纪昀撰

臣谨案：昀一生精力备注于《四库提要》及《目录》，不复自为撰著。

案，《经籍考》所云《目录》者，指《四库全书简明目录》二十卷。江藩云："公（纪昀）于书无所不通，尤深汉《易》，力辟图书之谬，《四库全书提要》、《简明目录》皆出公手。"④《简明目录》不录《存目》之书，每书只载书之撰者、卷数，甚便检阅。

又案，关于纪昀著述少之原因，清人陈康祺云："纪文达平生未尝著书，间为人作序记、碑表之属，亦随即弃掷，未尝存稿。或以为言，公曰：'吾自校理秘书，纵观古今著述，知作者固已大备。后之人竭其心思才力，要不出古人之范围，其自谓过之者，皆不知量之甚也。'我辈薄植，偶作一二短书杂说，辄姁姁姝姝，有邀于表襮之心，读此能不颜厚！"⑤ 李慈铭亦云："文达敏捷兼人，辨才无碍，其文长于馆阁应制之作，它非所经意，多不自收拾。"⑥ 则《经籍考》所云精力有限之说，或仅其中之一。另据漆永祥言，今传纪昀著述有：《文集》十六卷、《诗》十六卷、《明懿安皇后外传》一卷、《唐人试律说》一卷、《竟城纪氏家谱》一卷、《瀛奎律髓刊误》四十九卷、《镜烟堂十种》等书，漆氏以为："然则纪氏所著

① 翁广平：《札朴·序》，见《续修四库全书》第1156册，第2页。
② 参见胡玉缙《续四库提要三种·许庼经籍题跋》卷三子部杂家类，上海书店出版社2002年版，第644页。
③ 赵尔巽：《清史稿·文苑传三》第44册，中华书局1977年版，第13427页。
④ 江藩纂，漆永祥笺释：《汉学师承记笺释》（下），上海古籍出版社2006年版，第584页。
⑤ 陈康祺：《郎潜纪闻二笔》卷三《纪文达不轻著书之原因》，上海扫叶山房宣统二年石印本，第16—17页。
⑥ 李慈铭：《越缦堂读书记》（中），中华书局2006年版，第768页。

纂之书，亦不为少矣。"①

《笔记》七种特以觉世之心自托于小说稗官中，多见道之语云。

案，此书《清史稿·艺文志》未著录，《清史稿艺文志拾遗》仅有《阅微草堂笔记摘钞》一卷。另据盛时彦称：纪氏"退食之余，耽怀典籍，老而懒于考索，乃采掇异闻，时作笔记，以寄所欲言《滦阳消夏录》等五书"②。今检核其目，五书为：卷一至卷六《滦阳消夏录》、卷七至卷十《如是我闻》、卷十一至卷十四《槐西杂志》、卷十五至十八《姑妄听》、卷十九至二十四《滦阳续录》。李慈铭《越缦堂读书记》亦称《阅微草堂笔记五种》，则《经籍考》云"《笔记》七种"，有误。

《谈天》十八卷，附《表》一卷　伟烈亚力　李善兰译

原本于年月日时皆用西国法，准英京伦敦经度，译改中国法，准顺天经度，以便读者。

案，是书虽将西国算法改译中国法，然"间有用各国本地时者，如第五百九十条中，'午后三小时六分'，若改用中国时，则在夜中不能见日，与下文'测见其中体距日心'句不合，故仍原文也"③。又是书虽为言天之理，实又兼人文之教。伟烈亚力曰："是书欲令人知造物主之大能，尤欲令人远察天空，因之近察己躬，谨谨焉修身事天，无失秉彝，以上答宏恩，则善矣。"④

再案，据徐维则《增版东西学书录》载有美赫士译，周文源述《天文揭要》二卷，其曰："书多新说，足以校正《谈天》之误者，其大旨假诸器以步诸曜之经纬为天文用学，证诸耀之摄力与行向为天文力学，论诸耀之形势体质为天文体学。"⑤

《列国陆军制》三卷　林乐知等译述

于日俄英法等国兵制靡不详载，日本自国变后借材法国，更定军制新章，卒成强国。

案，（美）欧波登云："日本全军悉遵法国军制，操练治兵等法无一不学法国。然法国不及他国之处，兵不挺立，大操小操手不定、足不重，法

---

①　江藩纂，漆永祥笺释：《汉学师承记笺释》（下），"笺释10"条，上海古籍出版社2006年版，第586页。

②　盛时彦：《阅微草堂笔记·序》，见《续修四库全书》第1269册，第1页。

③　伟烈亚力：《谈天·凡例》，见《续修四库全书》第1300册，第502页。

④　伟烈亚力：《谈天·序》，见《续修四库全书》第1300册，第500页。

⑤　徐维则：《增版东西学书录》卷三天学第十九《天文揭要》条，清光绪二十八年石印本。

国虽自以为善，然较之英、德两国之兵整齐庄重者远矣。"①

作者首日本，终波斯，为我中国讽乎！

案，今《续修四库全书》所收据华东师范大学图书馆藏清末江南制造总局刻本影印。是本首列日本，终列英国，波斯在日本、印度之后，居于第三。

《医醇剩义》四卷　费伯雄撰

臣谨案：伯雄曾以经验所得辑为一书，名曰《医醇》，既毁于火，稿亦不存。晚年追忆旧作得十之三，改曰《医醇剩义》。

案，费氏《医醇》虽不存，然费氏于《医醇剩义》自序中存其篇目梗概，称："《医醇》共二十四卷，分为六门：曰《脉症》，治首察脉，次《辨症》，次《施治》。此三者为大纲，就治字中又分三层：曰《理》、《法》、《意》，医有医理，治有治法，化裁通变，则又须得法外意也。"②从中亦可窥见费氏所撰医书主旨。

不立异，不矫同，此其所以为醇与！

案，费伯雄云："于拙刻《医醇剩义》中先标一'醇'字，此非不求有功，但求无过之谓。若仅如是，是浅陋而已矣！庸劣而已矣！何足以言'醇'乎？吾之所谓醇者，在义理之的当，而不在药味之新奇。"③可见，费氏所谓"醇"者，实指医理而言，即"和""缓"二字。其称："疾病虽多，不越内伤、外感，不足者补之，以复其正；有余者去之，以归于平，是即和法也，缓治也。毒药治病去其五，良药治病去其七，亦即和法也，缓治也。天下无神奇之法，只有平淡之法。平淡之极，乃为神奇，否则眩异标新，用违其度，欲求近效，反速危亡，不和不缓故也。"④则"和""缓"乃费氏所言"医醇"之旨要。《经籍考》所谓"不立异，不矫同"者非其"医醇"深意。

再案，李慈铭云：是书"所载诸方，亦多平实可依，惟不载伤寒证治耳"⑤。

《医方论》二卷　费伯雄撰

伯雄于各方详细评陟，缀论于后，不特古人之支配方药可以一目了然，即时医之矜言《集解》者，亦如疏钟清磬，发其猛省也。

---

① 欧泼登：《列国陆军制》，见《续修四库全书》第1299册，第573页。

② 费伯雄：《医学剩义·序》，见《续修四库全书》第1006册，第329页。

③ 费伯雄：《医方论·序》，见《续修四库全书》第1003册，第345页。

④ 费伯雄：《医学剩义·序》，见《续修四库全书》第1006册，第329页。

⑤ 李慈铭：《越缦堂读书记》（中），中华书局2006年版，第502页。

案，费氏自云："是编专为初学而设，但取《医方集解》所选之方逐一评论，其余概不旁及。"① 则是编所评之方，皆不出《医方集解》范围。李慈铭云："自言专为初学而设，然最为有用之书也。"② 再案，《医方集解》六卷，清汪昂撰，其所载皆"诸书所共取，人世所常用之方。即间有一二厉剂，亦攻坚泻热所必需者，犹然布帛菽粟之味也。至于药味幽僻，采治艰难及治奇证怪病者，概不选录。又方虽出自古人，而非今人所常用者，亦不选录。"③

（四）集部

《鲒埼亭集》三十八卷《经史问答》十卷《外编》五一卷　全祖望撰

臣谨案：祖望《经史问答》传刻最先，嘉庆甲子，余姚史梦蛟得《鲒埼亭集》定本刻之，并购得《经史问答》旧版合印，以广其传。

案，史梦蛟所得《鲒埼亭集》乃全祖望手定本，价值弥足珍贵。是本"间缀评点，乃董浦（杭世骏）笔也，校先生《文集》者，高弟董小钝、蒋樗庵"④。另据叶景葵先生言："辛未冬，传书堂余籍散出，有龙尾山农抄本《鲒埼亭集》三十八卷，较史刻本增《李元仲别传》、《题三山野录》二篇，以廉价得之。"⑤

《外编》则乾隆四十年门人董秉纯手钞于那地州判官署者，目录后有书跋，不著姓氏。

案，今《续修四库全书》收有嘉庆辛未本《鲒埼亭集外编》，目录后亦有无名氏跋文一篇，则此版本即《经籍考》所录之本。据其跋文称：蒋樗庵又在董秉纯钞本之上"重加审定，更正篇卷，较有条理，惟辞句删润过多，间有失本意者。今所校录，一以董本为主，序次则从蒋本。其董本所无，补以蒋本者，注于目录之下"⑥。则《外编》乃合董、蒋二本之精而印之。然据张舜徽言："是集两编文字，亦有复出叠见者。如《外编》卷五《明淮阳监军道金事谥节愍鄞王公神道碑铭》，已载《前集》卷六；《外编》卷十三《射龙将军庙碑》，即《前集》卷五《射龙将军扬波辞》；……良由是集卷帙较繁，编次时勘对未审，故有此失。付刊时，又

---

① 费伯雄：《医方论·发凡》，见《续修四库全书》第1003册，第346页。
② 李慈铭：《越缦堂读书记》（中），中华书局2006年版，第502页。
③ 汪昂：《医方集解》，见《续修四库全书》第1002册，第382页。
④ 史梦蛟：《鲒埼亭集·序》，见《续修四库全书》第1428册，第660页。
⑤ 叶景葵：《卷盦书跋》，上海古籍出版社2006年版，第144页。
⑥ 无名氏：《鲒埼亭集·跋》，见《续修四库全书》第1429册，第455页。

疏于校雠，致集中讹体别字亦最多。张宗泰《鲁岩所学集》卷十三，有专篇论其事，可据订正也。"①

又据史梦蛟言：祖望《全集》共一百二十卷，今合《文集》三十八卷、《经史问答》十卷、《诗集》十卷、《外编》五十卷总计不足一百二十卷，"疑传钞多所佚阙"②。今考《清史稿·艺文志》又载有《句余土音》四卷，《清史稿艺文志拾遗》又载有《鲒埼小咏》一卷、《鲒埼亭碑跋》二卷、《鲒埼亭世谱》一卷、《鲒埼亭史论》二卷、《鲒埼亭跋》一卷，合计一百一十九卷，与一百二十卷亦少一卷。案，周中孚云《句余土音》曰："皆与其同里人诗社之作。自序称题曰'土音'，以志其为里社之言也，然皆谢山一人之诗。"③ 李慈铭尝评全氏之诗云："其诗学山谷而不甚工，古诗音节未谐，尤多趁韵，然直抒胸臆，语皆有物。"④

《铜鼓堂遗稿》三十二卷　查礼撰

所为诗，千锤百炼，仍复动合自然，有非词馆中人所能及者。世并不以其功业掩厥诗名，可以知其才力。

案，查礼之诗非词馆中人能及者，不在其诗句之千锤百炼。据查淳曰：其父查礼"虽戎马倥偬，薄书填委，未尝一日废书，于军国机宜、民生利病，讲求最悉。其温柔敦厚、慈祥恺恻之意，往往见于歌诗，读者可考而知也。"⑤ 据此，其能胜词馆中人者在于其诗讲求民生利病。

又是编卷一至卷二十四为古今体诗，卷二十五至二十七为诗余，卷二十八至三十一为碑志等杂文，卷三十二为词话。⑥ 据查淳称：查礼"在军中日，遗失旧稿一箧，淳数年来，访诸故人，远近收罗不及十之二三。然自甲寅以讫壬寅，四十九年之作虽多寡不同，计年竟无间断，乃附以诗余及杂文，编为三十二卷。"⑦ 案，是编"碑志等杂文"中多所考证。张舜徽先生云："是集卷二十八《漓水异源辨》，卷二十九《修复灵渠记》、《海阳山湘漓水源记》诸篇，考证故实，明晰地形，足以羽翼水经方志，

---

① 张舜徽：《清人文集别录》，华中师范大学出版社 2004 年版，第 149 页。
② 史梦蛟：《鲒埼亭集·序》，见《续修四库全书》第 1428 册，第 661 页。
③ 周中孚：《郑堂读书记》卷七一集部别集类《句余土音》条，上海书店出版社 2009 年版，第 1172 页。
④ 李慈铭：《越缦堂读书记》（中），中华书局 2006 年版，第 752 页。
⑤ 查淳：《铜鼓堂遗稿·后序》，见《续修四库全书》第 1431 册，第 235 页。
⑥ 顾先旭《铜鼓堂遗稿·序》云："先生尤工于词，深得姜史三昧。"见《续修四库全书》第 1431 册，第 3 页。
⑦ 查淳：《铜鼓堂遗稿·后序》，见《续修四库全书》第 1431 册，第 235 页。

信为有用之文。"①

《抱经堂文集》三十四卷　卢文弨撰

臣谨案：归安严元照《悔庵学文》卷八讥此本编次芟汰有不可解者，颇中其失，但除此本外，今无他刻。

案，考严元照《悔庵学文》卷八《书卢抱经先生札记后》云："先生唯以书之流播为乐，己之文集则无暇力以及，垂殁之年始以文集付梓，未及五之一，即下世。钱塘梁山舟侍讲出白金五十两，布告同人佽之，年余刊成五十卷。予家离杭百里而遥，不获校雠。其编次芟汰有不可解者。"②据此，严氏所论乃五十卷本，非如《经籍考》所录三十四卷本。然王欣夫先生却以为："续刻今无传本，则严氏何以所见为五十卷，恐系涉笔之误。"③

又据邵懿辰《增订四库简明目录标注》载《抱经堂集》条下注："乾隆四十八年曲阜孔氏藤梧馆钞本"④，则《经籍考》所云"除此本外，今无他刻"失考。

《茗柯文编》五卷　张惠言撰

臣谨案：《文编》惠言用编年体编定，刻于嘉庆十四年。

案，此书卷首目录中，间附董士锡注语，其言：《茗柯文编》共四编，《初编》《二编》《三编》皆为惠言自定。唯《四编》下注云："右先生既没，士锡于遗稿中编录者。先生自编其文，凡为他人作及寿言，率不录，故据为例。所删文则别编焉。"⑤ 则是书不皆惠言自定。又《二编》下云："丁巳、戊午，凡文四十三首，为二卷，右先生庚申岁自编，有自序。"⑥今检《续修四库全书》所收，据上海涵芬楼同治八年刊评点本影印，此本《二编》前无惠言自序。

《茗柯文补编》二卷　《外编》二卷　张惠言撰

臣谨案：此道光中，仁和陈善得惠言未刻文若干首刊之，厘为《补编》、《外编》二种。

案，陈善云，其师张惠言《茗柯文四编》虽已刊刻，但"尚有遗文若

① 张舜徽：《清人文集别录》，华中师范大学出版社 2004 年版，第 131 页。

② 严元照：《悔庵学文》，清光绪年间刻本。

③ 王欣夫撰，鲍正鹄、徐鹏标点整理：《蛾术轩箧存善本书录》（下），上海古籍出版社 2002 年版，第 1657 页。

④ 邵懿辰撰，邵章续录：《增订四库简明目录标注》，上海古籍出版社 1959 年版，第 873 页。

⑤ 董士锡：《茗柯文编·目录》，见《续修四库全书》第 1488 册，第 495 页。

⑥ 同上书，第 495 页。

干篇，善藏之箧笥惟谨。去年游闽，同门友兴泉永道富阳周君凯见而欲授梓人，属内阁中书光泽高君澍然，汰其率尔之作，存若干篇，分《补编》、《外编》上下各二卷。"① 则《补编》《外编》乃陈善所藏，周凯所刻，且其对惠言原稿有所删汰。

《古文辞类纂》七十五卷　姚鼐编

鼐自序曰：……于是以所闻习者，编次论说为《古文辞类纂》，其类十三，曰论辩类、序跋类……

案，姚氏在自序中将古文体分为十三类，又进而论其文法有八。姚鼐自序曰："凡文之体，类十三，而所以为文者八：曰神、理、气、味、格、律、声、色。神、理、气、味者，文之精也；格、律、声、色者，文之粗也。然苟舍其粗，则精者亦胡以寓焉？学者之于古人必始而遇其粗，中而遇其精，终则御其精者而遗其粗者。"②《经籍考》节录有遗姚氏之旨。

又案，李慈铭云："其书凡分《论辨》等十三类，自唐宋八家文外，惟前及《国策》、《史》、《汉》、《骚》赋，后及明之归有光，国朝之方苞、刘大櫆，余不入一字，盖一家学也。"③

《续古文辞类纂》三十四卷　王先谦编

先谦自序略曰：自桐城方望溪以古文专家之学主张，承学之士，百余年来转相传述，何其盛也！逮道光末造，士多高语周秦汉魏，薄清淡简朴之文为不足为。梅郎中、曾文正之伦乃相为修道立教，惜抱遗绪，赖以不坠。其《古文辞类纂》一书广收而慎取，学者至今犹遵守之。余则师其意，推求义法渊源。

案，《经籍考》于"惜抱遗绪，赖以不坠"句后节去数语，致使王先谦"以文济世"之志不显。其删去之语为："逮粤寇肇乱，祸延海宇，文物荡尽，人士流徙，展转至今，困犹未苏。京师首善之区，人文之所萃集，求如昔日梅、曾诸老声气冥合，箫管翕鸣，邈然不可复得，而况山陬海澨，㢟陋寡俦，有志之士生于其间，谁与拔濯而振起之乎？观于学术盛衰升降之源，岂非有心世道君子责也！"④ 若此数语不录，则先谦所谓"余则师其意"者，似此书仅为续文补缺而已。

又案，姚鼐将古文体分为十三类，而是编仅续之者十类，不续者有三类，即"奏议类""诏令类""辞赋类"。而"书说类"中，"原八十五，

---

① 陈善：《茗柯文补编·序》，见《续修四库全书》第 1488 册，第 629 页。

② 姚鼐：《古文辞类纂·序》，见《续修四库全书》第 1609 册，第 319 页。

③ 李慈铭：《越缦堂读书记》（中），中华书局 2006 年版，第 613 页。

④ 王先谦：《续古文辞类纂·序》，见《续修四库全书》第 1610 册，第 73 页。

续'书'六十四，'说'无"①。"赞颂类"中，"原六，续'赞'六，'颂'无"②。

《沅湘耆旧集前编》四十卷　《二编》二百卷　邓显鹤编

案，邓显鹤有《沅湘耆旧集》二百卷，其书名"二编"两字，乃《经籍考》所加，其意盖以为"二编"乃成于《前编》之后，为续"前编"之作，实则误。邓显鹤有云："刊《沅湘耆旧集》成，因取儿子琮历年所辑洪（武）、永（乐）前诸家诗，甄综诠次，始自晋、宋，暨于元代，上而公卿，下逮韦布，旁及闺阁、释道之流，与夫仙鬼谣谚之说皆附，凡得三百三十家有奇，诗二千二百三十余首，名曰《沅湘耆旧集前编》。"③ 又考《沅湘耆旧集》为邓氏道光二十三年（1843）刻于南村草堂，而《沅湘耆旧集前编》则刻于道光二十四年（1844）小九华山楼。由此可知，《前编》成于《沅湘耆旧集》（即《经籍考》所谓"二编"）之后甚明。

又案，先是，邓显鹤有《资江耆旧集》六十卷，④ 随后，又"复辑大湖以南，自洪（武）、永（乐）以来至昭代五百年诗为二百卷，仍以资江各名人按朝代编入，统为《沅湘耆旧集》，盖湖以南言诗家尽在是矣"⑤。据此，《沅湘耆旧集》在时间断限上与《沅湘耆旧集前编》相接。《经籍考》盖仅检二书之目，见其时代相接，故以为其书必前后而成，于《沅湘耆旧集》后加"二编"两字，致误如此。

再案，胡玉缙云："据序例，尝集自元以上至汉魏、六朝为前编，而以向后所得明以来诸家为续编。刘基定撰墓表，亦称续编八十卷，今未见其书，殆为之而未刊与？"⑥ 可知邓氏《沅湘耆旧集前编》成书后，又编有《续编》八十卷，而非《沅湘耆旧集》二百卷。

《艺概》六卷　刘熙载撰

臣谨案：庄子言概乎皆尝有闻，太史公叹文辞不少概见。闻见皆以概为言，非限于一曲也，得其大意，无伤小缺。子目六，曰文概……

---

① 王先谦：《续古文辞类纂·例略》，见《续修四库全书》第1610册，第74页。

② 同上。

③ 邓显鹤：《沅湘耆旧集前编·序》，见《续修四库全书》第1690册，第181页。

④ 据白裕泰《沅湘耆旧集前编·序》称：邓氏"居资（江）上游，乃综其地之贤士大夫与布衣、野老、士女、方外，凡有诗可采者，辑为一编，名曰《资江耆旧集》，起自明代至近日，为卷六十，为人四百一十有一，为诗四千四百有奇"。见《续修四库全书》第1690册，第179页。

⑤ 白裕泰：《沅湘耆旧集·序》，见《续修四库全书》第1690册，第461页。

⑥ 胡玉缙：《续四库提要三种·许廎经籍题跋》卷四集部总集类，上海书店出版社2002年版，第778页。

案，《经籍考》据刘熙载自序，仅节略其释该书书名之"概"，未及"艺"字。刘熙载以为："艺者，道之形也。学者兼通六艺，尚矣！次及文章，名类各举一端，莫不为艺，即莫不当根极于道。"① 可见，艺绪虽繁，但皆可概言以道。故是书之旨，借述技艺之概，而在使读者"通道"。其自云："果为通道与否，则存乎人之所见，余初不敢意必于其间焉！"②

《辽诗话》二卷　周春撰

沈德潜序曰：春博采群编，凡涉辽诗，无不摭入，上自宫廷，下及谣谚，可昭法戒。

案，沈德潜云："海宁周生苔岑，博采群编，凡涉辽诗，无不摭入。以正史为宗，以志乘说类为佐，上自宫廷，下及谣谚，事典而核，语赡而雅。"③ 周春自序亦称："余所采，以史为主，而说部地志之属佐焉。凡事与辽涉，及后人赋辽事者，悉行附载，取其足与正史相发明，亦裴松之《国志注》例也。就中颇示褒贬，垂功戒，岂徒夸广见而侈异闻哉！"④ 据此，是编虽广收博采，必以正史为折中，《经籍考》于此失录。

《小砚山人诗集》二十四卷　秦瀛撰

臣谨案：瀛诗谨守唐贤法度，古文希踪归方。以叫呶狂纵为才大者，当奉为清凉散也。

案，凌鸣喈言秦氏之诗曰："先生诗始宗盛唐，继泛滥于苏、陆诸家，浑浑浩浩，无所不有，而要归于性情敦厚，风格高迥。"⑤ 则瀛诗未尝专宗唐人。又论其文曰："其文出入韩、欧，大约于震川为近，而义法简严，则得之望溪方氏。"⑥ 则其为文亦兼取众家之长。

再案，秦氏诗文为人所称者，不仅在其文风与辞藻之简洁。凌鸣喈云："先生研究经史，学术既正，而又仕宦数十年，多历事变，举凡立身行己之方，谋国治民之术，俱见之于其文。"⑦ 因此，"欲求先生所以为诗文之本，夫固不仅在诗文矣"⑧。

《柏枧山房文集》十六卷　梅曾亮撰

臣谨案：曾亮当道光时，以能为古文辞名于时，绍桐城姚鼐之绪，其

---

① 刘熙载：《艺概·自叙》，见《续修四库全书》第 1714 册，第 473 页。
② 同上。
③ 沈德潜：《辽诗话·序》，见《续修四库全书》第 1710 册，第 2 页。
④ 周春：《辽诗话·序》，见《续修四库全书》第 1710 册，第 4 页。
⑤ 凌鸣喈：《小砚山人诗集·序》，见《续修四库全书》第 1464 册，第 508 页。
⑥ 同上。
⑦ 同上。
⑧ 同上。

诗天机清妙，人尤叹服之。

案，蒋国榜云："先生虽承姚氏之绪，又岂肯持门户派别之说哉！文本无所谓义法，更所何谓派？……是故虽祧在桐城，声貌初不相袭，少时兼骈俪，浸淫于古，旁溢四出。"① 故读其文"识先生不必因桐城而重，且求先生所以卓立自异于桐城者，更勿姝姝持派别之说断断焉"②。又据《清史稿·文苑传三》有梅曾亮传亦云：其"义法本桐城，稍参以异己者之长，选声练色，务穷极笔势"③。《经籍考》于此未及详述。

《因寄轩文初集》十卷　《二集》六卷　管同撰

臣谨案：同亲授业于姚鼐，好为古文辞，梅曾亮有《异之文集书后》一篇，极推崇之。

案，胡玉缙云："同本姚鼐弟子，其文师法鼐而能不袭其派，故为鼐所许，然学力尚未充厚。"④

又案，考梅曾亮《异之文集书后》，梅氏云："邓公为刻其遗集，命曾亮曰必有序，乃书畴昔论文语于集后，以志吾悲，且以志吾良友之益我于不忘也。"⑤ 此文多为梅氏回忆与管同论学之谊，并无极力推崇管氏之语。

《曾文正公诗集》三卷　《文集》四卷　《书札》三十三卷　曾国藩撰

臣谨案：国藩好究古文辞，尝推崇姚鼐，至列之《圣哲画像记》后，以削平粤难为中兴第一名臣，其文学亦并世无匹配云。

案，曾氏虽推崇姚鼐，但亦有主见。张舜徽便云："虽尝自谓文章之事，由姚先生启之。然平日持论，并不规规于桐城矩矱。于《古文辞类纂》外，别选《经史百家杂钞》以敌之。"⑥ 又云："《文集》四卷，仅登录论说、序跋、传志、寿序诸杂文。奏议、书札不在其内。平生议论主张，多见于友朋通问中。故《书札》三十二卷，必与《文集》相辅而行，而后可考见其思想之大较也。"⑦

---

① 蒋国榜：《柏枧山房文集·题辞》，见《续修四库全书》第1513册，第597页。
② 同上书，第598页。
③ 赵尔巽：《清史稿·文苑传》三，中华书局1977年版，第13426页。
④ 胡玉缙：《续四库提要三种·许廎经籍题跋》卷四集部别集类，第730页。
⑤ 参见《续修四库全书》第1513册，第650页。
⑥ 张舜徽：《清人文集别录》，华中师范大学出版社2004年版，第462页。
⑦ 同上书，第462页。

（五）丛书部

《楝亭》十二种六十九卷 曹寅编

除南唐史虚白《钓矶立谈》、宋刘克庄《千家诗》外，皆宋元人小品，仅足备艺术之助。

案，据谢国桢先生曰："是书专收子、集两部艺术清赏之书，足供人陶冶性灵。然所辑之书，宋耐得翁《都城纪胜》，则可知宋代社会风俗；元钟嗣成《录鬼簿》，则可知元代戏曲目录。当时刊行者无心，而孰知影响于后世学术之重要哉。此流传古籍之为可珍也。其后高宗御辑《全唐诗》，即由扬州诗局刊印，亦可知曹氏刊刻之精矣。"① 又据傅增湘曰："所收《法书考》《录鬼簿》《梅苑》《禁扁》《都城纪胜》《声画集》等书，宋元以来均罕有单行本，恃此本得广为流传。然《法书考》讹误甚夥，未可云为善本。"② 则是编于史学、文学、文献学亦颇有价值。

再案，曹氏所收《钓矶立谈》错讹颇多，陆心源《皕宋楼藏书志》收有旧抄本，载何煌跋曰："偶将曹氏新刻粗校，曹刻脱误，不胜其多，开册便缺二版两行，又少一序，后此脱误，版版皆是，不可枚举。"③ 又载卢文弨跋曰："曹氏刻本多讹脱，此本为何小山所传，较完善。"④ 至于该书之作者，曹氏所录亦有误。考《钦定四库全书总目》史部载记类《钓矶立谈》条曰："别一本为曹寅所刊，卷首佚其自序。又卷首有'杨氏奄有江淮'、'赵王李德诚'二条，其余亦多异同，而题曰'史虚白撰'，盖据《宋史·艺文志》之文。考马令《南唐书》，'虚白，山东人，中原多事，同韩熙载渡淮，以诗酒自娱'，不言其有所著述。观书中'山东有隐君子者'一条，称与熙载同时渡淮，以书干烈祖，擢为校书郎，非其所愿，遂卒不仕。又'唐祚中兴'一条，云'有隐君子作《割江赋》以讽，又有《隐士诗》云：风雨揭却屋，浑家醉不知'云云，与《虚白传》悉合，则隐君子当即虚白。序中两称'先校书'，则作书者当为虚白之子，《宋志》荒谬，不足为据。曹氏新本竟题虚白者，殊未考也。"⑤

---

① 参见吴格、眭骏整理《续修四库全书总目提要》丛书部，国家图书馆出版社 2010 年版，第 232 页。
② 傅增湘：《藏园订补郘亭知见传本书目》子部杂家类下《楝亭藏书》条，中华书局 2009 年版，第 766 页。
③ 参见陆心源《皕宋楼藏书志》卷二八史部载记类《钓矶立谈》条，见《宋元明清书目题跋丛刊》第 7 册，第 319 页。
④ 同上书，第 320 页。
⑤ 纪昀：《钦定四库全书总目》（整理本）史部载记类，第 907 页。

《雅雨堂丛书》一百三十四卷 卢见曾编

见曾深于两汉之学，推尊郑氏，如王应麟《困学纪闻》等，凡有涉于郑氏说者，采辑殆尽，以为将欲求得圣人之遗意者，莫北海经师若也。

案，据卢文弨《雅雨卢公墓志铭》曰："尝亲炙王渔洋、田山薑两先生，而得其指授，以故诗名早著。"[1] 可见，卢氏以擅长诗文闻名，唯好古刻书，然于经学则无著述。据陈祖武先生的研究，卢氏所编刊的《雅雨堂藏书》的确表彰汉学之功甚多，然"全书始刻于乾隆十九年，至二十三年（1785 年）竣工，虽以卢氏署名，实则选书、校勘、撰序等，处处可见苏州大儒惠栋的辛劳"[2]。足见《经籍考》将表彰汉学之功归于卢氏，有待商榷。又是书除收录汉学著作外，尚有唐代说部诸书，谢国桢先生曰："至《封氏见闻记》记唐代风俗掌故，《唐摭言》记唐代贤哲言行暨五代十国遗事，皆唐代说部之佳构。当清康熙时，王渔洋司马喜读说部，士大夫喜谈小说传奇，已成风气，是编唐代说部诸刻即本其旨。"[3]

《经训堂丛书》一百六十七种 毕沅编

所辑丛书，有校正《吕氏春秋》一种，咸阳宾客至今有遗风焉。于关中舆地、金石，大有"筚路蓝缕，以启山林"之毅力。

案，据谢国桢先生曰："是书所收诸书，全为沅幕府中人所校注，或沅所自为者，均为实用之书，一洗明季轻浮之弊。如《吕氏春秋》、《释名疏证》，根据善本，重为校辑，最为精赡。《墨子注》则孙氏诒让《间诂》未出之前，当以此书为最善。至《晋太康三年地记》、宋敏求《长安志》等书，则考西北史地者所必征也。"[4]

《艺海珠尘》八集三百三卷 吴省兰编

省兰是编分甲、乙、丙、丁、戊、己、庚、辛八集，每刊一集，大致略分经、史、子、集，金山钱熙辅续壬、癸二集，体例亦同。乃后吴氏书版归苏州某书坊，擅易金、石、丝、竹、匏、土、革、木八音为次序，非复旧观矣。

案，熙辅所辑壬、癸二集，据谢国桢先生称，"流传颇罕，极为难得"[5]，故是编流传较广者，皆为八集本。又据《书目答问补正》，张之洞称吴氏《艺海珠尘》"刻未精"，范希曾补以乾隆末听彝堂刻本，然仍乃

① 参见《清代传记丛刊》第 121 册，第 112 页。
② 陈祖武：《清代学术源流》，北京师范大学出版社 2012 年版，第 185 页。
③ 参见吴格、眭骏整理《续修四库全书总目提要》丛书部，第 246 页。
④ 同上书，第 261 页。
⑤ 同上书，第 249 页。

八集未完之本。① 同治年间，徐时栋又编有重定本，徐氏序曰："旧藏《艺海珠尘》，墨印甚淡，灯下颇费目力。劫后重购得此，殊胜前蓄吴氏初刻。此书将以天干分集，故集首并题甲、乙。至第八集忽题'木集'，盖此后不复增加，故易十干为八音耳。其书每集各有经史，既难检寻，而种首所题部居又非确当，因析而重编之，别为序次。"② 徐氏所补仍为八集，然较原刻稍善，可补《书目答问》之憾。

《玉函山房辑佚书》六百三十二种　章宗源编　马国翰刊

是编自周秦以迄隋唐，凡群经注疏音义，旁及史传类书，广征博引，分经、史、诸子为三编，作序录以冠于篇，有目无书者缺四十余种。据序录，更有陆希声《周易传》、刘向《洪范五行传记》、刘歆《洪范五行传》、卫宏《尚书训旨》、李轨《尚书音》、孙毓《春秋左氏传贾服异同略》、蒋济《郊邱议》、干宝《司徒仪注》、杨泉《物理论》凡九种，亦皆不存。

案，《经籍考》所言，本于是编前匡源之序。据谢国桢先生曰："匡氏称，所缺者如陆希声《周易传》等共九种，然实不止九种，盖已非完帙矣。"③ 又据匡源曰：是编"内惟经编为稍全，史编则所得仅八卷，子编自儒家、农家外，俱无目，颠倒舛错，漫无条理。盖当时随编随刊，书未成而先生卒，故其体例未能画一也"④。

又案，《经籍考》言是编"广征博引"，其用力颇多，然有些古书亡佚已久，难以复旧，马氏所辑，不免附会。如经编尚书类，马氏辑有《尚书大小夏侯章句》各一卷，据陈国庆引周寿昌曰："今马氏辑佚说为《尚书大小夏侯章句》各一卷，然中多一说两引，究莫别孰为大、小，不足据也。"⑤ 再如周官礼类辑有《周官传》一卷，陈氏又引周寿昌言，以为"马氏辑《周官传》一卷，则采马融佚说而成，非《班志》原书，不足信。"⑥ 又如小学类辑有《史籀篇》一卷，张舜徽先生曰：《史籀篇》原十五篇，至东汉光武帝时仅存九篇，"迨隋唐《志》皆不著录，则其全亡甚早。马国翰虽辑佚一卷，然但以见诸《说文解字》中籀文当之，自非《史

---

① 张之洞著，范希曾补正：《书目答问补正·丛书目》，广陵书社 2007 年版，第 210 页。
② 徐时栋：《重定艺海珠尘·序》，清同治间重编本。
③ 参见吴格、睢骏整理《续修四库全书总目提要》丛书部，第 466 页。
④ 匡源：《玉函山房辑佚书·序》，见《续修四库全书》第 1200 册，第 451 页。
⑤ 参见陈国庆《汉书艺文志注释汇编》，中华书局 2011 年版，第 27 页。
⑥ 同上书，第 49 页。

箍篇》之旧也。"① 又据李慈铭曰：是编 "寻拾奇零，综理微密，虽多以朱竹垞《经义考》、马宛斯《绎史》、余仲林《古经解钩沉》及张介侯《二酉堂丛书》等为蓝本，而博稽广搜，较之王氏谟《汉魏丛书》，详略远判。然其中亦有未可据信及不宜收而收者。"② 其举例颇多，文繁不录。

《台州丛书》七种　宋世荦编

所刊七种，除《赤城志》外，皆系小种罕见之本，创始之难，想见约取慎择之苦心也。光绪朝王棻、江青、王舟瑶等刊《续编》一百二十四卷。辛亥以后，杨晨又刊《后集》十六种，《己集》四十六卷。

案，今检其目，戴复古撰《石屏诗集》、冯苏撰《滇考》、林表民辑《赤城集》三书皆为《四库全书》所录，不得谓罕见之书。唯宋氏所收之书，每经王舟瑶等校勘，并附校记于后，故可资参考。

《士礼居丛书》十九种一百九十卷　黄丕烈编

原刻曾经兵燹，流传绝少，好古之士，珍如鸿宝云。

案，考徐世昌《清儒学案小传》称："所刊《士礼居丛书》，一以宋本为准，校语附刊《札记》，世称最精之本。"③ 然今流传较广者，以诸多影印原刻本为多。如据范希曾《书目答问补正》，载有上海坊间影印原刻本。④ 又据《中国丛书综录》载，载有清光绪十三年（1887）上海蜚英馆据清黄氏刊本影印、民国四年（1915）上海石竹山房据清黄氏刊本影印、民国十一年（1922）上海博古斋据清黄氏刊本增辑影印本。⑤ 以上诸多影印本，多为书商所仿，已多失原刻之旧貌。

又案：是编虽刊刻精善，然选书又有过杂之病。李慈铭曰："至《梁公九谏》、《宣和遗事》，皆村俗小书，抵牾诞妄，且字句错误，明是市井流传，不足一噱，荛圃徒以为述古堂旧物而刻之。……自来刻丛书者，喜夹入一二小说村诗，以自累其书，良可怪也。"⑥

《知不足斋丛书》三十集一百九十八种七百六十五卷　鲍廷博编

时浙东、西藏书家如赵氏小山堂、卢氏抱经堂、汪氏振绮堂、吴氏拜经楼，互相借钞，依据善本，其校勘之精，超出陶九成、商浚、屠隆、吴琯之上。

① 张舜徽：《汉书艺文志通释》，华中师范大学出版社2004年版，第247页。
② 李慈铭：《越缦堂读书记》（下册），中华书局2006年版，第1139页。
③ 徐世昌：《清儒学案小传》卷一三《黄丕烈传》，见《清代传记丛刊》第6册，第664页。
④ 张之洞著，范希曾补正：《书目答问补正·丛书目》，广陵书社2007年版，第209页。
⑤ 上海图书馆编：《中国丛书综录》，上海古籍出版社2007年版，第150页。
⑥ 李慈铭：《越缦堂读书记》（下册），中华书局2006年版，第1132页。

　　案，考朱文藻《知不足斋丛书·序》曰："三十年来，近自嘉禾、吴兴，远而大江南北，客有旧藏、钞刻、异本来售武林者，必先过君之门，或远不可致，则邮书求之。浙东、西诸藏书家，若赵氏小山堂、汪氏振绮堂、吴氏瓶花斋、汪氏飞鸿堂、孙氏寿松堂、郑氏二老阁、金氏桐花馆，参合有无，互为借钞。至先哲后人，家藏手泽，亦多假录。"① 可见，其取材颇广，除《经籍考》所云外，尚有吴氏瓶花斋、孙氏寿松堂、郑氏二老阁、金氏桐华馆等诸家。

　　粤寇之后，板已漫漶，光绪壬午，为广州芸林仙馆修补印行，视原书非复旧观矣。

　　案，据叶昌炽引阮元《知不足斋鲍君传》曰："君以进书受主知，谓诸生无可报称，乃多刻所藏古书善本，公诸海内。至嘉庆十八年，年八十有六，所刻书至二十七集，未竣而君以十九年秋卒。"② 今据傅增湘曰：是编"第一至二十七集鲍氏自刊。第二十八以后，鲍志祖续辑。"③

　　再案，据范希曾《书目答问补正》，是编原刊本为乾隆丙申刻本，又民国十年上海古书流通处影印原刻本。④ 虽然后人有续刊之作，以继鲍氏之志，然是编仍以鲍氏原刻本为贵。据谢国桢先生曰："鲍氏刻丛书之时，尚无触犯忌讳之事。及后呈御览，凡稍涉胡夷之字，皆行刊落，如皇侃《论语疏》删除尤繁，故读鲍氏之非获旧本，始谓可贵。自原板运至粤中以后，漫漶尤甚，已不可读。近坊间石印本，乃据旧本影印上石者也。"⑤

　　《二酉堂丛书》二十一种二十七卷　张澍编

　　搜辑关陇著述，肇自周秦，暨乎隋唐，凡二十四种。即籍非乡邦，孤本罕见，亦为撺掇，得十二种。道光元年，刊于二酉堂，先成二十一种，关陇文献于焉略备。

　　案，张氏所辑《二酉堂丛书》凡三十六种，道光元年已刊二十一种，刘氏《经籍考》已著录。其余十五种，据《张介侯先生年谱》所载，尚有：贾逵《左传解诂》、赵岐《孟子章指》《诸葛亮丞相集》（另刻专集）、皇甫谧《帝王世纪》《玄晏先生集》、挚虞《决疑要注》、刘昞《敦煌实录》、蔡邕《月令章句》、闻人通汉《石渠阁礼论》、郭舍人《尔雅注》、

　　① 朱文藻：《知不足斋丛书·序》，清乾隆间歙县鲍氏刻本。
　　② 叶昌炽：《藏书纪事诗》卷五"鲍君廷博以文"条，中华书局 1991 年版，第 668 页。
　　③ 傅增湘：《藏园订补邵亭知见传本书目》子部杂家类下《知不足斋丛书》条，中华书局 2009 年版，第 767 页。
　　④ 张之洞著，范希曾补正：《书目答问补正·丛书目》，广陵书社 2007 年版，第 209 页。
　　⑤ 参见吴格、眭骏整理《续修四库全书总目提要》丛书部，第 267 页。

谯周《五经然否论》、蜀才《易注》、崔灵恩《三礼义宗》、孙毓《毛诗异同评》、刘炫《杜注规过》。①

再案，据谢国桢先生曰："近长安旧家藏有是书稿本，较刊本颇有增易，足证张氏于是书用力之勤。按所辑《司马法》、《世本》、《三辅决录》等书，后人所辑，容或胜于前人。惟所辑《十三州志》、《凉州记》、《西河旧事》等书，甘凉掌故，赖以流传。近敦煌石室发现《沙州记》等书，多为前人所未见之籍。后人如能踵张氏之志，重为整理，西北古地理之书，庶乎略备矣。"② 又据李慈铭称，张氏所辑《凉州记》《西河旧事》二书"皆寥寥不足见梗概"③。其所辑《十三州志》，"见《水经注》、《汉书注》、《续汉志注》引之颇多，张氏所辑得五十余番，恐尚有遗落，当再搜采《通典》、《元和郡县志》、《御览》、《玉海》等书以补足之"④。

《学津讨源》二十集一百七十二种　张海鹏编

臣谨案：海鹏是编就毛晋《汲古阁》、《津逮秘书》而增损之，去取之间，尤为矜慎。如《津逮》中之子贡《诗传》、申培《诗说》，系明人伪撰。他如《焚椒录》之秽，《扪虱新话》之妄，早经《四库提要》论驳，今不著录，一遵去伪存真之意。

案，今是书第九集收入《宅经》题"黄帝撰"，考《四库全书总目》子部术数类曰："旧本题曰《黄帝宅经》。案《汉志》形法家有《宫宅地形》二十卷，则相宅之书较相墓为古，然《隋志》有《宅吉凶论》三卷、《相宅图》八卷，《旧唐志》有《五姓宅经》二卷，皆不云出黄帝，是书盖依托也。"⑤ 又考周中孚曰："按《旧唐书》载《五姓宅经》二卷，《宋志》载《相宅经》一卷、《宅体经》一卷，俱不著撰人，惟《通志》载《五姓宅经》一卷，云萧吉撰。而是书第二条首称《黄帝二宅经》及《地典》以下《宅经》二十九种，并有文王、孔子、淮南子、李淳风、吕才等各《宅经》在内，则作是书时，本不伪托黄帝所撰，或即《宋志》之《相宅经》、《宅体经》合为一书，后人第据此条首句而题之，而不知其违背也。"⑥ 又胡玉缙引谭廷献《复堂日记》曰："中有避唐讳及'位至台

---

① 冯国瑞编：《张介侯先生年谱》，见陈祖武选《乾嘉名儒年谱》第 14 册，第 53—54 页。
② 参见吴格、睢骏整理《续修四库全书总目提要》丛书部，第 465 页。
③ 李慈铭：《越缦堂读书记》（下册），中华书局 2006 年版，第 1133 页。
④ 同上。
⑤ 纪昀：《钦定四库全书总目》（整理本）子部术数类二《宅经》条，第 1430 页。
⑥ 周中孚：《郑堂读书记》卷四七子部术数类二《宅经》条，第 739 页。

省，高道奇人'云云，盖唐人书。"① 综上，《宅经》亦属后人伪撰。张氏既以子贡《诗传》、申培《诗说》为伪书而不录，为何又收入《宅经》，或偶失考。

再案，第一集中收入汉京房之《京氏易传》，将其与《周易集解》《苏氏易传》等诸书同列经部易类，亦有待商榷。考《钦定四库全书总目》以《京氏易传》入子部术数类，论曰："其书虽以易传为名，而绝不诠释经文，亦绝不附合易义。"② 又周中孚曰："君明（京房字君明）传焦氏之学，故言术数者称焦、京，而君明之推衍灾祥，更甚于延寿。"③ 据此，张氏将《京氏易传》虽取而非当。以上两例可见，《经籍考》所云是编"去取之间，尤为矜慎"之说，似待商榷。

《墨海金壶》一百十五种七百二十九卷 张海鹏编

是编以存亡继绝为宗旨，恪遵《四库提要》之意，凡原本久佚，从《永乐大典》录出者，亟为登录，不稍遗漏，盖深知一卷之书，古人之精神命脉寄焉。

案，钱熙祚尝刊有《守山阁丛书》，据谢国桢先生称，钱氏以张氏《墨海金壶》"所刊抉择未精，如《太白阴经》据影宋钞本，乃阙至数篇；《珩璜新论》较《唐宋丛书》本脱去数条；《汉武帝内传》只据俗本，较《道藏》本缺其大半；《大金吊伐录》据超然台吴氏本，脱文错简，不可枚举。其他舛谬尚夥。熙祚乃出藏书，与南汇张文虎、金山顾观光等，商榷取去，分别校勘，其书多从浙江文澜阁录出，亦有后出之书。……较张海鹏之《墨海金壶》为精审矣"。④

再案，据傅增湘曰：是编"分四部，以经、史、子为主，集部仅二种。亦多有用之书，可与《学津讨源》互补。此书版旋毁去，摹印无多，流传颇罕。近有石印本行世。"⑤ 谢国桢先生亦言："是书为海虞张氏所刻丛书三种之一，刻于嘉庆十七年，凡一百十五种。剞劂既竣，未及行世而海鹏没，其犹子霭亭为印行之。未及，旋毁于火，其残板归金山钱氏，传本极少。"⑥ 足见其十分宝贵。范希曾《书目答问补正》又载有民国十年

① 胡玉缙：《四库全书总目提要补正》术数类二《宅经》条，第 849 页。

② 纪昀：《钦定四库全书总目》（整理本）子部术数类二《京氏易传》条，第 1435 页。

③ 周中孚：《郑堂读书记》卷四七子部术数类二《京氏易传》条，第 748 页。

④ 参见吴格、眭骏整理《续修四库全书总目提要》丛书部《守山阁丛书》条，第 338 页。

⑤ 傅增湘：《藏园订补郘亭知见传本书目》子部杂家类《墨海金壶》条，中华书局 2009 年版，第 768 页。

⑥ 参见吴格、眭骏整理《续修四库全书总目提要》丛书部，第 277 页。

上海博古斋影印原刻本。①

　　《借月山房汇钞》十六集一百三十五种　　张海鹏编

　　海鹏先有《学津讨源》、《墨海金壶》之刻，专蒐采古书，而于有明及国朝诸名人著述，未之及也。是编悉取近代，凡经学、小学、杂史、野乘、奏议、传记、地理、政书、史评、儒家、术数、艺术、谱录，以及杂家、小说、诗文评类，本末之学略备。

　　案，是编皆收录明清人著述，然《经籍考》所云《学津讨源》《墨海金壶》二书"于有明及国朝诸名人著述未之及"，则不确。今考《学津讨源》第二集收有明毛晋《毛诗陆疏广要》四卷，第三集收录明袁仁《春秋胡传考误》一卷，第四集收录明陈第《屈宋古音义》三卷，第六集收录明权衡《庚申外史》一卷、明杨瑄《复辟录》一卷、清吴伟业《绥寇纪略》十二卷，第七集收录明屠本畯《闽中海错疏》三卷、明黄衷《海语》三卷，第八集收录明吕毖《明宫室［史］》五卷，第十集收录明戚继光《纪效新书》十八卷、明龙正《八阵图合变说》一卷，第二十集收录明陈士元《象教皮编》六卷。又考《墨海金壶》经部收有清江永《礼记训义择言》八卷、明高拱《春秋正旨》一卷、清惠栋《左传补注》六卷、明孙瑴《古微书》三十六卷、清程大中《四书逸笺》六卷、清江永《古韵标准》四卷；史部收有明薛虞畿《春秋别典》十五卷、清钟渊映《历代建元考》二卷、清俞森《荒政丛书》十卷；子部收有明何良臣《阵纪》四卷、明戚继光《练兵实纪》九卷、明吕震《宣德鼎彝谱》八卷、清纪昀《钦定钱录》、明陆容《菽园杂记》。

　　兹刻藏事于嘉庆十七年七月，道光初，版归上海陆［陈］璜，易其名为《泽古斋丛钞》，而《汇钞》原本几成为希世之宝矣。

　　案，据傅增湘曰："此书版后归上海陈璜，重编为《泽古斋重钞》十二集一百十种，较《借月》原本缺第十集十一种，第十六集九种，又《端严公年谱》、《蜀碧》、《西湖纪游》、《元史备忘录》四种，共缺二十四种。"② 今考清道光三年上海陈氏刊《泽古斋重钞》之篇目，《蜀碧》四卷在其第五集中，未缺，所缺者尚有第十二集《本心斋蔬食谱》一卷，傅氏偶失检。又据傅氏《藏园订补郘亭知见传本书目》载钱熙祚编《指海》一百四十种，曰："清道光间，钱熙祚据《泽古斋重钞》旧版，即《借月山

① 张之洞著，范希曾补正：《书目答问补正·丛书目》，广陵书社 2007 年版，第 210 页。

② 傅增湘：《藏园订补郘亭知见传本书目》子部杂家类《借月山房汇钞》条，中华书局 2009 年版，第 768 页。

房汇钞》旧版重编增刊本，九行二十一字，分二十集。"① 据此，《借月山房汇钞》后又为钱氏重编，且易名为《指海》。

《经苑》二十五种二百四十四卷　钱仪吉编

所编《经苑》，实于《通志堂经解》外别树一帜。原书目四十一种，道光乙巳，大梁书院仅刊二十五种，宣统壬戌重印云。

案，考苏源生《书先师钱星湖先生事》曰："康熙中，昆山徐健庵尚书刊宋元诸儒说经之书百四十种，为《通志堂经解》，采摭至广。先生以其未备，复集同人之资，刊宋司马光温公《易说》六卷、张根《吴园易解》九卷、杨万里《诚斋易传》二十卷……熊鹏来《瑟谱》六卷，共二十五种，名曰《经苑》，缺者补之，讹者正之，日夕丹铅，躬自雠校，自道光乙巳起，庚戌竣事。此外，尚有宋陈经《尚书详解》五十卷、傅寅《禹贡说断》四卷、苏辙《诗经传》二十卷、严粲《诗辑》三十六卷、朱子《仪礼经传通解》三十七卷、黄幹《续仪礼经传通解》二十九卷、黄震《读礼记日钞》十六卷、元吴澄《礼记纂言》三十六卷、宋陈祥道《礼书》一百五十卷、陈旸《乐书》二百卷、胡铨《春秋集善》十二卷、高闶《春秋集注》四十卷、朱子《论孟精义》三十四卷、陆佃《尔雅新义》二十卷、贾昌期《群经音辨》七卷、司马光《切韵指掌图》二卷，皆已写清本，未及授梓而先生卒。"② 据此，其未刊之书中，今多可见于《四库全书》中，可稍补其憾。

《范氏丛书》十七种四十卷　范锴编

所采吴兴文献半系诗词，与赵绍祖之《泾川丛书》、宋世荦之《台州丛书》，虽皆囿于一隅，然乐操士风，不敢忘本，斯则深可嘉尚也。

案，民国年间，刘承幹又编有《吴兴丛书》六十五种八百卷，分经、史、子、集四部收录吴兴先贤著作，其收罗广博，远甚范氏。然《吴兴丛书》集部所录，以文集为主，《范氏丛书》则偏重于诗词、诗话，其中不乏宋代名家之作，如宋人张炎《词源》，尝为张之洞所称。③ 此外，范锴《湖录纪事诗》、郑元庆《吴兴藏书录》一卷，皆为名家之作。且范氏所收，多为承幹所不收，则两书可互为参考。

---

① 傅增湘：《藏园订补郘亭知见传本书目》子部杂家类《指海》条，中华书局 2009 年版，第 768 页。

② 参见闵尔昌纂录《碑传集补》卷一〇，载周骏富辑《清代传记丛刊》第 120 册，第 622 页。

③ 张之洞著，范希曾补正：《书目答问补正》集部总集类词之属，广陵书社 2007 年版，第 203 页。

《读画斋丛书》八集四十六种一百九十四卷　顾修编

甲集四种，尤为治《选》学者之南针也。

案，今检其集部，所录《选》学凡四书，即清汪师韩《文选理学权舆》八卷、清孙志祖《文选理学权舆补》一卷、《文选考异》四卷、《文选李注补正》四卷。汪师韩《文选理学权舆》一书，据王欣夫先生曰："清代《文选》之学，余仲林《音义》、《纪闻》两书，及韩门此书，尚属草创。此书又为未成之稿，宜其不能与后来梁章钜《旁证》、朱珔《集释》、胡培系《笺证》并论。然李莼客《越缦堂日记》犹许为笃信谨守，实事求是。"① 孙氏《文选李注补正》一书，为顾广圻所校，刘慎诒跋曰："怡谷此书，王兰泉称为详核。李莼客称为古义湛然，精核不苟。而千里此校，则恶谑毒讥，体无完肤，与所校《考异》同。于后序大书'毫不足观'四字，概与抹煞。……以千里吹求之深，纠绳之严，全书约占十之三四，然则其余六七正可见其考核之精，无可非议。怡谷著书之精华，反因之而彰明。"② 又孙氏《文选考异》亦为广圻所校，亦颇多微辞，王欣夫先生跋曰："千里此跋，书于嘉庆九年甲子，距怡谷卒于六年辛酉不久，虽未知兆衅所由，而横肆毒詈于身后，岂非厚德之累。嗟乎！千里校勘之业，卓然千秋，而其褊衷利口，犹为人憎恶，况学问不如千里者乎？特备录于此，以资后人之鉴戒也。"③

再案，据谢国桢先生曰："其甲集皆研治《选》学必要之籍。其他各集，皆取考据经史、有裨实用之书。而淫书小说，概不与焉。"④ 今考其乙至辛集，有关经史之书者，仅有清李富孙辑《李氏易解剩义》三卷、宋句延庆《锦里耆旧传》存四卷、宋尹洙《五代春秋》二卷、清赵翼《清武功纪盛》四书。其中，句延庆《锦里耆旧传》为残阙之本，尹洙《五代春秋》重在笔法而略史实，赵翼《清武功纪盛》不免推崇之意居多。此外所收之书，皆书画、诗词、杂家类图书。其中汉蔡邕《琴操》，似主赏析；《秘诀三命消息赋》《乾元秘旨》《刘涓子鬼遗方》，则又偏多野谈。据此，谢氏所谓"其他各集，皆取考据经史、有裨实用之书"者，似待商榷。

---

① 王欣夫：《蛾术轩箧存善本书录》甲辰稿卷四《文选理学权舆》条，上海古籍出版社 2002 年版，第 1401 页。
② 参见王欣夫《蛾术轩箧存善本书录》甲辰稿卷四《文选李注补正》条，第 1404 页。
③ 参见王欣夫《蛾术轩箧存善本书录》甲辰稿卷四《文选考异》条，第 1411 页。
④ 参见吴格、眭骏整理《续修四库全书总目提要》丛书部，第 273 页。

《湖海楼丛书》十二种一百八卷　陈春编

萧山汪吏部继培，家富藏书，春时相过从，商榷古今，每得善本，赏奇晰疑。春父七十辰，继培以手校《列子张注》为寿，春即欣然付梓。

案，《列子》一书，晋张湛注之，唐殷敬顺又撰有《列子释文》二卷。据周中孚曰："明人所刊者，以殷氏《释文》入注下，而混淆不辨，其于《释文》亦不能全录，张注专本传者已鲜。嘉庆癸酉，苏潭（汪继培之号）始从钱塘何梦华元锡得影宋本而刊之，遂复宋时旧观。前载处度（张湛之字）原序，目录后载刘向校上语，苏潭又从《道藏》录《释文》专本，刊附于后。"① 可见，汪氏所刊之本较明刊传世之本为优。

惜继培徂谢，《盐铁论》未有成书，春亦连丁家难，不无辍作。

案，继培虽校《盐铁论》未成，时是编已收入《四库全书》中，为明张之象注，嘉靖癸丑刊本。曹溶《汉魏丛书》中亦载《盐铁论》，然"多删节张注，不足取"②。清嘉庆十二年，张敦仁又重刊明弘治十四年涂桢本，附有《考证》一卷，据傅增湘云，其《考证》为顾广圻代撰，甚佳。③

《泾川丛书》四十五种五十八卷　赵绍祖编

绍祖及其弟绳祖辑明以来诸家著述，得四十五种，每种绍祖皆加跋语，虽不及胡凤丹《金华丛书》之提要，而其识见亦有独到处。

案，赵绍祖字绳伯，号琴士，泾县人。考陶澍《赵琴士征君墓志铭》曰："其教人先行谊而后艺文，其于邑公事，有可以持风化、苏民命者，未尝不身为之倡也。"④ 可见其治学以实践为宗旨，故是编所录之书，颇以宋明性理之学为多。据谢国桢先生曰："是编乃绍祖取乡先辈著述裒萃之。其中侈谈性理者为多，余若有关政事者，如奏疏、史论次之，其他如经说、杂记、诗话等书亦不少。泾县为江南望邑，自明中叶后，查铎、萧良幹、董杰、翟台诸人，均于性理之学穷深研几，而清乾隆间赵青藜所撰四种，良澍所撰五种，绍祖于每种之后均附识语，或记全书大旨，或记刊刻源流。惜理学之书，不免太多耳。"⑤

---

① 周中孚：《郑堂读书记补逸》卷三〇子部道家类《列子注》条，上海书店出版社 2009 年版，第 1746 页。
② 周中孚：《郑堂读书记》卷三六子部儒家类《盐铁论》条，第 548 页。
③ 傅增湘：《藏园订补邵亭知见传本书目》子部儒家类《盐铁论》条，中华书局 2009 年版，第 492 页。
④ 参见缪荃孙《续碑传集》卷七六，见《清代传记丛刊》第 119 册，第 402 页。
⑤ 参见吴格、睢骏整理《续修四库全书总目提要》丛书部，第 513 页。

《三长物斋丛书》二十五种二百六十七卷　黄本骥编

文庙之祀典，两庑之位次，以及历代之纪元，帝王之统系，询之高材生或不能尽答。本骥纂辑旧闻，典而核，约而赅，治掌故学者之初桄也。

案，是编收录黄本骥撰《历代统系录》六卷、《历代纪元表》一卷，谢国桢先生称："自帝王正统，以及偏安僭伪之姓名年号，见于史鉴及稗官杂说，信而有征者，靡不备载，同条共贯，一览无余。"① 然据《书目答问补正》，考帝王统系者，有段承基之《历代统系表》十三卷，详于黄书近两倍；② 考历代之纪元者，有叶维庚《纪元通考》十二卷，张之洞谓"此书最详"③，又有李兆洛《历代纪元编》三卷，张氏又谓"此书最便"④，而万斯同又撰有《历代纪元汇考》五卷，"起唐帝尧元载甲辰，迄明崇祯十七年甲申，四千年之间，以年为经，以纪元为纬，凡历数长短，一统分割，禅继正伪，无不毕备"⑤。据此，黄氏两书似稍逊之。又是编第六册收录黄本骥辑《皇朝经籍志》六卷，据本骥自言："我朝自乾隆四十七年《四库全书》告成，搜罗广备，采择精详，刊有《总目》及《简明目录》颁行天下，较之历代史志及《崇文总目》等书尤为完善。海内力学好古之士，虽不能躬入内廷，遍窥中秘，就《提要》所载著述源流，亦足以见沧海之汪洋，知宝山之岌嶪矣。窃以生逢右文之世，须先知近时著作，何人所著何书，然后可以上追往古，因于《全书》目录内，检出皇朝经籍，别为一编。"⑥ 据此，其《皇朝经籍志》不出《四库全书》之范围，有屋下架屋之嫌。其第十七册收录黄氏编《避讳录》五卷，张之洞《书目答问》亦收录，曰"此书尚略"⑦，故张氏另著录有周广业《经史避名汇考》四十六卷。其第十四册收录黄氏校《历代职官表》六卷，张氏又曰："此书七十一卷，三长物斋刻黄本骥摘本只六卷。"⑧ 可见黄氏《避讳录》《历代职官表》两书又稍伤简略。

《颐志斋丛书》二十二种四十一卷　丁晏撰

子寿昌、寿祺等七人于光绪元年同校付梓，称未梓者尚有二十五种。然如《易林释文》、《楚词天问笺》、《曹集铨评》等后皆刊行云。

---

① 参见吴格、睢骏整理《续修四库全书总目提要》丛书部，第 295 页。
② 张之洞著，范希曾补正：《书目答问补正》史部正史类，广陵书社 2007 年版，第 67 页。
③ 同上。
④ 同上书，第 68 页。
⑤ 参见周中孚《郑堂读书记》卷二九史部政事类《历代纪元汇考》条，第 470 页。
⑥ 黄本骥：《皇朝经籍志序》，清光绪间宁乡黄本骥长物斋刻本。
⑦ 张之洞著，范希曾补正：《书目答问补正》史部谱录类，广陵书社 2007 年版，第 106 页。
⑧ 同上书，第 102 页。

　　案，考《清史稿》丁晏本传称："所著书四十七种，凡一百三十六卷，其已刊者为《颐志斋丛书》。"① 又考丁一鹏编《丁柘唐先生历年纪略》，其未刊者有《周易解故》一卷、《易经象类》一卷、《书余传附释》一卷、《诗集传附释》。② 又据支伟成《清代朴学大师列传》，尚有《六艺堂诗礼》七篇、《佚礼枝微》一卷、《投壶考原》一卷、《孝经征文》一卷、《钞淮南万毕术》一卷，其余未刊之书尚待再考。又据《中国丛书综录》，丁氏《易林释文》二卷，刊于光绪十六年，《楚辞天问笺》亦刊于光绪十六年左右，两书分别收入《广雅书局丛书》经部、集部中。③ 然考傅增湘《藏园订补郘亭知见传本书目》，载有丁晏撰《曹集铨评》十卷，注曰"清同治十一年金陵书局刊本"④，则其书在《颐志斋丛书》前已有所刊，《经籍考》误。

　　再案，据丁一鹏曰：晏殁于清光绪元年，而其长子寿昌"先十年卒，次子寿祺茹痛撰次行状，属稿未竟而疾作，后先生五十日卒。三子寿恒率诸弟依年缀系为谱行。"⑤ 则《经籍考》言寿昌、寿祺校《颐志斋丛书》事，不确。

《春雨楼丛书》六种三十卷　朱士端编

　　时广东学海堂方搜刻经解，士端著述不及寄呈，识者以为未登阮录为憾。其所未刊者，尚有齐、鲁、韩《三家诗辑》、《说文形声疏证》、《知退斋笔记》三种。

　　案，今《春雨楼丛书》中所收士端著经书，唯《说文校定》一种，据《清史列传》本传曰："士端少承家学，又从从父彬游，研究古义，于许氏形声之学尤精。尝以二徐本互校，择善而从，不擅改原文。又以钟鼎彝器诸文，考合《说文》所载古籀各体，著《说文定本》二卷。考订精确，所釐正金坛段玉裁删改之失甚多。"⑥《列传》中所言《说文定本》，与是编所收之《说文校定》，从二书内容看，皆校勘《说文》之心得，疑实为一书，唯书名略异。又考《清史稿艺文志拾遗》，其经部诗类收有朱士端《齐鲁韩三家诗注》三卷、《三家诗疑》一卷、《三家诗释》十六卷、《说文形声疏证》十四卷，皆为朱氏稿本，唯《三家诗释》有清吉金乐石山房

①　赵尔巽：《清史稿·儒林传》，中华书局1977年版，第13278页。
②　参见陈祖武先生选《晚清名儒年谱》第2册，第494页。
③　参见《中国丛书综录》汇编杂纂类，上海古籍出版社2007年版，第240页。
④　傅增湘：《藏园订补郘亭知见传本书目》集部别集类，中华书局2009年版，第938页。
⑤　丁一鹏编：《丁柘唐先生历年纪略·序》，见陈祖武选《晚清名儒年谱》第2册，第475页。
⑥　王钟翰点校：《清史列传》卷六九《儒林传》下，中华书局2005年版，第5565页。

钞本传世。①

《传经堂丛书》六种　凌堃编

堃为鸣喈之子。《县志》称，其富于著述，与其父合刻为《传经堂丛书》。此编仅有六种，并无鸣喈所著，又似歧异。

案，据清陈继聪《忠义纪闻录》称：堃"以己书与父所著《论语疏义》、《尚书考疑》、《读书蠡言》，合刻为《传经堂丛书》。"② 今考施廷镛《中国丛书综录续编》汇编类杂纂之属，收有清刊本凌堃《传经堂丛书》凡二十九种，所录皆为凌鸣喈、凌堃等凌氏家人之作，施氏注曰："邃雅斋有此书二十四本，每书版心下有'传经堂藏版'，书根写有'传经堂丛书'。书名见函面，刻印之书签未见其目次。"③ 则《经籍考》所著，或为不全之本。又考李慈铭曰："此书无总序总目，盖厚堂子镛镐等所辑，以资力不敷，故或仅刻一卷以见其凡耳。"④ 则凌氏后人因资力不足，未能尽刻其全本。

惟查《县志》著述门，载鸣喈所著者，有《尚书考疑》一卷、《尚书述》一卷、《读书拙言订误》一卷、《论语解义》二十卷、《读书蠡言》一卷、《东林粹语》一卷、《疏河心镜》一卷，凡七种。即堃所著者，另有《易候补》二卷、《学尚书述》一卷、《学春秋理辨》三卷、《医宗宝笈》一卷、《孙子增注》一卷、《吴子评改》二卷、《司马法校注》三卷，独无《告蒙编》，至《相地指述》十卷为蒋大鸿著。

案，据《清史列传·凌堃传》曰：堃"长推步算术，尝于学《春秋》之暇，表其嬗代兴废，又以岁星纪年，及太岁超辰之法，汉以后失坠，因为之辨，著《王朝列国纪年》一卷，元刻入《经解》中"⑤。据此，堃又有《王朝列国纪年》，该《丛书》未收入。又据戴望《凌教谕墓志》曰：堃"于《书》不废梅赜古文，于《易》兼综孟、京、虞、郑诸家，于《春秋》条贯左氏，该以《周礼》，深惩向壁虚造之言。而尤恶新说，谓其以理杀人，如酷吏之舞法，致人骨肉遭变，不得尽其情，闻者咸骇其言"⑥。其书虽未能全录，于此或可略见其治学大概。

又案，《中国丛书综录续编》所收《传经堂丛书》中，有堃所著《学

---

① 王绍曾：《清史稿艺文志拾遗》经部诗类，中华书局 2000 年版，第 77 页。
② 参见周骏富辑《清代传记丛刊》第 60 册，第 206 页。
③ 施廷镛：《中国丛书综录续编》，北京图书馆出版社 2003 年版，第 58 页。
④ 李慈铭：《越缦堂读书记》（下册），中华书局 2006 年版，第 1135 页。
⑤ 王钟翰点校：《清史列传》卷六九《儒林传》下，中华书局 2005 年版，第 5599 页。
⑥ 参见周骏富辑《清代传记丛刊》第 119 册，第 264 页。

春秋理辨》一卷。然考阮元《畴人传》卷三《凌堃传》曰："著撰等身，其最致力者，为《学春秋理辨》五十余卷，未写定。"① 则《学春秋理辨》为不全之书，其余之卷数，今或已亡佚。

再案，《经籍考》所言《相地指迷》为蒋大鸿撰，似与该《丛书》以专收凌氏著作之旨相乖。然考施廷镛《中国丛书综录续编》所收之《传经堂丛书》中，亦收有《相地指迷》十卷，注曰："明蒋大鸿撰，清凌堃辑。"② 可知此书为凌氏所辑，未违其旨。

《汉学堂丛书》二百十五种二百十九卷　黄奭编

其"经解逸书考"全袭《玉函山房辑佚书》，不啻马国翰之攘章宗源也。惟"子史钩沉"中史部，则自出机杼，不致寄人篱下，有足取也。

案，该《丛书》凡分三类，即"经解逸书考""通纬逸书考""子史钩沉"，《经籍考》言其"经解逸书考"全袭《玉函山房辑佚书》，则有待商榷。今检《汉学堂丛书》经解类与马氏《玉函山房丛书》经编之目录，《汉学堂丛书》收书凡八十余种，其十之八九皆马书所收录，然以下诸书则为黄氏所自辑。易类：《易音注》一卷，周薛虞撰；春秋类：《春秋盟会图》一卷，汉严彭祖撰；《穀梁传例》一卷，晋范宁撰；《春秋后传》一卷，晋乐资撰；小学类：《尔雅众家注》一卷，黄奭辑；《新字林》一卷，唐陆善经注；《字略》一卷，后魏宋世良撰；《小学》一卷，佚名撰；《音谱》一卷附《声谱》，宋李概撰；《开元文字音义》一卷，佚名撰；《唐韵》二卷，唐孙愐撰；《韵海镜源》一卷，唐颜真卿撰；《切韵》一卷，唐李舟撰。其中《尔雅众家注》一卷，黄氏用力尤勤，据《清史列传》称："（江藩）以惠栋著《十三经古义》惟《尔雅》未成，命奭卒其业，乃就陆德明《释文·叙录》十家旧注，博引群书，为之疏证。更于十家外，捃拾为《众家注》，成《尔雅古义》十二卷。"③

再案，据谢国桢先生曰："马氏《玉函山房》史部甚鲜，是书编年、别史、杂史、传记四类，东汉以后史部著述，大半在斯，可补马氏之缺。谶纬之书，昔人辑之者颇鲜，斯编撰辑颇备，为斯书所独长。"④ 则是编又可补马书之未备，《经籍考》轻言其抄袭，失于详考。

---

① 参见周骏富辑《清代传记丛刊》第 34 册，第 317 页。
② 施廷镛：《中国丛书综录续编》，北京图书馆出版社 2003 年版，第 58 页。
③ 王钟翰点校：《清史列传》卷六九《儒林传》下，中华书局 2005 年版，第 5612 页。
④ 参见吴格、眭骏整理《续修四库全书总目提要》丛书部，第 467 页。

《守山阁丛书》一百十种六百五十二卷　钱熙祚编

是编即张海鹏《墨海金壶》之烬余，熙祚于道光初得其残版，重加补订，与南汇张文虎、金山顾观光商榷去取，讨论真赝，十年付梓。

案，据谢国桢先生曰："其书多从浙江文澜阁录出，亦有后出之书，如《招捕总录》、《征缅录》，为据仪征阮氏文选楼进呈本；《大唐西域记》、《华严经音义》，据嘉兴楞严寺旧刻支那本；《能改斋漫录》据临啸书屋刊本。其无别本可据，则广引群籍以证之，或注案语，或系札记，较张海鹏之《墨海金壶》为精审矣。"①

《珠丛别录》二十八种八十二卷　钱熙祚编

是编所登孔平仲《珩璜新论》，较《唐宋丛书》补正数条，雠校之精，无逾于此。

案，据《中国丛书综录》，《唐宋丛书》"子余类"，收有孔平仲《孔氏杂说》一卷，②考周中孚《郑堂读书记》子部《珩璜新论》条曰："《读书志》小说类、《通考》俱作《孔氏杂说记》，《读书附志》杂说类、《书录解题》、《宋志》小说类俱作《孔氏杂记》。盖其书本名《孔氏杂说》，后人推重之，比于珩璜贯佩之义，而因改其名也。"③则钱氏所刊《珩璜新论》，乃沿后人所改之书名。《珩璜新论》除钱氏补正数条外，又有吴骞、陈鳣、傅增湘所校雠者，据傅增湘《藏园订补郘亭知见传本书目》子部杂家类《珩璜新论》条曰"余曾校《墨海金壶》本，改定数百字，补佚文五则"④。又曰："清吴骞藏清写本，吴骞据散浦毕氏藏旧写本四卷本校，有跋。后陈鳣借临，又据吴省兰藏旧写本代校并跋。有吴骞印。吴、陈二氏共改正四百五十余字，其异字多有出金俊明写本之外者。"⑤据傅氏所言，吴骞所见是编为四卷，考《唐宋丛书》所载为一卷，周中孚称"《说郛》、《说海》、《唐宋丛书》所收均节本"⑥，则《珩璜新论》原本四卷，节本一卷。今考刘氏《经籍考》所录《珠丛别录》之篇目，其《珩璜新论》亦为一卷，则钱氏所录乃为节本，吴骞所校四卷之全本，当优于此。

《指海》二十集一百三十七种四百二卷　钱熙祚编

嘉庆间，常熟张海鹏刊《借月山房丛书》不久，版归上海陈璜，璜重

---

① 参见吴格、睢骏整理《续修四库全书总目提要》丛书部，第338页。
② 上海图书馆编：《中国丛书综录》汇编杂纂类，上海古籍出版社2007年版，第57页。
③ 周中孚：《郑堂读书记》卷五六子部杂家类杂说之属《珩璜新论》条，第918页。
④ 傅增湘：《藏园订补郘亭知见传本书目》子部杂家类，中华书局2009年版，第708页。
⑤ 同上。
⑥ 周中孚：《郑堂读书记》卷五六子部杂家类杂说之属《珩璜新论》条，第918页。

刊为《泽古斋丛钞》。道光初，又归金山钱氏，遂易名曰《指海》。

案，刘氏《经籍考》作《泽古斋丛钞》，然据《中国丛书综录》载有清道光三年上海陈氏刊本，作《泽古斋重钞》。① 陈氏非尽据《借月山房丛书》原板刊录，而是有所节略，详见上文《借月山房丛书》条。又据谢国桢先生曰："是书虽出于《借月山房》，然自十五集以下所收清人著述，如戴震、孔广森、凌廷堪、李兰善［善兰］之书，均有裨实学，较陈氏《泽古重钞》徒取裨贩者为善。"② 今考其十五集以下，除戴、孔、凌诸君之作外，尚有唐王经《大唐郊祀录》十卷，"考礼典者所不能废"③，再如晋郭璞《尔雅赞》一卷、唐王真《道德真经论兵要义述》四卷、唐陆希声《道德真经传》四卷，皆为《四库全书》所未收，其学术价值亦不容忽视。

自十三集以下，其子培让、培杰续刊，世袭书香，不忘手泽。

案，据谢国桢先生曰："是编十二集以上为《借月》原书，十三集以下为熙祚子培让、培杰续刊，多存清代著述。"④ 今《中国丛书综录》载有清嘉庆中虞山张氏刊本《借月山房汇钞》凡十六集，⑤ 与《指海》篇目相比，《指海》前十三集中，多有《借月》所未收者。如《指海》第一集第一册宋程大昌撰《禹贡山川地理图》二卷、第三册宋苏辙撰《孟子解》一卷，第二集第十册元舒天民撰《六艺纲目》二卷、第十四册宋朱熹撰《绍熙州县释奠仪图》一卷，第三集第十七册清江永撰《仪礼释宫增注》一卷等。据此，《指海》前十二集中，非尽为《借月》全书，谢氏偶失考。

《璜川吴氏经学丛书》十五种八十九卷 吴志忠编

志忠曾祖泰来，生于新安之璜源，及长，迁于苏州，题其所居之室曰璜川书屋，示不忘旧也。时惠栋亦隶门下，而璜川吴氏遂著于吴中。其祖成佐，著《经史论存》。父英，著《经句说》。

案，《经籍考》以吴泰来为志忠曾祖，误。考吴泰来为吴成佐《经史论存》所作之序，泰来称成佐为"叔父"，而成佐又为志忠祖父，则泰来当为志忠叔父辈。据《清史稿·文苑传》，泰来字企晋，号竹屿，乾隆二

---

① 上海图书馆编：《中国丛书综录》汇编杂纂类，上海古籍出版社2007年版，第166页。

② 参见吴格、睢骏整理《续修四库全书总目提要》丛书部，第341页。

③ 周中孚：《郑堂读书记》卷二九史部政事类《大唐郊祀录》条，第465页。

④ 参见吴格、睢骏整理《续修四库全书总目提要》丛书部，第341页。

⑤ 上海图书馆编：《中国丛书综录》汇编杂纂类，上海古籍出版社2007年版，第157页。

十五年进士。① 又考吴志忠《璜川吴氏经学丛书·缘起》曰："璜川者，吾曾祖容斋先生自题其书屋之名也。曾祖于雍正年守吉安，归田后，居浍川遂初园，读书其中，架上万卷，皆秘笈也。所以书屋曰璜川者，以我曾祖生于新安之璜源，随我高祖乡贤公侨居松江之上海，老而自松迁苏，以故里题其读书处，怀旧之思也。"② 则志忠曾祖乃为容斋。又据叶昌炽《藏书纪事诗》卷四，容斋乃为吴铨，叶氏引《蒲褐山房诗话》曰："企晋大父吉安太守铨归，筑遂初园于木渎，云林杳霭，花药参差。"③ 则吴铨实乃志忠曾祖。

再案，据李慈铭曰："吴英《经句说》二十四卷，英字简舟，即志忠之父。其学不主汉宋，兼采诸家，颇有所折衷，然不脱学究讲章气。"④

《赐砚堂丛书》四集四十种四十卷　顾沅编

丛书往往古今并录，专收国朝著述者，始自栎下周亮工《赖古堂藏书》、武林王晫《檀几丛书》、新安张潮《昭代丛书》、石门吴震方《说铃》四家，沅此编师仿前例，审定足本。

案，《经籍考》所言周、王、张、吴四家丛书中，唯张、吴两家专收清一代著述，周、王两家则稍及明人著述。如《檀几丛书》收有明冯京第《读书灯》、周高起《阳羡茗壶系》、黎遂球《桐增副墨》；《赖古堂藏书》收有明顾起元《客座赘语》、李日华《六研斋二笔》、孙承宗《三十五忠诗》、刘宗周《人谱》等。

又案，据谢国桢先生曰："兹编所刻，专收清代著述，全取足本，较《昭代》诸书已为进步。且所采辑者，为经史舆地、论文谈艺之作，如有专集者则不阑入，而以未载他书者为限。但曹溶之《学海类编》及《昭代丛书续编》，以编者未及获见，间有采入此书者，则时地为之也。"⑤

《海山仙馆丛书》五十六种四百七十五卷　潘仕成编

仕成讥昔人丛编之割裂，然所登释元应《一切经音义》二十五卷，而未见东洋所藏唐释慧琳一百卷之足本，则割裂何异？

案，考杨守敬《日本访书志》，载有日本藏高丽藏本唐释慧琳撰《一切经音义》一百卷，守敬曰："唐沙门慧琳《一切经音义》百余卷，余初

---

① 赵尔巽：《清史稿》卷四八五《文苑传》二，第 13381 页。
② 吴志忠：《璜川吴氏经学丛书·缘起》，清道光十年宝仁堂刊本。
③ 叶昌炽：《藏书纪事诗》卷四"吴铨容斋"条，见《丛书集成初编》，中华书局 1991 年版，第 601 页。
④ 李慈铭：《越缦堂读书记》（下册），中华书局 2006 年版，第 1136 页。
⑤ 参见吴格、眭骏整理《续修四库全书总目提要》丛书部，第 300 页。

至日本，有岛田番根者持以来赠，展卷阅之，知非元应书，惊喜无似。据宋《高僧传》称，周显德中，中国已无此本。"① 足见，释元应与释慧琳二人之书，书名同而内容则异，释元应二十五卷本《一切经音义》，并非释慧琳一百卷之残本也。故傅增湘《藏园订补郘亭知见传本书目》子部释家类中，二书皆著录，且于元应书下曰："释智昇《开元释教录》称：'玄应以贞观末，据撮《藏经》为《音义》，注释训解，援引群籍，证据卓明。'按齐释道惠为《一切经音义》，唐释慧琳为《大藏音义》一百卷，今皆不传。是书《唐志》著录名《众经音义》，所引群籍多不传之秘册，其赅博可尚。惟昧汉人之通假，泥后代之等韵，是所短耳。"② 则同为《一切经音义》者，又不止元应、慧琳二家。"一切经"本为佛教典籍之总称，故常用于书名。

惟仕成能于道光季年，亟亟采入海国之舆图与西洋之火器，此亦能识时务者矣。

案，今检其目，仕成所收者，仅汤若望《火攻挈要》三卷、玛吉士《新释地理备考全书》十卷，凡两书。仕成史书无传，故事迹不详，其于西学之态度亦无从考究，姑且存疑待考。

《粤雅堂丛书》二十集一百二十七种百三十七卷　《续集》五十种二百五十八卷　伍崇曜编

阅四载而书成，时当咸丰三年，岁在癸丑，不六十年而今昔异视。

案，据范希曾《书目答问补正》，是编初编二十集，刊于咸丰三年。至光绪年间，又续刻十集六十四种，合前编，成三十集。③ 则《经籍考》所列二十集者，当为该丛书之初编。其又列《粤雅堂丛书续集》五十种，然较范氏所云，已少十四种。又据《中国丛书综录》《续修四库全书总目提要·丛书部》，所录是书《续集》与范氏所言六十四种合，则范氏所言不虚，《经籍考》所录《续集》当为不全之本。

《得月簃丛书初集》十种二十七卷　《二集》十种三十五卷　荣誉编

案，据谢国桢先生曰："所取李肇《国史补》、元好问《续夷坚志》、朱长文《吴郡图经》等书，已率见于《知不足斋》、《读画斋》等丛书，惟毛凤苞《海岳志林》、薛俊《日本考略》等书较为罕见。盖荣誉游宦

---

① 杨守敬：《日本访书志》卷四慧琳《一切经音义》条，见《宋元明清书目题跋丛刊》第19册，第73页。

② 傅增湘：《藏园订补郘亭知见传本书目》子部释家类，中华书局2009年版，第881页。

③ 张之洞著，范希曾补正：《书目答问补正》丛书类，广陵书社2007年版，第211页。

鲁山，伏处僻邑，故所见容有未至也。"① 考《中国丛书综录》，《海岳志林》《日本国考略》二书，今已分别收入《丛书集成初编》艺术类与史地类中。

《续知不足斋丛书》二集十七种三十九卷　　高承勋编

是编殿以《游戏录》，冠以《和剂局方》，夫游戏无论矣，所谓《太平惠氏和剂局方》十卷、《指南总论》三卷，虽历代相传禁方，盛行于宋元之间，然自道光至今，扶舆磅礴，禀气薄弱，若执古方以治今病，未免胶柱鼓瑟矣，奚可哉？

案，《经籍考》仅举两书，以评是编，似有不当。今考其书，第七册收录龚颐正《芥隐笔记》一卷，考《钦定四库全书总目》曰："颐正考证博洽，具有根底，而舛误处亦时有之。……然统合全编，则精核者居多，要不在沈括《笔谈》、洪迈《随笔》之下，未可以卷帙多少为甲乙也。"② 周中孚《郑堂读书记》亦曰："其考据该博，实与《容斋随笔》相亚，固不以篇页无多为嫌也。"③ 又第八册收录唐李济翁《资暇集》三卷，据晁公武《郡斋读书志》曰："序称世俗之谈，类多讹误，虽有见闻，嘿不敢证，故著此书，上篇正误，中篇谭元，下篇本物，以资休暇云。"④ 周中孚曰："其书考证古语旧事以及名物，皆援据博赡，而间失之疏舛，大约与李氏《刊误》（唐李涪《刊误》）、苏氏《演义》（唐苏鹗《苏氏演义》）诸书相近。"⑤ 可见，是编考证颇多，且有精审之处。又第十六册收录明史惇《痛余杂录》一卷，考管庭芬《花近楼丛书序跋记》，《痛余杂录》乃史氏官楚中时记其地风土逸文之作，"其中言流寇之惨毒，溃兵之纵掠，实无异今日事"⑥。对于了解明末清初之社会与民生不无裨益。其他如第七册收录宋郭忠恕《佩觽》三卷、第九册收录明王三聘《古今事物考》、第十四册收录明都穆《听雨纪谈》等书，或为考证，或为实学之书。然谢国桢先生却谓："所刻诸书，仅《和剂局方》卷帙较繁，其他诸书，多短简零编、说部游戏之作，较之原书，固稍逊矣。"⑦ 是编较鲍氏《知不足斋丛书》固然无法相比，然其并非皆无用之书，谢氏偶失考。

① 参见吴格、眭骏整理《续修四库全书总目提要》丛书部，第341页。
② 纪昀：《钦定四库全书总目》（整理本）子部杂家类二，第1584页。
③ 周中孚：《郑堂读书记》卷五四子部杂家类杂考之属《芥隐笔记》条，第887页。
④ 晁公武：《郡斋读书志》卷一三子部小说家类，上海古籍出版社2006年版，第562页。
⑤ 周中孚：《郑堂读书记》卷五四子部杂家类杂考之属《资暇集》条，第878页。
⑥ 管庭芬：《花近楼丛书序跋记》卷上《痛余杂录》条，见《清代私家藏书目录题跋丛刊》第3册，第438页。
⑦ 参见吴格、眭骏整理《续修四库全书总目提要》丛书部，第271页。

《纷欣阁丛书》十四种七十八卷　周心如编

首册采及朱子《周易参同契考异》，《参同契》后汉上虞魏伯阳所作，五代彭晓《解义》，南宋以后人假托紫阳《考异》。心如乃据庐（指庐陵）黄瑞节《附录》云："空同道士邹䜣即朱子借之讬名也。邹本《春秋》邾子之国，《乐记》'天地䜣合'，郑氏注云：'䜣当作熹'。"以是证为朱子，未免支离附会，诚不若《盐铁论》等之尚非伪书也。

案，以道士邹䜣为朱子假托之名，实不免附会。然疑朱子《周易参同契考异》为后人伪撰，似待商榷。据《四库全书总目》曰："考朱子《语录》论《参同契》诸条，颇为详尽。《年谱》亦载有庆元三年蔡元定将编管道州，与朱子会宿寒泉精舍，夜论《参同契》事。《文集》又有《与蔡季通书》，曰：'《参同契》更无缝隙，亦无心思量。但望他日为刘安之鸡犬耳'云云。盖遭逢世难，不得已而托诸神仙，殆与韩愈谪潮州时，邀大颠同游之意相类。故黄瑞节《附录》谓其师弟子有脱屣世外之意，深得其情。"① 又据胡玉缙引朱一新《无邪堂答问》曰："朱子注《参同契》，与注《楚辞》意同，《楚辞注》为赵忠定而作，《参同契》为蔡季通而作，皆寓身世之感，非徒注其书也。"②

再案，据李慈铭曰："其书刻于道光七八年间，校勘颇疏，字亦率劣。惟《盐铁论》依张古余太守影宋本翻刻，故误字尚少。"③

《小石山房丛书》四十一种五十八卷　顾湘编

案，据谢国桢先生曰："是书所辑，以明清两代顾宪成、陈瑚、陆世仪、朱用（莼）[纯] 著述为繁。刊刻乡贤遗著，足令后人景仰，余多易见之书。惟顾承《吴门耆旧记》，记吴中名人遗事甚详，可备三吴掌故之征也。"④

《惜阴轩丛书》三十四种三百九卷　李锡龄编

是编所登善本凡六：一明人南逢吉《会稽三赋注》，足以补嵊县周世则注前一赋之疏，节史铸增注后二赋之冗。

案，宋王十朋著《会稽三赋》三卷（包括《会稽风俗赋》《民事堂赋》《蓬莱阁赋》）。周世则为之注《会稽风俗赋》，未及余下两赋。史铸既增补周《注》之不足，又并及注释余下两赋。明南逢吉又补周、史之不足而另成《会稽三赋注》。然据胡玉缙先生曰："逢吉以周氏核而或疏，史

---

① 纪昀：《钦定四库全书总目》（整理本）子部道家类，第1944页。
② 胡玉缙《四库全书总目提要补正》子部道家类，第1158页。
③ 李慈铭：《越缦堂读书记》（下册），中华书局2006年版，第1137页。
④ 参见吴格、眭骏整理《续修四库全书总目提要》丛书部，第318页。

氏蔓而多支，重为是注，又绘宋绍兴府图，并为之说，冠诸卷首。自识称周所窜者十之三，史所窜者十之七。实则周注尚略，史以当时之人注当时之作，所引皆宋以前书，最足依据，逢吉附益，徒增浅陋。"① 胡氏举逢吉之误者数则，称其所引据者，"大率稗贩类典，舛误甚夥，虽一知半解，间有补苴，在学者之分别考证矣。此李氏《惜阴轩》本，路德所撰丛书序，乃盛称'补周之疏，节史之冗，最为详核'，非笃论也"。② 周中孚又曰："今以二本相核，旧注古雅，是注明备，各有所长，然无宋人旧注，则逢吉亦不能有此作，所谓创始者难为功，继起者易为力，非耶?"③

一明人曹昭《格古要论》三卷，乃采吉水王佐本，递增为十三卷。

案，此语句不通。明人曹昭撰《格古要论》，后王佐为之增订为《新增格古要论》十三卷。然据周中孚《郑堂读书记》子部《格古要论》条曰："后来王佐增辑至十三卷，徒长繁芜，无裨考证，而郎仁宝《七修类稿》尚欲更广其门目，则较之王氏书又加甚焉，皆不谙著书之体者也。"④ 又《新增格古要论》条曰："其书编次杂乱无绪，不及原书远甚，所以好古之士皆从文澜阁本传钞，而此本则弃如敝屣焉。"⑤

一袁褧所刊《世说新语》刘孝标注，据陆放翁刊本，最为完善。

案，据傅增湘《藏园订补邵亭知见传本书目》，《世说新语注》尚有宋绍兴八年严州郡斋刊本，为日本前田氏尊经阁所藏，已影印行世。此外，日本金泽文库亦藏有之，皆宋时所传入。傅氏曰："据明嘉靖十四年袁褧刊本后所附董弅、陆游跋，知即绍兴八年董弅守严州时所刊之本。其版至淳熙时已毁，放翁知严州时又重刻之，即袁褧本之底本。则此本实为放翁重刊前之旧本，至可宝重。舍日本神田鬯盦氏所藏日本唐时钞《世说》残卷外，当为传世最古最完之本矣。"⑥

一明俞九文据元孙道明《清异录》钞本，与陶宗仪《说郛》删节本迥别之。

案，考傅增湘《藏园订补邵亭目》子部小说家类《清异录》二卷条

① 胡玉缙撰，吴格整理：《续四库提要三种·四库未收书目提要续编》史部地理类《会稽三赋注》条，上海书店出版社2002年版，第104页。
② 胡玉缙撰，吴格整理：《续四库提要三种·四库未收书目提要续编》史部地理类《会稽三赋注》条，第105页.
③ 周中孚：《郑堂读书记补逸》卷一八史部地理类《会稽三赋注》条，第1559页。
④ 周中孚：《郑堂读书记》卷五八子部杂家类《格古要论》条，第956页。
⑤ 周中孚：《郑堂读书记》卷五八子部杂家类《新增格古要论》条，第956页。
⑥ 傅增湘：《藏园订补邵亭知见传本书目》子部小说家类《世说新语注》条，中华书局2009年版，第814页。

曰："元至正二十五年孙道明抄本，佳。"① 然又考瞿镛《铁琴铜剑楼藏书目录》子部收有明刊本《清异录》，其曰："宋陶谷撰。前有隆庆壬申河间俞允文序，云叶伯寅有元时孙道明钞写本六卷，凡十五门，二百三十事，遗缺过半。后复得钞本，不第卷次凡三十七门，六百四十八事，比道明本为备。"② 据此，孙道明本亦多删节。

《春晖堂丛书》十二种三十七卷　徐渭仁编

是编所登《来斋金石刻考略》，系侯官林侗侍宜三原开封时所辑，抚榻既多，考证亦确。

案，据《钦定四库全书总目》史部目录类《来斋金石考》条曰：是编所录金石"皆据目见者书之，中间辨证，大抵取之顾炎武《金石文字记》，而颇以己意为折衷，多所考据。……惟首列夏禹《岣嵝碑》，载其友刘鳌石说，谓当在祝融峰顶，未免失之好奇。"③

《文选楼丛书》三十二种四百八十八卷　阮亨编

道光壬寅正月，是编印成。亨跋于珠湖草堂。

案，考《续修四库全书总目》丛书类，著录是编三十四种。据谢国桢先生曰："印书人请以各零种汇为丛书而印之，凡三十二种。后又增为三十四种。大抵阮氏所刻之书，为类甚繁，当时搜辑，尚有遗漏，如所刊钱遵王《读书敏求记》，书前总目即未列入，想散佚者当不止此一二种也。"④ 然比较二书之目，《经籍考》所录阮元《曾子注释》五卷、钱大昕《恒言录》四卷、阮元编《八砖吟馆刻烛集》三卷，为《续修四库全书总目》本所未收。而《续修》本之《揅经室再续集》六卷，又为《经籍考》本所未收。又考《中国丛书题识》，另载有《文选楼丛书》二十六种，施廷镛先生曰："按此目每半叶十行，行二十一字，就纸张观察，与全书相同，似系原刊印本。"⑤ 则是书初编原收有二十六种，随后又依次补入若干种而成，然各本收书不尽相同，可互补其缺。

阮元精于天算，故取西人蒋友仁之《地球说》以证《曾子》地圜、《周髀》日行之说，无不合也。

① 傅增湘：《藏园订补邵亭知见传本书目》子部小说家类《清异录》条，中华书局2009年版，第875页。

② 瞿镛：《铁琴铜剑楼藏书目录》卷一七子部小说家类，见《宋元明清书目题跋丛刊》第10册，第259页。

③ 纪昀：《钦定四库全书总目》（整理本）史部目录类《来斋金石考》条，中华书局1997年版，第1149页。

④ 参见吴格、睢骏整理《续修四库全书总目提要》丛书部，第293页。

⑤ 施廷镛：《中国丛书题识》（上册），北京图书馆出版社2003年版，第90页。

案，据周中孚《郑堂读书记》，载蒋氏译《地球图说》曰："其书较熊有纲《表度说》等书更为明晰详备，惟侈言外国风土，或不可据。至其言天地七政恒星之行度，则皆沿习古法，所谓'畴人子弟，散在四夷'者也。"[1]

《昭代丛书》五百六十种五百六十卷　沈懋惪续编

康熙乙亥、癸未间，歙县张潮有《昭代丛书》之刻，分甲乙丙三集，各五十种。迨乾隆丙申秋，震泽杨复吉踵辑新编、续编、广编、埤编、别编，亦各五十种。道光甲辰，懋惪乃合张、杨两家之书而刻之。从张氏之例，命杨氏新编曰丁集，续编曰戊集，广编曰己集，埤编曰庚集，别编曰辛集。其所自纂之补编曰壬集，萃编曰癸集，于是十干乃全。又删汰张、杨原书之无裨掌故，有乖大雅者，凡六十种，别为一编，命曰别集，凡十二册，而补以近人有用之书，仍如其原数刊之于世楷堂。

案，是编甲、乙、丙三编，张潮尝于康熙间付梓，《钦定四库全书总目》称："皆国初人杂著，或从文集中摘录一篇，或从全书中割取数页，亦有偶书数纸，并非著述，而亦强以书名者。中亦时有窜改。如徐怀祖之《海赋》，去其赋字而存其注，改名《台湾随笔》。黄百家之《征南先生传》，芟其首尾，改名《内家拳法》。犹是明季书贾改头换面之积习，不足采也。"[2] 今考沈氏所刊本，已将《内家拳法》收入别集，然《台湾随笔》亦收在丙集第五帙中。则其所删汰，亦有疏于考证者。再案，《经籍考》称沈氏所刊，多择有用之书，然据胡玉缙曰："虽间有要书，而大致国朝小品居多。"[3]

再案，傅增湘《藏园订补郘亭目》又收有杨复吉稿本《昭代丛书新编》《续编》《广编》《埤编》《别编》各五十种。其《新编》即沈氏刊本之丁集，《续编》即戊集，《广编》即己集，《埤编》即庚集，《别编》即《辛集》。傅氏将其与沈氏刊本相比较，每集内又或多出若干种，或少出若干种，文繁不录。[4]

《逊敏堂丛书》三十二种三十二卷　黄秩模编

是编刊于道光戊申，用聚珍版印。所登各种，亦皆节取，沿明人

① 周中孚：《郑堂读书记》卷四四子部天文算法类《地球图说》条，第692页。
② 纪昀：《钦定四库全书总目》（整理本）子部杂家类存目十一，中华书局1997年版，第1767页。
③ 胡玉缙：《四库全书总目提要补正》卷三九子部杂家类存目，第1050页。
④ 详见傅增湘《藏园订补郘亭知见传本书目》子部杂家类《昭代丛书新编》条，中华书局2009年版，第765页。

陋习。

案，考《续修四库全书总目》收有是编六十九种，又《中国丛书综录》收有八十七种，皆题为道、咸间活字本。又据施廷镛《中国丛书题识》曰："《逊敏堂丛书》余见三本，内容相异，而种数则同，均为三十，疑此为活字本，随印随改。"① 据此，《经籍考》所录非完书。

所刊大半律身治家，居官莅政之要，是则近世医国之上药也。

案，今考其编目，所收如唐郭京《周易举要》、宋真德秀《三礼考》、宋辅广《诗经叶韵考异》、清陆陇其《古文尚书考》、朱彝尊《古文尚书辨》等，皆于经学有裨甚多。其于史学，谢国桢先生曰："搜集颇广，间有罕见之本，如赵吉士《杨忠烈公传》、《魏忠贤始末》，黄邦宁《岳忠武王年谱》及其《遗事》，李崇礼《章水经流考》，均有关史乘。惟汇辑各书，未分年代，不免失序。且间有舛讹，不无小疵。"②

《连筠簃丛书》十二种一百十一卷　杨尚文编

是编以吴棫《韵补》为冠，明正德间，道州何方伯天衢尝刻于河南，道光朝何绍基实其族孙。先是，河间苗先路好是书，而绍基为之搜借各家善本，精校付梓，斯文灵贶，萃于何氏一家。时张穆怂恿刻入《杨氏丛书》，良有以也。

案，该丛书所收何氏刊本《韵补》，虽多有校雠，然非最善之本。考瞿镛《铁琴铜剑楼藏书目录》经部小学类，收有宋刊本《韵补》，其曰："明人屡经翻刻，若何氏天衢、许氏宗鲁并多雠正，而许刻尤称精善。然以此本刻〔校〕之，知有原本不讹而误改者。"③ 又收有钞本《韵补》，曰："是书以许氏宗鲁重刊本为最善，以校此本，大致相同。然许本改用古字，篆籀兼登，雅俗并列，不知韵主审音，不主辨体，殊失吴氏之意。此本未经窜易，或尚出嘉禾旧刻欤？"④ 据此，许本优于何本，而钞本又优于许本。明许宗鲁所刊本，曾为傅增湘所藏，每半页九行，行十七字，白口，左右双栏。⑤

《琳琅秘室丛书》五集三十六种一百二十五卷　胡珽编

是编咸丰癸丑刻四集，甲寅续刻第五集。惜当日用活字版。卷首登

①　施廷镛：《中国丛书题识》（上册），北京图书馆出版社 2003 年版，第 93 页。
②　参见吴格、眭骏整理《续修四库全书总目提要》丛书部，第 302 页。
③　瞿镛：《铁琴铜剑楼藏书目录》卷七经部小学类，见《宋元明清书目题跋丛刊》第 10 册，第 113 页。
④　瞿镛：《铁琴铜剑楼藏书目录》卷七，见《宋元明清书目题跋丛刊》第 10 册，第 113 页。
⑤　参见傅增湘《藏园订补郘亭知见传本书目》经部小学类，中华书局 2009 年版，第 187 页。

《孔氏祖庭广记》，崇圣教也。

案，据谢国桢先生曰：“原书为活字本印行，流传无多。粤匪之乱，摧毁过半，如踵相继，而胡氏之书传本反鲜。会稽董金鉴由武林假得一帙，读而爱之，仍用聚珍版式重为翻印，并加校勘。复以《祖庭广记》末三卷全载碑文，据近日拓本及两宋以下碑录诸编，知本书所载阙误尤多，特为旁稽曲证，条列略同，统合续补而校，遂成巨帙。是《广记》一书，当以此书为最善，而董氏亦好古之士也。”[①] 又据傅增湘《藏园订补郘亭知见传本书目》史部传记类《孔氏祖庭广记》条曰：“清张金吾爱日精庐精写本，张金吾校，即《琳琅秘室丛书》本之底本，徐乃昌藏。”[②]

《功顺堂丛书》十七种七十一卷　潘祖荫编

是编仅刊十七种，而首登沈钦韩之《左传补注》，盖以杜预当三马食槽，阴佐其篡弑，岂知孔子作《春秋》而乱臣贼子惧，预虽有左癖，而注文往往回护乱贼。钦韩抨击杜氏，不遗余力，微言大义，晦而复彰，不第有功于麟经，亦万古纲常之所系也。

案，考李慈铭曰：“阅沈文起《左传补注》，其自序极诋《公》、《谷》及杜氏《集解》，言虽隽快，而以胡毋生等为汉之贱儒；以杜氏为起纨绔之家，习篡杀之俗，以孔冲远为卖国之谄子，以啖助等为儇恶，以宋人为吮杜预之涕唾，以元明人为目不识丁，以近人刘申受等为圣世之贼民；至谓以左氏视《公》、《谷》，如二八妙姝与盲母狗，殊病偏激，不似儒者之言。”[③] 又考王鎏《宁国县训导沈君墓志铭》曰：“（钦韩）好接引才士，而赋性刚褊，有刘四骂人之癖，世亦以此少之。”[④] 然其治学则甚勤，王氏又曰：“君秉资极敏，为学甚勤，尝暑夕苦蚊，置足于瓮，校书至漏三下。家贫，借书于人，计日以归，辄写其要，遂淹通经史，旁及诸子百家、古今别集、汇集、类书、杂记，故君学自诗赋古文词外，尤长于训诂考证。”[⑤]

《武进谢氏丛书》十二种三十四卷　谢兰生

首登《辨惑编》及《怀古录》，于世道人心，裨益匪浅，未可以搜罗不广少之也。

案，据周中孚《郑堂读书记》子部儒家类，载有元谢应芳撰《辨惑

---

① 参见吴格、眭骏整理《续修四库全书总目提要》丛书部，第364页。
② 傅增湘：《藏园订补郘亭知见传本书目》史部传记类，中华书局2009年版，第306页。
③ 李慈铭：《越缦堂读书记》（上册），中华书局2006年版，第124页。
④ 参见缪荃孙《续碑传集》卷七六，见《清代传记丛刊》第119册，第399页。
⑤ 同上书，第398页。

论》四卷，曰："子兰生长毗陵，晚隐横山，目见吴俗信鬼神，多拘忌，往往违礼而戾教，乃征引经史诸子中嘉言善行，条析而辨驳之，以纠正其失。……言虽浅近，然申明礼教，辨辟邪说，足以移风易俗，固无忝儒家者言也。"① 然考《四库全书总目》曰："惟叶盛《水东日记》曰：'毗陵谢子兰氏《辨惑编》一书，诚亦辟邪植正，有益于世，其中援据经法，深怪世人惑于淫祀，当矣。乃云自其先人亡后，即以所事神影火之，以其非义之故。此独惜其过当。《春秋》书'毁泉台'，君子以为台之存毁，非安危治乱所系，虽勿居可也，何必暴扬其失，非之毁之至是耶！子兰之辟淫祀，先儒成说甚多，正不必此，虽不言可也。爱子兰者，须削而去之'云云。其言切中应芳之失。盖讲学之家，往往矫枉过直，此亦其一失。读者取其大旨之正可矣。"②

《畿辅丛书》二百二十二种一千五百四十五卷　王灏编

光绪乙卯开雕，刻未竣而灏卒。甲午顺德李文田督学直隶，抽印二十五种。丙午以后，武进陶湘编成《总目》，江阴缪荃孙讥其《广雅》之疏证系高邮王念孙，《春秋繁露》之注系江都凌曙，谓为喧宾夺主，未免苛论。

案，据谢国桢先生曰："查全书所校，未免过于泛滥。秦汉古籍，既不及计板刻之优劣，复刻他省人所撰之校注。如《荀子》刻谢墉校本，《春秋繁露》刻凌曙之注，《韩诗外传》刻周廷寀之校注，《广雅》刻王念孙疏证，《大戴礼》刻孔广森补注等，均未免失当。盖流传乡邦著述，与刻读书者之著述不同，只计某人校注之优劣而收之，殊失本旨矣。至书之本质为何，罕见与否，亦不计及，虽极通行之书，亦均收入。"③

《金华丛书》六十种六百五十七卷　胡凤丹编

婺学渊源，肇于宋代，自吕祖谦、王柏、金履祥以经术显，元则许谦、吴莱、黄潜，明则宋濂、章懋、苏伯衡，儒先接迹。是编甄采靡遗，而道统实隐相维系，不特为一郡文苑之英华也。

案，胡氏于《丛书》中，仅列吕、王、金、许、吴等诸家，然据明赵鹤《金华正学编》《金华文统》，其乡尚有宋代何基，元吴师道，明王祎、戴良等诸名儒，实皆承道统之学，胡氏惜未收入，《经籍考》所云"甄采靡遗"，似待商榷。

---

① 周中孚：《郑堂读书记》卷三六子部儒家类，第569页。

② 纪昀：《钦定四库全书总目》（整理本）子部儒家类《辨惑编》条，中华书局1997年版，第1223页。

③ 参见吴格、眭骏整理《续修四库全书总目提要》丛书部，第341页。

再案，金履祥生于宋末，卒于元大德年间，元至正年间，赐谥文安，详见《元史》卷一百八十九《儒学传》，故其当为元人，《经籍考》将其列入宋儒，失考。

其子宗楙，续刻五十九种，继承先志，胡氏可谓有子矣！

案，据谢国桢先生称，胡凤丹《金华丛书》"惟大半悉依《四库全书》本付梓，而不更搜佳本，且刊刻不精，殊憾事也"①。然其子胡宗楙又编有《续金华丛书》五十八种，虽所录亦多本《四库》著录，然"其有《四库》未收者，如王益之《职源》唐仲友《金华唐氏遗书》等，均搜得旧钞原刊，重为雕印。其父凤丹所已刊者，如有刊本过劣以及有缺卷遗文者，为《吕东莱集》《吴渊颖集》《黄文献集》，亦均求得宋元刊本，重为校补焉。"② 则宗楙或可补其父之憾。

《古逸丛书》二十六种二百卷　黎庶昌编

庶昌于光绪辛巳使日本，越岁壬午，蒐辑佚书，属杨守敬任校雠，刊于东京使署，甲申蒇事。

案，考杨守敬《邻苏老人年谱》"光绪十年甲申四十六岁条"曰："《古逸丛书》已成，督印百部，黎公以赠当时显者，皆惊为精绝。其实所刻之书，不尽要典。如蔡刻《杜诗》，广东尚有刻本。《庄子注疏》，亦载《道藏辑要》中。而慧琳《一切经音义》杨上善《太素经》等书，皆未刊，颇为遗恨。然黎公作主，何能尽如我意？"③ 又日人岛田翰撰有《古文旧书考》，王先谦跋曰："其中辨论我国乾嘉诸儒刻书之失，及近人在彼国所刻《古逸丛书》影宋之非，如拨云雾而睹青天，诚读书快事也。"④ 则《古逸丛书》之收书，尚未尽能精择。

是编之外，日本所存中土逸书古本，如唐释慧琳《一切经音义》一百卷、希麟《续音义》十卷，白莲社刻本；唐杨上善《黄帝内经太素注》原书三十卷，今存二十一卷，秘阁古写卷子本；《春秋经传集解》三十卷，隋唐旧钞本。又北宋本杜氏《通典》二百卷，及《世说新语》三卷，南宋单疏本《尚书正义》二十卷、兴国军本不附释音《春秋左氏传》三十卷、南宋本《集韵》十卷、翻刻宋蜀大字本任渊《山谷诗注》二十卷，庶昌均未之刻，而特录之以缓后之好事者。

---

① 参见吴格、睢骏整理《续修四库全书总目提要》丛书部，第506页。

② 同上书，第508页。

③ 杨守敬编，熊会贞续编：《邻苏老人年谱》，见陈祖武选《晚清名儒年谱》第13册，第402页。

④ 王先谦：《古文旧书考·跋》，见《宋元明清书目题跋丛刊》第19册，第651页。

案，以上所列未刻之书，唯《春秋经传集解》在清末所发现的敦煌遗书中有残卷本，如《鸣沙石室古籍丛残·群经丛残》中收有残二卷（存卷五、卷七），《敦煌秘籍留真新编》上卷收有残一卷（存卷十六）。

再案，民国年间，上海涵芬楼曾编《续古逸丛书》三十五种二百三十卷，其所收海内外孤本颇多，然于《经籍考》以上所列诸目，亦付阙如。既名曰《续古逸丛书》，为何不续《古逸丛书》未竟之业，存疑待考。

《啸园丛书》六函五十八种一百六十三卷　葛元煦编

诸书条理秩然，卓然成家，足与徐氏《烟屿楼》、张氏《花雨楼》诸丛书并驾齐驱矣。各书皆有跋尾，尤有独到语。其书版仿古香斋本，光绪九年癸未鄞县郭传璞为之序云。

案，据谢国桢先生曰："惟所集诸书无甚珍本，而刊印未精，较《式训堂》、《花雨楼》诸刻为少逊耳。"[1]

《十万卷楼丛书初编》十六种一百八十八卷　《二编》二十种九十九卷　《三编》十四种一百三卷　陆心源编

心源蒐访宋元遗书，于光绪己卯刊成兹编，必照原本，必求足本，非若宋左氏《学海》、元陶氏《说郭》删节讹脱，触目皆是。

案，据谢国桢先生曰："惟陆氏所采集诸书，仍不脱版本家积习，仅汲汲于旧本之有无，而不注意于书籍之实用，故占候医卜之书，亦均列入，犹不免千虑之一失耳。"[2] 今检其目，谢国桢先生所谓"占候医卜"之书者，仅有唐李淳风《乙巳占》、元王好古《阴证略例》两种。考《旧唐书·李淳风传》曰："淳风幼俊爽，博涉群书，尤明天文、历算、阴阳之学。"[3] 尝参与纂修《晋书》《五代史》，"其《天文》、《律历》、《五行志》皆淳风所作也"[4]。所撰《乙巳占》与其他诸书，亦"多传于代"[5]，足见其人其书，非一般占卜家所可比。又据《四库全书总目》称王好古实受业张元素，又尝以李杲为师友，交往甚密，[6] 则其学亦自有渊源。至于其他所收之书，如宋寇宗奭《本草衍义》、宋程迥《医经正本书》《卫生家宝产科备要》等诸医书，皆为有裨于实用。又考《新唐书·方技列传》小叙曰："凡推步、卜、相、医、巧，皆技也。能以技自显于一世，亦悟

---

① 参见吴格、睢骏整理《续修四库全书总目提要》丛书部，第322页。
② 同上书，第335页。
③ 刘昫：《旧唐书》卷七九《李淳风传》，中华书局1975年版，第2717页。
④ 同上书，第2718页。
⑤ 同上书，第2719页。
⑥ 纪昀：《钦定四库全书总目》（整理本）子部王好古撰医家类二《医垒元戎》条，第1352页。

之天，非积习致然。然士君子能之，则不迁，不泥，不矜，不神；小人能
之，则迁而入拘碍，泥而弗通大方，矜以夸众，神以诬人，故前圣不以为
教，盖吝之也。"① 则又未可对占卜之书一概而论。

《清芬堂丛书》四十八种一百九十二卷　梅雨田编

雨田跋语谓"世所常行各丛书已收者，此编不登，无取数见"，诚是
也。然其中韩愈之《论语笔解》、苏辙之《论语拾遗》、司马光之《涑水
纪闻》，已见于元陶宗仪之《说郛》；郭京之《周易举正》，已见明毛晋之
《津逮秘书》。此等寻常丛书所已采，不得谓为罕见之本。

案，陶氏《说郛》本之《论语笔解》《论语拾遗》，据周中孚称，陶
氏《说郛》本《论语笔解》删李翱之注，为"不全之本"②。其《论语拾
遗》，周氏又曰："明陶南邨尝取以刊入《说郛》，而删节者凡有九章，不
及集本之完善也。"③ 梅氏所收两书与陶氏所收同为一卷，未详是否为同一
版本之书，待考。

再案，检《清芬堂丛书》之篇目，其所收郭京《周易举正》为一卷。
然考《中国丛书综录》，毛晋《津逮秘书》所收郭书实为三卷，④ 则梅氏
所录，当为删节之本。据谢国桢先生曰："窥编者之意，盖裁取各丛书所
长，汇为一集，取便学人，其法甚善。"⑤ 然梅氏收书之时，又任意删节原
书，则不可谓"取便学人"。

《式训堂丛书》十二种三十卷　《二集》十四种五十二卷　章寿康编

案，据谢国桢先生曰："是书随刻随印，故各本子目间有不同。其书共刻
三集，其书第二集流传极罕，坊间即取第三集作为第二集刊行。沪上书坊之
《校经堂丛书》，即取是书旧版第一集、第二集，易名为《校经堂丛书》者
也。"⑥ 今考刘氏《经籍考》所录"第二集"之篇目，实则为谢国桢先生所言
原书之第三集，则《经籍考》所载是编，当为坊间改定之本。

《谈艺珠丛》二十七种四十四卷　王启原编

启原续修《沅湘耆旧诗集》，以其余暇辑历代诗话之尤雅者，得二十
四家，标其目曰《谈艺珠丛》，上下千余年诗之源流在焉。

---

① 欧阳修：《新唐书》卷二〇四《方技列传》小叙，第5797页。

② 同上书，第204页。

③ 周中孚：《郑堂读书记》卷一二经部论语类，第206页。

④ 上海图书馆编：《中国丛书综录》第1册，汇编杂纂类，上海古籍出版社2007年版，第
55页。

⑤ 参见吴格、眭骏整理《续修四库全书总目提要》丛书部，第382页。

⑥ 同上书，第354页。

案，据谢国桢先生曰："历代论诗名著强半在斯，但古人著述尚不止此，如《围炉诗话》、《春草堂诗话》，均诗话之佳者，均未能列入。是则搜辑未阅之诮，仍不能免也。"①

《孙溪朱氏经学丛书初编》十三种三十八卷　朱记荣编

（是编）虽以搜辑未刻者为重，然今古杂厕，不过与《璜川吴氏经学丛书》相为颉颃已耳。

案，今考《朱氏经学丛书》之篇目，收书十三种中，除宋赵惪《诗辨说》外，其余十二种皆为清人著述，《经籍考》所谓"今古杂厕"者，似未允当。又吴志忠编《璜川吴氏经学丛书》多收师友之作，其中不乏惠士奇、惠栋、江永等名儒著作。然朱氏是编"其纂辑之旨，多采清代诸儒说经之书，及近人蒐辑字学佚书，其有前代著述未见刊行者，如赵惪《诗辨说》，亦行登入。至清代著述，则采自各家文集专著，以罕见者为主。"②

《忏花盦丛书》三十七种二百二十四卷　宋泽元编

是编三十余种，尚无鸠集之谬、勘订之疏，较之赵谦之之《仰视千七百二十九鹤斋丛书》，直驾而上之矣。

案，是编收书虽精，然多为昔人已刊之书。如万斯同《石经考》、陶岳《五代史补》、王禹偁《五代史阙文》、王澍《竹云题跋》等诸书，《四库全书》皆收录。晋孙毓撰《毛诗异同评》，则取自马国翰《玉函山房辑佚书》。其他诸家所未刊者，又多以诗词著作居多。然赵谦之之《仰视千七百二十九鹤斋丛书》，"所收诸籍，以罕见者为主，如史部之《英吉利广东入城记》，为清季外交史料；子部如所自撰《勇庐间诘》佟世恩《口话》，或记习尚，或记掌故，皆独具别裁，颇存微尚，非钞撮成书者可比。"③ 可见，两书宗旨有别，各具特色，《经籍考》所评，似待商榷。

《豫章丛书》一百三种六百四十六卷　胡思敬编

思敬手订略例十一则，有云"撰人品学不端正者不收"，盖际此沧海横流、人格破坏，于表彰乡贤之中，寓纳民轨物之意，其用心至堪嘉尚矣。

案，据谢国桢先生曰："选书体例，颇极谨严，凡屡经翻刻者、虽罕见而有人认刻者、已入同时人所刻丛书者、已入本集者、非出一人之手者、卷帙繁重者、书涉讹脱者、籍贯不分明者、续作应附原书者，一律不收。此外，撰人品行不端者，及非出名人评定者亦不收，则颇失之。盖撰

---

① 参见吴格、眭骏整理《续修四库全书总目提要》丛书部，第 177 页。
② 同上书，第 14 页。
③ 参见吴格、眭骏整理《续修四库全书总目提要》丛书部《仰视千七百二十九鹤斋丛书》条，第 331 页。

人如品行不端，而书关系綦重，因其人而弃其书，未免过苛，且激扬微意，亦不在此一书之著录与否也。至名人论定一例，尤觉无识。李荣陛著书有价值者甚多，流传亦极稀少，仅余四种，其他十余种以未经名人论定而弃之，实不脱标榜陋习也。"① 笔者以为，于撰者人品不端之书，若其书有裨于世教，收之无妨，或可于其末略加跋语以识之。胡氏一概去之，确如谢国桢先生所言，未免胶固。

《知服斋丛书》五集二十四种八十卷　龙凤镳编

是编于《杨忠愍公集》雠校颇精，一扫坊本讹脱之陋习，毅魄忠魂，时流露于行间字里也。

案，刘氏《经籍考》所录《知服斋丛书》第三集中，载有《杨忠愍集》四卷，明杨继盛撰。然据《中国丛书综录》所录《知服斋丛书》第三集中，则载是编五卷，光绪二十三年刊本。② 又考傅增湘《藏园订补郘亭知见传本书目》，载有明隆庆刊本《杨忠愍公集》五卷，"十行二十字，白口，左右双阑，有隆庆四年汪道昆序"③，光绪五卷本或本于明隆庆本，今存异于此。又莫友芝《郘亭知见传本书目》中载有康熙中章钰编刊本《杨忠愍集》二卷附录一卷。然考《四库全书》所收章钰校本《杨忠愍集》为四卷，毛奇龄序亦曰："康熙戊寅，同邑章子梅溪，有感于椒山之为人，取椒山所传年谱，与其生平诗若文，合得四卷，将刻以示世。"④ 据此，莫氏偶误。

《刻鹄斋丛书》十种四十六卷　胡念修编

是编刊于戊戌变法之岁，首列明揭暄《璇玑遗述》，其论分野之诞、潮汐主月、象纬亿证，虽近世李善兰，亦无此精辟之论。

案，考《钦定四库全书总目》子部天文算法类存目《璇玑遗述》条曰："今观其全书，大抵与游艺《天经或问》相表里。然艺书切实平正，词意简明，暄则持论新奇，颇伤庞杂。其考历变，考潮汐，辨分野，辨天气地气所发育，方以智尝谓其于《易》道有所发明。然如论日月行如槽之滚丸，而月质不变。又谓天坚地虚，旧'蛋白蛋黄'之喻徒得形似，而喻为饼中有饼，其说殊自相矛盾。至五星有西行之时，日月有盈缩之度，虽设譬多方，似乎言之成理，而揆以实占，多属矫强，均不足为典要也。"⑤

① 参见吴格、眭骏整理《续修四库全书总目提要》丛书部，第 520 页。
② 上海图书馆编：《中国丛书综录》汇编杂纂类，上海古籍出版社 2007 年版，第 240 页。
③ 傅增湘：《藏园订补郘亭知见传本书目》集部别集类，中华书局 2009 年版，第 1419 页。
④ 毛奇龄：《杨忠愍集序》，见《影印文渊阁四库全书》第 1278 册，第 615 页。
⑤ 纪昀：《钦定四库全书总目》（整理本）子部天文算法类存目，中华书局 1997 年版，第 1416 页。

再案，揭暄，字子宣，广昌人。据《清史稿》本传称，其著《璇玑遗述》七卷，"康熙己巳，以草稿寄梅文鼎"云云，① 则揭暄当为清人，《经籍考》以其为明人，误。

《观古堂汇刻书》第一集十三种二十七卷　第二集六种二十四卷　叶德辉编

案，《经籍考》所收该丛书未详其版本，考《续修四库全书总目·丛书部》收有清光绪湘潭叶氏重编本，《中国丛书综录》又收有民国八年重刊本。三书之篇目略有差异，唯《续修四库总目》本收书较全，即第一集收十三种，第二集收八种。然《经籍考》本之《鱼玄机集》《昆仑集》为其所独收，《中国丛书综录》本之《严冬有诗集》为其所独收。疑叶氏当初随编随刊，《续修四库总目》本为其最后定本。而民国间又有重刊，然于定本既有所节略，又稍有补苴，故今所见三本篇目各异。

再案，考《续修四库全书总目·丛书部》，又载有《别本观古堂汇刻书》十二种三十五卷，其与《经籍考》《中国丛书综录》所收完全不同。据谢国桢先生言，《别本观古堂汇刻书》收叶氏所辑《赵忠定奏议》四卷，采于史传及宋元人说部所记，史学价值颇多。然又收叶氏所著《觉迷要录》四卷，该书仿《大义觉迷录》之例，大旨在于诋毁当时兴起之新学，"然时事所驱，新说因之益昌。德辉等虽奋笔直书，尽情摧陷，无以为也。惟德辉知痛惜庆元党禁之足以亡宋，而不知康、梁之禁与元祐、庆元党禁何异，已可见叶氏之不智。"②

《学古斋金石丛书》四集十二种七十二卷　董金鉴编

是编所采，上自郑樵，下迄国朝诸家，皆有"筚路蓝缕，以启山林"之毅力。虽近世潘祖荫、陈介祺、吴大澂后来居上，要不得没其首功。

案，是编所收十二种中，孙承泽《庚子销夏记》陶宗仪《古刻丛钞》都穆《金薤琳琅》赵崡《石墨镌华》郭宗昌《金石史》五书，均为《四库全书》所收。郑樵《金石略》又为节略之本。而《亭林文集》《说文凝锦录》《识小编》三书不可谓金石之作。至于杨慎之《金石古文》，"真伪杂陈，良楛互见，殊少抉择。且因误传误，不为订正"③。据此，《经籍考》言"不得没其首功"云云，尚待商榷。

① 赵尔巽：《清史稿》卷五〇六《揭暄传》，第 13944 页。
② 参见吴格、眭骏整理《续修四库全书总目提要》丛书部，第 390 页。
③ 周中孚：《郑堂读书记补逸》卷一九史部目录类金石之属《金石古文》条，第 1578 页。

第四章　刘氏《经籍考》之图书分类

郑樵曰："类例既分，学术自明，以其本末具在。"① 可见，通过目录之分类，可探知其背后学术之好尚。刘氏《经籍考》将所收之书以经、史、子、集四部分类，每类又复分子目，层次分明，条理清晰，故我们从中亦可以略见刘锦藻对传统学术的认识和理解。刘氏类目设置多取法于前《考》，这使得刘氏在继承前《考》优点的同时，也沿袭了一些不足。另外，刘氏还对类目设置或增减，或合并，对类目名称、次序也做了一些调整。这些调整和变化是否合理、准确？在这样的类目设置下，其图书配隶是否做到了更为允当？本章欲从文献学与学术史相结合的角度，对以上诸问题展开评析。

一　类目异同比较与刘锦藻对传统学术分类体系之承袭

以下通过比较马端临《文献通考·经籍考》（以下简称"马《考》"）、《续文献通考·经籍考》（以下简称"《续考》"）、《清朝文献通考·经籍考》（以下简称"《清考》"）、《四库全书总目》（以下简称"《总目》"）等目录书之图书分类，来评析刘氏《经籍考》类目设置是否合理。

（一）经部类目的增减

从表4—1的比较中有两点值得关注：一是刘氏《经籍考》增设了"学庸类"。此前史志目录未有将《大学》《中庸》合二为一而单独立类者，刘氏《经籍考》创设此目是取法宋陈振孙《直斋书录解题》经部设"语孟类"之例。四书之学始于宋代："《论语》、《孟子》旧各为帙，《大

---

① 郑樵撰，王树民校：《通志二十略·校雠略》编次必谨类例论，中华书局2009年版，第1806页。

学》、《中庸》旧《礼记》之二篇。其编为《四书》，自宋淳熙始；其悬为令甲，则自元祐复科举始，古来无是名也。"① 自《明史·艺文志》始设"四书类"后，学者们在编著目录书时，将《大学》《中庸》之书或归入经部礼类，或统入四书类。笔者以为两者皆有不妥。首先，《大学》《中庸》虽为《礼记》之篇章，"然明人所说《大学》、《中庸》，皆为《四书》而解，非为《礼记》而解"②。至清代，统治者为了加强对思想文化领域的控制，尊崇程朱理学为官学，并以《四书》《五经》作为科举考试的必备书籍。清代学者受此影响，已经将《大学》《中庸》之书完全看作是"朱子学"的一个重要部分了。刘氏《经籍考》将《大学》《中庸》类图书从礼类中分离，体现了学术发展中的新变化，具有一定的学术意义。若将之统入四书类，则又与"四书"的含义相乖。"四书"本为合称，非单指其中的某一部书而言。况且《论语》《孟子》可以单独于"四书类"外，《大学》《中庸》从辨析学术的角度而言，也应单独立类。可见，刘锦藻《经籍考》增设"学庸类"是值得肯定的。这种分类方法对后世有所影响，孙殿起《贩书偶记》的经部分类就本刘氏《经籍考》，也设有"学庸类"。

表 4—1 经部类目比较

马《考》	续《考》	《清考》	刘氏《经籍考》	《总目》
1. 易类	1. 易类	1. 易类	1. 易类	1. 易类
2. 书类	2. 书类	2. 书类	2. 书类	2. 书类
3. 诗类	3. 诗类	3. 诗类	3. 诗类	3. 诗类
4. 礼类	4. 礼类｛仪礼、周礼、礼记（附录大戴礼）｝	4. 礼类｛周礼、仪礼、礼记（附录大戴礼）｝	4. 礼类｛周礼、仪礼、礼记（附录大戴礼）｝	4. 礼类｛周礼、仪礼、礼记、三礼通义、通礼、杂礼书｝
5. 春秋类	5. 春秋类	5. 春秋类	5. 春秋类	5. 春秋类
6. 论语类	6. 论语类	6. 论语类	6. 论语类	
7. 孟子类	7. 孟子类	7. 孟子类	8. 孟子类	
8. 孝经类	8. 孝经类	8. 孝经类	9. 孝经类	6. 孝经类
9. 经解类	9. 经解类	9. 经解类	10. 经解类	

---

① 纪昀著：《钦定四库全书总目》经部四书类小序，第 454 页。
② 纪昀著：《钦定四库全书总目》史部目录类《千顷堂书目》条，第 1134 页。

续表

马《考》	续《考》	《清考》	刘氏《经籍考》	《总目》
10. 乐类	11. 乐类	11. 乐类	12. 乐类	9. 乐类
11. 仪注类（附谥法类）	12. 仪注类 {通礼、附录}	12. 仪注类	13. 仪注类	
12. 谶纬类	13. 谶纬类			
13. 小学类	14. 小学类 {训诂、字书、韵书}	13. 小学类 {训诂、字书、韵书}	14. 小学类 {训诂、字书、韵书}	10. 小学类 {训诂、字书、韵书}
	10. 四书类	10. 四书类	11. 四书类	8. 四书类
			7. 学庸类	
				7. 五经总义

二是从《清考》开始，经部去除了"谶纬类"。谶纬之学"起王莽好符命，光武以图谶兴，遂盛行于世"①。刘宋时期始禁图谶，隋炀帝时下令焚烧谶纬之书，其学渐趋衰微。至清代，"瑞应之符，纬候之说，久置弗道"②，故《清考》去其目。又据光绪二十七年（1901）所刊行《大清律例增修统纂集成》中有对"造妖书妖言"之律条，其规定："凡妄布邪言，书写张帖，煽惑人心，为首者，斩，立决。为从者，斩，监候。""凡造谶纬妖书妖言，及传用惑众者，皆斩。若私有妖书隐藏不送官者，杖一百，徒三年。"③ 则谶纬之学清中后期已明令禁止，故刘氏《经籍考》以谶纬之书"与经旨背驰，杂以后世谶纬家言者，则摈而不录"④。但从学术史角度而言，一概去掉谶纬类图书而不加择别，则又体现出刘氏《经籍考》的学术局限。皮锡瑞曰："汉有一种天人之学而齐学尤盛。……当时儒者以为人主至尊，无所畏惮，借天象以示儆，庶使其君有失德者犹知恐惧修省。此《春秋》以元统天、以天统君之义，亦《易》神道设教之旨。汉儒借此以匡正其主。其时人主方崇经术，重儒臣，故遇日食地震，必下诏罪己，或责免三公。虽未必能如周宣之遇灾而惧，侧身修行，尚有君臣交儆遗意。此亦汉时实行孔教之一证。后世不明此义，谓汉儒不应言灾

---

① 魏征：《隋书·经籍志》，中华书局1973年版，第941页。
② 清高宗敕撰：《清朝文献通考·经籍考》篇前总案语，第6749页。
③ 张静庐：《中国近代出版史料二编》，上海书店出版社2003年版，第311页。
④ 刘锦藻：《清朝续文献通考·经籍考》经部案语，第10017页。

异，引谶纬，于是天变不足畏之说出矣。"① 可见，谶纬之学是儒学的一个组成部分。在今天看来，谶纬之中当然有诸多不可取的迷信学说，但"纬书作为一种特殊的文献资料，在思想史上有研究价值。……纬书的作者多通天文历法，纬书中保存了不少这方面的材料，对于考释文献有参考价值。"②

另外，刘氏《经籍考》的经部类目设置也有尚待商榷之处。如仪注类《隋书·经籍志》设于史部，马《考》则在经部单独设之。《续考》《清考》、刘氏《经籍考》皆从马《考》。对此，张宗泰先生在《鲁岩所学集》中云："汉之《旧仪》，晋之《新定仪注》，虽亦礼类，而所述者，后代典章文物，势不得与圣人所手定者同科。《隋志》归并史部，为创子目曰仪注，厥义为允。自是晁公武、陈振孙咸奉为著录之准。马贵与《经籍考》以晁、陈二家为主，乃举唐《开元礼》，宋政和《五礼新仪》等书，仍改归经部，事不师古，非所闻矣。"③ 可见仪注类设在史部较为合理。案，《总目》将仪注类别裁为二："今以朝廷制作，事关国典者，隶史部'政书类'中。其私家仪注，无可附丽，谨汇为'杂礼书'一门，附礼类之末。"④ 刘咸炘先生驳之曰："《四库提要》又以私仪注概附礼经，名曰通礼、杂礼书。此又非《隋志》所有矣。《隋志》仪注一门在史部，惟说三礼者乃附于经，彼虽不明于乐，而犹明于礼也。《提要》乃曰：公私仪注，《隋志》皆附之礼类，是太诬矣。《提要》又曰：朝廷制作，事关国典，隶史部政书。私家仪注，无可附丽，汇为杂礼书，附礼类，犹律吕书皆得入乐类也。此真妄也。凡书当论其体，同为仪注，何分公私，必若所言，兵家者司马之流，法家者司寇之流，兵、政、律既入政书，何不竟以兵家、法家附于周礼，曰此私也耶？仪注之体，非诡异也，何谓无可附丽耶？"⑤ 刘咸炘先生辨《总目》将"仪注"析分公、私之不妥，也认为"仪注类"当从《隋志》统归之于史部。

又如关于孝经类和小学类的排序，考《汉书·艺文志》孝经类直接次小学类后，中间并没有其他类目编排。实际上，这是暗含一定学术承接关

---

① 皮锡瑞：《经学历史》之"四经学极盛时代"，中华书局 2004 年版，第 68 页。
② 孙钦善：《中国古文献学史简编》，北京大学出版社 2008 年版，第 55 页。
③ 张宗泰《鲁岩所学集》卷六《书马贵与〈经籍考〉仪注后》，见《近代中国史料丛刊续编》第 161 册，台北文海出版社 1975 年版，第 855 页。
④ 纪昀等撰，《四库全书》整理所整理：《钦定四库全书总目》（整理本）经部礼类杂礼之属注，第 285 页。
⑤ 刘咸炘：《刘咸炘论目录学》，上海科学技术文献出版社 2008 年版，第 57 页。

系的。王棻《〈汉志〉尔雅入孝经家说》云："考《平帝纪》：元始三年立学官，郡国曰学，县、道、邑、侯国曰校，校学置经师一人；乡曰庠，聚曰序，序庠置孝经师一人。盖经师者，五经博士之类，乃大学也；孝经师者，以《孝经》兼《弟子职》、《尔雅》、《古今字》之属，皆小学也。……盖小学之教，原分二类：序庠师教《孝经》，以行为重；闾里师教六书，以文为先。欲读书必先识字，此不易之理也；先躬行而后学文，此圣人之教也，是乃《汉志》所以次小学于孝经之后。"① 据此，刘氏《经籍考》将孝经与小学类之间加入乐类、经解等类目，似掩盖了孝经与小学内在的学术承接关系，亦有待商榷。

（二）史部类目的规范

表4—2 **史部类目比较**

马《考》	续《考》	《清考》	刘氏《经籍考》	《总目》
1. 正史类	1. 正史类	1. 正史类	1. 正史类	1. 正史类
2. 编年类	2. 编年类	2. 编年类	2. 编年类	2. 编年类
3. 起居注类（含诏令）		3. 起居注类（含诏令）		
4. 杂史类	5. 杂史类	5. 杂史类	7. 杂史类	5. 杂史类
5. 传记类	6. 传记类｛圣贤、名人、总录、杂录、别录｝	6. 传记类｛圣贤、名人、总录、杂录、别录｝	8. 传记类｛圣贤、名人、总录、杂录｝	7. 传记类｛圣贤、名人、总录、杂录、别录｝
6. 伪史霸史类	7. 载记类	7. 载记类	9. 载记类	9. 载记类
7. 史评史钞类	8. 史评类	8. 史评类	10. 史评类	15. 史评类
	9. 史钞类	9. 史钞类	11. 史钞类	8. 史钞类
8. 故事类	10. 故事类			
9. 职官类	11. 职官类	11. 职官类	13. 职官类	12. 职官类
10. 刑法类	12. 刑法类			

---

① 王棻：《〈汉志〉尔雅入孝经家说》，载《中国学术讨论集》，见《民国丛书》第三编，第81册，上海书店1991年版，第315页。

续表

马《考》	续《考》	《清考》	刘氏《经籍考》	《总目》
11. 地理类	13. 地理类｛总志、都会郡县、河渠、边防、山川、古迹、杂记、游记、外记｝	12. 地理类｛总志、都会郡县、河渠、边防、山川、古迹、杂记、游记、外记｝	14. 地理类｛总志、都会郡县、河渠、边防、山川、古迹、杂记、游记、外记｝	11. 地理类｛总志、都会郡县、河渠、边防、山川、古迹、杂记、游记、外记｝
12. 时令类	14. 时令类	13. 时令类	15. 时令类	10. 时令类
13. 谱牒类	15. 谱牒类	14. 谱牒类	16. 谱牒类	
14. 目录类	16. 目录类｛经籍、金石｝	15. 目录类｛经籍、金石｝	17. 目录类｛经籍、金石｝	14. 目录类｛经籍、金石｝
诏令见起居注类	3. 诏令类	诏令见起居注	4. 诏令类	6. 诏令奏议类
	4. 奏议类	4. 奏议类	5. 奏议类	
		10. 政书类｛通制、仪制、邦计、军政、法令、考工｝	12. 政书类｛通制、仪制、邦计、军政、法令、考工｝	13. 政书类｛通制、典礼、邦计、军政、法令、营建｝
			3. 纪事类	3. 纪事本末
			6. 别史类	4. 别史类

　　刘氏《经籍考》在史部的最大变化是增设了纪事类，[①] 这是该时期史学发展的必然结果。南宋袁枢编《通鉴纪事本末》首创纪事本末体，[②] 这种史体在清代又有所发展。《总目》称赞袁书曰："包括数千年事迹，经纬明晰，节目详具，前后始末，一览了然，遂使纪传、编年贯通为一，实前古之所未有也。"[③] 章学诚也赞纪事本末体云："因事命篇，不为常格，非深知古今大体，天下经纶，不能网罗隐括，无遗无滥。文省于纪传，事豁于编年，决断去取，体圆用神，斯真《尚书》之遗也。"[④]

①　与前《考》相比，史部还增加了别史类，但别史类乃陈振孙《直斋书录解题》首创，"以处上不至于正史，下不至于杂史者"。

②　关于纪事本末类史体之渊源，清人周中孚以为其源于《尚书》，《郑堂读书记》卷一七史部纪事本末类《通鉴纪事本末》条曰：纪事本末"于史家纪传、编年二体外，又别为一体，然其源实出《尚书》，《史通·六家》篇所谓'《尧典》直序人事，《禹贡》唯言地理，《洪范》总述灾祥，《顾命》都陈丧礼'者，本末已具，即机仲所取法也"。

③　纪昀等撰，《四库全书》研究所整理：《钦定四库全书总目》（整理本），第675页。

④　章学诚：《文史通义》内篇一书教下，上海古籍出版社2008年版，第17页。

随着清代学者对这种史书体裁认识的不断加深,一些纪事本末体史籍也大量出现,如高士奇的《左传纪事本末》、马骕的《左传事纬》、李铭汉的《续通鉴纪事本末》、李有棠的《辽史纪事本末》《金史纪事本末》、张鉴的《西夏纪事本末》、谷应泰的《明史纪事本末》、杨陆荣的《三藩纪事本末》、魏源的《圣武记》等。这些史籍或是对前代史事的重编,或是对当代时事的记录,它们"大致能提供较为完整的史实概念,其学术价值是应该得到肯定的"①。《总目》就因这种史体著作,"因者既众,遂于二体之外,别立一家,今亦以类区分,使自为门目"②。刘氏《经籍考》从《总目》之例,在史部增设"纪事类",体现了清代史书编纂的新特点,是清代史学发展的客观要求。《续考》《清考》均不设纪事本末类,致使一些书籍归类失当。如郭允蹈《蜀鉴》一书,"每事各标总题,如袁枢《通鉴纪事本末》之例,每条有纲有目有论,如朱子《通鉴纲目》之例"③,而《续考》则入杂史类中。又如谷应泰《明史纪事本末》仿袁枢《通鉴纪事本末》之体,编纂明代事迹,每卷一目;吴伟业《绥寇纪略》一书,分十二篇专记明末农民起义之事,然《清考》皆入杂史类中。刘氏《经籍考》史部所设纪事类使得其在图书分类上更为合理。其所收录的纪事本末体史籍,在内容上又可分为朝代纪事本末和专史纪事本末两大类。朝代纪事本末如张鉴的《西夏纪事本末》、李有棠的《辽史纪事本末》《金史纪事本末》,彭孙贻的《明史纪事本末补编》等;专史纪事本末按专题纪事,或一书记一事之始末,如《钦定平苗纪略》《钦定平定回疆剿擒逆裔方略》、杜文澜的《平定粤匪纪略》、秦湘业的《平浙纪略》等;或一书记诸事之始末,如钱名世的《四藩始末》、夏燮的《中西纪事》、陆元鼎的《各国立约始末记》等,条理十分清晰,从中亦可见清代纪事本末史体不仅在数量上达到了高峰,在史书的编纂体裁方面也更加完备。

与前《考》相比,刘氏《经籍考》史部类目的变化不大,但其类目的设置更加合理、规范。如杂史类外又设别史类,杂史类收录的是可供存掌故、备参稽的遗文要事,而别史类则收录的多是与正史互相补充、从正史

---

① 王树民:《史部要籍解题》,中华书局2003年版,第222页。
② 纪昀等撰,《四库全书》研究所整理:《钦定四库全书总目》(整理本)史部纪事本末类小序,第674页。
③ 纪昀等撰,《四库全书》研究所整理:《钦定四库全书总目》(整理本)史部纪事本末类《蜀鉴》条,第676页。

中歧出旁分的史籍。① 再如典章制度类的书籍，马《考》称"故事类"，而刘氏《经籍考》则改称"政书类"。旧称"故事"者，"乃因古者有律，有令，有故事，无六典总括之书，但有琐细章程"②，但后世此类中综合了职官、典要、仪注、刑法等书，"则故事二字以小贯大，不能该矣"③。又如析分了一些子目，使其更符合类目内涵。马《考》史部设"刑法类"，《续考》从之，而刘氏《经籍考》从《清考》之例，将之归入政书类中，因为"刑法为民命所关，我朝咸中定制，矜慎再三。今所著录已恭列于政书类法令中，是以刑法门不复更立"④。

但刘氏在类目设置上也沿袭了前《考》的某些不足。如目录类中又立金石子目，此虽本《总目》之例，但清人江人度评曰："'金石'之学，《隋志》列'经'，《宋志》属'史'，已觉歧异。且昔之考核者少，尚可附丽；今之研究者多，岂容牵合？六义附庸，蔚为大国，夹漈《通志》所以别为一略也。盖其中有证经者，有资史者。居之甲部，既病其偏枯；置之乙帙，亦嫌其泛滥。"⑤ 姚名达先生也认为："《四库》以'金石'入'史部目录类'之子目，尤非。"⑥ 刘纪泽先生也说："金石之文，古不立类，隋唐《志》附小学，《宋志》乃附目录，各得一际，未可厚非。然金石所以考证史事，审定文字，非如目录之统计群书，甄别部类也。郑樵《通志》于《艺文略》外，别立《金石》一略，颜体殊行，违而得中，可称卓越已。盖金石之书，本末兼具，条理秩然，不宜割析分畛，强为配隶也。而《宋志》而下，皆列目录类，至《四库》而未改，未免习而未察，耳目易炫，此史志之兼著金石，不辨轻重。"⑦ 综上诸家所论，刘氏《经籍考》未免失于墨守。

---

① 刘咸炘先生认为，杂史之外没有必要再设别史一目。其云："陈振孙《书录解题》立别史一目，以处上不至于正史，下不处于杂史者，本属不安。盖《隋志》正、古、杂三门鼎立，以收纪传、编年及异体，其意自《新唐志》以下已无人知，故目录家约略以多寡大小为断，所谓执义以淆体也。"（参见《刘咸炘论目录学》，上海科学技术文献出版社2008年版，第164—166页）但目前，学术界还是普遍认为有必要于杂史外，设立别史一目。一些学者还将两者的定义进行了更为细致的划分。（参见张子开《野史、杂史和别史的界定及其价值》，《绵阳师范学院学报》2009年第3期）

② 刘咸炘：《刘咸炘论目录学》，上海科学技术文献出版社2008年版，第68页。

③ 同上。

④ 清高宗敕撰：《清朝文献通考·经籍考》史部小序，第6813页。

⑤ 江人度：《书目答问笺补·上南皮张相国论目录书》，光绪三十年江氏自刻本。

⑥ 姚名达：《中国目录学史·分类篇》，上海古籍出版社2002年版，第118页。

⑦ 刘纪泽：《目录学概论》，中华书局1931年版，第86页。

（三）子部类目多有沿袭

表 4—3　　　　　　　　　　　　　　子部类目比较

马《考》	续《考》	《清考》	刘氏《经籍考》	《总目》
1. 儒家类	1. 儒家类	1. 儒家类	1. 儒家类	1. 儒家类
2. 道家类	2. 道家类	16. 道家类	16. 道家类	14. 道家类
3. 法家类	3. 法家类	2. 法家类	2. 法家类	3. 法家类
4. 名家类				
5. 墨家类				
6. 纵横家类				
7. 杂家类	4. 杂家类｛杂学、杂考、杂说、杂品、杂纂、杂编｝	3. 杂家类｛杂学、杂考、杂说、杂品、杂纂、杂编｝	3. 杂家类｛杂学、杂考、杂说、杂品、杂纂、杂编｝	10. 杂家类｛杂学、杂考、杂说、杂品、杂纂、杂编｝
8. 小说家类	5. 小说家类｛杂事、异闻、琐语｝	4. 小说类｛杂事、异闻、琐语｝	4. 小说家类｛杂事、异闻、琐语｝	12. 小说家类｛杂事、异闻、琐语｝
9. 农家类	6. 农家类	5. 农家类	5. 农家类	4. 农家类
10. 阴阳家类				
11. 天文家类	8. 天文家类	7. 天文类	7. 天文类	6. 天文算法类｛推步、算数｝
12. 历算家类	9. 推算类	8. 推算类	8. 推算类	
13. 五行家类	10. 五行类	9. 五行类	9. 五行类	
14. 占筮家类	11. 占筮类	10. 占筮类	10. 占筮类	
15. 形法类	12. 形法类	11. 形法类	11. 形法类	
16. 兵书家类	13. 兵家类	12. 兵家类	12. 兵家类	2. 兵家类
17. 医家类	14. 医家类	13. 医家类	13. 医家类	5. 医家类
18. 房中家类				
19. 神仙家类	15. 神仙家类	18. 神仙类	18. 神仙类	
20. 释家类	16. 释家类	17. 释家类	17. 释家类	13. 释家类
21. 类书家类	17. 类书类	14. 类书类	14. 类书类	11. 类书类
22. 杂艺家类	18. 杂艺术类｛书画、射、琴谱、篆刻、杂技｝	15. 艺术类｛书画、射、琴谱、篆刻｝	15. 艺术类｛书画、射、琴谱、篆刻｝	8. 艺术类｛书画、琴谱、篆刻、杂技｝
	7. 谱录家类	6. 谱录家类｛器物、饮馔、草木虫鱼｝	6. 谱录家类｛器物、饮馔、草木虫鱼｝	9. 谱录家类｛器用、食谱、草木虫鱼、杂物｝
				7. 术数类｛数学、占候、相宅相墓、占卜、命书相书、阴阳五行｝

从表4—3的比较中可知，刘氏《经籍考》与《续考》《清考》在类目设置上完全一致。三书与马《考》相比，有两点变化：一是增加了谱录家类。马《考》将一些器物、花草类图书附于农家类后，"限律虽严，每有抵牾，是则楚失而齐亦未得也"①。再加之自宋以来，此类图书逐渐增多，统入农家类已名不副实。故宋人尤袤在《遂初堂书目》中首增"薄录类"，后来书目多承袭之，专设有谱录一类以收器物、饮馔、草木虫鱼之书，这样就使原来的农家类摆脱了芜杂之弊，"用以见重农贵粟，其道至大，其义至深，庶几不失《豳风》、《无逸》之初旨"②。可见于农家类外，另立谱录家类是符合学术发展的客观需要的。二是合并名、墨、纵横三类入杂家类。名、墨、纵横三家之书后世发展渐趋衰微，刘锦藻云："马《考》于子类分别部居，非不该备，然稍自烦碎矣。且如名、墨、纵横、阴阳各家，并世无书，即有亦湮灭不传，何繇援证？"③因此，刘氏《经籍考》从前书之例，在类目设置上将名、墨、纵横各家之书并入杂家类中。然余嘉锡先生却认为："最误者莫如合名、墨、纵横于杂家，使《汉志》诸子九流十家顿亡其三，不独不能辨章学术，且举古人家法而淆之矣。"④可见因书而废目的做法颇失考辨学术源流之旨。

再将《续考》《清考》、刘氏《经籍考》与《总目》相比，三书保留了神仙类，《总目》将有关神仙、符箓之书统入道家类中。但后世言炼养、符箓者，已与汉时黄老清静无为之说相乖。⑤因此，三书从马《考》之例，保留了神仙类，以使学术源流分明。这一点，刘氏《经籍考》又优于《总目》的设置。

总之，刘氏《经籍考》在子部的类目设置上多有所本，这使得其一方面吸收了前《考》的诸多优点，但也不可避免地沿袭了一些不足。如子部类目的一个共同缺点是过于冗杂。对此，张之洞曰："周秦诸子皆自成一家学术，后世群书，其不能归入经史者强附子部，名似而实非也。"⑥余嘉锡先生亦云："于一切古无今有、无部可归之书，悉举而纳之子部。艺术

---

① 《四库未收书分类目录》，转引自《四库未收书辑刊》第一辑"前言"，第13页。
② 纪昀等撰，《四库全书》研究所整理：《钦定四库全书总目》（整理本）子部农家类小序，第1322页。
③ 刘锦藻：《清朝续文献通考·经籍考》子部总案语，第10129页。
④ 余嘉锡：《目录学发微》，中国人民大学出版社2004年版，第73页。
⑤ 参见清高宗敕撰《续文献统考·经籍考》子部神仙家总案语，第4269页。
⑥ 张之洞撰，范希曾补正：《书目答问补正》子部附注，上海古籍出版社2001年版，第139页。

入，而琴棋书画为子；谱录入，而草木鸟兽亦为子矣。类书《隋志》附之杂家，至《四库总目》而丛书亦附杂家矣。名实相舛，莫此为甚。"① 刘氏《经籍考》未能正确地总结前人不足，反而过于墨守，一些弊病自然无法避免。

（四）集部类目稍有变通

表4—4　　　　　　　　　　　集部类目比较

马《考》	续《考》	《清考》	刘氏《经籍考》	《总目》
1. 赋诗类	1. 楚词类	1. 楚词类	1. 楚词类	1. 楚辞类
2. 别集类	2. 别集类	2. 别集类	2. 别集类	2. 别集类
3. 诗集类	3. 诗集类	3. 诗集类	3. 诗集上、下	
4. 歌词类	6. 词曲类	4. 歌词类	4. 歌词类 {词集、词选、词话、词谱、词韵}	5. 词曲类 {词集、词选、词谱词韵、南北曲}
5. 奏章类				
6. 总集类（附文史类）	4. 总集类	5. 总集类（附文史类）	5. 总集类	3. 总集类
	5. 诗文评类		6. 文史类	4. 诗文评类

从表4—4的比较中可见，刘氏《经籍考》集部分类有两大明显变通。

一是诗集类中又分上、下两子目。这表明该时期诗歌著作的增多，也反映出清代自中叶以来，诗歌之学出现了更加繁荣的局面。刘锦藻云："我朝诗学远规盛唐，凡臣工所吟咏，类多和平中正之音。而高宗纯皇帝复天纵多才，《御制诗集》富至三千八百七十余首。呜呼，盛矣！"② 这一时期，诗学的繁荣集中体现在诗学流派的多样化。如刘氏《经籍考》中就收有沈德潜的《归愚诗钞》，沈氏认为，诗之最大功用在于教化，其创作的诗歌继承了"明代七子"的风格，主张宗主汉魏和盛唐的"复古"说。再如翁方纲提出诗歌要融词章、义理、考据为一体的"肌理说"，刘书就收有其《复初斋诗集》，其"诗为考订所累，略少灵性，然言言征实，非

---

① 余嘉锡：《目录学发微》，中国人民大学出版社2004年版，第162页。

② 刘锦藻：《清朝续文献通考·经籍考》集部诗集类总案语，第10243页。

空疏白腹之人所可措手也。"① 还收有深受翁方纲影响的钱载所撰《萚石斋诗集》，该诗集"有夫子自道之乐，与他人之句斟字酌、刻意求新者不同"②。除了沈德潜、翁方纲外，袁枚提出了"性灵说"，将诗歌的艺术创作与追求个性的自由紧密联系起来，其《小仓山房诗集》"为诗尤纵才力所至，世人心所欲出不能达者，悉为达之。故上自朝廷公卿，下至市井负贩，无不宝重"③。还有张问陶，其诗师承袁枚，他将自己的诗集《船山诗草》始命曰《推袁》，"盖与袁枚相契最深，欲引以为重"④。该诗集体现了他主张在诗歌创作中展现个性的诗学思想。又如《瓶水斋诗集》的作者舒位也宗"性灵说"，其诗"专主才力，每作必出新意……不沿袭古法而精力所到，他人百思不及"⑤。可见，刘氏《经籍考》诗集类目的变化正是清中叶以来诗坛呈现出多元繁荣局面的反映。

二是于歌词类中增多了词曲类目。清代词学号称"中兴"，从清初的云间词派、阳羡词派，到中期以来的浙西派、常州派，刘锦藻云："国朝朱彝尊裒辑诸家成《词综》一书，沿流溯源，颇称美备。厥后，王昶为《国朝词综》，黄燮清为《国朝词综续编》，踵事增华，亦足见风人余派，始知我朝词学盛于往时。"⑥ 时学者编辑词学丛书亦成风气，如秦恩复刊《词学丛书》、鲍廷博刊《乐府补遗》《碧溪漫志》《蒨洲渔笛谱》等以表彰词学，有学者亦论曰："尽管词学已经失去了时代主流文学样式的地位，但是它同样焕发出异样的光彩。词的生命没有在两宋完结，清代词学以其理论深湛、流派纷呈、佳作迭出而重新站在了高山之巅。"⑦ 可见，刘氏《经籍考》于歌词类中增多了词曲类目，正是对清中后期词学发展的反映。刘氏《经籍考》所收之词，有以婉约见长者，如潘曾莹的《鹦鹉濂梴词》，"词雅丽婉约，得秦、柳之神，有姜、张之韵"⑧；有以情境见长者，如焦袁熹的《此木轩直寄词》，"高丽精巧，音节间超然入胜。昔人称梅溪'融情景于一家，会句意于两得'，作者亦然"⑨；有以声律见长者，如《小眠斋词》的作者史承谦，"精于倚声之学，自南唐、两宋迄昭代诸名

---

① 刘锦藻：《清朝续文献通考·经籍考》集部别集中，第 10225 页。
② 同上。
③ 刘锦藻：《清朝续文献通考·经籍考》集部别集上，第 10222 页。
④ 同上书，第 10248 页。
⑤ 同上。
⑥ 刘锦藻：《清朝续文献通考·经籍考》集部歌词类案语，第 10257 页。
⑦ 王澧华：《中国古代文学》（上册），商务印书馆 2007 年版，第 270 页。
⑧ 刘锦藻：《清朝续文献通考·经籍考》集部歌词类词集，第 10262 页。
⑨ 同上书，第 10258 页。

家，靡不收采研诵，吸其精英"①。此外，刘书还收录了一些词选、词话之作，尤其是"凡国初大家择其尤雅者，再行登载，亦借以考见一朝词学渊源焉"②。可见刘氏《经籍考》词曲类目的增多实际上反映了清代词学的复兴。

综上类目的对比中可知，刘书虽在类目设置上有所调整、变通，但仅是对个别子目的增减、合并，总体上仍未逾越《总目》所确立的学术分类体系。刘锦藻治学视野的过于保守，就难免沿袭了《总目》在图书分类方面的弊病，致使其在配隶图书方面也得失参半。

二　固守传统学术体系下的图书配隶之失

刘咸炘先生曾云："既定部类，当议配隶，夫立部即所以隶书，似二事而实一事。不知世有何书，而虚立部类，势固不能。不知书有何类，而意为配隶，理所不许。"③ 可见，类目设置与归类图书是相辅相成的关系。下面将重点考察在刘氏所设置的类目框架下，其对所收之书的配隶是否做到了准确、合理。

刘氏《经籍考》能够综合前书在图书分类方面的经验，对相关图书做出适时调整，还能够依据图书著述的体裁，将其合理归入相关类目中。其将实录列入编年类中便是一例。考《旧唐书·经籍志》首先将实录附于"起居注类"，马《考》《清考》从之。但清廷每朝君主去世后，新立君主皆有为前朝编写实录的惯例，清廷还为此设立了专门机构实录馆，特派高级官吏领衔编纂，所编实录，"炳朗中天，圣训煌煌，昭垂奕叶。凡史局所尊藏，记注所恭载，丰功伟烈，远迈二典三谟之盛"④。而前《考》将实录附于"起居注类"后，既不符合学术发展的实际需要，也未能显示出实录体的体裁特点。刘氏《经籍考》从史书体裁着眼，不盲从前《考》，将实录列入编年类中，颇具裁识。

尽管如此，刘书在图书配隶上还是存在一些疏略，大致有以下六点值得商榷。

其一，配隶拘谨失当。有因墨守《总目》之例，致使图书配隶失当

---

① 刘锦藻：《清朝续文献通考·经籍考》集部歌词类词集，第 10259 页。
② 同上书，第 10257 页。
③ 刘咸炘：《刘咸炘论目录学》，上海科学技术文献出版社 2008 年版，第 74 页。
④ 清高宗敕撰：《清朝文献通考·经籍考》史部起居注类小序，第 6821 页。

者。如刘氏将大量丛书附于子部杂家类杂编之属中。丛书实兼及经、史、子、集四部，余嘉锡先生曰："至《四库总目》而丛书亦附杂家矣，名实相舛，莫此为甚。"① 刘咸炘先生也认为《总目》杂家收入丛书，"立名已为不当"②。实际上，将丛书单独立目，自明祁承㸁之《澹生堂藏书目录》已开先例，清张之洞在《书目答问》中也意识到为丛书立类的必要，认为：丛书于"经、史、子、集皆有，势难隶于四部，故别为一类"③。刘氏《经籍考》子部杂家类列入清所刻丛书 110 余种，包括几千部几万卷的书，却仍墨守《总目》之例，显然失当。

有因"以书类人"配隶失当者。"以书类人"即将作者之书，无论其性质是否相同，都系于其姓名之下。刘书在著录上有时就采用了这种方式，致使有些图书配隶失当。如子部杂家类杂考之属收录了汪中的《述学》，其下又复列了汪氏的《春秋述义》一书。考《清史稿》汪中本传云："中颛意经术，与高邮王念孙、宝应刘台拱为友，共讨论之。其治尚书，有《尚书考异》；治礼，有《仪礼》校本、《大戴礼记》校本；治春秋，有《春秋述义》；治小学，有《尔雅》校本，及《小学说文求端》。"④ 则其《春秋述义》当入"春秋类"中，不应随《述学》而附于杂家类中。郑樵曰："古之编书，以人类书，何尝以书类人哉！"⑤ 郑氏还批评《新唐书·艺文志》"以书类人"之失，曰："《唐志》一例削注，一例大书，遂以书类人。且如别集类自是一类，总集自是一类，奏集自是一类。《令狐楚集》百三十卷，当入别集类，《表奏》十卷，当入奏集类，如何取类于令狐楚，而别集与奏集不分？皮日休《文薮》十卷，当入总集类，《文集》十八卷，当入别集类，如何取类于皮日休，而总集与别集无别？诗自一类，赋自一类。陆龟蒙有《诗》十卷、《赋》六卷，如何不分诗、赋，而取类于陆龟蒙？"⑥ 可见这种"以书类人"的著录方式徒便于检索，而不利于辨析学术。

其二，归类前后矛盾。刘氏《经籍考》在图书配隶时缺乏一些必要的标准，致使有些图书的归类前后矛盾。如《说文审音》《说文部首韵

---

① 余嘉锡：《目录学发微》，第 161—163 页。

② 刘咸炘：《刘咸炘论目录学》，第 64 页。

③ 张之洞撰，范希曾补正：《书目答问补正·古今人著述合刻丛书》，第 243 页。

④ 赵尔巽：《清史稿·儒林传二》，中华书局 1977 年版，第 13214 页。

⑤ 郑樵撰，王树民点校：《通志二十略·校雠略》不类书而类人论三篇，中华书局 2009 年版，第 1820 页。

⑥ 同上。

语》《说文音韵表》《说文双声》等这些由《说文解字》而衍生出的韵书，本当入小学类韵书之属中。但从其功用而言，其讲求音韵乃专是为《说文》服务的，故著录在小学类字书中，又无不可。关键应当统一著录的标准，以免混淆。但刘氏将《说文审音》《说文部首韵语》二书归入小学类字书中，却又将《说文音韵表》《说文双声》归入小学类韵书中，著录的标准前后矛盾。再如《元秘史略》既然入别史，而《元朝秘史注》却入杂史；《南唐书注》既然入别史，而《南明书》却入杂史。王闿运《湘军志》既然入史部纪事类，而王安定《湘军记》却入子部兵家类等，这些本属于同一性质的图书却分在不同类目中，皆不免前后矛盾。

其三，仅据书名归类。章学诚云："书当求其名实，不以人名分部次也。"① 刘氏《经籍考》有些图书仅据其书名归类而致误。如正史类《宋史翼》乃陆心源病《宋史》芜杂，博考群书后，欲重新改定《宋史》而作。但据缪荃孙云："吾友陆存斋先生，淹雅闳通，史才独擅。初拟改编《宋史》，积稿至四、五尺，后虑卷帙重大而精力渐衰，乃先刺取各书，积录应补之传至七百八十一人，附传六十四人，成四十卷，改名《宋史翼》。"② 则此编仅为陆氏所补《宋史》未成稿之列传部分。故此书当入传记类总录中为妥。又如经部乐类凡书名涉"琴"字者，刘氏《经籍考》一概不录。这是本《总目》经部乐类之例，"惟以辨律吕、明雅乐者，仍列于经。其讴歌末技，弦管繁声，均退列'杂艺''词曲'两类中。"③ 考《总目》经部乐类，未尝不收琴书。因明人王浩然的《琴瑟谱》、清人王坦的《琴旨》二书均合于雅乐，故《总目》将之皆入于经部乐类。又考《汉书·艺文志》六艺略乐类，收有《雅歌诗》，姚振宗曰："史言河间献王献雅乐，此四篇似即河间雅乐之歌诗欤？"④ 又载有《雅琴赵氏》《雅琴师氏》《雅琴龙氏》，张舜徽先生曰："此三家之书皆以雅琴为名者，盖亦以别于流俗之琴声也。"⑤ 可见，古代诸家目录将乐类书籍归入经部与否，衡量的主旨在于其内容是否雅俗，不在其书之名称。由此，刘氏将沈珖《琴学正声》收入艺术类琴谱之属中就值得商榷。考沈珖《琴学正声》自序云："旧谱失传，遗弃声理，讹谬相承，宫、商紊乱。叩其制曲分调之

---

① 章学诚撰，王重民通解：《校雠通义》卷三《〈汉志〉诸子第十四》，第87页。

② 缪荃孙：《宋史翼·序》，见《续修四库全书》第311册，第272页。

③ 纪昀：《钦定四库全书总目》乐类小叙，第500页。

④ 姚振宗：《汉书艺文志条理》，《二十五史补编》本，第1555页。

⑤ 张舜徽：《汉书艺文志通释》，华中师范大学出版社2004年版，第219页。

旨，辨其五音清浊之序，茫然弗知而雅音将亡也久矣。"① 于是，沈氏"博求往籍，稽声律以溯其源，订指法以辟其晦。制曲申畅操之旨，考音辨声理之讹"②。可知，沈珂《琴学正声》乃为继雅音而作，当入经部乐类。

其四，对一些新学图书进退失据。刘氏往往将一些带有新学色彩的图书牵强归类于传统类目中。如将英人伟烈亚力的《汽机发轫》、傅兰雅的《汽机必以》《汽机新制》《新式工程机器图说》等代表近代先进工业技术之书归入政书类考工之属中。传统目录书中的政书类是"以国政朝章六官所职者入于斯类中，以符《周官》故府之遗"③。显然，这些近代西方机械工程学的图书与传统目录中的"政书类"所代表的内涵有乖。再如将《译重学》《代数术》《代微积拾级》《圆锥曲线说》等代表近代西方数学基础理论类图书配隶在传统目录的推算类中，也与传统推算类所代表的内涵不符。《总目》算书类小叙曰："数为六艺之一，百度之所取裁也。天下至精之艺，如律吕、推步，皆由是以穷要眇，而测量之术，尤所取资，故天文无不根算书。算书虽不言天文者，其法亦通于天文。二者恒相出入，盖流别而源同。"④ 可见，中国传统意义上的推算类图书是与古代天文类图书相辅相成的，与近代西方学科意义下的"数学"有所差异，刘氏《经籍考》将其归入传统推算类中过于牵强。

其五，同一类目下的图书排列缺乏学术条理性。再进一步细究刘氏《经籍考》每一小类中各书之编排次序，也不能没有遗憾。章学诚曰："'形而上者谓之道，形而下者谓之器'，善法具举，本末兼该，部次相从，有伦有脊，使求书者可以即器而明道，会偏而得全，则任宏之校兵书，李柱国之校方技，庶几近之。"⑤ 这里，章学诚认为每类之中图书的编排应当先"道"后"器"，即应把阐述理论的图书放在讲求方法类图书之前，这样就"使求书者可以即器而明道"了。按照这样的理论来考察刘氏《经籍考》，以子部兵家之属为例，有关兵器制造理论的图书，如《火器略说》《制火药法》《克虏伯炮说》等就应当置于《战车练炮图》《炮准测量》等

---

① 沈珂：《琴学正声·序》，见《四库未收书辑刊》第三辑，第 24 册，北京出版社 2000 年版，第 632 页。
② 同上书，第 633 页。
③ 纪昀等撰，《四库全书》整理所整理：《钦定四库全书总目》（整理本）政书类小序，第 1076 页。
④ 纪昀等撰，《四库全书》整理所整理：《钦定四库全书总目》（整理本）天文算法类算书小叙，第 1412 页。
⑤ 章学诚撰，王重民通解：《校雠通义通解》卷二补校《汉艺文志》第十，上海古籍出版社 2009 年版，第 48 页。

论述如何使用这些兵器的图书之前。① 再如《丧服》本为《仪礼》之一篇，郑樵云："《隋志》于礼类有《丧服》一种，虽不别出，而于《仪礼》之后，自成一类，以《丧服》者《仪礼》之一篇也。后之议《礼》者，因而讲究，遂成一家之书，尤多于《三礼》，故为之别异，可以见先后之次，可以见因革之宜，而无所紊乱。"②《总目》亦曰："《仪礼》不专言丧服，而古来丧服之书则例附于《仪礼》。盖言丧服者大抵以《仪礼》为根柢，故从其本而类附也。"③ 故《总目》将凡专言《丧服》之书，皆附于《仪礼》类后。照此，刘氏《经籍考》在经部礼类中也应将《丧服文足征记》《丧服郑氏学》等著作置于《仪礼》类著作之后，而刘氏却将之杂列于《仪礼》类著作之间。又如经部著录毕沅《音同义异辨》与《经典文字辨证》两书，《经典文字辨证》次于《音同义异辨》之后。考毕氏《音同义异辨·自序》曰："既作《经典文字辨正书》，又会经典之文多通假借之道，非必古人字少，以一字而兼数字之用，皆缘隶写转讹，避繁文而趋简易。《说文》所有，其音同其义异者，据形著训，杂而不越，分观便举，式镜参资。因另为一编，附于《辨正书》之后，盖所以补其未备也。"④ 据此，《音同义异辨》成书在《经典文字辨证书》之后，且《音同义异辨》本为辅助《经典文字辨证书》而作，可见刘氏《经籍考》如此著录，缺乏学术上的条理性。

其六，有些类目下缺乏必要的子目设置。郑樵曰："类书犹持军也，若有条理，虽多而治。若无条理，虽寡而纷。类例不患其多也，患处多之无术耳。"⑤ 可见，类目的设置具有纲领的作用，应当使之条理分明。刘氏《经籍考》有些类目中缺乏必要的子目设置，致使著录混杂。如史部目录类经籍之属中，刘氏收录了众多目录类型。从书目编制的社会功用看，有公藏目录、私藏目录；从书目的内容看，有综合目录、专科目录、地方目录，但刘氏只是把这些目录混合排列在一起，致使忽而版本目录，忽而题跋目录，忽而丛书目录，忽而地方目录，颇为纷杂，应当再细分子目统

---

① 章学诚认为，这种先"道"后"器"的理论在《汉志》中偶有体现，但并未贯彻一致，究其根源在于《汉志》的疏忽。章氏在《校雠通义》卷二"补校《汉艺文志》第十"中曰："大抵《汉志》疏略，由于书类不全，勉强依附，至于虚论其理与实纪其迹者，不使体用相资，则是《汉志》偶疏之处，而后世之言著录者，不复知其微意矣。"

② 郑樵撰，王树民点校：《通志二十略·校雠略》编次必谨类例论六篇，第1822页。

③ 纪昀等撰，《四库全书》整理所整理：《钦定四库全书总目》（整理本）礼类《仪礼》之属后注，第264页。

④ 毕沅：《音同义异辨·自序》，《经训堂丛书》本。

⑤ 郑樵撰，王树民点校：《通志二十略·校雠略》编次必谨类例论六篇，第1822页。

辖。再如史部地理类都会郡县之属中，将各省通志杂置于大量府州志中，显得十分凌乱，应当分设子目，先集中列各省通志，再集中列各府州志，这样在体例上就会更有条理。又如在汇刻丛书之间，又杂举一家著述的丛书，对此，张舜徽先生曰："不知当日何以不仿效《书目答问》的体例，把丛书分为'古今人著述合刻丛书'和'本朝一人自著丛书'二大门类来统括那些合刻的书籍。"①

图书分类之关键在于"于文章典籍之中，得其辨名正物之意"②，只有正确地理解了图书名称与性质，才能做到"循名责实"，才能避免图书分类的张冠李戴。因此，对图书的分类不仅仅是部次甲乙，更在于辨析其学术源流。刘氏《经籍考》在这方面继承了诸多中国传统分类的范例和原则，同时也沿袭了一些错误和不足。这表明刘氏在《经籍考》的图书分类中缺乏一种必要的学术自觉性，因而表现出了过于墨守，缺乏必要的创新。这与清末民初间学术分类体系所呈现的多元化趋势形成了鲜明的反差，其中的原因值得思考与总结。

三　刘锦藻传统的治学视野与四部分类法的运用

（一）刘锦藻的"遗老"身份与其旧有的知识架构

刘锦藻于同治元年生于上海，自幼便接受的是传统教育，其父刘镛聘名儒陈其炯至家塾课子，"督锦藻等读书綦严"。③刘镛还购得朱氏挂瓢居，锦藻与长兄读书之余散步其间。刘锦藻自云："同治十二年，先光禄府君购得之。锦藻读书余暇，时偕伯兄虞衡君散步其间，荒池丛簿，足音跫然，耽其幽寂，辄思结庐，以资习静，卒卒未遑。"④并告诫子孙为学当专精："吾初设肆时，讵意今日专精揖志，为之不已，以臻于是。意学问之道，铢积寸累，以底大成，亦若是矣。"⑤这种良好的家庭教育，使锦藻"博洽群籍，与伯兄紫回水部同为名诸生"。⑥

---

① 张舜徽：《中国史论文集》，湖北人民出版社 1957 年版，第 198 页。
② 章学诚撰，王重民通解：《校雠通义通解》卷二补校《汉艺文志》第十，第 55 页。
③ 刘锦藻：《先考通奉府君年谱》，乌程刘氏光绪间刻本。
④ 刘锦藻：《小莲庄纪略》，载项文惠《嘉业堂主——刘承幹》，第 61 页。
⑤ 参见汤寿潜《刘贯经家传》，见《萧山文史资料选辑》（四），第 458 页。
⑥ 参见陈三立《清故内阁侍读学士刘君墓志铭》，见《散原精舍文集》卷一七，上海古籍出版社 2003 年版，第 256 页。

稍长后，于光绪元年，锦藻补博士弟子。据周子美称：刘锦藻"少聪颖，年十四岁补博士弟子，嗜古积学，文章渊懿。"①又据锦藻同邑万洁居士言："坚匏学士幼聪颖，年十四，学使胡筱泉侍郎奇其文，即补博士弟子员。"② 光绪六年，锦藻岁试一等，补廪膳生。九年，其父刘镛又聘严珊枝教授锦藻兄弟备考。十四年，锦藻参加乡试，中举人。陈三立云："举光绪戊子科乡试，甲午成进士，以前官候选郎中留就本职，签分工部。"③

可见，刘锦藻自幼接受的是传统教育，深受旧有文化熏染，形成的是固有的传统知识结构，这对其编纂书籍，设置类目产生了深远影响。再加之其思想深处依然保持"遗老"作风，如宣统元年冬，以刘氏义庄奏案，宣统帝特赐"承先睦族"匾额。刘锦藻自云："冬初晋京，山阴葛勤恪为礼部尚书，直南斋者元和陆文端诸公，咸嘉锦藻继述之志，未及半载，祗领御赐匾额。因荷列祖之灵，亦仗同人之力。向例非二品实缺大员不给匾，故浙西数百年来，著录者寥寥，而湖属无一人。"④ 又如民国十四年，因出资修复清室东陵，溥仪赠"温仁受福"匾额。这种对清廷的眷恋，也是其形成传统治学视野的时代因素。

（二）传统四部分类法深厚的文化积淀

刘氏《经籍考》依然继承和使用了传统四部分类法，反映了刘锦藻治学相对保守的心态。究其原因，概有如下几点：

其一，传统四部分类法"御准"的社会地位及其形成的固有分类格局在当时士人思想观念中根深蒂固。清乾隆帝曰："从来《四库》书目以经、史、子、集为纲领，裒辑分储，实为古今不易之法。"⑤ 可见，以《总目》为代表的四部分类法是经过清帝御批而确立下来的。尽管近代图书分类领域形成了传统四部分类法、新旧并行制分类法以及新兴学科分类法三足鼎力的格局，但总体来看，传统四部分类法的影响依然广泛存在，它占据的社会地位和社会影响自然是无可比拟的。故论者有云："自《七略》为四部后，四库法最能深入人心，而成一代之典型。公私著录，无不奉为圭

① 周子美：《南浔镇志稿》，载《华东师范大学图书馆藏稀见方志丛刊》第20册，北京图书馆出版社2005年版，第622页。
② 万洁居士：《坚匏盦集·跋》，见《南林丛刊次集》，民国二十八年（1939）铅印本。
③ 陈三立：《清故内阁侍读学士刘君墓志铭》，见《散原精舍文集》卷一七，第256页。
④ 参见周子美《南浔镇志稿》，载《华东师范大学图书馆藏稀见方志丛刊》第20册，第699页。
⑤ 纪昀等撰，《四库全书》研究所整理：《钦定四库全书总目·卷首》乾隆三十八年二月十一日奉上谕。

臬，引作参证；学者阅读一目了然，无劳繁琐，故能沿用二百余年而不衰。"① 而以晚清"遗老"自居的刘锦藻自然也莫能其外。从这个意义上说，刘氏所运用的传统四部分类法，类目清晰，层次分明，符合当时一部分"遗老"学者们的阅读习惯和索阅需求。

其二，传统四部分类法依然有其存在的文化土壤。晚清时期，随着政治、经济的变迁，传统文化及其价值观也表现出向近代的转变。从晚清章炳麟、刘师培为代表的"国粹派"，到民国初年胡适的"整理国故运动"，传统文化在近代西学的大背景下得到了发展。一些学者还将传统文化的兴衰与国家民族的危亡紧密相关："呜呼，不自主其国而奴隶于人之国，谓之国奴；不自主其学，而奴隶于人之学，谓之学奴。"② 可见传统文化在清末民初依然得到了持续发展。而传统的四部分类法正是对传统文化的高度总结和概括，"作为代表封建社会正统观念的价值体系，其本身就负载了大量传统文化的信息，它的学术价值绝不会随其实用功利的老化而消失"③。

其三，传统四部分类法符合刘氏《清续通考》编纂的文化主旨。吴郁生先生云："往者光宣之际，士大夫竞言新政，不惜废祖宗成宪，以徇横议。君端居深念，独掇拾列朝典章制度，踔马贵与成例，思勒一书，以为《皇朝文献通考》之续，蕲于陈古讽今，待时主之诹访。"④ 可见保存传统文化是刘氏该书编纂的主旨。而传统四部分类法"四部之中，附以辨章流别之义，以见文字之必有源委"⑤，它所代表的文化内涵，符合本书"欲垂空文，存国故自效"⑥ 的文化主旨。

由此可见，刘氏《经籍考》对传统四部分类法的继承，实质上反映的是传统文化在中西文化相互渗透背景下的发展要求。因此，对其图书分类的评价，不应将之与《西学书目表》《日本书目志》等代表新型学科分类的书目机械地加以对比，而应看到其所蕴含的积极的文化传承意义。

（三）清中后期学术的发展与传统四部分类之停滞

尽管刘氏《经籍考》对传统四部分类之延续，具有文化传承的积极意

---

① 刘简：《中文古籍整理分类研究》，台北：文史哲出版社 1978 年版，第 153 页。
② 黄节：《国粹报叙》，见张枏《辛亥革命前十年间时论选集》第二卷，上册，第 43 页。
③ 张凌霄：《四部分类法——中国古代图书的价值体系》，《内蒙古师范大学学报》（哲学社会科学版）2002 年第 5 期，第 96 页。
④ 吴郁生：《刘澄如学士行状》，见《民国人物传记史料汇编》第 15 辑，第 631 页。
⑤ 章学诚撰，王重民通解：《校雠通义通解·宗刘第二》，第 13 页。
⑥ 陈三立：《清故内阁侍读学士刘君墓志铭》，见《散原精舍文集》，第 256 页。

义。但是，从学术史角度而言，清末民初，中国传统学术的近代化趋势日益明显，儒学内部经世学风复起，陈祖武先生论道："以空前深刻的经济、政治和社会危机为根据，自康熙中叶以后沉寂多年的经世思潮再度崛起，在鸦片战争前后趋于高涨，从而揭开了中国近代思想与学术的序幕。"① 可见，中国传统学术内部出现了发展的新特点。再加之受到"西学东渐"影响，西方文化与传统文化间也出现了互相渗透发展的新趋势。传统四部分类法已难以适应学术发展的客观需要。清末学者江人度就曾感叹曰："东西洋诸学子所著，愈出愈新，莫可究诘，尤非四部所能范围。恐《四库》之樊篱终将冲决也。盖《七略》不能括，故以四部为宗，今则四部不能包，不知以何为当？"② 当时学者已认识到传统四部分类法之不足，并于此有所探索和尝试，出现了对传统四部分类法的改造和整合。

对传统四部分类法的改造，如《书目答问》首先在经、史、子、集四部之外，另加丛书一类。此后，有在丛书类外，将类书独立成类而六分者，以《九峰书院藏书记》为代表；有将"御制书目"与"杂著"独立而成七部者，以《广雅书院藏书目录》和《测海楼藏书目录》为代表。而《南洋中学藏书目》则是在原有四部分类法的基础上，不仅在一级的大类上，而且在各级子类目上都做出了较大幅度的重新整合。③ 蒋元卿先生曰："《南洋中学书目》之以《尚书》、《春秋》编列为史，与《国语》、《战国策》等古杂史并列；废集部之名，而提诗文、词曲为二类，足见四部之名，在学术昌明之近代已无立足之地矣。"④

还有一些学者利用西方的学科分类思想分类图书，开启了图书分类领域的新方向。梁启超先生曰："用最新的科学方法，将旧学分科整治，撷其粹，存其真，续清儒未竟之绪，而益加精严，使后之学者既节省精力，而亦不坠其先业。"⑤ 故其在《西学书目表》中首先实践，将新学之书分为西学、西政、杂类、教类四大类。随后，康有为在《日本书目志》中又将图书分为生理门、理学门、宗教门、图史门、政治门、法律门、农业门、工业门、商业门、教育门、文学门、文字语言门、美术门、小说门、

---

① 陈祖武：《清代学术源流》，北京师范大学出版社 2012 年版，第 357 页。
② 江人度：《书目答问笺补·上南皮张相国论目录学书》，清光绪三十年江氏自刊本。
③ 其将传统四部分类调整为：第一部周秦汉古籍部、第二部历史之部、第三部政典之部、第四部地方志乘之部、第五部小学之部、第六部金石书画书目之部、第七部记述之部、第八部天文算法之部、第九部医药术数之部、第十部佛学之部、第十一部类书之部、第十二部诗文之部、第十三部诗曲小说之部、第十四部汇刻之部。
④ 蒋元卿：《中国图书分类之沿革》，中华书局 1937 年版，第 159 页。
⑤ 梁启超：《清代学术概论》，上海古籍出版社 1998 年版，第 107 页。

兵书门共计十五门类，每一门类下又复分子目，共计 250 个。而顾燮光的《增版东西学书录》和《译书经眼录》则又在此基础上，进一步完善了这种分类法。《增版东西学书录》共设置了 31 个一级类目，下又分二级子目总计 81 个。《译书经眼录》其一级类目分为 22 类，二级子目共计 74 个。

还有一些学者使用新、旧两分类法的并行制，如黄庆澄的《中西普通书目表》。该书目"兼综中西，无所偏主，故以普通为名。中书多取南皮尚书《书目答问》，西书多取新会梁氏《西书表》，芟其不甚急，而益以新出之书。"① 随后，《浙江藏书楼书目》分甲、乙两编，"兹拟暂依南皮张氏《答问》体裁，成《甲编书目》一卷。其新译各书另立部，分为《乙编书目》一卷。各行其是，两补相师。"② 而徐树兰的《古越藏书楼书目》则将古今中外的图书分之以"学""政"两部，学部中分二十四类，政部亦分二十四类，每类中又详分三级子目共计 244 个。

学者们对传统四部分类的整合，体现了清末民初学术发展的变化。虽然未必完善，但其创新的精神值得称赞。而刘锦藻却因循《总目》分类传统，故姚名达先生讥之曰："其分类亦依违于马、郑、《四库》之间，不值一顾。"③ 言其不值一顾，颇值商榷。然其未能尝试在传统四部分类法基础上加以改进、完善，以适应学术发展的新变化，应是其在图书分类方面的最大遗憾。从中折射了刘锦藻传统的治学视野尚较为保守拘谨。但与一般书斋中的保守知识分子有所不同的是，刘锦藻个人的社会生活阅历较为特殊，这又能使其治学思想从时代的局限中走出。故而，当学术自身发展的需要与刘锦藻个人社会经历相结合时，两者便共同催化了其治学思想的转变。

---

① 孙诒让：《中西普通书目表·序》，光绪二十四年刻本。
② 《浙江藏书楼书目·例言》，光绪三十三年杭州华丰书局铅印本。
③ 姚名达：《中国目录学史》，上海古籍出版社 2002 年版，第 183 页。

第五章 刘氏《经籍考》收书与评书的时代烙印

图书是时代发展的结晶，而目录书又是对图书有选择的记录。因此，目录书是一定时空文化的缩影。刘氏《经籍考》成书的清末民初时期，是中国社会的一大转型期。该时期内政治的变革、学术内部经世致用学风的复起以及中西文化间的冲突与渗透等种种时代因素的综合作用，使得刘锦藻既深受传统文化的熏陶，又被赋予了诸多鲜明的时代印记，这在刘氏《经籍考》的收书与评书中表现得十分鲜明。而这种思想特点又代表了在社会转型期内一些"遗老"知识分子们的共同心态。因此，笔者欲借刘氏《经籍考》之收书与评书，体察中国传统学人在近代社会变革背景下的心路历程，进而试图从社会史、思想史的角度揭示其在中国传统学术近代化中存在的价值与意义。

一 "遗老情怀"与御敕图书的收录

清末民初，中国政治舞台上掀起了一股改革风潮。从魏源的"师夷长技以制夷"，到郑观应的"商战"；从康有为的君主立宪，到孙中山的民主共和。特别是辛亥革命的胜利，推翻了清政府的统治，结束了中国几千年的封建君主专制制度。政治上的一系列变革使得该时期一些知识分子对清廷充满了眷恋，刘锦藻就曾以清朝"遗老"自居，而这种"遗老情怀"在一段时期内还深深影响了其治学的方式与态度。在刘氏《经籍考》的史部编年类、纪事类中收录了许多御敕图书，在集部中还收录了一些清帝御制诗文，刘锦藻在对这些书籍的评论中，往往体现了其深厚的"遗老"情怀。

清代尤重视实录的编写，曾特设实录馆，命权臣主之。刘氏《经籍考》在史部编年类中收有嘉庆四年敕纂《高宗纯皇帝实录》一千五百卷、道光四年敕纂《仁宗睿皇帝实录》三百七十四卷、咸丰二年敕纂《宣宗成皇帝实录》四百七十六卷、同治元年敕纂《文宗显皇帝实录》三百五十六卷、光绪五年敕纂《穆宗毅皇帝实录》三百七十四卷、宣统年间敕纂《德宗景皇帝实录》五百九十七卷。在史部诏令类中还收录了嘉庆十二年敕修《高宗纯皇帝圣训》三百卷、道光四年敕修《仁宗睿皇帝圣训》一百十卷、咸丰六年敕修《宣宗成皇帝圣训》一百三十卷、同治五年敕修《文宗显皇帝圣训》一百十卷、道光五年敕修《穆宗毅皇帝圣训》一百六十卷，等等。在以上诸书下，皆先全文罗列御制序文，连篇累牍，其后附刘锦藻个人案语，多尊崇奉迎之辞。如在《高宗纯皇帝实录》的案语中赞高宗曰："高宗文德武功，昭垂奕禩，虽云禅授，未致倦勤，矕古以来，罕有其匹矣。"① 称其"惟盛故纯，惟纯故久，无惭德，无遗憾，中国一人而已"②。乾隆帝励精图治，为清代开拓疆域，其功固伟。然其晚年倦政，蔽于权倖，刘氏所赞不免过誉。此外，刘锦藻又在《仁宗睿皇帝实录》中，称嘉庆帝"尽孝尽礼，克迪前光"③，赞其功绩"超唐轶宋"④。在《宣宗成皇帝实录》中，盛赞道光帝曰："宣宗以神武示威，以敦朴蓄德，宽严并济，善持大体，而孝行尤为冠绝。"⑤ 又将其孝行与舜、武相媲美，"舜曰大孝，武曰达孝，鼎足而三矣"⑥。在《文宗显皇帝实录》中，赞曰："文宗御宇未久，时事最艰，宵旰勤劳，万机无旷，天下之英主也。"⑦ 称其"融合满汉，浃洽文武，有苦心焉"⑧。而与此相对照的是，刘锦藻却斥太平天国农民起义为"金田小丑"⑨。对于同治、光绪二帝幼年即位之事，也多加避讳，其在《穆宗毅皇帝实录》中称："穆宗聪明天亶，孝事两宫，当其践祚之年初，虽在冲年，深惟大计用能，内讧外患，次第削平，破格酬庸，虚怀纳谏，云龙风虎，盛极一时，宜蔚成中兴之业也。"⑩ 在《德宗景皇帝实录》中称："德宗冲龄践祚，仰承懿旨，聪睿天亶，仁爱为怀，有恭俭之行，崇孝之风。"⑪

---

① 刘锦藻：《清朝续文献通考·经籍考》史部编年类，第 10062 页。
② 同上。
③ 同上书，第 10064 页。
④ 同上。
⑤ 同上书，第 10065 页。
⑥ 同上。
⑦ 同上书，第 10066 页。
⑧ 同上。
⑨ 同上。
⑩ 同上。
⑪ 同上。

再如史部纪事类中还收有乾隆五十三年敕撰《钦定台湾纪略》三十六卷、嘉庆二年云贵总督鄂辉等敕撰《钦定平苗纪略》五十二卷、嘉庆十五年大学士庆桂等敕撰《钦定剿平三省邪匪方略正编》三百六十一卷、嘉庆二十一年大学士托津等敕撰《钦定平定教匪纪略》四十二卷、道光九年大学士曹振镛敕撰《钦定平定回疆剿擒逆裔方略》八十卷、同治十一年恭亲王奕䜣敕撰《钦定剿平粤匪方略》四百二十卷、《剿平捻匪方略》三百二十卷、光绪二十二年恭亲王奕䜣敕撰《钦定平定陕甘新疆回匪方略》三百二十卷、《钦定平定云南回匪方略》五十卷、《平定贵州苗匪纪略》四十卷等。而刘锦藻在以上诸书后所编的案语中，同样流露出对清帝的赞赏。如《钦定剿平三省邪匪方略正编》中赞嘉庆帝之"仁"曰："仁宗编定《方略》，断断责官而不责民。其叙中有曰：'民则无知妄作，官则不教而诛。'大哉！王言洞见症结矣。呜呼！幻称弥勒，名踵白莲，惑众敛钱，卒思蠢动。然以劫掠罪之，不以叛逆罪之，仁言利溥，其洵然欤！"① 在《钦定平定回疆剿擒逆裔方略》中，赞道光帝之"智"曰："宣宗之明炳几先，智周万里，深可羡焉。"② 清中叶以降，对边疆的平定，有其积极的历史意义。但是，刘锦藻将功绩归于清帝一人，并对之大加宣扬，则有失偏颇。

刘锦藻的思想趋于保守，除了表现在对清朝诸皇帝的推崇赞扬外，其"遗老"思想还表现出一种对清朝旧制度的留恋。如伍崇曜《粤雅堂丛书续集》中收有《宝祐四年登科录》《绍兴十八年题名录》两书，刘锦藻案语云："我朝开科取试，历二百余年，得人称盛。迨科举一废而国步维艰，今读两录，感慨系之矣！"③ 再如《南菁书院丛书》中，首列徐松的《登科记考》一书，刘氏在该书下案语曰："或者以首列《登科记考》疑之，不知士患不明经耳！经明则取青紫如拾芥，而国家之制举所以使英雄入彀者，一以杜废经黜孔之邪说，一以戢揭竿斩木之野心。科举废而时事不可问矣！有志复古者，盍鉴诸！"④ 不可否认，科举制度建立之初，的确为国家选拔人才做出了贡献。但及其末流，这种制度渐趋腐败，成为束缚人才发展的桎梏。刘锦藻于清光绪二十年（1894），中甲午科进士，其个人是这种制度的受益者。因此，他对科举制度的眷恋也就在所难免。

刘锦藻对清代君主倍加推崇，对清朝旧制度颇为眷恋。也正是在这种

① 刘锦藻：《清朝续文献通考·经籍考》史部纪事类，第 10069 页。
② 同上书，第 10070 页。
③ 刘锦藻：《清朝续文献通考·经籍考》子部杂家类，第 10161 页。
④ 同上书，第 10177 页。

心态的影响下，刘锦藻在治学方式上，往往体现了一股尊古、崇古、信古之风。

二　朴学遗风与辑佚、考证类图书剧增

清中叶以来，经史考证之学登上了学术舞台，梁启超先生云："当时学者，以此种学风相矜尚，自命曰'朴学'。其学问之中坚，则经学也。经学之附庸则小学，以次及于史学、天算学、地理学、音韵学、律吕学、金石学、校勘学、目录学等等，一皆以此种研究精神治之。"① 据陈祖武先生的研究，乾嘉考据学派的形成除了清廷政治的稳定、文字狱等因素外，还有中国古代学术自身发展的内在逻辑，清初批判理学思潮的法古倾向，"导致清初知识界在方法论上逐渐抛弃宋明理学的哲学思辨，走向了朴实考经证史的途径，从而为乾嘉学派的形成在理论思维上提供了内在的逻辑依据"②。而刘锦藻"遗老"情怀在学术上的体现，就表现为他的尊古学风，特别是对汉代"朴学"传统的肯定。

他对汉代经学大师郑玄的治学十分赞赏，认为，"郑氏注《礼》极精，去古未远，不为凭虚臆说"③，其"信而好古，原本先儒，确有根据"④。又曰："毛氏之学，其源出于荀子，而善承毛氏者，唯郑众、许慎，故《周礼注》及《说文解字》此疏多所取资。"⑤ 刘氏对宋人义理之学多有贬斥，其曰："宋人说经好为新说，弃古注如土苴。惟《仪礼》一书为朴学，空谈义理者不能措辞。"⑥ 而对于朴学传统则赞赏有加，其赞王念孙、王引之父子"究悉声音训诂"⑦，所著《经传释词》《经义述闻》"凡前人误解者，独能旁引曲喻，以得其本原之所在"⑧。又曰："窃思考订之学，其源出于刘氏向、歆父子，刘氏校雠之业，将以'辨章学术，考镜源流'，非

① 梁启超：《清代学术概论》，上海古籍出版社 2005 年版，第 40 页。
② 陈祖武：《清儒学术拾零》，湖南人民出版社 2002 年版，第 161 页。
③ 刘锦藻：《清朝续文献通考·经籍考》经部礼类丁晏所著《三礼释注》条案语，第 10034 页。
④ 同上。
⑤ 刘锦藻：《清朝续文献通考·经籍考》经部诗类陈奂所撰《毛诗故训传》条案语，第 10030 页。
⑥ 刘锦藻：《清朝续文献通考·经籍考》经部礼类《仪礼管见》条案语，第 10032 页。
⑦ 刘锦藻：《清朝续文献通考·经籍考》经部经解类《经义述闻》条案语，第 10043 页。
⑧ 同上。

屑屑于字句之异同舛讹也。"① 故其赞陈寿祺《五经异义疏证》一书"承古学式微之后，而以旧本之殊异正古经之舛误，由汉许、郑，以上通《雅》、《故》，则于经训亦未尝无补焉。"② 从中可见刘氏尊古崇汉的学风。

在刘氏《经籍考》的收书中，亦可体现其对"汉学"传统的推崇。以经部易类为例，其中收录的注解《周易》诸作，多以"宗汉"为主旨。汉人说《易》长于卜筮，推衍象数。至魏晋时期，王弼撰《周易注》提出"忘言""忘象"之说，尽废汉人之说。对此，孙钦善先生论曰："对于王弼的'黜象申义'必须一分为二加以分析。就'黜象'来说，王弼对汉人的附会之说有廓清之功，但《易》为占筮之书，本有其象，王弼连此也一概摒弃，这对《周易》又是一种歪曲。"③ 清代乾嘉时期的学者因提倡"朴学"之风，故对汉人说《易》之作尤为关注。刘氏《经籍考》收录的说《易》之作中，有张惠言的《周易虞氏易》《荀氏九家易》《易义别录》、胡祥麟的《虞氏易消息图说》、方申的《虞氏易象汇编》《诸家易象别录》、刘毓崧的《周易旧疏考证》等，此专门辑录宗汉说《易》旧注者；有戴棠的《郑氏爻辰补》、何秋涛的《周易爻辰申郑义》、邹师谦的《周易象义辨例》、陈洪冠的《周易象义集成》、秦笃辉的《易象通义》、成蓉镜的《周易释爻例》、任云倬的《周易诸卦合象考》《周易互体卦变考》等，此为汉人推衍《易》说者；有陈寿熊的《读易汉学私记》、朱昌寿的《汉儒易义针度》等，此为综论汉人之《易》者。同时，我们也应看到，清乾嘉以来的学者对《周易》的研究"莫不以京、焦、虞、郑为依归，而专阐明义理较少"④，因此，也就不能"尽其全体大用也"⑤。

这种朴学遗风在刘氏《经籍考》史部中也有体现，集中表现在其于史部目录类中收录金石考证类图书 150 余部，是《续考》《清考》的近十倍。

据梁启超先生云，金石学在考据学风的影响下，"在清代又彪然成一科学也。"⑥ 以乾嘉学者钱大昕为例，钱氏"尤嗜金石文字，举生平所阅经、史、子、集，证其异同得失，说诸心而研诸虑"⑦。钱氏认为："金石之学与经史相表里，侧灾异本，任城辨于《公羊》；夏臭殊文，新安述于

---

① 刘锦藻：《清朝续文献通考·经籍考》经部经解类《五经异义疏证》条案语，第 10043 页。
② 同上。
③ 孙钦善：《中国古文献学史简编》，北京大学出版社 2008 年版，第 118 页。
④ 转引自罗琳《四库未收书辑刊·前言》，北京出版社 2000 年版，第 6 页。
⑤ 同上。
⑥ 梁启超：《清代学术概论》，第 49 页。
⑦ 王昶：《春融堂集》卷五五《詹事府少詹事钱君墓志铭》，见《续修四库全书》第 1438 册，第 221 页。

鲁《论》。欧、赵、洪诸家涉猎正史，是正尤多。盖以竹帛之文，久而易坏，手抄版刻，辗转失真，独金石铭勒，出于千百载以前，犹见古人真面目，其文其事，信而有征，故可宝也。"① 钱大昕代表了清中期以来许多学者对金石学的认识。

刘氏《经籍考》所收录的这些金石图书，多以考证经史为主。其中有综合性的考证著作，如叶奕苞的《金石小笺》、刘师陆的《虞夏赎金释文》等；有金石书跋，如杨宾的《铁函斋书跋》、钱大昕的《金石文跋尾》、梁章钜的《退庵金石书画跋尾》、陈其荣的《清仪阁金石题识》、李宗莲的《怀岷精舍金石跋尾》等。有专门考订石经之作，如严可均的《唐石经校文》、彭元瑞的《石经考文提要》、陈介祺的《考订毛公鼎文》、张度的《蜀石经考证》、孙星衍的《魏三体石经考》、阮元的《仪礼石经校勘记》等；还有对金石著作的续补之作，如陆增祥的《八琼室金石补正》、王言的《金石萃编补略》、方履籛的《金石萃编补正》、叶奕苞的《金石补录》、李调元的《蜀碑记补》、陆心源的《金石学录补》等。可见，该时期金石学继宋代而后，出现了再次繁荣的局面。与宋代金石学相比，清中叶以来的金石之学体现了更加注重与文字学、文史考证相结合的特点。

再如子部杂家类杂考之属所收诸多清人考辨类笔记之作，以左暄《三余偶笔》为例，左氏曰："有义理之学，有词章之学，有考据之学，三者并重，而考据之学最难。古之人实事求是，探索而得之，笔之于书，无非圣贤之精意也。今之学者，向壁虚造，支离穿凿，好为臆说，以求胜于古人。"② 故其详考古今，"质诸古人之所未言，而随所趣而识之"③。左书史实考证精审，创见颇多。阎若璩曾著《孟子生卒年月考》，辨孟子之行事。左氏对其详加考证后，认为："大抵孟子去梁、适齐、去齐，当从《通鉴纲目》；伐燕为宣王事，当从《孟子》、《国策》及《通鉴纲目》；伐燕事在赧王元年，当从《史记》、《竹书纪年》及《通鉴纲目》。阎氏总缘误信《史记》惠王三十五年孟轲至梁，及以惠王改元后十六年为襄王嗣位之年，又不能释然于《孟子》七百有余岁之语，辗转附会，谬之又谬，其纷纷辨驳，终属强作解事。"④ 这里纠阎书之误，指出了考辨孟子行事的基本史料。

---

① 钱大昕：《关中金石记·序》，见《丛书集成初编》第 1524 册，第 3 页。

② 左暄：《三余偶笔·序》，清嘉庆十四年（1809）刻本。

③ 同上。

④ 左暄：《三余偶笔》，清嘉庆十四年（1809）刻本。

可见，刘锦藻钟情于对清代朴学学术著作的收录与评价，正是其"遗老"思想在学术上的反映。刘锦藻的这种心态与治学方法，代表了清末民初一部分知识分子在中国近代社会转型初期的治学特点与治学旨趣。他们既对刚刚灭亡的清廷充满幻想，却又无法改变现实。清末新学之风席卷中国，这在他们看来，是"邪说横行"，是最终酿成"黜经废孔之大变"①的根源所在。因此，对于社会所发生的巨大变革，他们首先想到的，是大力提倡"存古兴学"之风，以挽救和维护传统学术的主导地位。

三　存古兴学与丛书云集

（一）晚清社会新学思潮的影响与传统学术面临的挑战

晚清以降，中国社会沦为半殖民地半封建社会，随之各种社会思潮迭起，从早期的经世致用思潮、洋务思潮、早期维新思潮，到资产阶级维新思潮、民主革命思潮等。这些思潮的核心思想都主张社会的变革。由此，一股新学之风在晚清士人间弥散。据冯自由先生称："庚子重创而后，上下震动，于是朝廷下维新之诏，以图自强。士大夫惶恐奔走，欲副朝廷需才孔亟之意，莫不曰新学、新学！"② 新学的兴起也引起了人们在观念上的一些变化。

中国传统文化形成了以儒家思想为核心的价值体系，对于自然科学技术不甚重视，至近代这种思想依然有很深的社会基础。在西方近代自然科学传入之初，许多国人都将之视为蛮夷之技。晚清一些学者打破了这种认识局限，对西方自然科学的认识更加全面、精深。如中国传统文化中的天文学，常常与占卜、星相相关，对于天体宇宙的认识，也多受到"天圆地方"说的影响。顾燮光在《译书经眼录》的《天文启蒙》一书解题中，论述了地球、月球及太阳所属天穹诸星、恒星等天体的运行规律，并在《谈天》一书解题中对西方天体学说进行了评价，指出了中西对天文学认识的差异，在一定程度上改变了国人以地球为宇宙中心的天文观。一些有识之士还将自然科学的作用上升到国家层面来理解，认识到了西方自然科学有利于国家自强独立。如康有为便认为物理学是国家治强之本："尝考欧洲所以强者，为其开智学而穷物理也，穷物理而知化也。夫造化所以为

---

① 刘锦藻：《清朝续文献通考·经籍考》子部杂家类《岱南阁丛书》条案语，第10144页。
② 转引自熊月之《晚清新学书目提要》，上海书店出版社2007年版，第1页。

尊者，为其擅造化耳。今穷物理之本，制电、制雨、制冰、制水、制火，皆可以人代天工，是操造化之权也。操造化之权者，宜其无与敌也。"①

重农轻商是中国古代社会的传统思想，然而此时一些学者却将商业看作是有利于国计民生的产业。如王景沂在《科学书目提要初编》中向国人介绍了西方的经济学，开列了商业历史学、商业地理学这样的新兴学科。他认为商业历史学有着悠久的历史，是人类文明的媒介："自腓尼基市场炫耀于四千年前，西班牙、葡萄牙航路发见于十五纪内，凡商力所及，政治、学术皆与为灌输，诚文明媒介哉！"② 但由于我国对商业历史知识了解不多，导致通商较晚，最终在贸易交往中处于劣势地位。由此，作者从中总结了经验教训："夫通商之理，彼我兼利，惟文野相遇则公例不可凭。长此不悟，他日宛转枯池，回忆江湖之宽，其可再得哉！吾安得遍执我邦人号泣而道之也。"③ 作者以提倡发展经济，来警醒国人自强。而沈桐生在《东西学书录总叙》中则重点关注了西方的经济制度。沈氏认为："近来，东西各国研究商务不遗余力，故能操奇计赢，臻至殷富，虽由其心计之工，亦由夫制度之善。"④ 作者介绍了西方政府中设立的商部、商务学堂、相关的商业律例以及货币制度等，"居今日而论，中国既不能关闭绝市，则非讲求商学、扩充商务、设立商部、订立商约，无以为自固根本之策，无以为挽回利权之计。谋国是者，固屡言之矣。"⑤ 这些经济学理论和常识，否定了中国传统社会所倡导的重农抑商思想，有利于国家实现富强。

三纲五常是构建中国古代社会的伦理基础。随着近代社会西方民主思想的传入，旧有三纲五常思想面临挑战。尽管晚清学者尚不能完全跳出时代的局限，但在一些晚清新学目录中，关于平等自由的图书初见端倪。如顾燮光在《译书经眼录》中肯定了自由平等思想："皆发明政治上、宗教上、自由真理，而以专制、迷信为社会之公敌。其言侵害他人利益，法律得干涉之，真理以压力而愈助其成。"⑥ 但自由并非无界限之绝对自由："欧学东渐，自由说盛。然所谓自由者，必有限域。我国社会骤闻其说，遽尔昌言，往往不知权界，侵人损己，流于狂恣，则由于未明其说之本源

---

① 康有为：《日本书目志》，卷二理学门，物理学小序，上海大同书局石印本。
② 王景沂：《科学书目提要初编》商业科商业历史学叙，光绪间铅印本。
③ 同上。
④ 沈桐生：《东西学书录总叙》商学类叙，光绪二十三年读有用斋影印本。
⑤ 同上。
⑥ 顾燮光：《译书经眼录》卷六哲理《弥勒约翰自由原理》一书提要。

也。"① 可见顾氏对自由的理解十分深刻。民主不仅需要人民自由，更需要民众参政议政。顾氏便在《议会政党论》《美国民政考》《普通选举法》三书提要中分别评介了建立议会政党、实行三权分立、争取选举权的主张。而黄庆澄在《中西普通书目表》中，更是提倡国人要学习律法："律例为治国要领，西国深于律学者皆跻显秩。大学堂中亦置律例科，其视律学甚重，而律师之权亦甚尊。"② 以法律取代原有的三纲五常，以此作为建立国家新秩序。这些西方近代自由民主学说的引入为国人探索政治发展新途径提供了有益借鉴。

国人思想上的这些特点，折射了传统学术在晚清社会中地位的变化。诚如龚书铎先生所言："儒学在鸦片战争以后受到了社会经济、政治变动的冲击，受到了西学的冲击，它的统治思想的地位从动摇以至失落，它的一些重要思想受到批评而逐渐被淘汰。这是儒学在近代最重要也是基本的变化。"③ 也正是这种变化，促使刘锦藻独负经世之志，以维护传统文化的主导地位为己任。

（二）经世的初步尝试：刘锦藻以"丛书"倡导对传统文化的学习

清末新学兴起，许多士大夫唯以"西学"为是，尽诋"中学"，以至于"人知危亡，不肯安于守旧……家家言时务，人人谈西学，有力者则自请舌人译之，而快新睹"④。刘锦藻对这种丢弃传统，空言新学的社会现象多有不满。其在评黄嗣东《道学渊源录》中曰："自变法之议起，后生学子掇拾唾余，恣为披猖，欲举数千年圣哲贻留之道法，一扫而空之。嗣东先辑有《濂学篇》，至是益广罗三代以来迄于今兹圣哲儒者之说，部列条举，以成此编。虽疾病呻吟，不废铅椠，实有裨世道人心之作也。"⑤ 又称："由宣统溯咸丰，岁在癸丑，相距六十年，邪说横行，昌言废孔，后之览者，亦将有感于今昔异视也夫！"⑥ 其斥康有为《新学伪经考》曰："自近人《新学伪经考》行不三十年，遂酿成黜经废孔之大变。"⑦

而丛书的社会文化功用，在此时正迎合了"遗老"知识分子们的心

---

① 顾燮光：《译书经眼录》卷六哲理《群己权界论》一书提要。
② 黄庆澄：《中西普通书目表》表二律例学条，光绪二十四年刻本。
③ 龚书铎：《中国近代文化概论》，中华书局 2004 年版，第 97 页。
④ 欧榘甲：《论政变为中国不亡之关系》，载中国近代史资料丛刊《戊戌变法》（三），上海人民出版社 1957 年版，第 156 页。
⑤ 刘锦藻：《清朝续文献通考·经籍考》子部儒家类，第 10131 页。
⑥ 刘锦藻：《清朝续文献通考·经籍考》子部杂家类《琳琅秘室丛书》条案语，第 10169 页。
⑦ 刘锦藻：《清朝续文献通考·经籍考》子部杂家类《岱南阁丛书》条案语，第 10144 页。

态。清代许多学者都通过刊刻丛书以提倡存古兴学，"丛书之刻，其裨益于学者，其功伟巨哉！何则？士之有志于古者，恒患购求不易，无以增广其见闻。有丛书为之荟萃，则得一书而诸类俱备，足以供我之探讨，较彼中郎闷枕，仅仅为仲任《论衡》，其相去盖不可以道里计。故丛书之刊布，岂惟掩骼埋胔，有德于往贤？嘉惠来哲，尤足多焉！"① 张之洞也认为："丛书最便学者，为其一部之中可该群籍，搜残存佚，为功尤巨，欲多读古书，非买丛书不可。"② 清代是丛书发展的繁荣时期，尤其是乾嘉以来，士大夫间兴刻丛书之风弥盛："杂取古今人所著汇为一部而标立名目，号为丛书，始于宋左禹锡《百川学海》。嗣自厥后，踵而行之，以迄于国朝乾嘉间，其风弥盛。"③ 据叶德辉《书林清话》的记载，乾嘉时期编纂的丛书主要有阮元的《文选楼丛书》、顾修的《读画斋丛书》、张海鹏的《学津讨原》《借月山房丛书》《泽古丛钞》《墨海金壶》以及钱熙祚、杨墨林、郁松年、伍崇曜、蒋光煦等诸多名家所刻丛书。④

正基于此，刘氏以刊印丛书为媒介，提倡存古兴学之风，据刘承幹先生云："有《吴兴丛书》，所以存乡先哲也；有《求恕斋丛书》，所以存故家文献也；有《留余草堂丛书》，所以表理学微言，亦怵夫浇纯散朴，为遒铎之振也。"⑤ 刘氏所刻丛书的特点多以旧钞罕见之本著称："吴兴刘承幹，今日东南大藏书家也。所藏古本精椠不可胜数，旧钞本、稿本亦多……所刻《嘉业堂》、《求恕斋》、《吴兴》诸丛书，凡数百册，多罕见本。"⑥ 足见其保存国粹之苦心。据统计，刘氏《经籍考》子部杂家类列入清人所刻丛书110余种，近万卷之多。刘氏《经籍考》以丛书来存古兴学，有以下四个特点：

1. 辑佚类丛书的收录

古学至清代多有亡佚，但其篇章或散见于现存文献中。清代的许多学者都致力于古文献的辑佚工作，取得了巨大成就。刘锦藻利用丛书提倡存古兴学，对已经散亡的古文献自然十分重视。因此，在其《经籍考》中收

① 刘承幹：《借月山房汇钞序》，载吴格整理点校《嘉业堂藏书志》附一《嘉业堂群书序跋》卷四，复旦大学出版社1997年版，第1380页。

② 张之洞撰，范希曾补正：《书目答问补正》卷五丛书目之古今人著述合刻丛书，上海古籍出版社2008年版，第243页。

③ 刘承幹：《重印岱南阁丛书序》，载吴格整理点校《嘉业堂藏书志》附一《嘉业堂群书序跋》卷四，第1381页。

④ 叶德辉：《书林清话》卷九"乾嘉人刻丛书之优劣"，岳麓书社2000年版，第209页。

⑤ 刘承幹：《嘉业藏书楼记》，载吴格整理点校《嘉业堂藏书志》附二，第1406页。

⑥ 伦明：《辛亥以来藏书纪事诗》，北京燕山出版社2008年版，第53页。

录了一些辑佚类丛书。

如马国翰的《玉函山房辑佚书》，该书共辑录了已经亡佚的古书凡六百余种。马氏尝以古籍经久难存，散佚良多，《汉书·艺文志》《隋书·经籍志》所载之书已十不存一，故发奋搜讨，自周秦以迄隋唐，分经、史、诸子三部，每部下又分细目，每部前又有小叙，以辨析学术之旨。尤其于经篇搜讨较全，以经篇易类为例，据《汉书·儒林传》称："汉兴，田何以齐田徙杜陵，号杜田生，授东武王同子中、洛阳周王孙、丁宽、齐服生，皆著《易传》数篇"①。《汉书·艺文志》亦曰："及秦燔书，而《易》为筮卜之事，传者不绝。汉兴，田何传之。讫于宣、元，有施、孟、梁丘京氏、列于学官，而民间有费、高二家之说。"② 今《汉书·艺文志》中亦著录："《易》：经十二篇，施、孟、梁丘三家。""《易》传《周氏》二篇。字王孙也。""《服氏》二篇。""《王氏》二篇。名同。""《丁氏》八篇。名宽，字子襄，梁人也。"可见，施雠、孟喜、梁丘贺、周王孙、丁宽皆为汉代《易》学名家，然其书今皆不传。马氏《玉函山房辑佚书》经篇易类中，就辑录了施雠、孟喜、梁丘贺、周王孙、丁宽、费直等诸家《易》说，虽然不能得其全豹，但是借此可窥探汉代《易》学之源流。谢国桢先生有论曰：是书"虽不如惠栋、王引之诸家著述之矜慎。然补苴罅漏，继绝存亡之功，实不可没也。"③

再如黄奭的《汉学堂丛书》，分经解、通纬、子史钩沉三部，辑录二百五十余种亡佚古书，"马氏《玉函山房》史部甚鲜，是书编年、别史、杂史、传记四类，东汉以后史部著述，大半在斯，可补马氏之缺。谶纬之书，昔人辑之者颇鲜，斯编撰辑颇备，为斯书所独长。"④ 此外，张澍的《二酉堂丛书》以辑录关陇前贤之作为主，据张氏自云："因慨前贤著述日就湮沉，乃搜辑关陇作者，肇周秦汉，洎于隋唐，凡得二十四种。即籍非乡邦，其书阙佚，世所鲜传，亦为撷掇，凡得十二种。"⑤ 而黎庶昌的《古逸丛书》则专门搜辑了流亡于日本的中国古籍，"如蜀大字本《尔雅》、覆正平本《论语集解》、旧钞本《文馆词林》残卷，均为昔贤名著，佳椠孤行，中土罕见之书"⑥。

---

① 班固：《汉书·儒林传》，第 3597 页。
② 班固：《汉书·艺文志》，第 1703 页。
③ 参见吴格、眭骏整理《续修四库全书总目提要》丛书部，第 467 页。
④ 同上。
⑤ 张澍：《二酉堂丛书·序》，清道光间二酉堂刻本。
⑥ 参见吴格、眭骏整理《续修四库全书总目提要》丛书部，第 336 页。

由此可见，刘锦藻在其《经籍考》中所收录的这些辑佚类丛书，辑录了诸多古代先贤遗作，使其亡而复存。而刘锦藻正是欲借此，提倡保存国粹，复兴古学。

2. 综合性丛书与专科性丛书兼备

如果说刘锦藻收录的辑佚类丛书是偏于"存古"，那么其在选择丛书体裁时，兼备综合与专科，则是从"兴学"的角度出发的。我们知道，"博"与"专"是我国古代读书治学的两个优良传统。综合性丛书内容广泛，体现了"博览"的宗旨，而专科性丛书则体现了在博览基础上的"专精"特色。

刘氏《经籍考》所收录的综合性丛书如张海鹏的《学津讨原》，该书是在毛晋《津逮丛书》基础上增删而成的，主要以收录古今经史百家、朝章典故、逸闻逸事为主，兼采录一些书画谱录之书。还有《墨海金壶》收书115种，主要收录了宋代以来的经、史、诸子以及一些笔记杂录之作。两书取材皆本于《四库全书》，每书前都录有《四库提要》一篇，便于阅读。而张氏的《借月山房汇钞》则专收有清一代经学、小学、杂史、奏议、传记之书，"试开卷一览，足以瀹学者之神智而扩闲居之见闻，不啻娜嬛福地，恣意所游焉"①。张寿荣的《花雨楼丛钞》"所收均清代著述，四部要籍，发明经义，渊雅闳通，有裨实学者刊之"②。

专科性的丛书有钱仪吉所编的《经苑》，该书专门收录经学书籍共二十五种，凡二百四十四卷，"于《通志堂经解》外，别树一帜"③。王启原的《谈艺珠丛》辑历代诗话尤雅者二十四家，诗学之发展源流尽于是编，谢国桢先生便称："历代论诗名著，强半在斯。"④ 而王文浩的《唐代丛书》则专记唐代小说传奇，秦复恩的《词学丛书》于词之七宫十二调，清浊部韵之分合，词之博雅旨趣皆有所发明，谢国桢谓："实则自汲古《六十家词》后，刊刻之精，选择之良，当推是书也。"⑤ 朱祖谋所编《强邨丛书》，"凡得唐五代宋金元词总集五种，唐词别集一种，宋词别集一百十二种，元词五十种，共一百六十八种。宋元词集，大半在斯。"⑥ 此外，王

①　刘锦藻：《清朝续文献通考·经籍考》子部杂家类，第10153页。
②　参见吴格、眭骏整理《续修四库全书总目提要》丛书部，第356页。
③　刘锦藻：《清朝续文献通考·经籍考》子部杂家类，第10154页。
④　参见吴格、眭骏整理《续修四库全书总目提要》丛书部，第177页。
⑤　同上书，第180页。
⑥　参见吴格、眭骏整理《续修四库全书总目提要》丛书部，第158页。

先谦的《南菁书院丛书》"专收有清一代考订之作，及南菁书院高材生著述"①。秦鉴的《汗筠斋丛书》，则专门收录钱大昭、钱侗等钱氏一家之著述凡四种十九卷，"乡邦文献其所仰止者深矣！"② 凌曙的《蜚云阁丛书》专门收录凌氏一家之学凡六种三十八卷。

刘氏《经籍考》借综合性丛书以提倡治学需"博览"，又以专科性丛书辅之以"精深"之旨，为其所倡导的存古兴学之风，提供了必要的治学视野与治学门径。但有些丛书编纂质量低劣，不仅不能有助于读书治学，反而会误导学者。可见，选择丛书以存古兴学，还尤其应注重丛书编纂的质量。

3. 收录以精校精勘著称的丛书

张之洞云："读书不知要领，劳而无功；知某书宜读而不得精校精注本，事倍功半。"③ 可见选择精校精勘本在读书治学中价值甚大。

刘氏《经籍考》所收录的这些丛书中，就有以名家精校著称者，如毕沅的《经训堂丛书》经过孙星衍、洪亮吉、汪中等人的精校，"于关中舆地、金石大有筚路蓝缕，以启山林之毅力"④。孙星衍的《平津馆丛书》"其鉴别之精，校订之确，洵能备三善而绝五弊，宜其高出诸家丛书之上，而足为后世之规模"⑤。陆烜的《奇晋斋丛书》，"每种首尾，烜均为跋语，校刻甚精"⑥。顾修的《读画斋丛书》四十六种，"全仿鲍廷博《知不足斋》例，不以时代限，亦不以四部分次第，每得一书，必与仁和孙志祖商榷，又得萧山徐鲲为之点勘，其校雠之精，实驾海虞毛氏《津逮秘书》之上"⑦。谢国桢先生亦称之曰："书中一字之误，必参验众本，求其至是而后已。"⑧ 而郁松年的《宜稼堂丛书》"校刊精审，每种之后，均附校刊记，亦士礼居、抱经堂之流亚也"⑨。蒋光煦的《别下斋丛书》"与秀水李富孙、嘉兴钱泰吉等游，故其校雠之学深得要领，藏书万卷，不徒为美观已也"⑩。

张舜徽先生曰："古书流传日久，讹舛滋多，或误夺一字而事实全乖，

---

① 参见吴格、眭骏整理《续修四库全书总目提要》丛书部，第 383 页。
② 刘锦藻：《清朝续文献通考·经籍考》子部杂家类，第 10151 页。
③ 张之洞：《书目答问·略例》，上海古籍出版社 2001 年版。
④ 刘锦藻：《清朝续文献通考·经籍考》子部杂家类，第 10141 页。
⑤ 同上书，第 10143 页。
⑥ 参见吴格、眭骏整理《续修四库全书总目提要》丛书部，第 240 页。
⑦ 刘锦藻：《清朝续文献通考·经籍考》子部杂家类，第 10154 页。
⑧ 参见吴格、眭骏整理《续修四库全书总目提要》丛书部，第 273 页。
⑨ 同上书，第 296 页。
⑩ 刘锦藻：《清朝续文献通考·经籍考》子部杂家类，第 10165 页。

或偶衍一文而意义尽失，苟非善读书者，据他书订正之，则无以复古人之旧，此校勘之役所以不可缓也。"① 可见，这些丛书所收录的精校精勘、宋元善本图书，为学者的读书治学奠定了基础，为刘锦藻所主张的存古兴学之风，提供了必要的前提。

4. 突出地方类、家族类丛书的教化功能

刘氏《经籍考》以丛书而提倡存古兴学，尤其注重丛书所发挥的社会教化功用，以期有益于世道人心。故其在收录丛书时，刘氏非常注重地方丛书对乡邦文化的弘扬。如台州自古是人文荟萃之地，名贤辈出。清嘉庆年间，宋世荦刊有《台州丛书》七种八十卷，其中如《嘉定赤城志》《广志绎》《见闻随笔》等书，皆当时所罕见，用钞本付梓者。此后其乡人王棻、王舟瑶等刊有《续编》，杨晨又对唐宋以来所存台州名贤文集重为搜讨、整理，刊为《后集》。该丛书刊刻之时，正值清末社会动荡之际，"人不悦学，惧国将亡，诸君子深体此意，先后征一乡文献，溯其始事之功，不得不推世荦也"②。自此，为台州保存了大量先贤遗著，使台州自汉唐以迄清末，学脉得以延续不绝。

锦藻还十分注重家学的传承对弘扬学风、砥砺学人的作用。如谢兰生所编《武进谢氏丛书》收其家学凡十二种三十四卷，"首登《辨惑编》及《怀古录》，于世道人心，裨益匪浅，未可以搜罗不广少之也"③。考周中孚《郑堂读书记》子部儒家类，载有元谢应芳撰《辨惑论》四卷，曰："子兰生长毗陵，晚隐横山，目见吴俗信鬼神，多拘忌，往往违礼而戾教，乃征引经史诸子中嘉言善行，条析而辨驳之，以纠正其失。……言虽浅近，然申明礼教，辨辟邪说，足以移风易俗，固无忝儒家者言也。"④ 又据《钦定四库全书总目》曰："惟叶盛《水东日记》曰：'毗陵谢子兰氏《辨惑编》一书，诚亦辟邪植正，有益于世，其中援据经法，深怪世人惑于淫祀，当矣。"⑤ 可见《武进谢氏丛书》所收之书，颇有益于世道人心。又如董金鉴所编《董氏丛书》，收其家学著述凡十五种五十卷，刘锦藻曰："李调元《函海》专采全蜀，赵绍祖《丛书》专收泾川，昔人

---

① 张舜徽：《广校雠略》卷四《书籍必须校勘论二篇》，华中师范大学出版社 2004 年版，第 63 页。
② 刘锦藻：《清朝续文献通考·经籍考》子部杂家类，第 10147 页。
③ 同上书，第 10171 页。
④ 周中孚：《郑堂读书记》卷三六子部儒家类，第 569 页。
⑤ 纪昀：《钦定四库全书总目》（整理本）子部儒家类《辨惑编》条，中华书局 1997 年版，第 1223 页。

犹以为征一乡文献,未免囿于一隅,况金鉴刊一家之集哉!虽然,以丛编论,固失之褊狭。然近世群言淆乱,往往为《论衡》讦亲之恣肆,孰能承其家学,发楹书而读之乎?董氏此举,足以风励末俗矣!"① 还有范锴《范氏丛书》,"所采吴兴文献半系诗词,与赵绍祖之《泾川丛书》、宋世荦之《台州丛书》,虽皆囿于一隅,然乐操士风,不敢忘本,斯则深可嘉尚也"②。

此外,从读书治学的角度出发,刘氏《经籍考》还有对已编丛书的续补之作。如钱熙祚的《守山阁丛书》专补张海鹏的《墨海金壶》,其后钱氏又辑有《珠丛别录》,专补《守山阁丛书》之遗,"盖以沧海遗珠,不能不细加掇拾也"③。再如,刘氏《经籍考》所收粤中所刻之丛书有伍崇曜的《岭南遗书》《粤雅堂丛书》、潘仕诚的《海山仙馆丛书》、李光廷的《榕园丛书》等,而李光廷的《榕园丛书》三集六十一种,则"为赓续《粤雅堂》、《海山仙馆》而作,故已见前书者,皆不入录"④。还有以收书广博著称者,如鲍廷博的《知不足斋丛书》共三十集一百九十八种,有七百六十五卷之多,而伍崇曜的《粤雅堂丛书》及其《续编》共计收书一百七十种,一千余卷,足见其广博。

从文献学的角度来看,刘氏《经籍考》所收录的丛书并不完备,张舜徽先生就曾指出:"至于举例丛书,应该归于完备。但是像黄本骥的《三长物斋丛书》、张寿荣的《秋树根斋丛书》也都是没有载入。最可奇怪的是:著录了张氏《花雨楼丛刊》而竟遗掉了《秋树根斋丛书》(此书传本虽少,但校刻至精)。"⑤ 但是从社会史、思想史的角度看,刘锦藻在传统学术遭遇西方文化挑战的背景下,收录丛书以提倡存古兴学为宗旨,"古籍赖以不坠,吾又知其利且愈远而愈无穷也"⑥。这些丛书不仅为当时学者学习传统文化提供了方便,更凸显了刘氏《经籍考》所承载的深刻文化内涵。从中也会带给我们这样的启示:清末民初之际,带有保守色彩的知识分子们,固然在新制度的建设中会成为阻力,但历史前进的方向不可逆转,当这些带有"遗老"气的知识分子融入新制度的建设之中时,他们身

---

① 刘锦藻:《清朝续文献通考·经籍考》子部杂家类,第 10185 页。
② 同上书,第 10154 页。
③ 同上书,第 10158 页。
④ 参见吴格、眭骏整理《续修四库全书总目提要》丛书部,第 315 页。
⑤ 张舜徽:《中国史论文集》,湖北人民出版社 1957 年版,第 197 页。
⑥ 刘承幹:《重印士礼居丛书序》,载吴格整理点校《嘉业堂藏书志》附一《嘉业堂群书序跋》卷四,第 1383 页。

上的传统文化因子也随之融入了深受西方影响的中国近代学术体系之中。从这个角度看，他们也是维系中国传统文化在近代得以延续发展的命脉之一。他们能从尊古信古的时代局限中走出，进而经世而通时务，这种转变也折射出了中国传统学术在迈向近代化进程中的发展轨迹。而刘锦藻在这种思想的转变中，又可谓"遗老"知识分子们的鲜明代表。

四　爱国、经世之旨与晚清译著频现

随着中西文化渗透发展的不断深入，再加之刘锦藻个人曾积极参与社会活动，有过经商的经历，使其对社会的认知较为深刻，其学术视野也逐渐开阔，因而在治学思想上，能由尊古进而以通时务。故刘氏在面对晚清中国社会诸多顽疾之时，其"求道"之法，又不仅仅局限在传统的"圣人之道"内，而是还能将这种务实的学风引入到晚清兴起的"西学"之中。

（一）刘锦藻治学视野的拓展

刘锦藻在思想上能够从尊古转变到通今，既是时代使然，又与其自身经历相关。从当时的社会背景看，当时中国饱受西方帝国主义凌辱，历经鸦片战争、中法战争、甲午战争、八国联军入侵等一系列侵略事件，民不聊生。再加之当时中国社会动荡，政局纷争，社会内部阶级矛盾尖锐、吏治腐败。面对民族危亡，一些有识之士开始探索救国救民之路。在学术上，"一批忧国忧民的儒学之士，毅然冲出汉宋营垒，投到庄存与开创的常州学派大旗之下，按今文家'张三世'的理论，探索太平盛世的道路，并利用今文经学的'微言大义'抨击时弊，倡言经世致用"①。由此，儒学内部一股经世致用之风应运而生。刘锦藻在丁丙的《当归草堂丛书》案语中曰："丁氏昆季当浙西大难后，亟刻有用之书，大半正论格言，于立身从政之道，深有所裨。殿以邵氏《忧行录》，时懿辰方殉粤难，大节凛然，尤可宝贵，足以药晚近之浮嚣矣。"② 这里的"道"就是提倡一种"内圣外王"的儒学价值观，它体现了儒学在新环境下的新变化。

从其自身的经历来看，刘锦藻虽然从小受到的是中国传统思想的教

---

① 吴雁南等：《中国经学史》，福建人民出版社 2005 年版，第 572 页。
② 刘锦藻：《清朝续文献通考·经籍考》子部杂家类，第 10178 页。

育，但是自其"通籍"以后，主要的精力多集中在经商上。清光绪二十八年（1902），锦藻与友合资300万银圆，在汉口创办暨济水电公司；光绪三十一年（1905），又在上海创建第一家民营轮船公司——大达轮船公司，并担任经理；光绪三十三年（1907）十一月，浙江兴业银行在杭州成立，刘锦藻与汤寿潜合议集资100万元入股该行。此后，又相继在上海、汉口设立分行。此外，刘锦藻还积极地参与社会事务，在浙江保路运动中，终使英人侵略浙路的阴谋落空。又于光绪三十三年，率领地方缙绅诉湖州教会侵地案，使美传教士归还所占尊经阁等地，陆士虎先生赞锦藻此举之意义云："刘锦藻、沈谱琴等在这场历时数年、几经周折的涉外诉讼中，不畏不私，不卑不亢，有理有节，有勇有智，体现了爱国爱民的思想和卓越的才华，开创了中国人在美国打赢官司的先例。"① 如此的经历，使得其与一般埋头苦读的知识分子们相比，有着更为开阔的学术视野。其虽然尊古信古，却不拘泥于古人，能从信古中进而通时务，带有鲜明的爱国、经世学风。如刘锦藻在一些书籍案语中就表达了爱国思想。在王懿荣《天壤阁丛书》的案语中云："懿荣后官国子监祭酒，于庚子之难，从容自殉。迄今展斯卷，犹想见疾风劲草，板荡忠臣之气概云。"② 王氏曾奉命任京师团练大臣，奋勇抵抗八国联军，后因北京沦陷，投井自杀，刘锦藻在这条案语中流露出了对王懿荣的崇敬之情。再如道光年间，英人以鸦片输入内地，蠹蚀国民，刑部左侍郎黄爵滋"力斥钦差大臣伊里布、直隶总督琦善及太常寺卿许乃济政策之非，当时林则徐韪之"③。尽管刘锦藻的这段案语并未过多地赞扬黄氏，但于文字之间可见刘氏对当朝的不满，足见其拳拳爱国之情。再如，在对孟子是否应当尊周的看法上，刘锦藻十分赞同清人崔述在《孟子事实录》一书的观点，刘锦藻引其说曰："后人疑孟子当尊周室，不当劝齐、梁行王政。不知周显王时，周已失国。至东、西周判为两国，已降同诸侯，是时民困已极，孟子急欲救民，故勉以王政保民之事。此时而责以尊周，是不识时势而妄拟也。"④ 刘锦藻赞成崔述之说，认为孟子并非不尊周，而是知时务者，其所以劝齐梁，在于以王政而保民。从中可见，刘锦藻既尊王政，又不拘于王政，而是能将王政与时务相结合，体现了刘锦藻崇古而不泥古，能识时务为先的思想。

---

① 陆士虎：《江南豪门》，上海文汇出版社2008年版，第25页。
② 刘锦藻：《清朝续文献通考·经籍考》子部杂家类，第10179页。
③ 刘锦藻：《清朝续文献通考·经籍考》史部奏议类《黄侍郎奏议》条，第10078页。
④ 刘锦藻：《清朝续文献通考·经籍考》史部传记类崔述《孟子事实录》条，第10084页。

（二）以晚清"译著"求国富民强

如果说刘锦藻的"存古兴学"是求"道"于传统的"圣人之道"内，那么其开阔的学术视野、爱国经世的学术主旨，就使得刘锦藻在面对近代中国社会诸多顽疾之时，其"求道"之法，又不仅仅局限在"圣人之道"内，而是还能将这种务实的学风引入近代兴起的"西学"之中。

1. 以军政要籍谋强军之策

晚清以来，中国屡遭外国侵略。两次鸦片战争、中日甲午海战、八国联军攻占北京，导致这一系列事件的一个重要因素是当时中国军队武器装备的落后。刘锦藻在其《经籍考》中收录了诸多军政要籍，试图以此谋强军之策。这些军政要籍有以下三个特点：

一是收有关于如何使用、制造西方武器的图书。如王韬的《火器略说》，王韬自云："惟是近年来，俄人注意于亚洲，英亦思以兵刃保障印度，捍蔽屏藩，其势渐趋而东，意者火器之利将威之于境外，而不复用之于域中，此则亚洲之深忧也。况乎制造之法日新日异而岁不同，枪极其灵便，炮极其猛巨，船舰极其坚捷，几欲尽天下之铁以极火器之用，而亚洲方且晏然无备，不复措意于此。即有所仿效，亦徒袭其皮毛耳，一旦有事，我不知将何以御之！若是，则火器之制，可不汲汲讲求也哉！"① 该书介绍了枪炮的使用、制造，介绍了造火药法、实验火药法、论炮式度、用弹率、大铁炮定率表、用炮测量说、仿制西洋船炮论、战攻守三等炮论、新制炮架等武器使用技术。其间还附有插图，便于学习。再如金楷里译述的《克虏伯炮说》《克虏伯炮弹造法》详细论述了炮弹的制造、使用，"其记操演之法亦为周备"②。

二是收有关于西方作战方法、战略战术方面的图书。如傅兰雅所翻译的《防海新论》十八卷，该书原著者为德国人希理哈，他曾在美国参加了南北战争，这部著作就是他对参战经验的总结和归纳。该书介绍了许多海防作战中一些必备的武器装备，提出了战舰封锁作战的海防思想。这些作战方法，"立即在清政府的官员中产生了重要影响，正好成为中国海防建设的理论来源"③。又如金楷里的《临阵管见》九卷，其序云："布国于一千八百六十六年大胜奥国之后，欧洲各国查明军事，而修改军法，颇能弃

---

① 王韬：《火器略说·自识》，清光绪二十一年（1895）上海醉六堂石印本。
② 刘锦藻：《清朝续文献通考·经籍考》子部兵家类，第 10198 页。
③ 王宏斌：《晚清海防：思想与制度研究》，商务印书馆 2005 年版，第 110 页。

旧更新，彼时著作甚多，各抒己见，其故视布国胜奥国之事太重，而论不归夫中道。余故特著此书，论以后军法中攻守两事应用何法为妙，言取夫正，不取夫偏。"① 除了介绍布、奥两国在作战中的战略战术外，还介绍了德、法两军的源流，德、法两国交战移兵的大略、招兵之法，介绍了步兵、马兵、炮兵三种兵共同作战时列阵之法等。

三是收录了一些介绍西方军队建制方面的图书。如林乐知译述的《列国陆军制》介绍了日、俄、英、法、德、奥、意、印度、波斯各国兵制，重点介绍了日本实行新政后的军事建制，书中有云："日本自国变后，借材法国，更定军制新章，卒成强国。印度、波斯兵事颓废，遂起各国干预之渐，故一灭于英，一屈于英、俄。"② 以期为我所借鉴。还有金楷里的《海军指要》一书，论述了西方军队海上作战的制度，攻防交战之法，还详列图示，以明其用。廖寿丰的《武备新书》中介绍了军队操练方法、行营防守的章程等有关军队建设方面的知识。

刘氏《经籍考》所收录的这些军政要籍，介绍了西方先进的武器制造技术，反映了国人希望改变当时中国军队落后状况的客观要求。但是，"泰西之强，不在军兵炮械之末，而在其士人之学、新法之书"③。可见，实现国家的独立自强不徒依靠强大的军事实力。由此，国人开始了从知识层面向西方学习的历程。

2. 以"格致新书"助国计民生

清末新学渐成一种文化时尚，时人竞相谈论，以此为救国之器。在刘锦藻看来，学习西学必当得其要义，其曰："今国家侈谈变法，凡训农、惠工、通商诸大政，廷臣欲议于上，疆臣条对于下。远师欧美，近法日本，亦亟亟焉思与列强竞争，乃取其貌而遗其神，得其粗而弃其精。"④ 刘锦藻所谓的新学之"神"与"精"，即指有助于国计民生而言。如刘锦藻欲借西方先进技术，以助国家建设，其在史部政书类中就收录了英人伟烈亚力的《汽机发轫》、傅兰雅译述的《汽机必以》《汽机新制》《新式工程机械图说》《工程致富》《考工记要》《西国造桥论略》等书，这些有关近代机械工程领域的图书对中国近代工业的建设不无裨益。

但是，相比这些单纯的技术，其背后所蕴含的西方知识尤为重要。刘锦藻也意识到不仅要学习这些先进的技术，更要学习这些技术背后的理论

---

① 斯拉弗司撰，金楷里译：《临阵管见·原序》，清光绪二十九年（1903）刻本。
② 刘锦藻：《清朝续文献通考·经籍考》子部兵家类，第10199页。
③ 康有为：《日本书目志·自序》，上海大同书局石印本。
④ 刘锦藻：《清朝续文献通考·实业考》小叙，第11239页。

知识。因此，其在《经籍考》中还收录了一些介绍近代西方自然科学基础理论的图书。如天文学方面，收有赫士的《天文》、林乐知的《天文启蒙》、李安德的《天文略解》、伟烈亚力的《谈天》、金楷里的《测候丛谈》等书。这些图书介绍了太阳系的基本结构、天体运行的规律、万有引力定律、太阳黑子理论等内容，为中国近代天文事业的发展奠定了基础。再如数学方面，收有伟烈亚力的《数学启蒙》《代微积拾级》、傅兰雅的《代数术》《代数难题解法》、狄考文的《形学备旨》、李善兰的《圆锥曲线说》等书，这些图书介绍了西方近代的代数学、解析几何学、微积分学的基础理论知识。其中多数图书都成为了清末高等学堂所开设数学课的教材，① 影响十分广泛。这些西方自然科学基础理论图书是深入学习西方先进科学技术的前提和保证，价值十分重要。

刘锦藻除了在宏观层面关心国家建设外，还对民生问题十分关注。如对于当时的农业问题，刘锦藻言："降至今日，农学不讲，谋生愈隘，下以成法为经验，上以空言相都责，卒至民间日用所需，亦无一不仰给于人。吁！仰给于人，可惜也；至仰给于外人，又可惧也。"② 有鉴于此，刘氏《经籍考》收录了一些有关西方农业生产技术的书籍。如法人德赫翰著《农学肥料初编》一书，专门介绍了西方施肥技术："上卷六章，皆论活质之肥料，如兽粪生植物之类。下卷七章，皆论矿质之肥料，如灰石燐养之类，颇有裨实用。"③ 还有陈寿彭翻译的《木棉考》、陈梅坡翻译的《牧猪法》等书，介绍了一些西方专门的农业知识。而英人黑球华来思的《农学初阶》则是一部综合性的农业书籍，"编中所列皆取材于各家之书，益以大书院中之讲解，而复加之以阅历，通之以格致，近译农书此为翘楚矣！"④

除了农务外，刘锦藻还十分注重与国人健康密切相关的医学领域图书的收录。如收有英人哈士烈的《体用》，该书"既不失之蹈空，亦不过于征实，可以邮通中西矣！"⑤ 美人威妥玛氏的《妇科精蕴图说》则详细阐述了西方胎产的技术和方法，"西医妇科之书无有过于此者"⑥。而林湘东

---

① 龚书铎：《中国近代文化概论》，中华书局 2004 年版，第 175 页。
② 刘锦藻：《清朝续文献通考·实业考·农务部》光绪二十四年条，第 11251 页。
③ 刘锦藻：《清朝续文献通考·经籍考》子部农家类，第 10190 页。
④ 同上书，第 10189 页。
⑤ 同上书，第 10204 页。
⑥ 同上。

译述的《内科阐微》则重点论述了有关西医理论，"足见西医之精细"①。此外，还有尹端模翻译的《病理撮要》《医理略述》，孔庆高翻译的《西药略释》等书。

刘锦藻在其《经籍考》中所收录的这些有关国计民生的西方书籍，是其以书经世思想的重要体现。这种开明的治学思想虽然还带有些许时代的局限，但是其体现了晚清以来传统学人治学思想的转变，具有积极的社会文化功用。

3. 以新地理书、外国游记扩充国人眼界

在刘锦藻看来，晚清以降外国列强之所以侵占了我国许多领土，其原因之一在于"皆由我不明领域，不谙外情，有以致之"②。由此，刘氏《经籍考》在所收录地理类图书中，代表着新地理观念的图书也赫然在列。如魏源的《海国图志》纠正了明以来国人绘制地图的错误观念，重新绘制了地球全图，展示了地球全貌。徐继畬的《瀛寰志略》介绍了有关地球的基本常识，然后分别介绍了亚细亚各岛屿，以及俄罗斯、普鲁士、奥地利、瑞士、土耳其、意大利、比利时、荷兰、西班牙、葡萄牙、英吉利等各国家的地理位置、风土人情。张德明的《航海述奇》重点介绍了安南国、暹罗国、印度国、亚宁岛、埃及、法兰西、英吉利、荷兰、瑞典、比利时、俄罗斯等国家的语言文字、风土人情、草木山川、兽虫鱼鸟等事物。这些译作，"向中国人准确而系统地介绍了地球形状及全貌、世界地理格局、经纬度分划、南北半球、南北极、五大洲、五大洋，以及100多个国家的地理方位、主要山川河流、种族和历史沿革等，几乎引进了西方15世纪地理大发现以来的全部地理学成果"③。

除了新地理书外，刘锦藻还收录了诸多外国游记。这些游记中尤其以对日本的考察居多。这些游记有如下三个特点：

一是对日本社会现状的综合性介绍。如黄遵宪的《日本国志》分国统志、邻交志、天文志、地理志、职官志、食货志、学术志、物产志、礼俗志、工艺志等十类，凡四十卷，介绍了日本维新变法以来社会的发展变化。梁启超先生赞曰："其于日本之政事、人民、土地及维新变政之由，若入其闺闼而数米盐，别白黑而诵昭穆也。其言十年以前之言也，其于今日之事，若烛照而数计也，又宁惟今日之事而已！"④顾颉刚先生亦谓：

---

① 刘锦藻：《清朝续文献通考·经籍考》子部农家类，第10204页。
② 刘锦藻：《清朝续文献通考·舆地考》小叙，第10501页。
③ 汪林茂：《晚清文化史》，人民出版社2005年版，第70页。
④ 梁启超：《日本国志·后序》，见《续修四库全书》第745册，第423页。

"遵宪在晚清出使日本，搜集彼国材料，成此一书，将日本的政情、风俗、历史统赅无余，亦为近百年史学上的一大著述。"①

二是侧重于介绍日本明治维新后的政治体制。如顾厚焜的《日本新政考》是顾氏于清光绪年间游历日本时，参观考察日本各地新政后的有感之作。该书分洋务部、财用部、陆军部、海军部、考工部、治法部等九类，详细阐述了横滨、神户、大阪等地的通商港口、铁路设施、学校建置、军队防备、矿山开采等状况，"志在据实，不敢夸多"②。还有黄庆澄的《东游日记》，该书中重点考察了日本在明治维新后的政治体制、法律建设、文化教育、经济概况、民俗风情等内容。作者还从日本实行的新政中总结了一些经验教训："为今日中国计，一切大经大法，无可更改，亦无能更改。但望当轴者，取泰西格致之学、兵家之学、天文地理之学、理财之学，及彼国一切政治之足以矫吾弊者，及早而毅然行之，竭力扩充。勿以难能而馁其气，勿以小挫而失其机，勿以空言而贻迂执者以口实，勿以轻信而假浮躁者以事权。"③

三是对日本教育制度的关注。如缪荃孙的《日游汇编》，该书分《讲义》一卷、《游记》一卷、《表》一卷，据缪氏自云："荃孙东游时，南皮师嘱之曰：考学校者，固当考其规制之所存，尤当观其精神之所寄。精神有不贯，规制亦徒存耳。"④故该书重点考察了日本学校的建置，介绍了日本小学、中学、高等学的学制及学习的内容，尤其还注重介绍了日本办学的诸多新思想。

刘锦藻收录诸多日本游记，是有着积极的学术考量的。晚清时期，在实现国家富强的具体途径上，一些有识之士颇有创见。张之洞曰："西书甚繁，凡西学不切要者，东人已删节而酌改之，中东情势、风俗相近，易仿行，事半功倍，无过于此。"⑤康有为亦云："吾今取之至近之日本，察其变法之条例先后，则吾之治效可三年而成，尤为捷疾也。……泰西诸学之书其精者，日人已略译之矣。吾因其成功而用之，是吾以泰西为牛，日本为农夫，而吾坐而食之，费不千万金，而要书毕集矣。"⑥可见学习日本

① 顾颉刚：《当代中国史学》，上海古籍出版社2006年版，第37页。
② 顾厚焜：《日本新政考·例言》，清光绪二十年上海书局石印本。
③ 黄庆澄：《东游日记》，见陈庆念《苍南文献丛书》第8册，第19页。
④ 缪荃孙：《日游汇编·序》，载陈学恂《中国近代教育史资料汇编·留学教育》，上海教育出版社2006年版，第367页。
⑤ 张之洞：《劝学篇·外篇·游学》，见赵德馨编《张之洞全集》第12册，武汉人民出版社2008年版，第175页。
⑥ 康有为：《日本书目志·序》，上海大同书局石印本。

不失为一条求西学的捷径。刘锦藻正基于此，在其《经籍考》中收录了许多反映日本新政的图书，介绍了日本地理、风俗、兵制、职官、外交、政事等内容，揭示了日本明治维新以后社会发展的变化，有助于国人学习借鉴。

（三）收书中西兼顾的文化价值观

我们从刘氏《经籍考》对西方译著的收录和评价中可以看出，刘锦藻在对待西学的态度上，体现出了兼顾中西的文化价值观，这集中反映在他对中、西医的态度上。他说："近世医家喜新者，偏于西；泥古者，偏于中。二者未将中外之书融会贯通，折衷至当。"① 其正视西方文化的同时，也保持着清醒的头脑，他在许珏《复庵先生集》的案语中云："珏历涉重洋，洞于外务。变法之议兴也，诸使臣皆上言立宪便，公独谓中外立法根本迥异，宜慎所择。逮还朝，复上疏切论之。大旨主于维纲纪、慎改作、宽民力、系人心。疏入，议者汹汹，谓挠宪政，卒不听，惜哉！"② 从其对许珏的介绍中，流露出了刘锦藻主张学习西方文化要与中国实际相结合的观点，这无疑是更理性的。

而刘氏在宋应星所撰《天工开物》的案语中，更体现了其在中西文化融合发展的大背景下，所表现出的文化自觉。其云："此书于耕种、制造、采冶诸术皆剖析精微，并各附图，尤切实用。而佳兵一门，于地雷、水雷之构造，亦罗举靡遗，可知今世之所谓科学者，我国早已滥觞。惜此书久佚，流入日本，人至不能举其名。负笈之游学生震于泰西新制之精，以为望尘莫及，数典而忘其祖，其亦可慨矣夫！"③ 中国古代之"技术"与近代兴起之"科学"尚有差异，将其强行比附，并非明见。但自晚清以来，在社会上普遍流行"采西学"的大背景下，刘锦藻的这种民族文化意识，却是值得肯定的。实际上，学习西方先进文化的同时不能丢弃本民族的传统文化，否则将容易迷失方向，"数典而忘其祖"。时至今日，刘锦藻的这种文化自觉意识也尤为可贵，具有一定的现实借鉴意义。

但也应该看到，刘锦藻这种兼顾中西的文化价值观也受到了"西学中源"说的深刻影响，从而表现出了一定的时代局限性。上述在《天工开物》中的观点，认为近代兴起之科学滥觞于我国，就是一例。再如，刘锦

---

① 刘锦藻：《清朝续文献通考·经籍考》子部医家类唐宗海撰《中西汇通医书五种》案语，第 10202 页。
② 刘锦藻：《清朝续文献通考·经籍考》集部别集下，第 10241 页。
③ 刘锦藻：《清朝续文献通考·经籍考》子部艺术类，第 10206 页。

藻将西方的宪政比附于我国古代典籍《周礼》《管子》《墨子》中的语句，得出"此皆吾国言宪法者，是宪法为吾国固有"① 的结论。但是正如左玉河先生所论："这种类比式研究，是中西学术交流中必然出现的现象，其附会肤浅之弊端显而易见，但对于中西学术之接轨是有益的。究其动机，是借助中西学术之类比，寻求中西学术会通之道，从而将中国旧学纳入西学新知识系统之中。"② 可见，刘锦藻将西学比附于中学，在一定程度上促进了中西文化间的渗透发展。

综上所述，刘氏《经籍考》对西方译著的收录和评价，体现了在社会转型时期，一些带有"遗老"色彩的知识分子对自身的重新定位，对学术的重新思考。这些学人在治学思想和方式上，经历了从固守传统到开明经世的转变，学人们的这种转变，推动了中国传统学术与西方文化间的渗透发展，为中国传统学术的近代化演变奠定了思想基础。

五 文献学视角下的收书得失

以上从思想史、社会文化史的角度论述了刘氏《经籍考》收书的时代特色。刘氏《经籍考》以文献的视角，从学术发展的内在层面上概括地记录了中国传统学术向近代学术转型的历程，为考察中国传统文化的近代化进程提供了依据，亦可借此深刻地理解中国传统学人在近代化的转变中所体现出的价值和意义。下面再从文献学角度，对其收书优劣做一总结。总体看来，刘氏《经籍考》在收书方面有四大优点。

首先，收书采取了"以时为主"的断限原则。范希曾先生曰："收书之例有可言者，首宜严限断。……既非通记古今书而以断代高标，则明、清之际与夫清季、今代之间，著录当立准绳。愚意收书应以时为主，不应以人为主，即须视其书是否成于清兴或末之日而定去取。"③ 刘锦藻《经籍考》的收书断限原本截至宣统三年（1911），但对于清末民初之际，如沈家本、王先谦、叶昌炽、梁鼎芬、缪荃孙、沈曾植、王国维等成书于宣统三年以前的著作，"若弃而不收，恐无以餍观者之心而彰我朝文学之盛。

---

① 刘锦藻：《清朝续文献通考·宪政考》小叙，第 11421 页。
② 左玉河：《从四部之学到七科之学——学术分科与近代中国知识系统之创建》，上海书店出版社 2004 年版，第 433 页。
③ 参见朱师辙《清史述闻》卷一七范希曾评《清史稿》"艺文志"，上海书店出版社 2009 年版，第 279 页。

因此两端，再三斟酌，凡宣统三年以前所著与三年后所刻之各籍，均分类附载。"① 可见刘氏《经籍考》根据成书的具体时间而定其收录标准，并不因人而漏其书，颇值称道。

其次，收有一些难得的完本及精校精刊本图书。如收录了吴伟业的《梅村家藏稿》五十八卷。关于吴伟业的诗文集，早在康熙年间就有《梅村集》四十卷问世，《四库全书》据此本著录，遂为后来编纂吴氏诗注和年谱的祖本。直至宣统二年，武进董康得旧钞本《吴氏家藏稿》六十卷，"其刻本有而稿本无者，诗文各八首，稿中溢出诸篇，皆世所未见，其他标题字句亦视刻本为详。董氏厘为五十八卷，旧刻所增诗文，补录于后，附以年谱。得此，则旧刻可废矣。"② 可见刘氏《经籍考》所录之本优于旧刻，足补吴氏诗文之阙。又如桂馥所撰《札朴》一书，据翁广平称："大令（桂馥）以名进士出宰滇南，退食之暇成是编，贫不能付梓，乃以草稿授同寅山阴李柯溪少尹。少尹风雅好古，敦气谊，重然诺，遂出己财属浙西鲍渌饮先生校刊。时先生年八十余，终日不释丹铅，见此书以为未曾有，乃潜心雠对，凡五阅月而剞劂奏功。"③ 此书得鲍廷博精详校勘而后方付梓，足见其精审。张之洞曾云："读书不知要领，劳而无功；知某书宜读而不得精校精注本，事倍功半。"④ 刘氏《经籍考》所收之书注重完本、精校精勘之本，裨益读者甚大。

再次，注重收书的时效性。清中叶以来，随着中国社会近代化进程的不断深入，对外交流日益频繁，这就需要不断总结与各国交往的经验。刘锦藻云："窃念交涉为近代大政，苦无成书，总理衙门凡遇定约，随时印行。虽未奉通敕，而确系官书。谈外交者，舍是蔑由依据也。"⑤ 因此刘氏《经籍考》在政书类法令之属下收有《通商约章类纂》，该书以条约、章程为主，各通行成案以次附列。凡三十五卷，分吏、户、礼、兵、刑、工六类，六类中又复分子目，共计十五门，"悉以各国通商年月前后为次，而奏颁章程与通行成案则以统论各事者居前"⑥。还有劳乃宣所撰《各国约章纂要》共六卷，分别为游历、传教、内地商务、杂条四门，附以各国述

① 刘锦藻：《清朝续文献通考·经籍考》篇前总案语，第 10017 页。
② 刘锦藻：《清朝续文献通考·经籍考》集部别集类上，第 10220 页。
③ 翁广平：《札朴·序》，见《续修四库全书》第 1156 册，第 2 页。
④ 张之洞：《书目答问·略例》，上海古籍出版社 2001 年版。
⑤ 刘锦藻：《清朝续文献通考·经籍考》史部政书类法令之属案语，第 10097 页。
⑥ 徐宗亮：《通商约章类纂·凡例》，见沈云龙编《近代中国史料丛刊续辑》第 461 册，台北：文海出版社 1977 年版，第 6 页。

略、立约缘起、西教源流，卷首为各国立约年表，"涉于内地者，纂其要略，备州县循览易晓"①。其他还收有《各国约章分类辑要》《各国条约成案全文》《俄约会要》等交涉类书籍。这些书籍为研究清中叶以来的国际关系、清政府的外交政策以及对外交流等活动，提供了必要的文献参考。

最后，收有一些常被后人忽视的学人遗作。清代学者王鸣盛以经史考据之学见长，《尚书后案》《十七史商榷》《蛾术篇》为其代表之作，广为流传。徐世昌《清儒学案》称："平生奉康成为宗旨，治《尚书》尤专家，汉儒家法，于兹复见。考史以事实、制度、名物、地理、官制为重，而于治乱所关，贤奸之辨，及学术递变，多心得焉。"② 但其文学才华则不为后人所熟知。刘氏《经籍考》收录了王氏《西庄始存稿诗》十六卷，《文》二十三卷，"其诗以才辅学，以韵达情，粹然正始之音。古文纡徐醇厚，用欧、曾之法，阐许、郑之学，一时推为巨手"③。可见其文学功底也十分深厚。刘氏《经籍考》对王鸣盛诗文著作的记录，为全面研究王鸣盛的学术成就提供了新视角和新材料，这也有利于全面而深入地研究乾嘉考据学派学者们的为学业绩。再如王锡阐以精研西算著称："自利玛窦入中国，而天算之学奥窔益开。晓庵研讨密微，以为犹有所遗缺，所立新法，卓然自成一家言。志节之士，通天人之故，固不肯屑屑傍门户也。"④ 然其有关诗文之作则罕见流传。刘氏《经籍考》于集部诗集中收录了王锡阐的《晓庵诗集》二卷，"集中如《答禽言》及《三月十九日志感》诸作，亡国遗民，声泪俱下，殊令后之伤心人不忍卒读也。盖悱恻缠绵，得诗人怨而不怒之遗意，非钱谦益山膏之詈可比。"⑤ 这些常被后人忽视的学人遗作，为全面研究他们的学术思想提供了不可或缺的资料。

但是，刘氏《经籍考》所收之书也存在一些有待完善之处，特别是收书不完备，这也是许多学者对该书的主要诟病。⑥ 关于史志目录收书之缺

---

① 邵作舟：《各国约章纂要·序》，见沈云龙编《近代中国史料丛刊续辑》第 186 册，第 1 页。

② 徐世昌著，陈祖武点校：《清儒学案》第七七卷《西庄学案》，河北人民出版社 2008 年版，第 2657 页。

③ 刘锦藻：《清朝续文献通考·经籍考》集部别集类中，第 10225 页。

④ 徐世昌著，陈祖武点校：《清儒学案》卷三一《晓庵学案》，第 1030 页。

⑤ 刘锦藻：《清朝续文献通考·经籍考》集部诗集类上，第 10243 页。

⑥ 如张舜徽先生认为，刘氏《经籍考》"收的书籍，太不完备"（张舜徽：《中国史论文集》，第 197—198 页）。台湾学者昌彼得先生也说，此篇"不能如马氏《通考》详赡"（昌彼得、潘美月：《中国目录学》，台北：文史哲出版社 1986 年版，第 216 页）。蒋伯潜先生亦言："民国初，刘锦藻《续皇朝文献通考》收清高宗以后之书，但也不能完备。"（蒋伯潜：《校雠目录学纂要》，北京大学出版社 1990 年版，第 49 页）

漏，范希曾先生曾云："夫一代之书，求其一一著录，本非势之所可。历代《艺文》、《经籍志》俱选目而非全目。俗陋劣下之书众矣，焉可尽载。惟不应遗而竟遗者，斯为脱漏。"① 刘氏《经籍考》大致有以下五方面是"不应遗而竟遗者"。

其一，漏载一些著名学者的代表作。刘氏《经籍考》漏载了许多著名学者的重要之作。如皖派学者戴震在天文算法方面的代表作《原象》《续天文略》。二书互相补充，"实际上是一部古代天文通志，相当于一部古代天文资料的专题汇编"②。足见两书价值甚大而不应漏载。另外，刘氏《经籍考》集部收有段玉裁所编《戴东原集》，却又漏载了孔继涵汇刻的《戴氏遗书》，该书汇刻了戴氏诸多代表之作，卢文弨赞戴氏之学"精旨深造以求至是之归，胸有真得，故能折衷群言，而无徇矫之失"③。而《戴氏遗书》是研究戴震治学较为全面的图书资料，《经籍考》不应遗漏。又如经部礼类收录了孔广森的《大戴礼记补注》十三卷，却漏掉了王树枏的《大戴礼记校正》十三卷，据刘咸炘先生云："王《校》备引诸近儒校订，王引之、汪中、戴震诸家皆采入。《校正》极详确，集大成，他家皆不及。即《夏小正》篇，注家纷纷，视此皆有讹漏。"④ 可见王书内容宏博，不逊色于孔书。在史部正史类中罗列的补史志书目也有诸多遗漏。对《后汉书·艺文志》的补编仅列钱大昭、侯康两家，遗漏了姚振宗的《后汉书艺文志》四卷，顾怀三的《补后汉书艺文志》十卷，曾朴的《补后汉书艺文志》一卷、《考》十卷；补《晋书·艺文志》有丁国钧、秦光荣、文廷式、吴士鉴、黄逢元五家，但刘氏《经籍考》仅列丁氏一家。再如史部目录类既收杨守敬的《留真谱初编》，却漏载了其《留真谱二编》；既收邵懿辰的《四库简明目录标注》，却漏载了其子邵章之《续录》；既收朱记荣的《国朝未刊遗书志略》，却漏载了郑文卓的《国朝著述未刊书目》，等等。难怪张舜徽先生对此深有不满，曰："岂刘氏修《经籍考》时，但凭插架所有编成簿录的吗？"⑤

其二，漏载诸多辑佚之书。乾嘉以来，辑佚之风盛行，出现了章宗

---

① 参见朱师辙《清史述闻》卷一七范希曾评《清史稿》"艺文志"，上海书店出版社 2009 年版，第 285 页。

② 孙钦善：《中国古文献学史简编》，北京大学出版社 2008 年版，第 488 页。

③ 卢文弨：《抱经堂文集》卷六《戴氏遗书序》，中华书局 2006 年版，第 75 页。

④ 刘咸炘：《内景楼检书记》，载《刘咸炘论目录学》，上海科学技术文献出版社 2008 年版，第 195 页。

⑤ 张舜徽：《中国史论文集》，湖北人民出版社 1957 年版，第 197 页。

源、王谟、马国翰、严可均、黄奭等辑佚大家。咸丰时期，汤球、乔松年、陈运溶、王仁俊等学者也多致力于辑佚典籍。王绍曾先生赞清人辑佚成绩云："于是周秦古籍、汉人经注、魏晋六朝人所著书，以及金匮石室之遗，得以复显于世。此殆中国学术史上之创举，非深通著述家法而殚精竭虑悉力以赴者不能为。"① 然而刘氏《经籍考》却漏载了诸多重要的辑佚之作。如汤球所辑佚的汉晋史籍凡 40 余种，《十六国春秋》《九家旧晋书》《众家编年体晋史》等皆称精核。案，记录两晋南北朝时期的史书在唐代尚有十八家。唐修《晋书》以臧荣绪《晋书》为基础，参考十八家《晋书》而成，"自是言晋史者皆弃其旧本，竞从新撰"②。但唐所修《晋书》存在诸多缺点："史馆多是文咏之士，好采诡谬碎事以广异闻；又所评论，竞为奇艳，不求笃实，由是颇为学者所讥。"③ 故《钦定四库全书总目》评唐修《晋书》曰："正史之中，惟此书及《宋史》后人纷纷改撰，其亦有由矣。"④ 可见，汤球所辑唐官修以前的诸家《晋史》，尤为必要。其《众家编年体晋史》中就辑佚了习凿齿的《汉晋春秋》、孙盛的《晋阳秋》、檀道鸾的《续晋阳秋》、干宝的《晋纪》、陆机的《晋纪》《晋惠帝起居注》、曹嘉之的《晋纪》、邓粲的《晋纪》等，为研究两晋历史提供了重要的文献资料，刘氏《经籍考》不应遗漏此书。再如梁启超先生曾云：清人所辑佚之古史"以《世本》、《竹书纪年》为主要品"⑤。其中所辑《世本》有十家之多，而刘氏仅录秦嘉谟《世本辑补》一部；《竹书纪年》除了刘氏所收的陈逢衡、林春溥、董丰垣、陈诗、郝懿行、雷学淇六家外，尚有洪颐瑄、张宗泰、朱右曾、赵绍祖等四家漏载。

其三，失收一些必要的译书目录。晚清以来兴起的"西学东渐"，促进了译书事业的发展繁荣，随着译书的增多，记录这些译著的译书目录也应运而生。据统计，晚清以来共产生了近二十部译书目录，这些目录依照其职能和功用可分为综合性译书目录和专科性译书目录两大类。综合性的译书目录占有很大比例，主要有梁启超的《西学书目表》（1896）、康有为的《日本书目志》（1897）、沈桐生的《东西学书录总叙》（1897）、黄

① 王绍曾：《清史稿艺文志拾遗·前言》，中华书局 2000 年版，第 12 页。
② 纪昀等撰，《四库全书》研究所整理：《钦定四库全书总目》卷四五正史类《晋书》条，第 625 页。
③ 刘昫：《旧唐书·房玄龄传》卷六六，中华书局 1957 年版，第 2463 页。
④ 纪昀等撰，《四库全书》研究所整理：《钦定四库全书总目》卷四五正史类《晋书》条，第 625 页。
⑤ 梁启超：《中国近三百年学术史》，山西古籍出版社 2006 年版，第 257 页。

庆澄的《中西普通书目表》（1898）、徐维则的《东西学书录》（1899）、顾燮光的《增版东西学书录》（1902）、《译书经眼录》（1904）、沈兆炜的《新学书目提要》（1903）、王景沂的《科学书目提要初编》（1903）等。这些译书目录所收录的书籍内容十分广泛。如康有为的《日本书目志》收录了日本所译西学著作，其中有生理学、政治学、农学、教育学、文学等方面的书籍。顾燮光的《译书经眼录》则收录了有关西方法学、兵政、地学、理化学等方面的书籍。专科性的译书目录有王韬的《泰西著述考》，该书目主要收录的是有关西方天主教修士所著的宗教类图书。专收中西方算学著作的书目有丁福保的《算学书目提要》，专收西方农学著作的书目有傅兰雅的《农学要书简明目录》等。如果说当时繁多的译著，刘氏《经籍考》由于篇幅所限，很难一一收录，那么对于反映这些译著的译书目录，刘氏却没有收录一部，这是不应该遗漏的。

其四，失收敦煌遗书。晚清学术界一件重大事件便是在光绪二十六年（1900）发现了敦煌藏经洞内的敦煌遗书。这些敦煌遗书的内容十分丰富，除了大部分佛教、道教等宗教文献外，还包括儒家经典、韵文韵书、史籍地志、诸子残卷、考古资料、艺术资料、文学作品以及医学、历法、天文、算书等科技资料。王国维先生曾云：敦煌遗书中"佛典居百分之九五，其四部书为我国宋以后所久佚者，经部有未改字《古文尚书孔氏传》，未改字《尚书》、《释文》、糜信《春秋穀梁传解释》、《论语郑氏注》、陆法言《切韵》等；史部则有孔衍《春秋后语》、唐西州、沙州诸《图经》、慧超《往五天竺国传》等；子部则有《老子化胡经》、摩尼教、景教经；集部有唐人词曲及通俗诗、小说各若干种"①。可见其学术价值十分重要。但由于当时敦煌遗书并未得到清廷的重视，许多重要的文献被伯希和、斯坦因等外国学者劫走。直至20世纪初，一些学者才逐渐认识到敦煌文献的研究价值，开始了对敦煌遗书的整理、研究。如罗振玉的《鸣沙山石室秘录》分七部分：书卷第一、雕本第二、石刻第三、经像第四、壁画第五、古器物第六、余记第七，共收有遗书81部，其中书卷34部，雕本8部，石刻4部，经像8部，壁画4部，古器物3部。再如王仁俊的《敦煌石室真迹录》凡三册，分甲上、甲、乙、丙、丁、戊六部分，后有附录一卷。甲上收《邕禅师铭》《温泉铭》《金刚经》三帖，皆影印而成，使人能睹其真迹。七部分共收68件文献资料，每部文献后都有王氏案语，详加考证。这一时期的敦煌学虽然尚属于起步阶段，主要的学术工作多集中

---

① 参见傅杰《王国维论学集》，云南人民出版社2008年版，第251页。

在敦煌文献的整理、刊布及文献校勘等方面，总体上看还很简略，但毕竟为敦煌文献的介绍和宣传做出了贡献，"对以后敦煌学的发展产生了深远的影响，奠定了中国敦煌学发展的基础"①。而刘氏《经籍考》对当时新发现的敦煌遗书却没有收录。

其五，失收革命、变法类书刊。如有关太平天国运动时期发行的图书，刘氏《经籍考》不载。当时凡是经过天王洪秀全审定过的图书都称作"旨准颁行诏书"，并编有《旨准颁行诏书总目》。其中收有太平天国定都天京以后，为巩固政权而颁布的纲领性文件《天朝田亩制度》以及太平天国后期由洪仁玕提出的带有资本主义性质的改革方案——《资政新篇》等著作。刘氏《经籍考》受其政治立场影响而未予收录。再如这一时期维新派主要通过一些报刊宣传其思想。康有为、梁启超先后创办了《中外纪闻》《强学报》《时务报》等报刊。随后，各地纷纷效仿，梁启超先生云："甲午挫后，《时务报》起，一时风靡海内，数月之间，销行至万余份，为中国有报以来所未有，举国趋之，如饮狂泉。……《时务报》后，澳门《知新报》继之，尔后一年间，沿海各都会继轨而作者，风起云涌，骤十余家，大率面目体裁，悉仿《时务》，若惟恐不肖然。"②足见当时兴办报刊之风影响其广，但刘氏《经籍考》中却没有收录这方面的书刊。

刘氏《经籍考》所以会有漏收漏载之弊，从主观上看，刘锦藻思想较为保守，清廷虽亡，但他依然以清朝遗老自居。这充分体现在其收书标准上："乾嘉以后，名儒硕彦接踵而起，于四部之学各有著述，其义理浅陋、议论偏僻者，固不敢谬加搜采，致乖体例；其宗旨纯正，堪以继续乾嘉学派者，自应遵照成法，次第叙录。"③那么一些主张革命、变法类的书刊，就很难与其标榜的"宗旨纯正"者相"匹配"了。另外，刘锦藻凭一家私藏之力，搜集百余年之典籍，其艰难可想而知。王绍曾先生曾言："但以一二人之耳目，欲遍观天下无穷之载籍，其势实有所不能。况清人著述，时代非遥，图书存佚，未可以一时一地有无为断。有失于此而见于彼者，有佚于中土而存于海外者。复以我国幅员广袤，交通梗阻，藏书大抵为私人所有，彼此不通声气，锁钥綦严，即借观亦非易易。"④何况刘锦藻"起

①　林家平等编：《中国敦煌学史》，北京语言学院出版社1992年版，第6页。
②　梁启超：《中国报馆之沿革及其价值》，见杨光辉编《中国近代报刊发展概况》，新华出版社1986年版，第11页。
③　刘锦藻：《清朝续文献通考·经籍考》篇前总案语，第10017页。
④　王绍曾：《清史稿艺文志拾遗·前言》，中华书局2000年版，第14页。

自草茅，见闻固陋，私家搜访较之在官调度，难易悬殊"①。刘氏也自云：
"将乾隆五十一年后续出诸书条著于篇，世有以阙漏责者，所不辞焉。"②
因此，刘氏《经籍考》在收书上也就难免有所遗漏了。从客观上看，刘锦
藻在编书的过程中，社会环境动荡，又遭逢时局之大变迁，一度远离故
土，寄居青岛、大连、上海等地，这些因素都是其编书遗漏的客观原因。

尽管如此，刘锦藻并未因这些困难而放弃《清续通考》的纂修："今
若曰：非我所能与！人亦曰：非我所能与！将一代之典章制度，听其若存
若亡于天壤之间，历年既久，官私之纪录难详，故老之传闻亦渺。"③ 可谓
肺腑之言。从这个角度说，刘氏《经籍考》记录的不仅仅是这一时期的文
献，更是文献背后的时代思想与文化。因此，它的学术价值，也绝非仅是
一部查考清中后期古籍资料的目录书。

---

① 刘锦藻：《清朝续文献通考·自叙》。
② 刘锦藻：《皇朝续文献通考·经籍考》经部前案语，清宣统间铅印三百二十卷本。
③ 刘锦藻：《清朝续文献通考·自叙》。

第六章　刘氏《经籍考》之学术价值

刘氏《经籍考》所收之书上起乾隆五十年，下讫宣统三年，是查考清中后期学术研究资料的一部重要的工具书。其与《文献通考·经籍考》《续文献通考·经籍考》《清朝文献通考·经籍考》一同构成了辑录体目录著作体系，成为查考我国古代典籍流传与传承的必备资料书。但刘书在学术影响方面，不如张之洞的《书目答问》，且其在《清史稿·艺文志》成书之前，收书自不如其完备，何况又有武作成先生的《清史稿艺文志补编》、王绍曾先生的《清史稿艺文志拾遗》以及《续修四库全书总目》等书目可供检寻，那么刘书是否就可弃之不用呢？本章拟对如上问题作一分析。

一　与《书目答问》的关系

张之洞的《书目答问》分经、史、子、集、丛书五类，收录了中国传统图书近 2000 余种，该书目"翻印重雕不下数十余次，承学之士视为津筏，几于家置一编"[①]。李时亦云："公之书目出，四方学者闻风兴起，得所依归，数十年来成就学者不知凡几。"[②] 可见其在编成当时就产生了巨大影响。近代许多国学大师也都从这部书中获益匪浅。梁启超云："启超本乡人，曾不知学。年十一，游坊间，得张南皮师之《𫐐轩语》、《书目答问》，归而读之，始知天地间有所谓学问者。"[③] 刘乃和在忆其师陈垣先生时也说："他并未得到什么大师指引，只是由《书目答问》入手，自《书目答问》而《四库提要》，以此为阶梯而去读他所要读的书。"[④] 顾颉刚在

---

① 范希增：《书目答问补正·跋》，上海古籍出版社 2008 年版。

② 参见徐雁《〈书目答问〉传世百年三论》，《编辑学刊》2001 年第 6 期。

③ 梁启超：《饮冰室合集·文集之一》，中华书局 1989 年版，第 19 页。

④ 刘乃和：《书屋而今号励耘》，载《励耘书屋问学记》，生活·读书·新知三联书店 1982 年版，第 134 页。

研究目录学时，"《四库总目》、《汇刻书目》、《书目答问》一类书那时都翻得熟极了。"① 鲁迅也告诉青年学子说："姑且靠着张之洞的《书目答问》去摸门径去。"② 而张舜徽先生则从小就常常翻阅《书目答问》，"《书目答问》末附清代学者《姓名略》，开首便说：'由小学入经学者，其经学可信；由经学入史学者，其史学可信……' 我对这段话深信不疑。认为做学问应循序渐进，不可躐等，不可急躁。"③ 可见《书目答问》成为学者读书治学的必备书目。

清人江人度撰有《书目答问笺补》，民国间范希增续有《补正》，但两者多是对原有书籍版本方面之增补。柳诒徵云："其书断自乙亥，阅五十余年，宏编新著，影刻丛钞，晚出珍本，概未获载，故在光绪初足为学人之津逮者，至晚近则病其漏略矣。"④ 而刘氏《经籍考》因其所收图书至清宣统年间，故正可补其所缺略。如《书目答问》著录郑氏《周易》之学的著述有：惠栋所辑《雅雨堂丛书》本《郑氏易注》十卷、丁杰辑补《周易郑注》二十卷。案：宋王应麟尝辑有《周易郑康成注》一卷，惠栋补其所阙，复补益六十余条。乾隆年间，丁杰又以惠氏为蓝本，重加考定。然惠、丁二氏所辑有关郑玄象数之学则涉及较少。仅惠栋"准康成《周礼》、《礼记》注，作《十二月爻辰图》、《爻辰所值二十八宿图》，附之卷末"⑤。自清中叶以降，一些此类著述相继问世。据刘氏《经籍考》所载，有谢家禾《周易郑氏爻辰》一卷、戴棠《郑氏爻辰补》六卷、何秋涛《周易爻辰申郑义》一卷，则以上三书可补《书目答问》著录之略。又如，《书目答问》史部著录晋代之正史，有《晋书地理志新补正》《东晋疆域志》《补晋兵志》三书。但三书仅为《晋书》史志之一部分，若考察两晋之全史，似嫌简略。而检《书目答问》所录之正史类，从《史记》到《元史》，每部书皆著录有全史校勘或补正之书，唯独晋代阙之。据刘氏《经籍考》，有周家禄《晋书校勘记》五卷，锦藻曰："家禄考证《晋书》，随条辑录。初无'校勘记'之名，张之洞刊入《广雅丛书》，删去载记一卷，题曰《晋书校勘记》，已非家禄之志。又妄题撰人为通州周云，更不可解。后经家禄展转贻书之洞，辨明原委，改正补刊。而初次印行之本，

---

① 参见徐雁《〈书目答问〉传世百年三论》，《编辑学刊》2001 年第 6 期。
② 鲁迅：《而已集·读书杂谈》，人民文学出版社 1952 年版。
③ 参见徐雁《〈书目答问〉传世百年三论》，《编辑学刊》2001 年第 6 期。
④ 柳诒徵：《书目答问补正·序》，广陵书社 2007 年版。
⑤ 参见周中孚《郑堂读书记补逸》卷一，第 1186 页。

已无从追改矣。"① 张之洞《书目答问》刊行于光绪二年，而其《广雅丛书》则刊行于光绪十三年，则周氏《晋书校勘记》因其尚未刊行而为《书目答问》所漏载。

刘氏《经籍考》还可纠《书目答问》之误。如钱仪吉所编《经苑》一书，据张之洞《书目答问》所言，是编"已刻宋、元、明经说二十五种，唐人二种，皆《通志堂》未收者。有目未刻者十八种"②。然刘氏《经籍考》则曰："原书目四十一种，道光乙巳，大梁书院仅刊二十五种，宣统壬戌重印云。"③ 若据张氏所言，其已刻之书凡二十七种，未刻十八种，都四十五种，与《经籍考》所言四十一种者有异。

今考苏源生《书先师钱星湖先生事》曰："康熙中，昆山徐健庵尚书刊宋元诸儒说经之书百四十种，为《通志堂经解》，采撷至广。先生以其未备，复集同人之资，刊宋司马光温公《易说》六卷、张根《吴园易解》九卷、杨万里《诚斋易传》二十卷……熊鹏来《瑟谱》六卷，共二十五种，名曰《经苑》，缺者补之，讹者正之，日夕丹铅，躬自雠校。"④ 又据其所载，未刊者凡十六种，宋陈经《尚书详解》五十卷、傅寅《禹贡说断》四卷、苏辙《诗经传》二十卷、严粲《诗辑》三十六卷、朱子《仪礼经传通解》三十七卷、黄幹《续仪礼经传通解》二十九卷、黄震《读礼记日钞》十六卷、元吴澄《礼记纂言》三十六卷、宋陈祥道《礼书》一百五十卷、陈旸《乐书》二百卷、胡铨《春秋集善》十二卷、高闶《春秋集注》四十卷、朱子《论孟精义》三十四卷、陆佃《尔雅新义》二十卷、贾昌期《群经音辨》七卷、司马光《切韵指掌图》二卷，"皆已写清本，未及授梓而先生卒"⑤。据此，张之洞《书目答问》误，当以刘氏《经籍考》为是。

二　补正《清史稿·艺文志》及其《拾遗》

《清史稿·艺文志》著录清人著作近万种，尽管尚不足以窥见有清一代著作之盛，但毕竟是对清代学者著作的一次较有规模的整理之作，是考察清代书籍之流传的必备参考书目。是编刊印之后，武作成又编有《清史

---

① 刘锦藻：《清朝续文献通考·经籍考》史部正史类，第 10059 页。
② 张之洞著，范希曾补正：《书目答问补正·丛书目》，广陵书社 2007 年版，第 208 页。
③ 刘锦藻：《清朝续文献通考·经籍考》子部杂家类，第 10154 页。
④ 参见闵尔昌纂录《碑传集补》卷一〇，载周骏富辑《清代传记丛刊》第 120 册，第 622 页。
⑤ 同上。

稿艺文志补编》，又增补清人著作一万余部。而彭国栋又在以上诸家基础上，撰《重修清史稿艺文志》，实又增加著录清人著述八千余部。近些年来，王绍曾先生又撰有《清史稿·艺文志拾遗》一书，"凡所著录五万余种，合三家之所得而倍之，于是清人传世诸籍得以略备"①。那么，与以上几部清代重要的史志书目相比，刘氏《经籍考》优势何在？

《清史稿艺文志拾遗》依据彭国栋先生《重修清史艺文志》著录了周春所辑《古文孝经》一卷，但刘书孝经类却著录周春撰《中文孝经》一卷，两书名称有一字之别。考刘书于《中文孝经》下解题云："其自序云：《孝经》有遵今文而斥古文，有从古文而毁今文者。要之，各有所长，何容偏废，今以朱子《刊误》为主，取后汉刘子奇之义，定为中文。"②据此，周春所撰应为《中文孝经》，当以刘书为是。

此外，刘氏《经籍考》尚可补以上诸书著录之缺。如欲查清桐城派学者姚鼐之作，检《清史稿·艺文志》及其《补编》《清史稿艺文志拾遗》《书目答问补正》所得有：《灵石何氏家传》《前后藏考》《惜抱轩书录》《惜抱轩四库馆校录书题》《惜抱轩〈汉书〉评点》《惜抱轩史论》《惜抱轩尺牍》《姚姬传诗》《姚姬传文钞》《惜抱先生尺牍补编》《古文辞汇纂序目》《惜抱轩集》《惜抱轩全集》《惜抱轩遗书》共计十四部。再查刘氏《经籍考》集部另载姚鼐所撰《惜抱轩笔记》八卷，为其他书目所不载。案，姚鼐之子姚雉称，姚鼐"外有《文后集》十卷、《笔记》十卷，今皆缮写雠校，旋尽刻以公海内"③。则与刘书所载《笔记》八卷有异。又据《清史稿》姚鼐本传称，其有《笔记》四卷。考邵懿辰《增订四库简明目录标注》载有《惜抱轩笔记》八卷，④又张舜徽先生《清人笔记条辨》亦载有清嘉庆庚辰刻本《惜抱轩笔记》八卷，⑤则姚雉、《清史稿》姚鼐本传所言皆误，当以刘书为是。

实际上，《清史稿艺文志拾遗》在编纂过程中将刘书作为其参考书目之一，有些情况是它书所不载，唯凭刘书的记录才得以著录的。如《清史稿艺文志拾遗》经部孝经类传说之属，著录了马其昶的《孝经谊诂》一卷，其下仅注曰"续经籍"字样，就是从刘书中补录的。

相比之下，刘氏《经籍考》在一些书目的解题中，常附有考辨，优于

---

① 参见程千帆《清史稿艺文志拾遗·序》，中华书局 2000 年版，第 3 页。
② 刘锦藻：《清朝续文献通考·经籍考》经部孝经类，第 10041 页。
③ 姚雉：《惜抱轩诗集·后集·后跋》，见《续修四库全书》第 1453 册，第 312 页。
④ 邵懿辰撰，邵章续录：《增订四库简明目录标注》，上海古籍出版社 1959 年版，第 525 页。
⑤ 张舜徽：《清人笔记条辨》，华中师范大学出版社 2004 年版，第 96 页。

《清史稿·艺文志》等书目徒列其书名、卷数者。如刘书子部杂编类收有《清芬堂丛书》，其在案语中对该丛书所收录的《朝邑志》一书考辨曰："《朝邑志》字仅五千七百余，笔墨简古，洵称杰作。然名宦不载事实，选举不载年岁，失之太略。记杨恭报复知县事，乃小丈夫所为，未免采择不精，未若《武功志》之简而能核也。"① 考《钦定四库全书总目》史部地理类韩邦靖撰《朝邑县志》条曰："古今志乘之简，无有过于是书者，而宏纲细目，包括略备，盖他志多夸饰风土，而此志能提其要，故文省而事不漏也。"② 然又考胡玉缙《四库全书总目提要补正》引钱泰吉《曝书杂记》曰："观韩氏于人物中叙程济祭碑、杨布政骑驴见知县事，文实铺张奇伟，然当时已有病其简略，而为《续朝邑志》者矣。"③ 又引方损之曰："五泉（笔者引——五泉为韩邦靖之号）文笔虽佳，而于史例亦未谙，世俗瞀于盛名，相与推之，非笃论也。"④ 则刘氏《经籍考》所考辨，尚有依据，或可据之以正《四库全书总目》之失。

由以上几例可说明：刘氏《经籍考》依然是查考清中后期古籍的基本依据之一，尤其是刘书在一些图书下辑录了原书序跋，还附有案语略加考证说明。金毓黻先生赞云："锦藻虽续官书，实为私撰。愚检读其《经籍考》著录各书，略系解题，实远胜于《清史稿·艺文志》。"⑤ 可见刘书有《清史稿·艺文志》等诸书不可替代的学术价值。

三　与《续修四库全书总目提要》之互补

《续修四库全书总目提要》始编于民国十四年（1925），由日本东方文化事业委员会以庚子赔款为经费，负责纂修。其收书之范围"上溯《四库全书总目提要》未收或虽已收而卷帙、版本不同之清乾嘉以前历代著述，下采《四库全书》编成后问世之清人著述，兼及部分日本、朝鲜及西方人士汉学著述，共著录图书34000余种。"⑥ 与《四库全书总目》并为读书治学所不可或缺，正如王云五先生所云："书籍提要为读书之最佳门径，

① 刘锦藻：《清朝续文献通考·经籍考》子部杂编类，第10176页。
② 纪昀：《钦定四库全书总目》（整理本）史部地理类韩邦靖撰《朝邑县志》条，第936页。
③ 参见胡玉缙《四库全书总目提要补正》卷二二史部地理类《朝邑县志》条，第595页。
④ 同上书，第596页。
⑤ 金毓黻：《中国史学史》，河北教育出版社2003年版，第230页。
⑥ 吴格：《续修四库全书总目提要·丛书部》整理前言，国家图书馆出版社2010年版，第1页。

集万部有奇之书籍提要于一书，未观原书，先读提要，将可获一鸟瞰之印象，不致茫然无所措手。"① 刘氏《经籍考》专收录清中后期图书，与《续修四库全书总目》虽有重复之处，然其学术价值则可与《续修四库全书总目提要》互为补充。

（一）或可正《续修四库全书总目提要》之误

如刘氏《经籍考》子部杂编类收有张澍所撰《二酉堂丛书》，刘氏《经籍考》著录二十一种二十七卷，曰："道光元年，刊于二酉堂，先成二十一种，关陇文献于焉略备。"② 然《续修四库全书总目提要·丛书部》著录是编二十六种，据谢国桢先生曰："是书刻于道光元年，澍自蜀返里，侨寓青门之时，凡刻二十六种，余多未刊。"③ 今考范希曾《书目答问补正》曰："道光元年刻本，只刻成二十一种。"④ 又《中国丛书综录》所收亦为道光元年武威张氏二酉堂刊本，为二十一种。⑤ 再检《续修四库全书总目提要·丛书部》所录是编篇目，亦只有二十一种。据此，《续修四库全书总目提要·丛书部》误。

又如宋世荦编《台州丛书》七种，其中《嘉定赤城志》一书，《续修四库全书总目提要·丛书部》以为其书"用传抄明弘治本，世间流传皆极稀少"⑥。然刘氏《经籍考》则曰："世荦所刊七种，除《赤城志》外，皆悉小种罕见之本。"⑦ 明弘治本《嘉定赤城志》究竟可否称为罕见之本，两说相反。今考莫友芝《郘亭知见传本书目》史部地理类，载有宋陈耆卿《嘉定赤城志》四十卷，注曰："明弘治丁巳谢铎重刊本，昭文张氏藏。"⑧ 则明弘治本《嘉定赤城志》已为谢铎所重刊，为清张金吾所藏，又丁丙《善本书室藏书志》⑨、陆心源《皕宋楼藏书志》⑩ 皆藏有明弘治本《嘉定

① 王云五：《续修四库全书提要·序》，台湾：商务印书馆1972年。
② 刘锦藻：《清朝续文献通考·经籍考》子部杂家类，第10148页。
③ 参见吴格、眭骏整理《续修四库全书总目提要》丛书部，第465页。
④ 张之洞著，范希曾补正：《书目答问补正·丛书目》，广陵书社2007年版，第208页。
⑤ 上海图书馆编：《中国丛书综录》，上海古籍出版社2007年版，第387页。
⑥ 参见吴格、眭骏整理《续修四库全书总目提要》丛书部，第504页。
⑦ 刘锦藻：《清朝续文献通考·经籍考》子部杂家类，第10146页。
⑧ 莫友芝：《郘亭知见传本书目》卷五史部地理类，见《清代私家藏书目录题跋丛刊》第4册，第669页。
⑨ 丁丙：《善本书室藏书志》卷一一史部地理类，见《宋元明清书目题跋丛刊》第9册，第523页。
⑩ 参见陆心源《皕宋楼藏书志》史部地理类钱大昕跋《嘉定赤城志》条，见《宋元明清书目题跋丛刊》第7册，第342页。

赤城志》。又考傅增湘《藏园订补邵亭知见传本书目》，载有明成化刊本，"钤有抱经堂及马玉堂藏印，存二十八卷"①。据此，言其"世间流传皆极稀少"，似待商榷。而陆心源《皕宋楼藏书志》又引钱大昕跋曰："此志成于嘉定十六年，而第三十三卷载史嵩之鸩杜范事，乃在其后二十有余年，文词亦绝不类，盖明人以意窜入，决非寿老元文，吾安得见宋椠本而一刊正之乎！"② 则是编明人所刊，已非其旧。

（二）有些图书优于《续修四库全书总目提要》的著录

如清吴志忠所编《璜川吴氏经学丛书》，刘氏《经籍考》著录为十五种八十九卷，③ 而《续修四库全书总目提要》丛书部则著录的是道光十年重刊本，为十三种五十四卷附一种二十四卷。④ 今考《中国丛书综录》，亦收录是编道光十年宝仁堂刊本，为十五种，⑤ 与刘氏《经籍考》合。又检二书之目，《续修四库全书总目提要》丛书部所漏收吴成佐之《经史论存》四卷。《经史论存》卷一为论述经义大旨，卷二辨论经史谬误，卷三、卷四为史论，据周中孚《郑堂读书志》称，是编"论断颇见卓识"⑥，可见其学术价值甚大，当以刘氏《经籍考》著录为优。

再如，经部戴清所撰《四书典故考辨》十二卷，今《续修四库全书总目提要》经部四书类载戴清《四书典故考》一卷，咸丰元年刊本。据伦明称，是书原分十二卷，但"书成未能付梓，刘文淇就此书及所撰《群经释地》，各择数十条刊之，并为之序"⑦。则《续修四库全书总目提要》所收乃是书之删节本。

又如潘世恩《清颂堂丛书》，刘氏《经籍考》著录有八种五十四卷，《续修四库全书总目提要》丛书部则著录有七种五十三卷。今比较两书所录，《续修四库全书总目提要》丛书部缺刘凤诰《存悔斋集杜》三卷、吴永和《集陶诗》一卷。则《清颂堂丛书》当以刘氏《经籍考》所著录为优。

---

① 傅增湘：《藏园订补邵亭知见传本书目》，中华书局 2009 年版，第 365 页。
② 参见陆心源《皕宋楼藏书志》史部地理类钱大昕跋《嘉定赤城志》条，见《宋元明清书目题跋丛刊》第 7 册，第 342 页。
③ 刘锦藻：《清朝续文献通考·经籍考》子部杂家类，第 10159 页。
④ 参见吴格、睢骏整理《续修四库全书总目提要》丛书部，第 12 页。
⑤ 上海图书馆编：《中国丛书综录·类编·经类·经义》，上海古籍出版社 2007 年版，第 601 页。
⑥ 周中孚：《郑堂读书记》卷七一集部别集类《经史论存》条，第 1173 页。
⑦ 伦明：《续修四库全书总目提要》经部四书类《四书典故考》条，第 980 页。

（三）可与《续修四库全书总目提要》互补

刘氏《经籍考》的某些书目解题可补《续修四库全书总目提要》解题之略。如黄奭所编《汉学堂丛书》，刘氏《经籍考》在解题中叙其在流传中曾有遗失，其曰："奭既没，粤寇至，版庋樊汉镇僧舍者二十余年，其子携归，仅存二百十余种。"① 则是编为其不完之本，而《续修四库全书总目提要》丛书部之是书解题，则并未及此，据此可补其解题之略。又如钱大昭撰《两汉辨疑》，《续修四库全书总目提要》史部《汉书辨疑》条曰："今通览全卷，其长处在说明文字，盖《汉书》多古字古言，孟坚于《叙传》自称其正文字，实由于此。钱氏于《说文》训诂之学颇有研求，故于班书疏释颇多审核。"② 又《后汉书辨疑》条曰："是书体例与其所著《汉书辨疑》略同，意在是正文字，疏明史事，简要不支，是其所长。而发明较少，亦由于此。"③ 综观《续修四库全书总目提要》所言，仅揭示了钱氏两书训诂文字，考证史实之特色。然刘氏《经籍考》于史部《两汉书辨疑》条则又引王鸣盛序曰："两汉文字近古，与五经相出入，不识字，不通古学者，固难与语，此可庐于《说文》深通古训，穿穴经史传记、墓铭碑碣，善求其间，识纯而心细，实事求是，不屑为支蔓语，故能折衷群疑，而于官制、地理，所得尤多，洵班、范之功臣，史家之指南也。"④ 据此，钱书精于官制、地理之考辨，为《续修四库全书总目提要》所不载。

实际上，两书著录优劣参半，常可互为补充。如刘氏《经籍考》子部杂编类著录《岱南阁丛书》十六种，而《续修四库全书总目提要》丛书部则著录是编十八种。今比较二书所列篇目，刘氏《经籍考》所录《仓颉篇》为《续修四库全书总目提要》所无，《续修四库全书总目提要》所录《盐铁论》十卷附《盐铁论考证》一卷，又为刘氏《经籍考》所无。然《续修四库全书总目提要》又收有巾箱本《岱南阁丛书》凡五种，即收有清王勋《王无功集》三卷附《补遗》二卷、唐史徵撰《周易口诀义》六卷、孙星衍撰《周易集解》十卷、孙星衍校《夏小正》二卷、《急就章考异》一卷，谢国桢先生曰："星衍辑有《岱南阁丛书》，复辑是书，用袖珍本刊刻，坊间称为《小岱南丛书》。"⑤ 则《续修四库全书总目提要》丛

---

① 刘锦藻：《清朝续文献通考·经籍考》子部杂家类，第 10157 页。
② 王云五主持：《续修四库全书总目提要》第 4 册，第 18 页。
③ 同上书，第 32 页。
④ 参见刘锦藻《清朝续文献通考·经籍考》史部正史类，第 10058 页。
⑤ 参见吴格、眭骏整理《续修四库全书总目提要》丛书部，第 284 页。

书部又可补刘氏《经籍考》著录之阙。

又如刘氏《经籍考》子部杂家类著录《文选楼丛书》三十二种四百八十八卷，而《续修四库全书总目提要》丛书部却著录是编三十四种，据谢国桢先生曰："印书人请以各零种汇为丛书而印之，凡三十二种。后又增为三十四种。大抵阮氏所刻之书，为类甚繁，当时搜辑，尚有遗漏，如所刊钱遵王《读书敏求记》，书前总目即未列入，想散佚者当不止此一二种也。"① 然比较二书之篇目，刘氏《经籍考》所录阮元《曾子注释》五卷、钱大昕《恒言录》四卷、阮元编《八砖吟馆刻烛集》三卷皆为《续修四库全书总目提要》丛书部所未收，而《续修》本之《揅经室再续集》六卷，又为刘氏《经籍考》所未收。

以上可见，刘氏《经籍考》与《书目答问》《清史稿·艺文志》及其《拾补》诸作以及《续修四库全书总目提要》，是相辅相成的关系。刘书尽管成书在前，缺略自不可免，然其在书目的收录上，亦有精审之处，可补证诸作之不足。其书目之解题，在读书治学方面，更可弥补《书目答问》《清史稿·艺文志》及其《拾补》之略。除此而外，刘书在史料的著录和记载方面也有其独特的学术价值。

四　补史料著录之阙，纠史传记载之误

对于正史中语焉不详的历史事件，刘书可提供相关文献资料，补其缺略。如清康熙年间的庄氏史案，刘氏《经籍考》子部杂编类所收汪曰桢编《荔墙丛刻》中，载有《南浔镇志》一书，据谢国桢先生曰："咸丰丙辰间，南浔镇有编纂志书之举，签属曰桢以促其成。乃采摭史籍方志杂说，以暨谱牒浏览之书，至二十五万余种，博综群籍，櫽栝成编。尤于南浔庄氏史狱，征集至详，为镇志中最完备之书。"② 可见《南浔镇志》所记庄氏史案始末较详，可为相关的学术研究提供翔实的文献资料。又如晚清时期，广州作为与英国人对外贸易的重镇，当时清政府禁止英人入广州城内贸易，而英人早就有占领广州的计划。然关于此事件详细原委，正史的记载多不详尽。刘氏《经籍考》所收赵之谦编《仰视千七百二十九鹤斋丛书》中即有《英吉利广东入城记》一书，其书自道光十三年，与英人定和

---

① 参见吴格、眭骏整理《续修四库全书总目提要》丛书部，第293页。
② 参见吴格、眭骏整理《续修四库全书总目提要》丛书部《荔墙丛刻》条，第329页。

约五年一易始，至咸丰九年叶名琛病死他乡止，可为研究清末外交之重要史料。

再如以往书目中关于地方志的收录，多注重于各省之通志，而刘氏《经籍考》在史部地理类中减少了各省通志的数量，转而收录了大量府州方志图书："《皇朝通考》地理类都会郡县仅列各省通志，而于各府县志则鳞爪而已。今迭更五朝，志乘云起，爰自乾隆五十年后，录其省志、府志、直隶州志，略资考证。不录县志者，非搜采所能尽，且省府州志得而隶栝之也。"① 可见收录了大量的府州地方志是刘氏《经籍考》的特色之一。

刘氏所收从乾隆到宣统年间各省府州志160余部，是《清考》的近十倍。这些府州志涉及的地域包括北京、河南、湖北、湖南、陕西、浙江、黑龙江、吉林、新疆等各省所属的府州县。纵观刘氏所著录的这些方志有以下三个特点：

一是可与《四库全书总目》所收方志形成较为完整的文献体系。如《四库全书总目》收录了宋周淙的《乾道临安志》、元潜说友的《咸淳临安志》，而刘氏《经籍考》则收有江浚源的《嘉庆临安府志》；《四库全书总目》收录了清雍正年间鄂尔泰监修的《云南通志》，而刘氏《经籍考》则收有阮元监修的《道光云南通志》、王文昭监修的《光绪续云南通志稿》；《四库全书总目》收有雍正年间修撰的《山东通志》《甘肃通志》，而刘氏《经籍考》则收有宣统年间的《山东通志》《甘肃通志》等。这些地方志形成的较为完整的文献体系为研究某一地区行政区域沿革、风俗人情等状况提供了系统、全面的文献参考。

二是收录了一些著名学者所领衔参与编纂的方志。梁启超先生曾云："清之盛时，各省府州县皆以修志相尚，其志多出硕学之手。"② 刘氏《经籍考》也收录了一些著名学者参与编修的方志著作。如谢启昆的《嘉庆广西通志》、阮元的《道光云南通志》《嘉庆广东通志》、莫友芝的《道光遵义府志》、沈家本的《光绪天津府志》等。尤其是谢启昆的《嘉庆广西通志》，"遍征晋唐宋明诸旧志门类体制，舍短取长，说明所以因革之由。认修志为著述大业，自蕴山始也"③。这些饱学之士所编修的方志，在体例的编纂、资料的择取方面都十分精当，学术价值极大。

---

① 刘锦藻：《清朝续文献通考·经籍考》史部地理类都会郡县之属案语，第10107页。
② 梁启超：《清代学术概论》，上海古籍出版社2005年版，第46页。
③ 梁启超：《中国近三百年学术史》，山西古籍出版社2006年版，第290页。

三是保存了一些志稿之作。一部方志著作的成书通常都几经修改，其初稿之作往往都是在一定编纂体例下广征博采，以备纂修时删节之用。因此，有些地方志的初稿常常收录了许多丰富的文献资料，具有一定的学术价值。刘氏《经籍考》就收有《光绪台州府志稿》《光绪续云南通志稿》《光绪乾州志稿》等著作，这些志稿虽然尚存在一些不完善之处，但其中的学术价值却不可忽视。如晚清台州著名藏书家叶书就是在《光绪台州府志稿》的基础上编纂了《台州金石考》九卷，而喻长霖的《民国台州府志》、项士元的《台州经籍志》等著作也是在参考了《光绪台州府志稿》的基础上编纂而成的。

但是，刘氏《经籍考》所收的这些方志却存在著录过于简略的不足。在这 160 余部地方志中，仅在《同治福建通志》和《光绪卫藏通志》两书后各附录了一句简短的案语，其他则仅录其书名、作者，未能简明扼要地揭示出各方志具有的学术价值。

刘书不仅可补史之阙，还能纠史传之误。如关于《榕园丛书》的编撰者问题，据《清史列卷》卷七十三《李光廷传》曰："晚岁以钞书自娱，每钞一书，为之序录，计六十三种，为《榕园丛书》。"[1] 据之，《榕园丛书》当为李光廷编。然刘氏《经籍考》引张允颐序曰："先君榕园公，同治庚午由京曹出守廉州，丙子移肇，属李光廷校勘。越岁，丁艰归，板之存粤者，李先序而行之。"[2] 则《榕园丛书》当为允颐之父张丙炎所编。又考谢国桢先生曰："未几，丙炎丁忧反里，李氏乃为汇刻行世。陈澧为之撰序，即称是书为李氏所辑。丙炎卒后，允颐乃为补辑行世，题曰《张氏榕园丛书》，以存旧观。"[3] 今《中国丛书综录》即收录有张丙炎辑、张允颐重辑，民国二年重刊本《榕园丛书》。[4] 据此，《榕园丛书》当为张氏父子相继编成，李光廷仅属校勘之役，《清史列传》误。

五　弥足珍贵的传统社会文化财富

元人马端临曾慨叹："汉、隋、唐、宋之史俱有《艺文志》，然《汉

---

① 王钟翰点校：《清史列传》卷七三《文苑传》四，第 6054 页。案，王钟翰先生点校本"李光廷"作"李光建"，误。

② 刘锦藻：《清朝续文献通考·经籍考》子部杂家类，第 10173 页。

③ 参见吴格、睢骏整理《续修四库全书总目提要》丛书部《榕园丛书》条，第 315 页。

④ 上海图书馆编：《中国丛书综录》汇编杂纂类，上海古籍出版社 2007 年版，第 195 页。

志》所载之书，以《隋志》考之，十已亡其六七；以《宋志》考之，隋、唐亦复如是。岂亦秦为之厄哉！昌黎公所谓'为之也易，则其传之也不远'，岂不信然？夫书之传者已鲜，传而能蓄者加鲜，蓄而能阅者尤加鲜焉。"① 足见古籍往往经久而难全。刘氏《经籍考》踵马氏之例，记录和揭示了清中叶以降的学术成果，为后世保存和积累了大量文化财富。

从其编书的社会背景看，刘书诞生在清末民初，该时期社会动荡，鸦片战争、太平天国起义、英法联军入侵等一系列事件使得中国近代图书屡遭兵燹摧残，许多文献在兵火中亡佚。学者邓实不禁感叹："近者庚子之变，联军入关，上自宫府所藏，下及私家所守，已散弃如陈年故纸，不适于用者，弃之可无惜。然则，今日之书籍不禁而禁，不焚而焚，更后数十年，其海内之无书，尤可决也。"② 再加之，该时期新学兴起，中国传统文化受到挑战。有学者论曰："新学大昌，典籍渐废，秘书旧本不惟读者日稀，且恐知者复罕。不为表章，则秦火虽熄，仍同灭亡，此一惧也；中学西渐，欧美之人虽不辨之无，而独喜搜讨。硱宋遗籍，转入东瀛；敦煌坠简，复非我有。后之学者，欲抱残守缺，亦云难矣！此二惧也。"③ 在这种社会背景下，刘锦藻独"负经世之志，郁不得施，颇欲垂空文，存国故自效。当是时，国势寖弱，海内人士竞言新政新学，诡诐之说亦杂出。君惧前典旧法渐即催灭，慨然援马贵与氏义例，勒成一书曰《续皇朝文献通考》。"④ 足见刘氏这种拳拳爱国之心赋予了该书保存传统文化的深刻内涵。

再从其收书的内容看，刘书所收录的一些图书在保存传统文化方面意义重大。如陆心源是晚清四大藏书家之一，清人俞樾论之曰："少即喜购书，遇有秘籍，不吝重价，或典衣以易之，故为诸生时，所得已不下万卷矣。大江南北，兵燹之后，故家藏书往往出以求售。君既好之而又有力，于是悉归于君。藏书之富，甲于海内。"⑤ 陆氏去世后，其子因穷于生计，于光绪三十三年（1907），将陆氏藏书卖于日本静嘉堂，然而，"日本估船载归，不二十年，东京地震，付之一炬"⑥。而刘书收录了陆氏《十万卷楼

---

① 马端临：《文献通考·自序》，中华书局2006年版，第8页。
② 邓实：《禁毁书目合刻·跋》，光绪三十三年上海国学保存会铅印本。
③ 邓邦述：《群碧楼善本目录·旧叙》，民国间抄本。
④ 陈三立：《清故内阁侍读学士刘君墓志铭》，见《散原精舍文集》，第256页。
⑤ 俞樾：《广东高廉道陆君神道碑》，载《仪顾堂书目题跋汇编》，中华书局2009年版，第665页。
⑥ 刘锦藻：《清朝续文献通考·经籍考》子部杂家类，第10176页。

丛书》，该书乃陆心源所藏宋元遗书，刊刻于光绪五年（1879），共三编五十种，三百八十二卷，"幸留此翻刻本，学者尚可由流溯源焉"①，足见刘氏《经籍考》为保存传统文化功不可没。此外，刘书还收录了一些宋元旧刻善本书。如黄丕烈的《士居礼丛书》中收有宋刊本《周礼郑氏注》《仪礼郑氏注》《伤寒总病论》《集验方》等，"尤为罕见之书，所附《札记》诠释音义，刊正谬误，为校勘家之翘楚。原刻曾经兵燹，流传绝少，好古之士珍如鸿宝云"②。又如胡珽的《琳琅秘室丛书》刻于咸丰年间，"珽初寓吴门，搜集先世遗书，采获宋元旧刊、影钞诸本，刻于琳琅秘室"③。这些宋元旧刻是中国传统文化中的宝贵财富，特别是在读书治学中，因这些旧刻善本图书"与作者的距离愈近，展转翻刻的次数也愈少，保存的真面目便愈多，所以可贵"④。

清儒章学诚曰：目录书当"著录部次，辨章流别，将以折衷六艺，宣明大道，不徒为甲乙纪数之需"⑤。可见"宣明大道"应当是目录书编纂的大义。刘书在部次图书之中，深含文化经世之旨，为后世保存和积累了传统文化财富，正是章学诚所言"宣道"思想的具体表现之一。

六　反映了中国传统学术近代化走向

刘氏《经籍考》集中了清中后期学者的众多著作，该时期是中国社会逐渐走向近代的转型期，中国传统以经、史、子、集四部之学为主的知识系统与西方近代以学科为分类标准的学术体系相互渗透，日趋合流。王桧林先生曾提出，考察中国传统学术向近代学术转变的过程需要从学术发展的内在理路和外部环境两方面入手。从学术发展的内在理路而言，重点是要考察"学术研究方法、立场、观点、内容等范式转变"⑥。纵观刘氏《经籍考》所收之书，其从内在层面上反映了中国传统学术近代化转变过程中的三个特点。

---

① 刘锦藻：《清朝续文献通考·经籍考》子部杂家类，第 10176 页。

② 同上书，第 10147 页。

③ 同上书，第 10169 页。

④ 王欣夫：《王欣夫说文献学》，上海古籍出版社 2000 年版，第 81 页。

⑤ 章学诚撰，王重民通解：《校雠通义通解》卷一原道第一，上海古籍出版社 2009 年版，第 4 页。

⑥ 王桧林：《从四部之学到七科之学·序》，上海书店出版社 2004 年版，第 7 页。

首先，在学术研究的方法方面，该时期学术研究渐趋科学化。梁启超先生云："有清学者，以实事求是为学鹄，饶有科学的精神，而更辅以分业的组织。"① 以戴震为例，刘氏《经籍考》经部孟子类中收有《孟子字义疏证》一书。梁启超先生认为该书"不外欲以'情感哲学'代'理性哲学'，就此点论之，乃与欧洲文艺复兴时代之思潮之本质绝相类"②。认为，该书中所体现的哲学精神"真可称二千年一大翻案，其论尊卑顺逆一段，实以平等精神，作伦理学上一大革命。其斥宋儒之糅合儒佛，虽辞带含蓄，而意极严正，随处发挥科学家求真求是之精神，实三百年间最有价值之奇书也"③。钱穆先生亦云：戴氏"晚年著《疏证》，既深诋宋儒之凭臆凿空，而一本诸古训，则传其学者，自更不愿为义理空说，而益惟尽力于实事求是、考古订经之途。"④ 足见戴氏科学的治学精神对其后学产生了深远影响。然而，该时期学者的这种科学精神却多有局限，梁启超先生又论曰："清儒颇能用科学精神以治学，此无论何人所不能否认也。虽然，其精力什九费于考证古典，勉誉之亦只能谓所研究者为人文科学中之一小部分，其去全体之人文科学已甚远。若自然科学之部，则欲勉举一人一书，且觉困难。"⑤ 可见清儒的这种科学精神还有待进一步提高和深化。

其次，在学术观点方面，该时期学者认同中西文化渗透发展的趋势。中西文化间的渗透早在明末清初就已出现，至清中期，一些学者逐渐认识到中西文化各有优劣，主张对待中西文化应各取所长，兼顾发展。刘书中就收录了一些反映中西文化渗透发展之作。如子部医家类收有唐宗海的《中西汇通医书》，唐氏在该书中尝试将西方脏腑学说证之于中国古代医学著作《内经》，认为"西医亦有所长，中医岂无所短。……兼中西之义解之，不存疆域异同之见，但求折衷归于一是"⑥。还有林湘东的《内科阐微》专门阐述西方医理，"其言颇能参合中西"⑦。再如天文类中，顾观光的《九执历考》，推阐躔离交食之法，"证以回历及近世欧罗巴术，凡小轮高卑及日食，用黄平象限定南北差等法，多相切近，可以见西历由疏至密之根"⑧。而李善兰所翻译的众多数学著作中，也都"合中西之各术，绍古

① 梁启超：《清代学术概论·自序》，上海古籍出版社 2005 年版。
② 梁启超：《清代学术概论》之"十一、戴震和他的科学精神"，第 35 页。
③ 同上。
④ 钱穆：《中国近三百年学术史》（上册），商务印书馆 2005 年版，第 402 页。
⑤ 梁启超：《中国近三百年学术史》，山西古籍出版社 2006 年版，第 335 页。
⑥ 唐宗海：《中西汇通医经精义·序》，见《续修四库全书》第 982 册。
⑦ 刘锦藻：《清朝续文献通考·经籍考》子部医家类，第 10204 页。
⑧ 刘锦藻：《清朝续文献通考·经籍考》子部天文类，第 10193 页。

圣之心传"①。但也应看到，该时期中西学术文化间渗透的趋势尚多集中在自然科学领域，在人文社会科学领域中表现得还不明显。同时，一些士人对中西文化渗透的认识还存有局限，正如梁启超先生所云："清季承学之士，喜言西学为中国所固有，其言多牵强附会，徒长笼统嚣张之习，识者病焉。"②

最后，一些西方文化知识成为当时学术研究的内容之一。西方文化知识在中国的传播，以明万历年间西方传教士来华为主要标志，但影响尚小。晚清以来，随着"西学东渐"之风的重新兴起，学习西方文化知识渐成一种文化时尚。在刘氏《经籍考》所收之书中，尤其是道、咸以来的著作，出现了一些反映西方文化的译著。如在自然科学领域中，有反映西方天文学、物理学、代数学、几何学、气象学的著作；在人文社会科学领域中，有反映西方农学、经济学、医学、法律制度等方面的著作。尽管这些译著在数量上有限，但其对国人产生了深远影响。刘书子部天文类中收录了伟烈亚力、李善兰合译的《谈天》一书，介绍了太阳系的结构、行星运行的规律，以及万有引力定律、光行差、太阳黑子理论等内容。龚书铎先生认为，这些学说"在近代中国很快便成了志士仁人提倡维新变法，反对封建主义的思想武器"③，足见其影响深远。

学术研究方法的科学化，为传统学术近代化的转变奠定了必要的前提和保证。而在大量西方文化知识引入后，学者们对中西学术文化间渗透发展趋势的认同，客观上又促进了西方新学科在中国的兴起，从而催化了以"四部之学"为主体的中国传统学术的近代化转变。刘氏《经籍考》以文献的视角，从学术发展的内在层面上概括地记录了中国传统学术向近代学术转型的萌芽，为考察中国传统文化的近代化进程提供了依据，亦可借此深刻地理解中国传统学术在近代化的转变中所体现出的价值和意义。

---

① 丁韪良：《算学课艺·序》，清光绪六年铅印本。
② 梁启超：《中国近三百年学术史》，第 329 页。
③ 龚书铎：《中国近代文化概论》第 177 页。

附录 刘锦藻生平学行辑要

刘锦藻（1862—1934），初名安江，字澄如，晚号坚匏盦，吴兴南浔镇（今属浙江省湖州市）人。祖辈原籍浙江上虞，后迁居南浔，务农为生。①父刘镛（1826—1899），字贯经，经营蚕丝业发家，捐蓝翎光禄寺署正，以尚义好施闻名。母沈氏，累赠一品夫人。锦藻自幼家资殷实，性喜读书，好善乐施。辛亥以后，致力于诸多地方实业，获资颇丰。晚年以清朝遗老寄居青岛、上海，编纂《清朝续文献通考》四百卷，享誉学林。其长子刘承幹（1881—1963），为近代著名藏书家，所建"嘉业堂藏书楼"，驰名中外。谨以编年形式辑锦藻生平学行主要如下：

同治元年壬戌（1862），一岁

五月，谭绍光部太平军占领湖州。赵世培：《浙江通史·清代卷》（中），浙江人民出版社2002年版，第369页。

案：1860年前后，太平天国军队曾五进南浔，咸丰十一年（1861）下旬，詹天燕率太平天国军队驻扎南浔镇，称南浔为"小天京"②。

八月，锦藻生于上海，后随父回吴兴南浔镇，"生而颖敏，稍长，博洽群籍，与伯兄紫回水部同为名诸生"③。

案：现有刘锦藻相关传记材料皆言其为浙江吴兴南浔镇人，然未述及其生地。项士惠《嘉业堂主——刘承幹传》载："据小莲庄文物保护所童立德先生介绍，1860年南浔被太平军攻占前，刘承幹的祖父刘镛已携家迁居上海，次子刘锦藻即生于沪上。"④考刘锦藻《先考通奉府君年谱》载，

---

① 参见缪荃孙《乌程刘紫回水部家传》，载《丛书集成续编》第197册，台湾新文丰出版公司1985年版，第368页。

② 参见《南浔镇志》编纂委员会《南浔镇志》，上海科学技术文献出版社1995年版，第11页。

③ 陈三立：《清故内阁侍读学士刘君墓志铭》，见《散原精舍文集》卷一七，上海古籍出版社2003年版，第256页。

④ 项士惠：《嘉业堂主——刘承幹传》，浙江人民出版社2005年版，第1页。

刘镛于咸丰十年（1860）已"尽运资装于上海"①，则刘镛尝避乱于上海，又于同治元年（1862），"始于上海恒源里购地建屋"②，则锦藻出生之年，刘镛已在上海定居，锦藻亦生于上海，童氏所言不虚。又据缪荃孙《乌程刘紫回水部家传》中言其兄刘安澜："幼时避乱海上，年十四旋里，奋志读书，卓然思与古人抗衡。"③则锦藻回南浔，或亦在同治十年（1871），随其父兄同归。

是年，清政府为筹集镇压太平军起义的军费问题，于上海招商运盐，出让部分专卖权，故其父刘镛得以经营盐业。至同治初年间，已号称巨富。汤寿潜《刘贯经家传》："当同治初，已殖财数十万，号巨富，其随手斥□以班亲旧者，不计也。"④

同治二年癸亥（1863），二岁

其父往严州经理盐茶生意，遇太平军攻富阳，"载途骸骨遍野，乃移经商之赀以赈穷民，施医药，举掩埋，收养流亡，恤赎孤寡。时秋暑尚炽，日行数十里，秽气薰蒸不自顾"。⑤

同治三年甲子（1864），三岁

战乱将平，其父以抚恤流亡为己任。刘锦藻："粤寇将平，府君以抚恤流亡为己任，约数同志分遣人赴各乡镇赈给贫难，施舍医药，人以大欢。"⑥

案：由以上可见其父虽经商致富，但十分体恤百姓，好善乐施。这种品质也深深感染了刘锦藻，其后来的诸多义举皆可谓承其父志。刘镛在锦藻长子刘承幹出生后，"府君初抱孙，喜甚弥月"，但却未大摆宴席庆贺，而是"移酒席赀，以助赈加厚焉"。他曾告诫锦藻曰："吾求子孙生生不已，而先自杀生，非理也。吾但愿作有益之事，为子孙培福泽，不愿铺张靡丽，耸庸俗之观听。且天之予人福泽，至不齐也。有以钟受者，有以勺受者焉，谨身节用，则一勺之福亦可以久延，纵欲妄为，虽盈钟之福，一覆而立尽。……

---

① 刘锦藻：《先考通奉府君年谱》，乌程刘氏光绪间刻本。
② 同上。
③ 缪荃孙：《乌程刘紫回水部家传》，载《丛书集成续编》第197册，第368页。
④ 汤寿潜：《刘贯经家传》，见《萧山文史资料选辑》（四），政协浙江省萧山市委员会文史工作委员会1993年版，第459页。
⑤ 刘锦藻：《先考通奉府君年谱》，乌程刘氏光绪间刻本。
⑥ 同上。

吾生平于饮食服御均不求精美，明知区区者不足以倾吾家，诚惜此一勺之福而不敢纵欲也。"① 这种朴素的贫富观对锦藻影响甚深。

同治四年乙丑（1865），四岁

其父刘镛入股典当业，随后其家所开典当行遍及江浙各地。刘锦藻：《先考通奉府君年谱》，乌程刘氏光绪间刻本。

案：此时刘镛已在商界颇有名气，其已涉足多项实业，张謇云："自咸丰、同治以来，东南富商最著称者，而能以风义自树于当时者，于浙得三人焉：若杭州之胡，宁波之叶，而其一则湖州南浔刘氏……原南浔一天下之雄镇，已莫不闻刘氏。"②据称，当时刘家家产已占到政府年收入的三分之一，有"富可敌国"之称，③足见刘锦藻自幼家资殷实。

同治五年丙寅（1865），五岁

六月，其叔父去世，无子，以锦藻为嗣。刘锦藻云："六月，季父梅亭公弃世，无子，遗腹生女而殇，乃以锦藻为嗣。"④

同治六年丁卯（1867），六岁

张元济生。张元济（1867—1959），字筱斋，号菊生，浙江海盐人，清光绪十八年（1892）进士，曾参与创办商务印书馆，并任经理，在他主持下出版了大量古籍，使众多先哲之著述得以流传。张树年：《张元济年谱》，商务印书馆1991年版。

案：张元济与刘锦藻同在浙江铁路公司共事，交往甚密。锦藻晚年所编《清朝续文献通考》曾欲委托张元济商务印书馆刊行。张氏还与锦藻之子刘承幹交往频繁，承幹所藏嘉业堂之书多经张氏推介，而张氏影印《四部备要》《四部丛刊》等书也曾向刘氏嘉业堂借阅。⑤

同治九年庚午（1869），九岁

其父聘名儒陈其炯至家塾课子，"督锦藻等读书綦严"⑥。刘锦藻亦作

---

① 刘锦藻：《先考通奉府君年谱》，乌程刘氏光绪间刻本。
② 张謇：《南浔刘公墓志铭》，转引自项文惠《嘉业堂主——刘承幹》，第8页。
③ 董惠民等：《浙江丝绸名商巨子：南浔"四象"》，中国社会科学出版社2008年版，第33页。
④ 刘锦藻：《先考通奉府君年谱》，乌程刘氏光绪间刻本。
⑤ 参见《张元济全集》第1集书信，商务印书馆2007年版，第413—465页。
⑥ 刘锦藻：《先考通奉府君年谱》，乌程刘氏光绪间刻本。

诗怀念其师，诗云："廿载重登烟雨楼，平生师友半山邱。杨花如雪春无赖，别具南湖一段愁。"此句后锦藻注云："陈雪渔师旧居在湖畔，隐约可见。"①

同治十年辛未（1871），十岁

其父刘镛与长兄从上海避难后，回南浔镇。缪荃孙：《乌程刘紫回水部家传》，载《丛书集成续编》第197册，台湾新文丰出版公司1985年版。

同治十三年甲戌（1874），十三岁

其父刘镛购得朱氏挂瓢居，锦藻与长兄读书之余散步其间。刘锦藻自云："同治十二年，先光禄府君购得之。锦藻读书余暇，时偕伯兄虞衡君散步其间，荒池丛薄，足音跫然，耽其幽寂，辄思结庐，以资习静，卒卒未遑。"②可见锦藻自幼便有淡然之雅性。

光绪元年乙亥（1875），十四岁

冬，锦藻补博士弟子。据周子美称：刘锦藻"少聪颖，年十四岁补博士弟子，嗜古积学，文章渊懿"③。又据锦藻同邑万洁居士言："坚匏学士幼聪颖，年十四，学使胡筱泉侍郎奇其文，即补博士弟子员。"④

锦藻曾祖辈、祖辈、父辈于是年受封"中议大夫""通奉大夫""淑人""夫人"等衔。刘锦藻：《先考通奉府君年谱》，乌程刘氏光绪间刻本。

光绪二年丙子（1876），十五岁

三弟刘安㳇生。安㳇字渊叔，号梯青，廪贡生，直隶省候补道员，钦加三品衔。项文惠：《嘉业堂主——刘承幹传》，浙江人民出版社2005年版，第13页。

光绪五年己卯（1879），十八岁

其兄刘安澜官京师，半载返乡，多与锦藻言及官场之事，时锦藻尚将信将疑。刘锦藻云："己卯，君纳粟航海，官京师，宾朋各祖饯欢呼，尽

---

① 刘锦藻：《坚匏盦集·花朝泊杉青闸放棹鸳胡等烟雨楼》。
② 刘锦藻：《小莲庄纪略》，载项文惠《嘉业堂主——刘承幹》，第61页。
③ 周子美：《南浔镇志稿》，载《华东师范大学图书馆藏稀见方志丛刊》第20册，北京图书馆出版社2005年版，第622页。
④ 万洁居士：《坚匏盦集·跋》，见《南林丛刊次集》，民国二十八年（1939）铅印本。

一卮，我心独抑郁。"① 又云："昔我年十八，伯兄官冬官，半载返乡里，蹙额为我言，京曹分六职，水部骄且闲，将作黄金注，新进白眼看，积习竟如此，我怀疑信间。奄忽十余稔，躬跻粉署班，趋曹司帐籍，强步学邯郸。"②

光绪六年庚辰（1880），十九岁

十月，锦藻娶奉政大夫金桐之女为妻，另有侧室应恭人、俞恭人、许孺人。陈三立：《清故内阁侍读学士刘君墓志铭》，见《散原精舍文集》卷十七，上海古籍出版社 2003 年版，第 256 页。

是年，锦藻岁试一等，补廪膳生。刘锦藻《先考通奉府君年谱》，乌程刘氏光绪间刻本。

光绪八年壬午（1882），二十一岁

五月，生长子刘承幹。承幹字贞一，号翰怡，别号求恕居士。性好藏书刻书，尝助其父锦藻编纂《清朝续文献通考》。宋慈抱云："嗣复与其子承幹商榷义例，断代至宣统三年，补宪政、实业二门，增为四百卷。"③ 刘承幹亦自云："本生考之纂《皇朝续文献通考》也，每命余甄采故实。"④

光绪九年癸未（1883），二十二岁

刘镛又聘严珊枝教授锦藻兄弟备考。董惠民等：《浙江丝绸名商巨子：南浔"四象"》，中国社会科学出版社 2008 年版，第 41 页。

光绪十一年乙酉（1885），二十四岁

七月，锦藻与长兄刘安澜于杭州备考，时秋暑难耐，备尝艰辛。缪荃孙云："乙酉再试南闱，与弟澄如同寓杭垣，未及入闱，骤患白疹，不数日殁于旅寓，年甫二十有九。"⑤ 又蒋锡绅云："秋暑方炽，小楼面西，尤烦

---

① 刘锦藻：《坚匏盦集·题伯兄虞衡君遗像》，见《南林丛刊次集》，民国二十八年（1939）铅印本。

② 刘锦藻：《坚匏盦集·甲午榜后改铨工部怅然有作》，见《南林丛刊次集》，民国二十八年（1939）铅印本。

③ 宋慈抱：《汤寿潜传》附《刘锦藻传》，见钱仲联《广清碑全集》，苏州大学出版社 1999年版，第 1178—1179 页。

④ 刘承幹：《嘉业老人八十自叙》，载吴格整理点校《嘉业堂藏书志》附二，复旦大学出版社 1997 年版，第 1410 页。

⑤ 缪荃孙：《乌程刘紫回水部家传》，载《丛书集成续编》第 197 册，第 368 页。

郁不可耐，君（指其兄刘安澜）尚衣棉布，临窗诵读。"① 又刘锦藻回忆其兄曰："乙岁逢大比，矢志登云梯。西泠人文薮，僦屋三椽栖。炎夏暑方酷，挥汗珠淋漓。高吟夜达旦，乐此诚忘疲。攻苦阅三月，委顿力不支。颓然就床席，问我归何时。"②

八月，其长兄刘安澜病逝。锦藻将其长子承幹过继于兄，以为之嗣。缪荃孙："君无子，以弟澄如长子承幹为子，年甫四龄。君生时所最爱者承幹。既长，绍君书香，有声庠序间，亦善交当世名流。"③刘承幹自云："光绪乙酉，余才四龄，先考虞衡府君弃养，年仅二十有九，未有子嗣。余以本生考学士府君冢子，例为之后，即依先妣邱太夫人以居。"④

是年秋，锦藻感伤其亡兄，请命其父，始建刘氏"小莲庄"，亦于其中设有读书处，命为"味灯庐"。刘锦藻云："兄于乙酉秋应试省垣，遘疾遽逝，归榇暂殡寓园，湫隘坌集，锦藻盖然伤之。爰请命府君，就池畔筑屋，以厝伯兄之灵。"⑤又曰："我昔读书处颜曰'味灯庐'。矮屋三四间，群从相咿唔。垣外数弓地，破扉缠榛芜，蜘蛛网四壁，中储薪与刍，终岁无客至。"⑥

光绪十四年戊子（1888），二十六岁

四月，于小莲庄西筹建刘氏义庄。刘锦藻："先光禄府君尝有志于义庄，而思先营家庙，未得其所也。光绪十四年清明扫墓，舟中谕及锦藻，力主小莲庄池西余地，府君韪之，命具图说。"⑦于是锦藻兄弟往勘，"乃就旁田填土，即于是岁兴工"⑧。

参加乡试，中举人。陈三立："举光绪戊子科乡试，甲午成进士，以前官候选郎中留就本职，签分工部。"⑨

① 蒋锡绅：《刘安澜墓志铭》，转引自黄建国《中国古代藏书楼研究》，中华书局1999年版，第194页。
② 刘锦藻：《坚匏盦集·题伯兄虞衡君遗像》，见《南林丛刊次集》，民国二十八年（1939）铅印本。
③ 缪荃孙：《乌程刘紫回水部家传》，载《丛书集成续编》第197册，第368页。
④ 刘承幹：《嘉业老人八十自叙》，载吴格整理点校《嘉业堂藏书志》附二，第1407页。
⑤ 刘锦藻：《小莲庄纪略》，载项文惠《嘉业堂主——刘承幹》，第61页。
⑥ 刘锦藻：《坚匏盦集》，见《南林丛刊次集》，民国二十八年（1939）铅印本。
⑦ 周子美：《南浔镇志稿》，载《华东师范大学图书馆藏稀见方志丛刊》第20册，第697页。
⑧ 同上。
⑨ 陈三立：《清故内阁侍读学士刘君墓志铭》，见《散原精舍文集》卷一七，第256页。

光绪十五年己丑（1889），二十七岁

春，北上京师，入赀为户部主事。刘锦藻：《先考通奉府君年谱》，乌程刘氏光绪间刻本。

光绪十七年辛卯（1891），二十八岁

四弟刘安溥生。安溥字和盦，号湖涵，国子监生，候补道员，钦加三品衔，赏戴花翎。项士惠：《嘉业堂主——刘承幹传》，浙江人民出版社 2005 年版，第14 页。

光绪十八年壬辰（1892），二十九岁

其父刘镛又购田广其义庄至千亩，锦藻定义庄章程。刘锦藻："先是辛卯、壬辰间，青浦谈筱友来司记室，盛称其乡之田。府君属赓续购置，至是逾千亩矣。锦藻读礼家居，遍搜江浙义庄章程不下数十家，博观约取，示诸同族，商诸戚友，稿经六、七易而始定。"①

光绪二十年甲午（1894），三十三岁

四月，中甲午科进士，分工部都水司行走。张謇为其同年，后锦藻与之成为挚友。宋慈抱："先由入赀为户部主事，签分山东司行走，旋以郎中候选。既成进士，呈请归本班补用，分工部都水司行走。"②

案：此为慈禧太后六旬万寿恩科，锦藻获第二甲一百三十二名。锦藻及第与其父刘镛重视教育密不可分。据刘镛曾孙刘欣万先生言："依我现在看来，我曾祖父的办法大概有三条：第一是官府里要有人，第二是要与洋人打交道，第三是后代要读点书。这读书一条很重要，后代不读书事业就没有后劲，而要做到官府里有人和能与洋人打交道，都必须读点书……"③ 刘镛尝聘名儒陈其炯至家塾课子，"督锦藻等读书綦严"④。并告诫子孙为学当专精："吾初设肆时，讵意今日专精揖志，为之不已，以臻于是。意学问之道，铢积寸累，以底大成，亦若是矣。"⑤

十月，锦藻丁嗣祖母忧，回南浔守制，并开始辑家谱、订祭祀祠规。

---

① 周子美：《南浔镇志稿》，载《华东师范大学图书馆藏稀见方志丛刊》第 20 册，第 698 页。
② 宋慈抱：《汤寿潜传》附《刘锦藻传》，见钱仲联《广清碑全集》，第 1178—1179 页。
③ 童立德等：《百年儒商——南浔小莲庄刘家》，浙江摄影出版社 2004 年版，第 26 页。
④ 刘锦藻：《先考通奉府君年谱》，乌程刘氏光绪间刻本。
⑤ 汤寿潜：《刘贯经家传》，见《萧山文史资料选辑》（四），第 458 页。

刘锦藻："甲午锦藻通籍，冬奉嗣祖妣讳南旋。先辑家谱，订祭礼，定祠规，次庀器用制联额。"①

是年后，始锐意于编纂《清朝续文献通考》。刘锦藻自云："锦藻少习佔毕，则好谘访旧闻，伏以《皇朝文献通考》纂辑至乾隆五十年而止，妄思继续增辑，方事科举，未暇为也。追光绪甲午通籍后，始网络典籍，锐意编纂。"②

光绪二十一年乙未（1895），三十四岁

刘锦藻从周昌富处得《梅花仙馆藏真石刻》《紫藤馆藏帖》共 45 方，将其嵌置于小莲庄长廊间。《南浔镇志》编纂委员会：《南浔镇志》，上海科学技术文献出版社 1995 年版，第 239 页。

案，据《南浔镇志》载：《紫藤馆藏帖》为清翰林待诏徐达源与其友人往来唱和之诗文，其中有袁枚和日本诗人熊坂之手迹，熊坂称其"满纸龙蛇，行霏烟雾，中华文物之盛，不大可观乎!"③可见其小莲庄内文化氛围浓厚，非徒供游玩。

光绪二十三年丁酉（1897），三十六岁

十月，刘氏家庙馨德堂建成于小莲庄西南。刘锦藻："祠后建楼三楹曰馨德堂，为祭毕馂余之所，丁酉落成，十月奉主入祠，府君主鬯。上虞族人远来助祭，规仪肃穆，遐迩称之。"④

是年，游湖北，作诗《月夜渡江》一篇。见刘锦藻《坚匏盦集》。

案，据万洁居士称，刘锦藻亦颇赋文学才华："其古文亦不立宗派，以湘乡曾氏为师，一瓣心香，敬礼无怠。骈文则典丽奛皇，颇有圃三金门之宗风。"⑤

光绪二十五年己亥（1899），三十八岁

正月，与汪康年通信，婉拒办学之请。锦藻信曰："承谕一节，事属公义，理合随执事之后，分效微劳。惟是浔地一带，二三同志近亦有筹办学堂之举，虽规划未定而颇具端倪。挹注之际，势难兼顾；方命之愆，伏

①　周子美：《南浔镇志稿》，载《华东师范大学图书馆藏稀见方志丛刊》第 20 册，第 698 页。
②　刘锦藻：《清朝续文献通考·自叙》，商务印书馆民国二十五（1936）年"万有文库"本。
③　《南浔镇志》编纂委员会：《南浔镇志》，第 239 页。
④　周子美：《南浔镇志稿》，载《华东师范大学图书馆藏稀见方志丛刊》第 20 册，第 698 页。
⑤　万洁居士：《坚匏盦集·跋》，见《南林丛刊次集》，民国二十八年（1939）铅印本。

祈涵宥。"①

四月，其父刘镛病卒于南浔，享年七十四，锦藻回南浔奔丧。后遵父劝诫，无意仕途，以经商实业为生。据刘锦藻《先考通奉府君年谱》载，刘镛（1826—1899），名介康，字贯经，一字冠军，祖籍浙江上虞人，排行第三，年十四岁时，"家贫不能具修脯，乃舍儒习贾"②，当时随其祖、父辈佐人业丝，后与同里人从事丝肆，"盖年甫冠，意气已函盖里富人矣"③。尝劝诫锦藻曰："家门鼎盛，始愿不及此，吾方忧惧，汝犹未厌耶？祖泽虽厚，亦宜留有余以贻子孙，岂可自我享尽！吾但愿汝谦和接物，谨慎持家，以永承祖德之不坠，不愿高官厚禄也。"④

八月，刘锦藻举荐汤寿潜为浔溪书院山长，主讲新课。周延礽《吴兴周梦坡先生年谱》光绪二十五年己亥春条："八月而后，书院课士，仍用试帖制艺。府君（指周梦坡）与刘澄如、蒋四箴、李联仙诸文商，另筹经费，就院中常课外，兼科经史。由是，学风丕变，一洗空疏迂阔之习。"⑤

是年，刘锦藻助其友汤寿潜刊印《三通考辑要》。汤寿潜曰："辑录有年，无力付雕。刘澄如同年锦藻，洽熟掌故，深嗜此编，审定违伐，亟赞之成，将伯之谊，允宜铸事。"⑥

案，锦藻所以助刊此书，除与汤氏为挚友外，亦自有夙愿："锦藻沟瞀辄嗜此书，拟就《皇朝通考》缪加赓续，先即三考摘抄简本，以熟体例，岁月易得，冗未竟业。夙闻汤蜇仙同年有此编，今年己亥春，吾乡人士聘主讲席，得请而读之，适如吾意之所欲为，妄有献替。"⑦足见与汤氏不谋而合，这也可看作锦藻后来纂修《清朝续文献通考》的前奏。

是年，出资9000元，与乡绅合资设立"孺嫠会"，以抚恤贫困。董惠民等：《浙江丝绸名商巨子：南浔"四象"》，中国社会科学出版社2008年版，第51页。

光绪二十六年庚子（1900），三十九岁

锦藻为纪念亡兄安澜，辑其遗稿而成《葭洲书屋遗稿》一卷刊行（今国家图书馆藏）。张謇："紫回既卒，其弟澄如同岁辑其遗稿数百首，属遴

① 汪康年：《汪康年师友书札》（三），上海古籍出版社1987年版，第2888页。
② 刘锦藻：《先考通奉府君年谱》，乌程刘氏光绪间刻本。
③ 汤寿潜：《刘贯经家传》，见《萧山文史资料选辑》（四），第459页。
④ 刘锦藻：《先考通奉府君年谱》，乌程刘氏光绪间刻本。
⑤ 周延礽《吴兴周梦坡先生年谱》，载《萧山文史资料选辑》（四），第751页。
⑥ 汤寿潜：《三通考辑要·例言》，见《萧山文史资料选辑》（四），第54页。
⑦ 刘锦藻：《三通考辑要·序》，见《萧山文史资料选辑》（四），第55页。

其尤而论次之，盖将以慰紫回地下无穷之憾，而余亦以重澄如笃爱手足之勤。"①

案：刘安澜《葭洲书屋遗稿》诗古文辞三百余篇，后"于乙未冬毁于火"②，故刘承幹云："此编乃本生父追忆向所熟诵者，手自录之，故所得只此。"③仅此麟羽亦颇得时贤赞赏，据缪荃孙言："澄如尝就正于山阴傅子纯太守，大加赞赏，谓真朴雄健，纯似古文，非寻行数墨者可比。"④ 刘锦藻还为其兄编有《葭洲书屋制艺》一卷（国家图书馆藏）。刘安澜还著有《展碧山房骈体文选》一卷（《丛书集成续编》第 197 册，台北新文丰出版公司 1989 年版。）又据《清朝续文献通考·经籍考》集部总集类著录有刘安澜编《国朝诗萃》一百二十卷。

于杭州西湖营建"坚匏别墅"，又俗称"小刘庄"，举家迁入。黄建国：《中国古代藏书楼研究》，中华书局 1999 年版，第 194 页。

光绪二十七年辛丑（1901），四十岁

是年，向陕西捐金赈灾，赏四、五品京堂。吴郁生："辛丑以陕振输金，赏四、五品京堂。"⑤

是年，《大清律例增修统纂集成》刊行。该律例有"造妖书妖言"的律条，规定："凡妄布邪言、书写张帖、煽惑人心为首者，斩，立决；为从者，斩，监候。""凡造谶纬妖书妖言，及传用惑众者，皆斩。若私有妖书隐藏不送官者，杖一百，徒三年。"⑥

案，此规定对锦藻编纂《清朝续文献通考》影响颇深。锦藻曰："若与经旨背驰，杂以后世谶纬家言者，则摈而不录。"⑦ 可知其不录谶纬类图书也与当时法律的明令禁止有关。

是年，锦藻募捐南浔镇团防局飞划八艘、管带一名、水勇四十名。《南浔镇志》编纂委员会：《南浔镇志》，上海科学技术文献出版社 1995 年版，第 210 页。

案，清咸丰十年（1860）三月，南浔镇由温金叔等创立团练，以抵御太平军。又于光绪二十一年（1895），设立团防局。

---

① 张謇：《葭洲书屋遗稿·序》，载《丛书集成续编》第 197 册，第 367 页。
② 缪荃孙：《乌程刘紫回水部家传》，载《丛书集成续编》第 197 册，第 368 页。
③ 刘承幹：《葭洲书屋遗稿·跋》，载《丛书集成续编》第 197 册，第 385 页。
④ 缪荃孙：《乌程刘紫回水部家传》，载《丛书集成续编》第 197 册，第 368 页。
⑤ 吴郁生：《刘锦藻先生学士行状》，见《民国人物传记史料汇编》第 15 辑，第 631 页。
⑥ 张静庐：《中国近代出版史料二编》，上海书店出版社 2003 年版，第 311 页。
⑦ 刘锦藻：《清朝续文献通考·经籍考》经部前案语，第 10017 页。

光绪二十八年壬寅（1902），四十一岁

锦藻与友合资 300 万银圆，在汉口创办暨济水电公司。董惠民等：《浙江丝绸名商巨子：南浔"四象"》，中国社会科学出版社 2008 年版，第 44 页。

光绪二十九年癸卯（1903），四十二岁

在南浔设立"义仓"，买谷积存以抵御灾年。1937 年南浔沦陷后停办，仓房在解放初并入南浔中学。《南浔镇志》编纂委员会：《南浔镇志》，上海科学技术文献出版社 1995 年版，第 300 页。

在刘氏义庄内设置庄田、家塾，以供本族子弟免费学习，并制定诸多助学办法。董惠民等：《浙江丝绸名商巨子：南浔"四象"》，中国社会科学出版社 2008 年版，第 51 页。

光绪三十年甲辰（1904），四十三岁

日俄为争夺我国东三省发动日俄战争，东三省陷于危难之中，锦藻于是年作诗以泄其愤。其诗云："愁听辽阳战鼓挝，不堪大地莽虫沙（日俄于腊月廿四开衅东三省，战争方亟）。徙戎莫献江郎策，下泽姑乘马氏车。"①

光绪三十一年乙巳（1905），四十四岁

七月，锦藻与浙江绅商集议于上海，约定抵制英美借款，决议自创浙江铁路公司，并担任副总经理。《商部请准浙绅筹办铁路并以汤寿潜、刘锦藻为总副总理折》："查有在籍前特赏道衔署两淮盐运使汤寿潜，拟公举为铁路总理，并恳请赏给卿衔，以崇体制。又在籍候补四品京堂刘锦藻，拟公举为副总理，洵足以资提倡而胜委任。"②

锦藻与汤寿潜拟定《商办浙江全省铁路有限公司暂定章程》。《浙江全省铁路章程议略》："寿潜、锦藻任一日事，则殚一日之力，略参三权分立办法，填海之诚，移山之愚，惭不自揣，分于义务，勉焉已尔。"③

是年间，刘锦藻与汤寿潜在杭州创办高等学堂，培养工程机械人才。《萧山文史资料选辑》（四），《汤寿潜史料专辑》，政协浙江省萧山市委员会文史工作委员会 1993 年版，第 117 页。

---

① 刘锦藻：《坚匏盦集·甲辰新正漫兴兼怀金砚君内翰》，见《南林丛刊次集》。
② 载宓汝成《中国近代铁路史资料》第三册，中华书局 1984 年版，第 1000 页。
③ 同上书，第 1001 页。

又在上海创建第一家民营轮船公司——大达轮船公司，并担任经理。董惠民等：《浙江丝绸名商巨子：南浔"四象"》，中国社会科学出版社 2008 年版，第 44 页。

是年，扩建小莲庄七十二鸳鸯楼、鹤笼等景点。《南浔镇志》编纂委员会：《南浔镇志·大事记》，上海科学技术文献出版社 1995 年版，第 15 页。

是年，锦藻所编《清朝续文献通考》三百二十卷本首次排印。

案，考邵懿辰《增订四库简明目录标注》史部政书类载："《皇朝续文献通考》三百二十卷，清刘锦藻撰，光绪三十一年铅印本。"① 又孙殿起《贩书偶记》政书类通制之属载："《皇朝续文献通考》三百二十卷，乌程刘锦藻撰，光绪乙巳坚匏盦铅字排印本。"② 此三百二十卷本刊于是年。又《书目答问补正》史部政书类载："乌程刘锦藻《皇朝续文献通考》三百二十卷，排印初稿本。"③ 则此三百二十卷本为刘氏首刊。

又案，王欣夫《蛾术轩箧存善本书录》甲辰卷二《四库全书总目提要补正》条云："朱君名景增，清诸生，久馆其乡刘氏，擅楷书。刘氏锦藻《续文献通考》清稿，均出其手钞，此时年已七十余，而如此巨帙，到底不懈。"④ 则此书初刊前又有清稿本。

光绪三十二年丙午（1906），四十五岁

正月，汤寿潜、刘锦藻致电外务部、商务部，要求废除与英人签订的路权草约。汪林茂：《浙江通史·清代卷》（下），浙江人民出版社 2003 年版，第 77 页。

九月，汤寿潜、刘锦藻再次致电外务部，拒绝向英人借款修路，认为英人"名曰借款，实则夺路，公法公理不足言"⑤。

案，在此后六年中，刘锦藻积极参与浙江保路运动，终使英人企图落空。汪林茂评此运动曰："这个运动不仅粉碎了英国侵略浙路的阴谋，捍卫了国家的主权，更清楚地认识了帝国主义的侵略本质，进一步暴露了清朝政府的专制腐败，也使爱国思想、民主意识得到进一步的增强。"⑥

是年，刘锦藻资助张謇在上海发起的"预备立宪公会"运动，后随形势变化，其思想则多倾向于保皇。《萧山文史资料选辑》（四），《汤寿潜史料专辑》，政协浙江省萧山市委员会文史工作委员会 1993 年版，第 117 页。

---

① 邵懿辰撰，邵章续录：《增订四库简明目录标注》，上海古籍出版社 2000 年版，第 338 页。
② 孙殿起：《贩书偶记》，上海古籍出版社 1982 年版，第 189 页。
③ 张之洞撰，范希曾补正：《书目答问补正》，上海古籍出版社 2008 年版，第 118 页。
④ 王欣夫：《蛾术轩箧存善本书录》，上海古籍出版社 2002 年版，第 1230 页。
⑤ 汪林茂：《浙江通史·清代卷》（下），浙江人民出版社 2003 年版，第 78 页。
⑥ 汪林茂：《浙江通史·清代卷》（下），第 83 页。

光绪三十三年丁未（1907），四十六岁

三月，锦藻率地方缙绅诉湖州教会侵地案，历经数年，最终与美国南监理会传教士签订《浙江湖州海岛案议结合同》，美传教士归还所占尊经阁等地。宋慈抱："湖州教民攘府学地为医院，锦藻与绅耆讼之上海美国按察使署，卒得直，毁其垣。浙抚增韫以闻，传旨嘉奖。"①

案，陆士虎赞锦藻此举之意义云："刘锦藻、沈谱琴等在这场历时数年、几经周折的涉外诉讼中，不畏不私，不卑不亢，有理有节，有勇有智，体现了爱国爱民的思想和卓越的才华，开创了中国人在美国打赢官司的先例。"②

十月，汤寿潜、刘锦藻召开浙江铁路公司大会，成立国内首个群众性保路组织"国民拒款会"，并提出罢市、抗租等口号。陆士虎：《江南豪门》，上海文汇出版社 2008 年版，第 25 页。

十一月，浙江兴业银行在杭州成立，刘锦藻与汤寿潜合议集资 100 万元入股该行。此后，又相继在上海、汉口设立分行。尚其亮：《浙江兴业银行兴衰史》，载《浙江文史资料选辑》第 46 辑，浙江人民出版社 1992 年版，第 41 页。

案，浙江兴业银行除服务于浙江铁路公司外，还经营各种存款、放款等金融业务，"它成立后，不仅为浙江铁路建设做出了贡献，而且对浙江、上海等地的实业发展也起了很大的作用。直至民国时期，仍是中国重要的商业银行。"③

光绪季年，锦藻尝有志于编修南浔地方志，因辛亥革命而未果。刘氏自言："余于光绪季年，在里稍辑遗闻，冀整齐散佚续成一编，顾以名作在前，逡巡未果。（笔者案：此指咸丰年间汪谢城所辑《南浔镇志》四十卷，刘锦藻赞其'搜讨既富，审择尤精，不滥不陋'。）追辛亥政变而官书吏牍半付劫灰，即职官一门已难稽考，始悔前者之过于矜慎，为坐失事机也。"④

光绪三十四年戊申（1908），四十七岁

九月，刘锦藻校对《南浔镇一览图》及《分图》九张。《南浔镇志》编纂委员会：《南浔镇志》，上海科学技术文献出版社 1995 年版，第 238 页。

---

① 宋慈抱：《汤寿潜传》附《刘锦藻传》，见钱仲联《广清碑全集》，第 1178—1179 页。
② 陆士虎：《江南豪门》，上海文汇出版社 2008 年版，第 25 页。
③ 汪林茂：《浙江通史·清代卷》（下），第 36 页。
④ 刘锦藻：《南浔志·序》，民国十七年（1928）刻本。

案，《南浔镇志》言及此图意义："上述地图为南浔保存完整的民国前南浔镇唯一平面图。据考，此图木板，原藏于小莲庄七十二鸳鸯楼，抗日战争时期楼毁，版散佚。"①

宣统元年己酉（1909），四十八岁

三月，刘锦藻响应清廷"预备立宪，维新图强"号召，在南浔成立自治局，积极参与汤寿潜所组织的立宪活动。《萧山文史资料选辑》（四），《汤寿潜史料专辑》，政协浙江省萧山市委员会文史工作委员会 1993 年版，第 117 页。

是年，刘家兄弟始分家产，锦藻搬进刘家老屋贻德堂。项文惠：《嘉业堂主——刘承幹传》，浙江人民出版社 2005 年版，第 33 页。

是年秋，刘锦藻于浙江铁路公司任满，北上回乡，始筹划刘氏义庄立案事宜。刘锦藻："己酉，路事任满，将北上。以义庄未立案，心戚戚焉。夏间预备公牍，分别正庄、附庄。秋赴湖杭，亲谒当道。"②

案，锦藻早有回乡之念，在其所作诗《端居》中有言："荆棘蔽天地，世路诚崎岖。不如归故里，读书还自娱。吾闻老氏训，柔弱生之徒。人巧吾以拙，人知吾以愚。但期道义合，毋为名利驱。"③ 由此亦可窥见锦藻深受老子思想影响。

是年冬，以刘氏义庄奏案，宣统帝特赐"承先睦族"匾额。刘锦藻曰："冬初晋京，山阴葛勤恪为礼部尚书，直南斋者元和陆文端诸公，咸嘉锦藻继述之志，未及半载，祗领御赐匾额。因荷列祖之灵，亦仗同人之力。向例非二品实缺大员不给匾，故浙西数百年来，著录者寥寥，而湖属无一人。"④

宣统二年庚戌（1910），四十九岁

二月，由沈家本进呈宣统帝三百二十卷本《皇朝续文献通考》。刘锦藻自云："朋好怂恿进呈，宣统庚戌，由沈子惇侍郎具疏上呈乙览，渥荷温纶，无任惭恧。"⑤

案，《南浔镇志》编纂委员会所编《南浔镇志》第六篇人物第一章历代名人传，刘锦藻条载：刘锦藻《清朝续文献通考》四百卷本完成于光绪

① 《南浔镇志》编纂委员会：《南浔镇志》，第 238 页。
② 周子美：《南浔镇志稿》，载《华东师范大学图书馆藏稀见方志丛刊》第 20 册，第 698 页。
③ 刘锦藻：《坚匏盦集》，见《南林丛刊次集》。
④ 周子美：《南浔镇志稿》，载《华东师范大学图书馆藏稀见方志丛刊》第 20 册，第 699 页。
⑤ 刘锦藻：《清朝续文献通考·自叙》。

二十七年（1901），并将之进呈，受赏内阁侍读学士衔。①此记载有误。考吴郁生《刘锦藻先生行状》云："君端居深念，独掇拾列朝典章制度，踵马贵与成例，思勒一书，以为《皇朝文献通考》之续，蕲于陈古讽今，待时主之诹访。初稿经进，蒙恩嘉奖。辛亥以后，益博采放佚，分别部居，续成八十卷，共为卷四百。"②则刘氏所续八十卷在辛亥以后，其首次进呈之本乃初稿三百二十卷本，非四百卷。又据刘锦藻《清朝续文献通考·自叙》及吴廷燮《清朝续文献通考提要》所载，其首次进呈当在宣统二年（1910），非光绪二十七年（1901），或《南浔镇志》传写之误。

三月，奉命修改原书。吴廷燮："三月初十日、二十二日，南书房行走陆润庠等两次奏覆，奉谕旨仍著刘锦藻按照南书房签出之处更正妥协，再行进呈。"③

是年夏，锦藻提议集资修建河坝圩田，以防堤坝溃堤，灾害乡民。刘锦藻自云："庚戌夏，自京假，旋与群从聚议修圩，乃先捐银五千圆，集于家者万一千圆，募于外者七千圆……自冬迄春告竣。工坚料实，足以护田而防水。是年秋潦，他处歉收，吾乡独保无恙。以十二庄田十四万亩计之，每亩多收一石，不啻以二万三千圆易米十四万石。"④

十一月，复行进呈，赏赐内阁侍读学士。吴廷燮："是年十一月，复行进呈，交南书房重加校阅，以签出之处均已逐条更正无讹，奏覆。是月二十六日，内阁奉上谕，刘锦藻加恩赏授内阁侍读学士衔，以示嘉奖。"⑤

十二月，刘锦藻之子刘承幹将《清朝续文献通考》赠予友人。刘承幹："今日余送冠南、晓霞《皇朝续文献通考》。"⑥

是年，刘锦藻之子刘承幹始有意购书，助其父续编《清朝文献通考》。刘承幹自云："溯自宣统庚戌，开南洋劝业会于金陵，瑰货骈集，人争趋之。余独徒步状元境各书肆，遍览群书，兼两载归。越日，书贾携书来售者踵至，自是即有志聚书。"⑦　　陈乃乾亦云："嘉业堂主人刘翰怡宅心仁厚，凡书贾挟书往者，不愿令其失望，凡己所未备之书，不论新旧皆购之，几有海涵万象之势。其时风气，明清两朝诗文集，几于无人问鼎，苟

---

① 《南浔镇志》编纂委员会：《南浔镇志》，第 332 页。
② 吴郁生：《刘锦藻先生行状》，见《民国人物传记史料汇编》第 15 辑，第 631 页。
③ 吴廷燮：《清朝续文献通考提要》，见《续修四库全书总目》第 22 册，第 761 页。
④ 刘锦藻：《坚匏盦集·南浔修圩记》，见《南林丛刊次集》。
⑤ 吴廷燮：《清朝续文献通考提要》，见《续修四库全书总目提要》第 22 册，第 761 页。
⑥ 刘承幹：《刘承幹日记》，上海图书馆藏稿本，转引自金晓东《〈皇朝续文献通考〉编纂始末与学术价值》，《兰州学刊》2009 年第 1 期，第 110 页。
⑦ 刘承幹：《嘉业藏书楼记》，载吴格整理点校《嘉业堂藏书志》附二，第 1405 页。

有得者，悉趋于刘氏，积之久，遂蔚成大观，非他藏书家所可及。"①又据许寅称，刘承幹买书目的有二：一是想助生父刘锦藻编《清朝续文献通考》之业，二是欲继承父刘安澜辑清朝《诗萃》之事。②

是年，锦藻监修崇陵，获"令裕衍蔓"匾额。李性忠：《嘉业堂志》，国家图书馆出版社 2008 年版，第 52 页。

宣统三年辛亥（1911），五十岁

六月，锦藻将所编《清朝续文献通考》赠予友人。刘承幹："宣统三年闰六月初五日：嘱愚作函寄金砚君，并赠《皇朝续文献通考》一部。此书系本生父所编，计值洋十八元。"③

案：刘锦藻坚匏别墅、小莲庄内宋元词楹联皆金砚君所集，刘锦藻亦作有《甲辰新正漫兴兼怀金砚君内翰》诗。

十一月，杭州光复。刘锦藻等人力荐汤寿潜为浙江都督。汤寿潜宣告成立浙江军政府，随即派彭周鼎到南浔拜望锦藻，并与其商议地方政府事宜。《萧山文史资料选辑》（四），《汤寿潜史料专辑》，政协浙江省萧山市委员会文史工作委员会 1993 年版，第 118 页。

是年，辛亥革命胜利，清廷灭亡，锦藻内心十分惆怅，其对旧朝也十分流连。刘锦藻诗云："同心臭味契如兰，驰骋康庄并辔欢。茬苒四期瓜代届，辟除双轨梓乡宽。无端辙讶前车覆，欲冀轮扶大雅难。"④

民国元年壬子（1912），五十一岁

一月，刘锦藻以个人产业抵押洋商所得 20 万元，借与南京中央政府，订期六个月。《中华民国史档案资料汇编》第二辑，江苏古籍出版社 1991 年版，第 318 页。

三月，袁世凯宣誓就任民国临时大总统，刘锦藻婉拒参政院参政之任。董惠民：《浙江丝绸名商巨子：南浔四象》，中国社会科学出版社 2008 年版，第 43 页。

六月，刘锦藻上呈请求还款，民国政府未允。《中华民国史档案资料汇编》第二辑，江苏古籍出版社 1991 年版，第 318 页。

十二月，刘锦藻再次上呈请求还款，未允。《中华民国史档案资料汇编》第二

---

① 陈乃乾：《上海书林梦忆录》，见张静庐《中国近现代出版史料·现代甲编》，上海书店出版社 2003 年版，第 424 页。
② 许寅：《"傻公子"作出的"傻贡献"——嘉业堂藏书楼的过去和现在》，载《学林漫录》第八集，中华书局 1997 年版，第 1 页。
③ 刘承幹：《刘承幹日记》，上海图书馆藏稿本，转引自金晓东《〈皇朝续文献通考〉编纂始末与学术价值》，《兰州学刊》2009 年第 1 期，第 110 页。
④ 刘锦藻：《坚匏盦集·五十述怀用辛丑壬寅原韵》。

辑，江苏古籍出版社 1991 年版，第 318 页。

案：刘氏借款终因袁世凯刺杀陈其美事件而不了了之。①

是年间，锦藻寄居青岛，忙于续《清朝文献通考》。陆润庠："余故与君仍世友好，顷年偶游青岛，每过君寓斋，铅椠填委，钞胥三四辈，埋首几案间，恒昕夕不休，余以是服君用力之专为不可及。"②又陈三立："逮丁国变，辟居青岛，犹据一楼孜孜网罗放失，发挥坠绪，以寄其孤尚，可谓体大思精，宪章之统纪、纂述之隆轨者已。"③

民国二年癸丑（1913），五十二岁

是年，刘锦藻之子刘承幹首次编刊丛书，即《嘉业堂丛书》问世。刘承幹：《嘉业藏书楼记》，载吴格整理点校《嘉业堂藏书志》附二，复旦大学出版社 1997 年版，第 1406 页。

案，劳乃宣言及该丛书之编纂缘起云："吴兴刘翰怡京卿有志之士也，遭逢时变，学问抱负无所施展，取古近人著述之有益于斯世而不易得者，精刊而广布之，以信今而传后，命曰《嘉业堂丛书》。"④ 该丛书学术价值甚大，"所刻诸经单疏本为阮校所未见，子、史百家亦多当代罕觏之籍，而于元明遗老所著及其谱状搜罗犹夥。"⑤

是年，沈家本卒，锦藻撰挽联一副。其略曰："情笃乡谊，于贱子尤迈等伦。缔神交几及三十年，靡间终始，鸿儒征召，鹗荐谬登，马考续成，螭坳代递，莽乾坤烟四起。"⑥

案：沈家本（1840—1914），字子惇，别号寄簃，浙江吴兴人。同治四年（1865）举于乡，光绪九年（1883）进士，在科举求学中"此数十年中，为八比所苦，不遑他学，间或从事经史考证之书，若古文词末之学也"⑦。曾于宣统二年（1910）进呈锦藻所纂三百二十卷本《清朝续文献通考》。著有《诸史琐言》十六卷，《古书目四种》十六卷，《日南随笔》八卷等。此外，沈氏长期任职刑部，晚年奉敕修律，主持制定了《大清民律》《大清商律草案》《刑事诉讼律草案》《民事诉讼律草案》等一系列法典，有"法学泰斗"之誉。

---

① 项士惠：《嘉业堂主——刘承幹传》，第 39 页。
② 陆润庠：《清朝续文献通考·序》。
③ 陈三立：《清故内阁侍读学士刘君墓志铭》，见《散原精舍文集》卷十七，第 257 页。
④ 劳乃宣：《刘翰怡嘉业堂丛书序》，见《桐乡劳先生遗稿》卷二，艺文印书馆印行。
⑤ 同上。
⑥ 张俊：《另类对联系列：长联雅藏》，中州古籍出版社 2002 年版，第 264 页。
⑦ 沈家本：《寄簃文存·小引》，清末铅印本。

民国四年乙卯（1915），五十四岁

是年春，陆润庠为刘锦藻四百卷《清朝续文献通考》作序。陆润庠：
"学士是书为部三十，为目百三十有六，始乾隆丙午，迄宣统辛亥，为卷
四百，网络考订一朝典章制度，灿然大备。而于新旧蜕嬗之际尤三致意，
增立宪政诸门，详具源委，盖有深痛。世之读是书者，推阐我朝立国之
本，及列朝创法之意，与夫后之因革变迁，必有憬然于治乱兴衰之故，深
矉太息而不能自已者。拨乱世而反之正，抑将有取于兹焉。"①

案，陆氏序云：此书"博考详稽，裁决精审，异日书成写定，必能抗
希前哲，津逮后学，可断言也"②。则陆氏作序之时，此书尚未完稿。

七月，刘锦藻组织成立南浔镇保卫团，负责地方安全。周子美：《南浔镇志
稿》，载《华东师范大学图书馆藏稀见方志丛刊》第 20 册，北京图书馆出版社 2005 年版，第
490 页。

民国五年丙辰（1916），五十五岁

春，在南浔义仓内建立孺嫠小学，免费接纳贫苦儿童入学。刘锦藻
云："古者家塾、术、序、党、庠，皆小学也，无不设学之地，亦无不就
学之人蒙。自己亥创儒嫠会，壬寅建义仓，皆偏于养而教尚阙如。念教育
普及之难，人心陷溺之易，岁不我待，断乃可成借会款之羡余，作小学之
基础，苦心筹划，众谋金同，乃于今春假仓东隙地，筑校舍，集生徒，名
之曰修本。夫德者，本也；艺者，末也。事必由本以及末，讵容舍己而从
人？矧童子无知，易为外物所诱，迷途不复，滋可惧也。"③ 从中可见锦藻
十分重视教育的思想。

六月，锦藻夫人金氏辞世。《张元济日记》："晚约伯利和、沈子培、叶鞠裳、张石
铭、缪小山、蒋孟蘋在寓晚饭，刘翰怡（即刘承幹）丁本生母忧，未到。"④

民国六年丁巳（1917），五十六岁

六月，汤寿潜病故。汤寿潜为刘锦藻挚友，早年通过张謇相识，曾共
事于浙江铁路公司。辛亥革命后，汤寿潜被推举为浙江军政府都督，随即

---

① 陆润庠：《清朝续文献通考·序》。
② 同上。
③ 刘锦藻：《坚匏盦集·修本小学箴言并序》。
④ 转引自许全胜《沈曾植年谱长编》，中华书局 2007 年版，第 425 页。

派人与刘锦藻商议地方政权等事宜。汤寿潜还为锦藻之父刘镛撰写《刘贯经家传》。张謇：《汤蛰先先生家传》，载《萧山文史资料选辑》（四），《汤寿潜史料专辑》，政协浙江省萧山市委员会文史工作委员会 1993 年版，第 125 页。

案，汤寿潜（1856—1917），字蛰先，浙江萧山人，清末民初实业家和政治活动家。1899 年，在他撰写的《危言》一书中积极主张变法维新，成为戊戌变法的舆论先导。后出任浙江铁路公司总经理，组织了群众性的拒洋款、集民股、保路权的爱国运动。革命派光复杭州后，曾出任浙江都督要职。袁世凯夺权后，高举反袁旗帜，主张维护共和。著有《尔雅小辨》二十卷、《说文贯》二卷、《理财百事》二卷、《三通考辑要》三十卷及《文集》数卷等。

是年，刘锦藻与其子承幹延请缪荃孙为其嘉业堂藏书编目，后因缪氏逝世而中辍。

案，吴昌绶称，缪氏编此目错讹甚多，"疑不尽出缪手者"①。据陈乃乾《上海书林梦忆录》云："筱珊晚年以代人编藏书目录为生财之道，人亦以专家目之，造成一时风气。……及未刊之《积学斋藏书记》、《嘉业堂藏书志》皆出其手。然筱珊对于此事，实未经心，仅规定一种格式，属子侄辈依样填写而已。"②则吴氏所言不虚。

民国七年戊午（1918），五十七岁

八月，拟聘王国维续编《清朝续文献通考》，王氏欣然应允。陈鸿祥《王国维年谱》1918 年条："是月，孙德谦来寓，告以刘锦藻（澄如）所撰《续皇朝文献通考》尚待续，拟聘王氏任之，并以'月修不能过五十元'为条件，王氏答以'今岁明年正需此补助'，慨然允诺。"③又吴泽《王国维全集·书信》"1918 年 8 月 14 日致罗振玉"条云："昨晚孙益庵言及刘澄如所撰《续文献通考》尚待续补，刘聚卿荐章式之（章钰）为之，而式之非二百元不能来，询维愿为此否，如愿为则与翰怡言之，但月修不能过五十元。维告以今岁明年正需此补助，此事或可望有成，但成亦不知在何时耳。"④

案，王氏虽应允，但考宋慈抱《海宁王国维传》，王氏尝于民国八年

① 吴格整理点校：《嘉业堂藏书志·前言》，第 3 页。
② 陈乃乾：《上海书林梦忆录》，见张静庐《中国近现代出版史料·现代甲编》，上海书店出版社 2003 年版，第 425 页。
③ 陈鸿祥：《王国维年谱》，齐鲁书社 1991 年版，第 215 页。
④ 吴泽：《王国维全集·书信》，中华书局 1984 年版，第 272 页。

"参观蒋汝藻藏书，编为《密韵楼书目》，阅五载始成"①。且民国七年前后均无参与《清朝续文献通考》之举。又据赵万里《王静安先生年谱》载：王氏于是年间曾受沈曾植之聘，参与《浙江通志》撰写，则王氏究竟是否参与，待考。又案，孙德谦，字受之，元和人，"辛亥武昌军起，只身走海上，主乌程刘翰怡京卿，独居深念，几席常有涕泣处"②。

民国八年己未（1919），五十八岁

八月，刘锦藻托桐乡劳乃宣订正《清朝续文献通考》。劳乃宣："湖州刘澄如学士辑有《皇朝续文献通考》，至光绪三十年止，曾经进呈，嗣又续至宣统三年止，属余为之全部订正，于八月经始修订。"③又刘锦藻在《劳韧叟先生辛酉重宴鹿鸣赋诗征和敬献四十韵》中有注云："拙纂《续通考》方就正先生。"④

是年，刘锦藻筹资 10 万元创建的浔震电灯公司正式发电，除供应本镇外，还兼及东迁、震泽两镇。《南浔镇志》编纂委员会：《南浔镇志·大事记》，上海科学技术文献出版社 1995 年版，第 14 页。

民国九年庚申（1920），五十九岁

《清朝续文献通考》由劳乃宣修订过半。劳乃宣："是岁修订《皇朝续文献通考》过半，未竟。"⑤

案，劳乃宣于民国十年（1921）去世，后锦藻又委托陈毅修订。《东陵纪事诗》曰："刘锦藻私辑五十一年以后事为续编，宣统初进呈。既又托法部尚书劳乃宣重为修订，乃宣卒，遂托毅。"⑥而陈毅又将之下分与吉同钧、柯劭忞等人："毅于是以《刑》属法部郎中吉同钧，以《象纬》、《物异》属典礼院直学士柯劭忞，以《兵》、《职官》属弟业，皆成书矣。"⑦陈毅亲手校订者，有《五礼》《帝系》《盐法》《漕运》等篇，"又

① 宋慈抱：《海宁王国维传》，见钟仲联《广清碑传集》，苏州大学出版社 1999 年版，第 1388 页。
② 参见王蘧常《清故贞士元和孙隘堪先生行状》，载《民国人物碑传集》卷九，第 544 页。
③ 劳乃宣：《韧叟自订年谱》卷一，己未年七十七岁条，载《晚清名儒年谱》第 14 册，第 646 页。
④ 刘锦藻：《坚匏盦集·劳韧叟先生辛酉重宴鹿鸣赋诗征和敬献四十韵》。
⑤ 劳乃宣：《韧叟自订年谱》卷一，庚申年七十八岁条，载《晚清名儒年谱》第 14 册，第 646 页。
⑥ 陈毅：《东陵纪事诗》，见《丛书集成续编》第 26 册，上海书店出版社 1994 年版，第 62 页。
⑦ 同上。

以乾隆、同治、光绪之训政，及同、光之归政，为前所未有，谨编入《五礼》，而列于登极之次。"①唯《皇族》一门仍乃宣之旧。

再案，劳乃宣（1843—1921），浙江桐乡人②，字季瑄、玉初，号矩斋，晚号韧叟，同治辛未进士，曾历任南皮、完县知县，京师大学堂总监。他主张修订法律应以封建伦理道德为基础，是清末修律礼、法之争中的礼教派代表人物之一。清亡后，反对共和，主张恢复清廷，张勋复辟时，任法部尚书、学部尚书等职，后隐居于上海、青岛等地。著有《等韵一得内外篇》《拳案三种》《义和拳教门源流考》《庚子奉禁义和拳汇录》《泰山石刻记》《各国约章纂要》《古筹算考释》《颐情馆闻过集》《共和正解》《续共和正解》《桐乡劳先生遗稿》等。

陈毅，生卒年不详，字诒重，湘乡人，光绪甲辰进士，官邮传部参议，著有《东陵道》《东陵纪事诗》等。

柯劭忞（1848—1933），字凤荪、凤笙，号蓼园，山东胶州人，著有《新元史》《新元史考证》《文献通考校注》《文选补注》《蓼园文集》《蓼园诗钞》等。还曾参与编修《清史稿》，据柳诒徵《柯劭忞传》载："清史馆延为总纂，赵尔巽卒，兼代馆长，总持纪稿，多所删正，撰《天文》《时宪》《灾异》三志。"③

吉同钧（1855—1934），陕西韩城人，光绪十六年（1890）进士，著有《乐素堂诗存》《新订秋审条款讲义》《审判要略》《大清现行刑律讲义》等。

民国十年辛酉（1921），六十岁

是年秋，《清朝续文献通考》四百卷成书。刘锦藻自叙："依前考门目，以类编次，后增外交、邮传、实业、宪政四门，粗括近事，足成四百卷。拟饬工排印，藏之家塾，以俟后人之采择。"④

案，此末署"辛酉孟秋"，故知是书完成于民国十年。

民国十一年壬戌（1922），六十一岁

九月，锦藻于家庙旁建义庄之祠，是岁落成，以族长身份主鬯。周子

---

① 陈毅：《东陵纪事诗》，见《丛书集成续编》第 26 册，上海书店出版社 1994 年版，第 62 页。
② 另据李福友先生考证，劳氏祖籍当为山东阳信人。详见李福友《阳信名人劳乃宣》，载《人物春秋》2003 年第 3 期。
③ 柳诒徵：《柯劭忞传》，见钱仲联《广清碑传集》，第 1099 页。
④ 刘锦藻：《清朝续文献通考·自叙》。

美曰：刘锦藻"乃于家庙之右，建义庄之祠，谨遵祠规，楼上奉宋侍郎忠公以次为忠孝祠。壬午工竣，九月奉主升龛。锦藻忝为族长主鬯焉。"①

是年冬，刘锦藻为其同乡周梦坡所撰《南浔志》作序，并提出编修乡镇志的初步理论。刘锦藻曰："乡镇志实较郡县为尤难，分一县之片壤为偏隅之别乘，稍溢则滥，过略则陋，苟无史才以纬之，鲜能免于二者之讥。要以阐幽举坠，足资观感，则志家之通义也。"②

案，周庆云（1864—1933），字景星，号湘舲，又号梦坡，浙江南浔人。清光绪七年（1881）秀才，以经营蚕丝业发家，曾参与反对出卖路权的群众运动。性喜藏书，与张宗祥等主持补抄文澜阁《四库全书》4400卷。著有《梦坡丛书》45种、《中国盐法通志》100卷。另有《梦坡诗文》《南浔志》《莫干山志》《获古丛编》《梦坡宝藏砚拓本》《琴史》《补琴史》《西溪秋可庵志》《历代两浙词人小传》等。③

同年，刘锦藻之子刘承幹赴京，访清史馆馆长赵尔巽，允诺出资请清史馆代抄《清实录》及《清国史》各一部。吴格：《清国史·影印说明》，中华书局1993年版，第3页。

民国十二年癸亥（1923），六十二岁

是年，刘锦藻所编四百卷本《清朝续文献通考》首次排印。雷梦水《古书经眼录》载："是书凡两次印本，一为光绪三十一年乙巳坚匏盦铅字排印本，作三百二十卷，自乾隆五十一年迄光绪三十年止；次为原题'宣统癸亥'即民国十二年铅字排印四百卷增订足本。"④

民国十三年甲子（1924），六十三岁

刘氏嘉业堂藏书楼在南浔镇落成。刘承幹："窃慕华林创墅之风，思广毋昭惠学之意，乃归鹧鸪溪畔，筑室为藏书计。麋金十二万，拓地二十亩，经营庚申之冬，断手甲子之岁，略置丘壑，杂莳花木。"⑤

案，其藏书楼之命名颇有渊源。刘承幹自谓："甲寅年以报销崇陵种树经费，蒙赏'钦若嘉业'。丁巳年以进呈书籍，复赏'抗心希古'匾

---

①　周子美：《南浔镇志稿》，载《华东师范大学图书馆藏稀见方志丛刊》第20册，第700页。

②　刘锦藻：《南浔志·序》，民国十七年（1928）刻本。

③　参见周延礽《吴兴周梦坡先生年谱》，民国二十三年（1924）铅印本。

④　雷梦水：《古书经眼录》，齐鲁书社1984年版，第68页。

⑤　刘承幹：《嘉业藏书楼记》，载吴格整理点校《嘉业堂藏书志》附二，第1403页。

额。兹楼之成，即以颜榜，所以纪天恩也。"①又案，刘承幹于 1911 年已携家迁居上海，而其嘉业藏书楼仍建于南浔，所以如此，刘氏自云："余之为是楼，非徒藏之，又将谋所以永其传，略仿李氏之意，隶之义庄，与宗人共守之。"②可见其藏书之大义。

是年，锦藻主持扩建小莲庄内园土山、花圃等处。至此，历经四十余年小莲庄最终建成，由刘氏义庄、家庙、园林三部分构成。《南浔镇志》编纂委员会：《南浔镇志·大事记》，上海科学技术文献出版社 1995 年版，第 15 页。

民国十四年乙丑（1925），六十四岁

正月，锦藻作《刘氏义庄记略》。刘锦藻云："窃希花树韦家，宗会法不懈益处，凡吾公姓，慎勿漠然视之。匪特光禄府君创业艰难，即锦藻苦心积虑，亦历三十余年之久。……但愿为之后者之传之也。故不惮烦缕，详识缘起，俾吾世世子孙知所考焉。"③

因出资修复清室东陵，溥仪赠"温仁受福"匾额。王克文等：《湖州人物志》，上海社会科学院出版社 1990 年版，第 224 页。

民国十五年丙寅（1926），六十五岁

五月，张元济赠刘锦藻文集。张元济致刘锦藻信曰："澄如吾兄姻大人阁下：昨日两次晤教为快。兹呈上影印先始《横浦文集》一部，敬乞哂存。尚有家集《涉园丛刊》八册，存敝公司图书馆中，已属迳呈，送到时并祈莞纳。"④

六月，锦藻与张元济商讨排印《清朝续文献通考》事宜。张元济致刘锦藻信曰："大著一时尚未脱稿，将来排印，拟仍用方式宋体二号字，另以四号为注，自可遵行。已知照敝印刷所静候续示。"⑤

与乡绅集资合建南浔中学，将孺嫠小学归入之，而成南浔中学附属小学。董惠民：《浙江丝绸名商巨子：南浔四象》，中国社会科学出版社 2008 年版，第 52 页。

民国十七年戊辰（1928），六十七岁

锦藻之子承幹抄《清实录》及《清国史》各一部，藏于刘氏嘉业藏书

---

① 刘承幹：《嘉业藏书楼记》，载吴格整理点校《嘉业堂藏书志》附二，第 1404 页。
② 同上书，第 1406 页。
③ 参见周子美《南浔镇志稿》，载《华东师范大学图书馆藏稀见方志丛刊》第 20 册，第 700 页。
④ 张元济：《张元济全集》第 1 卷书信，第 469 页。
⑤ 同上。

楼。吴格：《清国史·影印说明》，中华书局 1993 年版，第 3 页。

案，该事项始于 1924 年夏，历经四年完成，号称"本世纪规模最大之钞书工程"①。对于刘氏抄《清国史》之价值，吴格云："《清国史》旧稿分藏海峡两岸，大陆所藏为数寥寥，而台湾所藏又与《清史稿》旧稿相混淆，迄未清厘统合，欲窥清国史馆二百余年编纂积累而成之《清国史》全貌，舍原本以外，海内实尚存一鲜为人知之传本：吴兴刘氏嘉业堂钞本《清国史》，共传抄原国史馆所纂十一本纪、十四志及一万四千余人之稿，全书字数逾一千万，即现存较为完整且可供利用之《清国史》副本。"②可见刘氏所做贡献甚大。

民国十八年己巳（1929），六十八岁

五月，刘锦藻大病入院，经西医手术，康复出院。张元济致刘承幹五月二十四日信曰："近闻尊翁大人福体违和，已由西医奏刀，日就痊可，极深悬念。比来体气已否复原？眠食若何？仍在医院养疗否？谨恳叱名问候，并示近状，以释远怀。"③ 又据五月三十一日信曰："藉悉尊翁大人起居康复，午节前可以出院，欣慰无似。高年重症，痊愈如此迅速，吉人天佑，必享期颐，尤堪祝贺。"④

是年，其子刘承幹刻印《吴兴丛书》。刘承幹《吴兴丛书·序》："计成经部七家一百五十六卷，史部九家一百八十五卷，子部七家八十五卷，集部二十九家四百一卷，庶几继陆氏之所刻而足成其所未备。"⑤

案，刘氏所刻《吴兴丛书》本意欲续补陆心源所刻丛书之旧。陆氏所刻书，缪荃孙称："光绪戊子，进书国子监，旧刻旧钞一百五十种，计二千四百余册，附以所刻丛书三百余卷，奉旨褒奖。"⑥

又《求恕斋丛书》亦成于是年，计经部三家二十六卷，史部十一家五十六卷，子部三家二十九卷，集部十三家一百一十九卷，"虽其中有不尽并时者，要皆师友授受，渊源所自，不可没也"⑦。

案，刘氏编印众多丛书。刘承幹尝云："有《吴兴丛书》，所以存乡先

① 吴格：《清国史·影印说明》，中华书局 1993 年版，第 3 页。
② 同上。
③ 张元济：《张元济全集》第 1 卷书信，第 442 页。
④ 同上。
⑤ 刘承幹：《吴兴丛书·序》，载吴格整理点校《嘉业堂藏书志》附一，第 1275 页。
⑥ 缪荃孙：《陆心源神道碑铭》，载《仪顾堂书目题跋汇编》附录，中华书局 2009 年版，第 669 页。
⑦ 刘承幹：《求恕斋丛书·序》，载吴格整理点校《嘉业堂藏书志》附一，第 1318 页。

哲也；有《求恕斋丛书》，所以存故家文献也；有《留余草堂丛书》，所以表理学微言，亦怅夫浇纯散朴，为遒铎之振也。"①其所刻丛书以旧钞罕见之本著称："吴兴刘承幹，今日东南大藏书家也。所藏古本精椠不可胜数，旧钞本、稿本亦多，……所刻《嘉业堂》、《求恕斋》、《吴兴》诸丛书凡数百册，多罕见本。"②

民国十九年庚午（1930），六十九岁

四月，锦藻撰成《小莲庄记略》。载《南浔镇志》编纂委员会所编《南浔镇志》，上海科学技术文献出版社，第 388 页。

案，刘承幹自云："右《小莲庄记略》，先本生考学士公稿成后，久思勒石，以未得良工，姑置箧衍。"③后锦藻卒，"伤痛昏瞀，未忍启读，日月不居，忽逾小祥，遂奉遗稿，丐邓孝先民政端书一通，购石摹刻。"④其末署"乙亥秋九月"，则《小莲庄记略》于民国二十四年（1935），即锦藻卒后一年刻于庄内。

是年秋，锦藻病，诫其子承幹永守义庄之规。刘承幹曰："去秋，学士公被疾，犹殷殷以义庄为念。诏承幹曰：'光禄公敬宗收族之志，汝当继述勿坠。'并出《记略》一篇，命为刻石。承幹自维无状，曷克负荷？第念光禄公之宏规，学士公之末命，遗大投艰，未容推避。惟有兢兢业业，夙夜不懈，以慰祖宗在天之灵。"⑤

案，刘承幹："今谨奉遗文，乞沈年丈湛泉太史书之，勒诸贞珉，并述梗概如此。"⑥末署"乙亥重阳"，则《刘氏义庄记略》于民国二十四年九月（1935），即锦藻卒后一年由沈湛泉刻于小莲庄扇亭内。

民国二十年辛未（1931），七十岁

二月，刘锦藻再次与张元济商议《清朝续文献通考》刊印事宜。张元济致刘锦藻信曰："委任《续文献通考》极应勉尽微劳。续奉明示，详述图表、件数，遵即转交敝公司详细估核。昨据交到估单并复信、排样、纸

---

① 刘承幹：《嘉业藏书楼记》，载吴格整理点校《嘉业堂藏书志》附二，第 1406 页。
② 伦明：《辛亥以来藏书纪事诗》，北京燕山出版社 2008 年版，第 53 页。
③ 刘承幹：《小莲庄记略·跋》，见周子美《南浔镇志稿》，载《华东师范大学图书馆藏稀见方志丛刊》第 20 册，第 704 页。
④ 同上。
⑤ 刘承幹：《刘氏义庄记略·跋》，载周子美《南浔镇志稿》，见《华东师范大学图书馆藏稀见方志丛刊》第 20 册，第 701 页。
⑥ 同上。

样等，兹随发下旧估单原样一并附呈，敬祈查核。"①

是年，溥仪赠予"凤池耆硕"匾额，以贺锦藻七十寿辰。王克文等：《湖州人物志》，上海社会科学院出版社 1990 年版，第 224 页。

民国二十一年壬申（1932），七十一岁

再次重印四百卷《清朝续文献通考》，并有所增订。周子美《南浔镇志稿》著述类刘锦藻条："《皇朝续文献通考》四百卷，民国壬申重印，初印凡三百二十卷，晚年重加增订，有陆润庠序。上海商务印书馆刊入十通，为万有文库本。"②

民国二十二年癸酉（1933），七十二岁

十二月，刘锦藻将其四百卷本《皇朝续文献通考》再次进呈溥仪，赏"博见洽闻"匾额一方。刘锦藻"谢恩折"曰："头品顶戴前内阁侍读学士臣刘锦藻跪奏，为叩谢天恩恭折仰祈圣鉴事……十二月二十日猥以臣子承幹奏进臣所纂《皇朝续文献通考》，由前学部郎中臣王季烈寄到，蒙恩赏给'博见洽闻'匾额一方。臣锦藻当即恭设香案，东望叩头，谢恩祗领。"③

案，此"谢恩折"末署"宣统癸酉"，可知其进呈在民国二十二年。

民国二十三年甲戌（1934），七十三岁

四月，出游秣陵苏锡，归而大病。吴郁生《刘锦藻先生行状》："今年四月犹作秣陵苏锡之游，浃旬而归，病遽不起。"④

案，刘锦藻性喜山水，据吴郁生《刘锦藻先生行状》载："君虽生长华膴，而自奉俭约，萧然若寒士，惟好佳山水，尝一登泰岱，两游崂山，赣之匡庐，辽之医巫闾、海州之云台山，皆信信不忍去。"⑤即使游历山水亦不忘诵读："（君）生平俭素寡欲，独耽佳山水，历游泰岱、劳山、匡庐、医巫闾、天目、云台山诸名胜，咸载书自随，不废讽诵。"⑥锦藻在游览中还常赋诗以示纪念，如《游法华寺至沈家洞》《泰山纪游》《游普陀

---

① 张元济：《张元济全集》第 1 卷书信，第 470 页。
② 周子美：《南浔镇志稿》，见《华东师范大学图书馆藏稀见方志丛刊》第 20 册，第 719 页。
③ 参见高拜石《古春风楼琐记》（五），作家出版社 2004 年版，第 53—54 页。
④ 吴郁生：《刘锦藻先生行状》，见《民国人物传记史料汇编》第 15 辑，第 632 页。
⑤ 同上。
⑥ 参见陈三立《清故内阁侍读学士刘君墓志铭》，见《散原精舍文集》卷一七，第 256 页。

山》《谒范文正公祠》等。另外，在其寄居上海之时，也常与诸同好燕饮游唱，如《送同年朱湛卿侍御出守邵武》《七夕周梦坡招集晨风庐分韵得晨字》《劳韧叟先生辛酉重宴请鹿鸣赋诗征和敬献四十韵》等。

八月，病逝于上海，享年七十三。陈三立："君遂以甲戌岁八月十二日病卒于上海旅第，享年七十有三。"①吴郁生："以甲戌八月十二日卒于上海旅第，春秋七十有三。"②吴郁生：君"于西湖之滨构坚匏别墅，仿王官谷生圹，故颜其墓庐曰休休"③。

案，宋慈抱《汤寿潜传》后附《刘锦藻传》载：锦藻"民国十八年卒，年七十有五"④。而《民国人物大辞典》则将锦藻生卒年定为1855—1929年。⑤考吴郁生《刘锦藻先生行状》言："余交君逾三十年，又重以姻娅，相知最深，公子辈泣请为之状，义不获辞，爰条次大较，以告当世乞铭诔焉。"⑥其与锦藻相知最深，且吴氏撰此名状乃受锦藻家人之托，故其记锦藻生卒之年当可信据。

锦藻子十人：承幹、承业、承材、承植、承本、承槃、承采、承东、承乐、承果。女九人。⑦著作有《清朝续文献通考》四百卷、《南浔备志》三册（未刊）、《坚匏盦诗文钞》四卷（周子美《南林丛刊·次集》中曾辑录部分，余则未刊）、《坚匏盦杂著》两卷（未刊）、《坚匏盦律赋》一卷、《坚匏盦楹联》一卷（未刊）、《先考通奉府君年谱》一卷、《家训》一卷（未刊）、《尺牍》八卷（未刊），⑧另有《陆放翁年谱》（卷数不详）、《南浔刘氏支谱》（一册，藏上海图书馆）、《新政附考》（卷数不详）。⑨

① 参见陈三立《清故内阁侍读学士刘君墓志铭》，见《散原精舍文集》卷一七，第257页。
② 吴郁生：《刘锦藻先生行状》，见《民国人物传记史料汇编》第15辑，第632页
③ 同上。
④ 宋慈抱：《汤寿潜传》，附《刘锦藻传》，见钱仲联《广清碑全集》，第1178—1179页。
⑤ 《民国人物大辞典》，河北人民出版社2007年版，第2524页。
⑥ 吴郁生：《刘锦藻先生行状》，见《民国人物传记史料汇编》第15辑，第632页。
⑦ 参见陈三立《清故内阁侍读学士刘君墓志铭》，见《散原精舍文集》卷一七，第257页。
⑧ 据周子美《南浔镇志稿》，见《华东师范大学图书馆藏稀见方志丛刊》第20册，第719页。
⑨ 据项士惠《嘉业堂主——刘承幹传》，第10页。

主要参考文献

刘锦藻：《清朝续文献通考》第四百卷，上海商务印书馆 1936 年版。

刘锦藻：《先考通奉府君年谱》第一卷，乌程刘氏光绪间刻本。

刘锦藻：《坚匏盦集》第二卷，载周延年《南林丛刊次集》，民国二十八年（1939）铅印本。

刘锦藻：《南浔刘氏支谱》第一册，藏上海图书馆。

陈三立：《清故内阁侍读学士刘君墓志铭》，载《散原精舍文集》卷十七，上海古籍出版社 2003 年版。

吴郁生：《刘澄如学士行状》，见《民国人物传记史料汇编》第 15 辑，台湾"国史馆"1996 年版。

宋慈抱：《汤寿潜传》附《刘锦藻传》，载钱仲联《广清碑传集》，苏州大学出版社 1999 年版。

缪荃孙：《乌程刘紫回水部家传》，载《丛书集成续编》第 197 册，台湾新文丰出版公司 1989 年版。

汤寿潜：《刘贯经家传》，见《萧山文史资料选辑》（四），政协浙江省萧山市委员会文史工作委员会 1993 年版。

吴廷燮：《清朝续文献通考提要》，见《续修四库全书总目》第 22 册，史部政书类，齐鲁书社 2003 年版。

刘承幹：《刘承幹日记》，上海图书馆藏稿本。

项士惠：《嘉业堂主——刘承幹传》，浙江人民出版社 2005 年版。

缪荃孙等撰，吴格整理：《嘉业堂藏书志》，复旦大学出版社 1997 年版。

徐献忠：《吴兴掌故集》，明嘉靖三十九年（1560）刻本。

高翔：《清朝续文献通考》，见仓修良主编《中国史学名著评介》第三卷，山东教育出版社 1990 年版。

董惠民等：《浙江丝绸名商巨子：南浔"四象"》，中国社会科学出版社 2008 年版。

张元济：《张元济全集》第 1 集书信，商务印书馆 2007 年版。

《南浔镇志》编纂委员会：《南浔镇志》，上海科学技术文献出版社 1995 年版。

周子美：《南浔镇志稿》，载《华东师范大学图书馆藏稀见方志丛刊》第
　20 册，北京图书馆出版社 2005 年版。

周庆云：《民国南浔志》，上海书店出版社 1992 年影印本。

叶美芬：《南浔古镇史料研究》，上海远东出版社 2008 年版。

朱从亮等：《南浔文献新志》（油印本），湖州图书馆藏。

朱从亮：《南浔镇新志》（油印本），湖州档案馆藏。

朱从亮、张富强：《南浔志续编》，湖州图书馆藏。

林黎元：《南浔史略》，湖州档案馆藏。

洪焕椿：《浙江方志考》，浙江人民出版社 1984 年版。

童立德等：《百年儒商——南浔小莲庄刘家》，浙江摄影出版社 2004 年版。

刘知幾撰，浦起龙通释：《史通》，上海古籍出版社 2008 年版。

郑樵：《通志·校雠略》，浙江古籍出版社 2000 年版。

马端临：《文献通考·经籍考》，浙江古籍出版社 2000 年版。

胡应麟：《经籍会通》，北京燕山出版社 1999 年版。

焦竑：《国史经籍志纠缪》，《丛书集成初编》本。

章学诚撰，王重民通解：《校雠通义》，上海古籍出版社 2009 年版。

章学诚撰，吕思勉评：《文史通义》，上海古籍出版社 2008 年版。

朱彝尊：《经义考》，中华书局 1998 年版。

清高宗敕撰：《续文献通考·经籍考》，商务印书馆 1936 年版。

清高宗敕撰：《清朝文献通考·经籍考》，商务印书馆 1936 年版。

纪昀：《钦定四库全书总目》，中华书局 1997 年版。

中科院文献情报中心整理：《续修四库全书总目提要》，齐鲁书社 2003
　年版。

赵尔巽、章钰、武作成：《清史稿艺文志及补编》，中华书局 1982 年版。

彭国栋：《重修清史艺文志》，台湾商务印书馆 1968 年版。

王绍曾：《清史稿艺文志拾遗》，中华书局 2000 年版。

朱师辙：《清史述闻》，上海书店出版社 2009 年版。

余嘉锡：《目录学发微》，中国人民大学出版社 2004 年版。

刘纪泽：《目录学概论》，（台北）中华书局 1979 年版。

刘咸炘：《刘咸炘论目录学》，上海科学技术出版社 2008 年版。

姚名达：《中国目录学史》，上海古籍出版社 2002 年版。

姚名达：《目录学》，台湾商务印书馆 1971 年版。

吕绍虞：《中国目录学史稿》，安徽教育出版社 1984 年版。

王重民：《中国目录学史论丛》，中华书局 1984 年版。

杜定友：《校雠新义》，（台北）中华书局 1969 年版。

蒋元卿：《校雠学史》，上海书店出版社 1991 年版。

胡朴安、胡道静：《校雠学》，上海书店出版社 1991 年版。

程千帆：《校雠广义·目录篇》，齐鲁书社 1998 年版。

来新夏：《古典目录学浅说》，中华书局 2003 年版。

周少川：《古籍目录学》，中州古籍出版社 1996 年版。

徐有富：《目录学与学术史》，中华书局 2009 年版。

昌彼得、潘美月：《中国目录学》，文史哲出版社 1986 年版。

周彦文：《中国目录学理论》，台湾学生书局 1996 年版。

陈智超：《陈垣史源学杂文》（增订本），生活·读书·新知三联书店 2007
　年版。

张舜徽：《广校雠略》，中华书局 1963 年版。

张舜徽：《中国文献学》，中州书画社 1982 年版。

王欣夫：《王欣夫说文献学》，上海古籍出版社 2000 年版。

杨燕起、高国抗：《中国历史文献学》，书目文献出版社 1989 年版。

杜泽逊：《文献学概要》，中华书局 2001 年版。

孙钦善：《中国古文献学史简编》，北京大学出版社 2008 年版。

史丽君：《陈垣的史源学研究与教学》，北京师范大学 2007 年博士学位
　论文。

张宗友：《〈经义考〉研究》，中华书局 2009 年版。

陈国庆：《〈汉书艺文志〉注释汇编》，中华书局 1983 年版。

皮锡瑞：《经学历史》，中华书局 2004 年版。

章太炎：《国学概论》，上海古籍出版社 1997 年版。

罗振玉：《本朝学术源流概论》，《民国丛书》本。

徐世昌著，陈祖武点校：《清儒学案》，河北人民出版社 2008 年版。

江藩纂，漆永祥笺释：《汉学师承记笺释》，上海古籍出版社 2006 年版。

钱穆：《中国近三百年学术史》，商务印书馆 2005 年版。

梁启超：《清代学术概论》，上海古籍出版社 2005 年版。

梁启超：《中国近三百年学术史》，山西古籍出版社 2006 年版。

侯外庐：《中国思想通史》，人民出版社 1960 年版。

杨向奎：《清儒学案新编》第四卷，齐鲁书社 1994 年版。

张舜徽：《清儒学记》，齐鲁书社 1991 年版。

陈祖武：《中国学案史》，东方出版中心 2008 年版。

陈祖武：《清儒学术拾零》，湖南人民出版社 2002 年版。

陈祖武：《清初学术思辨录》，中国社会科学出版社 1992 年版。

陈祖武、朱彤窗：《乾嘉学派研究》，河北人民出版社 2005 年版。

陈祖武、朱彤窗：《乾嘉学术编年》，河北人民出版社 2005 年版。

卢钟锋：《中国传统学术史》，河南人民出版社 1998 年版。

张立文：《中国学术通史》（清代卷），人民出版社 2004 年版。

胡楚生：《清代学术史研究》（续集），台湾学生书局 1988 年版。

马宗霍：《中国经学史》，商务印书馆 1998 年版。

周予同：《中国经学史讲义》，上海文艺出版社 1999 年版。

吴燕南：《清代经学史通论》，云南大学出版社 2001 年版。

田汉云：《中国近代经学史》，三秦出版社 1996 年版。

吴雁南等编：《中国经学史》，福建人民出版社 2005 年版。

白寿彝主编，陈其泰著：《中国史学史》，上海人民出版社 2006 年版。

吴怀祺主编，陈鹏鸣著：《中国史学思想通史》，黄山书社 2002 年版。

冯尔康：《清史史料学》，沈阳出版社 2006 年版。

冯天瑜、黄长义主编：《晚清经世实学》，上海科学院出版社 2002 年版。

顾颉刚：《当代中国史学》，上海古籍出版社 2006 年版。

谢保成：《中国史学史》，商务印书馆 2006 年版。

吴泽主编：《中国近代史学史》，江苏古籍出版社 1989 年版。

高国抗、杨燕起：《中国近代史学史概要》，广东高等教育出版社 1994
    年版。

方壮猷：《中国史学概论》，中国文化服务社 1947 年版。

袁行霈：《中国文学史》第四卷，高等教育出版社 2000 年版。

郑师渠：《中国文化通史》，北京师范大学出版社 2009 年版。

龚书铎：《中国近代文化概论》，中华书局 2004 年版。

汪林茂：《晚清文化史》，人民出版社 2005 年版。

伦明：《辛亥以来藏书纪事诗》，北京燕山出版社 2008 年版。

傅璇琮：《中国藏书通史》，宁波出版社 2001 年版。

周少川：《藏书与文化：古代私家藏书文化研究》，北京师范大学出版社
    1999 年版。

苏精：《近代藏书三十家》，中华书局 2009 年版。

李希泌、张椒华：《中国古代藏书与近代图书馆史料》，中华书局 1982
    年版。

宋慈抱：《两浙著述考》，浙江人民出版社 1985 年版。

李慈铭：《越缦堂读书记》，中华书局 1963 年版。

周中孚：《郑堂读书记》，商务印书馆 1959 年版。

胡玉缙撰，吴格整理：《续四库提要三种》，上海书店出版社 2002 年版。

王欣夫撰：《蛾术轩箧存善本书录》，上海古籍出版社 2002 年版。

张之洞撰，范希曾补正：《书目答问补正》，上海古籍出版社 1983 年版。

孙殿起：《贩书偶记》，中华书局 1959 年版。

孙殿起：《贩书偶记续编》，上海古籍出版社 1980 年版。

《清人书目题跋丛刊》第一辑至第十辑，中华书局 1990—1995 年版。

来新夏：《历代书目丛刊目录》，载《中国典籍与文化论丛》第十辑。

来新夏：《清代目录提要》，齐鲁书社 1997 年版。

李灵年、杨忠主编：《清人别集总目》，安徽教育出版社 2000 年版。

柯愈春编：《清人诗文集总目提要》，北京古籍出版社 2001 年版。

王重民编：《清代文集篇目分类索引》，北京图书馆出版社 2003 年版。

杜连喆：《三十三种清代传记综合引得》，中华书局 1987 年版。

何英芳：《清史稿纪表传人名索引》，中华书局 1996 年版。

陈乃乾：《清代碑传文通检》，中华书局 1959 年版。

国家图书馆编：《地方志人物传记资料丛刊》，北京图书馆出版社 2001
　年版。

冯尔康：《清代人物传记史料研究》，天津教育出版社 2005 年版。

萧一山：《清代学者生卒及著述表》，北平文史政治学院 1931 年版。

王钟翰：《清三通纂修考》，载《清史杂考》，人民出版社 1957 年版。

吴怀祺：《〈文献通考〉三题》，《史学史研究》1990 年第 2 期。

吴怀祺：《陈垣先生在历史文献学上的贡献》，《史学史研究》1984 年第
　1 期。

陈祖武：《谈两部〈中国近三百年学术史〉》，《书品》1999 年第 6 期。

陈祖武：《清代学术研究中的三个问题》，《人民日报》2004 年 8 月 27 日
　理论版。

陈祖武：《漫谈清代学术》，《光明日报》2005 年 2 月 22 日第 7 版。

陈祖武：《史源学不可不讲》，《光明日报》1983 年 4 月 6 日。

陈祖武：《关于乾嘉学派研究的几个问题》，《文史哲》2007 年第 2 期。

陈祖武：《乾嘉学术与乾嘉学派》，《文史知识》1994 年第 9 期。

周少川：《新世纪古文献学研究的交叉与综合》，《文献》2010 年第 3 期。

陈智超：《陈垣与史源学及〈日知录校注〉研究——〈日知录校注〉编者
　前言》，《安徽大学学报》（哲学社会科学版）2007 年第 3 期。

郑师渠：《晚清国粹派的新史学探讨》，《北京师范大学学报》1991 年第 5 期。

陈桂英：《刘锦藻与〈清朝续文献通考·实业考〉》，《史学史研究》1985 年第 3 期。

金晓东：《〈皇朝续文献通考〉编纂始末与学术价值》，《兰州学刊》2009 年第 1 期。

董惠民：《近代南浔刘氏父子的文化贡献》，《浙江档案》2004 年第 8 期。

宋学勤：《析〈清朝续文献通考〉的创造性特色》，《商丘师范学院学报》2005 年第 6 期。

来新夏：《清代目录学成就浅述》，《历史研究》1981 年第 2 期。

来新夏：《目录和目录学》，《历史教学》1987 年第 1 期。

来新夏：《"傻公子"与嘉业堂》，《人物》2002 年第 4 期。

吴格：《吴兴刘氏嘉业堂藏书聚散考略》，《书目季刊》第 37 卷第 4 期。

许寅：《"傻公子"做出的"傻贡献"——嘉业堂藏书楼的过去和现在》，《学林漫录》第八集，中华书局 1983 年版。

史丽君：《试论陈垣创立的史源学》，《历史文献研究》总第 28 辑。

后　　记

　　如今再展卷刘锦藻的这篇《经籍考》时，总会想起章学诚。

　　无论后人如何盛誉，毕竟章学诚的一生都是默默无闻的。他曾将《文史通义》的初稿送与钱大昕、朱筠元二位前辈审读，但并未得到太多的赏识。三十八岁那年，他踌躇满志地来到北京，时逢四库全书开馆之初，怎奈其修书思想"不合时宜"，终被排拒于外。章学诚有超凡之性，却无脱俗之命。他虽怀有"持世而救偏"的学术理想，却无法逃脱社会与生活的现实，想必当初章氏在孤案青灯之下，奋笔疾书之时也乐在其中，而苦于其外吧！

　　转眼已是乾隆五十三年，章学诚五十一岁了，这位年过半百的老人却又不辞辛苦地辗转至开封、武昌，只为自己心中未酬之志。他见到了毕沅，将自己欲纂修《史籍考》的计划合盘托出，毕沅远见卓识，鼎力相助。于是章学诚开始了他纂修《史籍考》的漫漫征程。但世事难料，随着毕沅的调任、辞世，《史考》局散，人去楼空。此间，章学诚又多方筹措，却应者寥寥，未能如愿。直到嘉庆二年，才经人说服了谢启昆，得以在杭州继续着他的鸿愿，章学诚也因此背负了诸多是是非非，而其之前的一些编修原则，也因与诸君"意见参差，不无迁就"了。嘉庆四年，这部三百余卷的《史籍考》方重编"粗成"，这年章学诚已六十有二。就在两年后，他便身游道山，从此与他的《史籍考》阴阳两隔。此后的四十年间，《史籍考》又经潘锡恩等诸君的增订，在历经近六十年的人情世故后，终成完璧。

　　然而自晚清以来，这部史学巨著便沉寂于世。民国年间，姚名达先生曾闻此书发现于美国国会图书馆，但随即就得到美方的断然否认。姚氏又亲往江南访寻，也未有所得。《史籍考》究竟还存世与否，至今仍不免遗人揣思。而王重民先生据潘锡恩之子潘骏文所言，认为《史籍考》已毁于咸丰六年的兵火，此说多得目前学术界的认同。

　　章学诚在《史考释例》中曰："今《史考》一依《经考》起义，盖亦创始之书也。凡创始者功倍而效不能全，朱氏《经考》后人往往究其未至，其前车也；况《史考》又倍难于经，虽黾勉加功，而牴牾疏漏，良亦不敢自保。然明知创始之难，不敢避难而务为之，则以经经必须史纬，著述之林，实不可不补之缺典也。"这话字字肺腑，句句策人，得失之间，不觉已经悄然逝去二百多年了。

李立民
二一一年五月十三日于院馆